BFL 총서 ⑫

우호적 M&A의 이론과 실무(제1권)

─ 거래의 절차와 구조 설계

BFL 총서 12

우호적 M&A의 이론과 실무 (제1권)
― 거래의 절차와 구조 설계

천경훈 편저

小花

머리말

어느새 일상용어처럼 되어 버린 M&A는 '기업의 지배권 취득을 목적으로 하는 일체의 거래활동'을 의미하는 용어라고 느슨하게 정의할 수 있다. 그러나 때로는 계열회사 간 구조조정을 위한 합병·분할·영업양수도, 상당히 높은 비율의 지분을 취득하여 2~3대 주주가 되는 행위 등과 같이 지배권변동을 야기하지 않는 거래까지 M&A로 통칭되기도 한다.

그 개념 정의야 어찌 되었건 M&A는 부실기업의 구조조정수단으로, 신규사업에 진출하는 수단으로, 수평·수직 결합을 통해 효율성을 증진하는 수단으로, 투자자들로부터 모은 자금을 운용하는 수단으로 매우 활발하게 이루어지고 있다. 우리나라의 M&A는 1990년대 말 외환위기를 계기로 크게 활성화되기 시작하여, 오늘날은 많은 기업의 전략·기획·재무부서, 법무법인, 회계법인, 은행, 증권회사, 컨설팅회사, 사모펀드 등이 관여하는 경제활동의 큰 분야가 되었다.

M&A의 기획 및 실행과정에서는 계약법, 회사법, 증권법, 금융법, 노동법, 경쟁법, 세법, 각종 행정규제법령 등 다양한 법률문제에 마주치게 된다. 이러한 법률문제에 사전적·사후적으로 어떻게 대처하느냐는 그 M&A의 성패를 좌우할 정도로 중요하다. 그리하여 해당 업계의 변호사들은 M&A 자문업무를 '종합예술'에 비유하기도 한다. 그러나 이에 관해

이론적 · 실무적 논의를 아우른 신뢰할 만한 참고서적은 드문 편이다. 실무적 지식이 선배 변호사에서 후배 변호사로 도제식으로 전수될 뿐이어서 로펌마다 관행이 서로 다르기도 하다.

이러한 문헌의 공백을 메우고자 서울대학교 금융법센터에서는 2011년, 2014년, 2015년 여러 차례에 걸쳐 BFL 특집을 통해 M&A, 그중에서도 우호적 M&A에 관한 글들을 게재하여 독자의 큰 호응을 얻었다. 그와 같이 발표된 21편의 글과 새로 집필한 2편의 글을 모아 이제 "우호적 M&A의 이론과 실무"라는 제목으로 BFL 총서 두 권을 발간한다. 제1권에는 M&A의 거래절차에 관한 5편의 글과 거래구조를 설계함에 있어 고려할 다양한 법적 쟁점에 관한 7편의 글을 실었다. 제2권에는 M&A 계약의 다양한 조항과 그에 관한 분쟁을 다룬 11편의 글을 실었다.

이 책의 제목에 관해 약간의 설명을 덧붙이고자 한다. M&A는 Mergers & Acquisitions의 약자로서 기업인수, 인수합병, 기업인수합병 등으로 번역된다. 이 책에서는 고민 끝에 M&A라는 알파벳 표기를 그대로 사용하기로 하였다. 실무현장에서 M&A라는 용어가 훨씬 더 익숙하게 쓰이고 있고, 많은 학술논문과 실무서적은 물론 「회생절차에서의 M&A에 관한 준칙」이라는 서울중앙지방법원 내규에서도 이 표현이 사용되고 있음을 고려하였다. 그중에서도 당사자 사이의 계약에 따라 이루어지는 이른바 우호적 M&A를 대상으로 하였다. 법리와 실무현장의 생생한 감각을 함께 반영하려는 뜻에서 "이론과 실무"라는 말을 제목에 넣었다.

이 책을 펴내면서 감사드릴 분이 많다. 우선 누구보다도 집필자 분들께 감사드린다. 이 글의 집필자들은 우리나라에서 해당 업무에 가장 정통한 현장 전문가들이라고 해도 과언이 아니다. 그런 분들이 분초를 쪼개어 사는 바쁜 실무 속에서 빛도 나지 않고 돈도 되지 않는 논문을 정성껏 작성하여 BFL에 기고해 주시고, 총서 출간을 위한 귀찮은 수정 · 보완 요청에도 기꺼이 응해 주셨다. 법률문화의 발전에 기여한다는 사명이 없으면 기대하기 어려운 일이다. 서울대학교 금융법센터의 전·현직 센터장인 김건식, 박 준, 한기정, 정순섭 교수님들께도 한결같은 혜안과 지원에 감사드린다. 언제나처럼 원고를 다듬어 주신 도서출판 소화와 번거로운 일을 도맡아 처리해 준 금융법센터 이경희 팀장님께도 감사드린다. 원고 교정과 법령 검증을 도와준 서울대학교 박사과정 및 전문박사과정의 김재원, 김직수, 박보희, 박제연, 전보람, 최지훈에게도 감사하고 학문적 성장을 기원한다.

편저자는 M&A 실무를 처음 접했던 초년 변호사 시절 참고할 자료가 없어서 일본과 미국의 실무서적을 뒤지며, 우리나라 실정에 맞는 M&A법무에 관한 책이 있으면 얼마나 좋을까 생각하곤 했다. 여러 전문가의 도움으로 그 희망을 이루게 되어 기쁘고, 이는 우리나라 법률가들의 실력과 경험이 축적된 결과라고 생각되어 뿌듯하다. 이 책이 M&A에 관해 학구적·실무적으로 관심을 가진 분들께 도움이 되기를 소망한다.

2017년 5월
편저자 천경훈

차례

제3장　　**M&A거래에서의 양해각서에 관하여**　　양시경·강은주

제4장　기업 M&A거래에 있어 기밀유지계약과 기업실사

정 철 · 이태현 · 강재영

제5장　현대건설 매각 사건의 일지와 쟁점

천경훈

제2부 M&A거래구조 설계 시 고려할 법적 쟁점

제6장　인수금융에서의 후순위금융과 리파이낸싱

우동석 · 김혜원

제4부 그 밖의 M&A계약조항

제21장 위약금조항   김지평 · 박병권

제22장 가격조정조항   이병기

제23장　주주간 계약　　　　　　　　이동건 · 류명현 · 이수균

제1부

M&A거래절차의 법적 쟁점

01

금융기관에 의한 기업구조조정과 M&A[*]

장상헌[**]

I. 들어가며

우리나라에서는 1997년 말부터 겪은 외환위기 이후 수많은 부실기업에 대한 구조조정이 정부 또는 채권단의 주도하에 진행되었으며, 그러한 구조조정과정에서 채권금융기관이나 금융기관으로부터 부실채권을 인수한 한국자산관리공사 등은 구조조정기업에 대한 채권의 많은 부분을 출자로 전환함으로써 구조조정기업 주식의 상당한 지분을 보유하게 되었다.[1]

---

[*] 이 논문은 BFL 제47호(2011. 5)에 게재된 글을 수정·보완한 것이다.
[**] 장상헌법률사무소 변호사
1) 한국자산관리공사는 외환위기 이후 부실채권정리기금에 의한 공적자금을 투입하여 금융기관이 보유하고 있는 부실채권을 인수하였고 인수한 부실채권의 출자전환으로 구조조정기업의 주식을 보유하게 되었는데, 특히 대우계열에 대한 구조조정 당시 해외 금융기관이 보유하고 있는 대우계열에 대한 무담보채권을 매입하여 출자로 전환함으로써

금융기관 등은 기업구조조정에 의하여 부실기업의 경영이 정상화된 후에는 출자전환으로 보유하게 된 주식을 적절한 시기에 매각함으로써 채권의 회수를 도모하게 되었으며 2000년대에 들어오면서 우리나라에서는 금융기관 등이 보유하고 있는 출자전환주식의 매각에 의한 구조조정기업의 M&A(Mergers & Acquisitions)가 활발하게 이루어지게 되었다.

위와 같은 금융기관에 의한 구조조정기업의 M&A는 정상 기업의 M&A 또는 순수한 사적 계약에 의한 M&A와는 다른 모습을 보여 왔는바, 이 글에서는 외환위기 이후 우리나라에서의 금융기관에 의한 기업구조조정 제도를 개관하고 금융기관에 의한 구조조정기업 M&A의 특이점을 살펴본 후 개별 구조조정기업의 M&A 사례를 간단히 소개한다.

II. 금융기관에 의한 기업구조조정제도

1. 기업구조조정 촉진을 위한 금융기관협약

1998년 6월 25일 은행권을 비롯한 종합금융회사, 투자신탁회사, 보험회사, 증권회사, 여신전문금융회사 등 210개 기관이 체결하여 제정된 기업구조조정 촉진을 위한 금융기관협약은 사적 계약의 형태를 띠고 있다.

대우계열의 주식을 다수 보유하게 되었다. 한국자산관리공사는 부실채권정리기금으로 취득한 출자전환주식 중 교보생명보험 · 쌍용양회공업 주식을 2012년에, 대우일렉트로닉스 주식을 2013년에 매각하였으며 이후 2013년 2월 22일 동 기금은 청산되었다. 부실채권정리기금의 청산 시 한국자산관리공사는 보유하고 있던 대우조선해양 · 쌍용건설의 출자전환주식을 동 기금의 출연기관인 정부와 금융기관에 현물로 반환하였으며, 따라서 현재 한국자산관리공사는 부실채권정리기금에 의한 출자전환주식을 보유하고 있지 않다.

동 협약에서는 기업개선 작업의 효율적 수행과 채권금융기관 간 이견 조정 등을 위한 단일 기구로서 외부 인사가 주도하는 기업구조조정위원회를 설치하였는데, 2001년 1월부터는 동 협약을 채권금융기관 간 자율조정을 원칙으로 하는 협약으로 전환하고 구조조정기업별로 채권금융기관조정위원회[2]를 설치하여 기업구조조정위원회의 업무를 대체하였다. 동 협약은 고합, 대우계열 등 83개사에 대하여 적용되었으며 2001년 9월 제1차 기업구조조정촉진법이 시행되면서 동법에 흡수되었다.

2. 채권은행협의회운영협약

채권은행협의회운영협약은 2001년 6월 29일 제정·시행되었으며, 약칭 '채권은행협약'이라고도 한다. 신용공여액 합계 500억 원 이상 기업에 적용되는 제1차 기업구조조정촉진법이 2001년 9월부터 시행되고 기업구조조정 촉진을 위한 금융기관협약이 동법에 흡수될 것으로 예정됨에 따라 동법의 적용대상이 아닌 신용공여액 합계 500억 원 미만 기업의 구조조정을 대비하기 위하여 은행권만을 가입대상으로 하여 만들어졌으며, 지금에 이르기까지 중소기업의 효율적인 구조조정에 많은 역할을 하여 왔다.[3]

2016년 3월 18일 시행된 제5차 기업구조조정촉진법이 신용공여액 합계 500억 원 이상 기업이라는 제1~4차 기업구조조정촉진법상의 채무자

---

2) 제1~4차 기업구조조정촉진법상 채권금융기관조정위원회 및 제5차 기업구조조정촉진법상 금융채권자조정위원회는 구조조정기업별로 설치된 것이 아니라 단일한 이견 조정 기구로 설치된 점에서 구별된다.

3) 현재 일반 은행, 한국산업은행, 중소기업은행, 농협은행, 신용보증기금, 기술신용보증기금, 한국무역보험공사, 중소기업진흥공단, 한국자산관리공사가 채권은행협약에 가입하여 있다.

적용요건을 없애고 500억 원 미만 기업에도 동법이 적용되도록 함에 따라 채권은행협약의 폐지 여부가 논의되었으나, 채권은행 사전 공동관리 등 동 협약 고유의 장점 및 채권은행만의 참여에 의한 구조조정의 효율성 등을 고려하여 채권자 및 기업이 상황에 맞는 제도를 활용할 수 있도록 동 협약을 유지하기로 하였으며, 이에 따라 2016년 4월 29일 제13차 개정으로 적용대상 기업의 범위에서 신용공여액 500억 원 미만이라는 제한을 없앴다.

3. 제1차 기업구조조정촉진법

기업구조조정촉진법은 2001년 최초로 제정된 이후 계속하여 한시법으로 운영되어 왔기에 그 폐지 및 제정을 반복하여 현재 제5차 기업구조조정촉진법이 시행되고 있다.

제1차 기업구조조정촉진법은 2001년 8월 14일 제정되어 2001년 9월 15일부터 시행되었으며 신용공여액 합계 500억 원 이상 기업을 적용대상으로 하였다. 사적 계약의 형태인 기업구조조정 촉진을 위한 금융기관협약에 금융기관이 자율적으로 가입하였던 것에 반해, 동법은 동 협약에 가입하지 아니하였던 금융기관의 무임승차 시도를 방지하기 위해 거의 모든 금융기관의 참여를 법적으로 의무화하여 2,800여 개의 금융기관이 동법의 적용을 받게 되었다.

동법은 채권금융기관 공동관리, 채권 행사의 유예, 채권 재조정, 신규 신용공여, 채권금융기관협의회 및 채권금융기관조정위원회의 설치 등의 내용을 반영하였으며 2005년 12월 31일까지 효력을 가지는 한시법으로 제정되었다.

제1차 기업구조조정촉진법에 따라 구조조정을 추진한 기업은 총 65개인데, 그중 40개 기업은 기업구조조정 촉진을 위한 금융기관협약에 따라 구조조정을 진행 중이었으나 동법을 소급·적용한 것이다.[4]

4. 채권금융기관의 기업구조조정업무 운영협약(2007)

채권금융기관의 기업구조조정업무 운영협약(2007)은 제1차 기업구조조정촉진법의 유효기간이 2005년 12월 31일 만료됨에 따른 기업구조조정제도의 공백을 해소하기 위하여[5] 2007년 3월 30일 제정·시행되었으며, 제1차 기업구조조정촉진법과 마찬가지로 신용공여액 합계 500억 원 이상 기업에 적용되었다.

동 협약은 은행·보증기관·종합금융사·여신전문금융회사·보험회사·증권회사·상호저축은행·자산운용사 등 208개 기관이 가입하였으며, 2007년 11월 제2차 기업구조조정촉진법이 시행될 때까지 한시적으로 운용되었는데[6] 동 협약에 의하여 구조조정을 추진한 기업은 없다.

---

4) 제1차 기업구조조정촉진법 부칙 제3조는 "이 법 시행 당시 채권금융기관의 합의에 의하여 경영정상화가 추진되고 있는 부실징후기업에 대하여 이 법 시행 전에 주채권은행 또는 협의회가 행한 의결, 채권 행사의 유예, 경영정상화계획의 이행을 위한 약정의 체결, 채권 재조정, 그 밖의 행위는 이 법에 의하여 주채권은행 또는 협의회가 행한 행위로 본다"고 규정하였다.

5) 2006년 12월 워크아웃이 결정된 팬택계열 2개사의 경우, 적용할 법률 및 협약이 없어 채권금융기관 간 자율적 결의에 의해 워크아웃을 추진하였다.

6) 채권금융기관의 기업구조조정업무 운영협약(2007) 부칙
제1조(시행일)
① 이 협약은 2007년 3월 30일부터 효력이 발생한다.
② 이 협약은 제1항에도 불구하고 법률 제6504호로 제정된 기업구조조정촉진법(이하 "구 기업구조조정촉진법"이라 한다)을 대체하는 기업구조조정 관련 법률이 제정·시행되는 경우에는 그 효력이 중단된다.

5. 제2~4차 기업구조조정촉진법

제2차 기업구조조정촉진법은 2007년 8월 3일 제정되어 2007년 11월 4일부터 시행되었으며 동법의 시행에 따라 채권금융기관의 기업구조조정 업무 운영협약(2007)은 폐지되었다. 동법 역시 제1차 기업구조조정촉진법 과 마찬가지로 신용공여액 500억 원 이상 기업에 적용되었고, 거의 모든 금융기관의 참여를 법적으로 의무화하여 3,000여 개의 금융기관이 동법 의 적용을 받았다.

제2차 기업구조조정촉진법은 2010년 12월 31일을 유효기간으로 하였 는데 기간 연장의 법률개정 또는 대체입법 없이 유효기간이 도과하였으 며, 2011년 5월 19일이 되어서야 제3차 기업구조조정촉진법이 제정·시 행되었다.

제3차 기업구조조정촉진법의 유효기간이 2013년 12월 31일 만료됨에 따라 유효기간을 2015년 12월 31일까지 연장하는 제4차 기업구조조정촉 진법이 2014년 1월 1일 제정·시행되었으며, 제4차 기업구조조정촉진법 의 유효기간이 만료될 때까지 기간 연장의 법률개정 또는 대체입법이 이 루어지지 않아 동법은 효력을 상실하였다.

6. 채권금융기관의 기업구조조정업무 운영협약(2016)

제4차 기업구조조정촉진법이 기간 연장의 법률개정 또는 대체입법 없 이 그 효력을 상실함에 따라 2007년과 마찬가지로 기업구조조정제도의 공백을 막기 위하여, 채권금융기관들은 2016년 1월 21일 채권금융기관의 기업구조조정업무 운영협약을 제정하여 2016년 2월 1일부터 시행하였는 데 그 내용은 제4차 기업구조조정촉진법을 거의 준용하였다.

동 협약도 제정 당시에는 채권금융기관의 기업구조조정업무 운영협약
(2007)과 마찬가지로 이전의 기업구조조정촉진법을 대체하는 기업구조조
정 관련 법률이 제정·시행되는 경우 효력이 중단되는 것으로 하였으나,
2016년 3월 7일 부칙 제1조 제2항을 개정하여 기업구조조정 관련 법률
뿐만 아니라 하위법규가 모두 제정·시행될 경우 그 효력이 중단되도록
하였는바,[7)·8)] 제5차 기업구조조정촉진법에 따른 동법 시행령이 2016년
4월 29일 제정·시행되고 2016년 5월 3일 기업구조조정 촉진을 위한 금
융기관 감독규정이 제정·시행됨에 따라 동 협약은 효력이 중단되었다.
　채권금융기관의 기업구조조정업무 운영협약(2007)과 마찬가지로 동 협
약에 의하여 구조조정을 진행한 기업은 없다.

---

7) 채권금융기관의 기업구조조정업무 운영협약(2016) 부칙(2016. 3. 7. 개정)
　　제1조(시행일)
　　① 이 협약은 2016년 2월 1일부터 시행한다.
　　② 이 협약은 제1항에도 불구하고 법률 제13613호로 제정된 기업구조조정촉진법(이하
　　"구 기업구조조정촉진법"이라 한다)을 대체하는 기업구조조정 관련 법률 및 시행령·감
　　독규정 등 하위법규가 모두 제정·시행되는 경우에는 그 효력이 중단된다.
　　③ 제2항에도 불구하고 이 협약의 유효기간 내에 주채권은행이 채권금융기관협의회
　　또는 채권은행협의회 소집을 통보하는 경우에는 제9조 제3항 각 호의 관리절차가 완료
　　되거나 중단되기까지는 이 협약을 적용할 수 있다.
8) 이와 같이 부칙을 개정한 이유는, 제5차 기업구조조정촉진법이 이전의 기업구조조정촉
　　진법과 비교하여 큰 제도적 변화가 있어 동법에 따른 구조조정절차의 진행을 위해서는
　　시행령 및 감독규정을 새롭게 만들 필요가 있었는데, 제5차 기업구조조정촉진법이 공
　　포한 날로부터 시행되는 것으로 2016년 3월 2일 국회를 통과함에 따라 시행령이 갖추
　　어지지 않은 상태에서 법률이 시행되어 현실적으로 동법에 따른 구조조정절차를 진행
　　할 수 없다는 우려가 있었는바, 채권금융기관의 기업구조조정업무 운영협약(2016)의
　　중단 시기를 늦춤으로써 제5차 기업구조조정촉진법이 제정·시행된 이후에도 동법에
　　따른 하위법규가 모두 갖추어지기 전까지는 동 협약에 의한 구조조정의 진행이 가능하
　　도록 한 것이다.

7. 제5차 기업구조조정촉진법

제5차 기업구조조정촉진법은 2016년 3월 18일 제정·시행되었는바, 동법이 적용되는 채권자 및 채무자의 범위가 확대되는 등 이전의 기업구조조정촉진법과 비교하여 큰 제도적 변화가 있다.[9]

이전의 기업구조조정촉진법은 적용대상 채권자를 법령이 정한 일정한 채권금융기관[10]으로 한정하였고 적용대상 채무자도 신용공여액 합계 500억 원 이상의 회사로 한정하였으나, 제5차 기업구조조정촉진법은 적용대상 채권자를 개인 포함 모든 금융채권자로 확대하고 적용대상 채무자에서도 신용공여액에 따른 제한을 없앴다.[11]

---

9) 제5차 기업구조조정촉진법이 이전의 법률과 비교하여 큰 제도적 변화가 있게 된 것은 기업구조조정촉진법의 상시화 추진과도 관련이 있다. 2013년 12월 국회는 제4차 기업구조조정촉진법의 제정을 논의하면서 금융위원회에 기업구조조정촉진법을 상시법화하기 위해 공청회 개최 및 법무부·대법원과의 협의를 거쳐 개정이 필요한 사항을 검토·보고하고 정부입법안 마련을 최대한 노력하도록 하였다. 금융위원회는 제4차 기업구조촉진법의 유효기간 만료 전 기업구조조정촉진법의 상시법화를 추진하였는바, 이전의 기업구조조정촉진법에 대해서는 채권자 간 불평등, 채무자 간 불평등 등 위헌 문제가 계속하여 제기되어 왔고 그러한 위헌 논란이 한시법 운영의 주된 이유가 되었으므로, 금융위원회는 상시법화를 위해 이전 법률의 위헌적 요소를 제거하고자 하였고 이에 따라 적용대상 채권자 및 채무자의 범위를 확대하는 안을 마련하게 된 것이다. 이와 같은 금융위원회의 입법안은 국회 발의에서도 그대로 반영되어 2015년 5월 11일 제안된 개정법률안(의안번호 1915100)이 상시법안으로 발의되었으나, 국회 심의과정에서 상시법화는 미루어지고 상시법화를 위하여 추진하던 적용대상 채권자 및 채무자의 범위 확대 등 제도 변경은 제5차 기업구조조정촉진법에 반영되었다.
10) 연금·기금, 공제회 등은 이전 기업구조조정촉진법상 채권금융기관에 해당하지 아니하여 동법의 제한을 받지 아니하였다.
11) 제5차 기업구조조정촉진법에 의하면 신용공여액 액수와 상관없이 신용공여액이 소액인 기업도 동법의 적용대상이 될 수 있을 것으로 보이나, 실질적으로는 그러하지 아니하다. 기업구조조정촉진법은 채권은행의 신용위험평가 결과 부실 징후가 있다고 판단된 기업(특히 신용위험평가 결과 '부실징후기업'에 해당하며 경영정상화 가능성이 있는 기업'으로 판단된 기업, 즉 C등급을 받은 기업)이 관리절차의 개시를 신청할 수 있도록 하고 있어 동법에 의한 관리절차의 진행은 기업에 대한 채권은행의 신용위험

특히 동법에 의한 적용대상 채권자의 확대는 개인 사채권자·소액 채
권자 등까지 적용대상이 되도록 함으로써, 동법에 의한 구조조정절차에
서 주된 역할을 하는 주채권은행으로 하여금 위와 같은 개인 및 소액 채
권자들까지 금융채권자협의회의 구성원으로 포함시킬 것인지, 동인들이
보유한 금융채권도 출자전환의 대상에 포함시킬 것인지, 나아가 향후 동
법에 따른 출자전환주식의 매각에 의한 M&A를 추진함에 있어서 동인들
이 보유한 출자전환주식도 공동매각의 대상에 포함시킬 것인지 등에 대
하여 많은 고민과 논의를 가져올 것으로 예상된다.

8. 현황

2016년 8월 현재 10개 기업에 대하여 제5차 기업구조조정촉진법에 의
한 구조조정이 진행되고 있고, 48개 기업에 대하여 제4차 기업구조조정
촉진법에 의한 구조조정이 진행되고 있으며,[12] 91개 기업에 대하여 채권
은행협약에 의한 구조조정이 진행되고 있다.

한편 위에서 본 기업구조조정촉진법 또는 상설 협약에 의한 구조조정
외에 개별 기업에 대하여 채권금융기관들이 별도로 자율협약을 체결하여
구조조정을 진행하는 경우도 있다.

이전의 기업구조조정촉진법상 적용대상에 해당하는 신용공여액 합계

평가를 전제로 하는데, 제5차 기업구조조정촉진법 제4조 제4항에서는 신용위험평가
의 대상을 대통령령으로 정하도록 하고 있고 동법 시행령 제4조 제1항 제3호에서는
신용공여액이 50억 원 미만인 기업에 대해서는 신용위험평가를 하지 아니할 수 있도
록 정하고 있는바, 결국 동 시행령에 따라 신용공여액 50억 원 미만인 기업에 대해
신용위험평가가 이루어지지 않으면 그 기업에는 동법이 적용될 수 없게 된다.
12) 제5차 기업구조조정촉진법 부칙 제4조는 "이 법 시행 당시 법률 제12155호 기업구
조조정촉진법 부칙 제2조 제2항에 따라 진행 중인 관리절차에 대하여는 그 관리절차가
완료되거나 중단되기까지 종전의 「구조조정촉진법」을 적용한다"고 규정하고 있다.

500억 원 이상인 기업임에도 기업구조조정촉진법에 따른 구조조정을 진행하지 아니하고 자율협약에 의한 구조조정을 진행하는 경우들이 있는데, 이는 해당 기업의 채권·채무관계 약정상 기업구조조정촉진법에 따른 관리절차의 진행이 디폴트사유에 해당하거나 동법에 따른 관리절차 진행의 전제가 되는 채권은행의 신용위험평가 결과 부실징후기업이라는 판정이 디폴트사유에 해당하는 경우가 많아 기업구조조정촉진법에 따른 구조조정을 선택하게 될 때 디폴트 발생을 이유로 한 동법 비적용 채권자의 권리행사로 인하여 오히려 구조조정에 어려움이 발생할 수 있기 때문이다.[13]

III. 금융기관에 의한 구조조정기업 M&A의 특이점

1. 채권금융기관 출자전환주식 관리 및 매각준칙에 의한 공동 매각

전국은행연합회(여신전문위원회)는 2003년 12월부터 기업구조조정 추진과정에서 보유하고 있는 출자전환주식의 투명한 매각과 채권회수의 극대화를 도모하기 위해 채권금융기관 출자전환주식 관리 및 매각준칙(이하 '매각준칙')을 제정하여 구조조정기업의 출자전환주식을 매각할 경우에는 매각준칙에 따라 공동매각하도록 하고 있다.[14]·[15]

---

13) 뒤에서 보게 될 LG카드는 자율협약에 의하여 구조조정이 진행되었으며, 현재 한진중 공업·현대상선 등은 자율협약에 의한 구조조정이 진행 중이다. 한편 금호아시아나그룹의 구조조정에서 금호산업·금호타이어는 기업구조조정촉진법에 의한 구조조정이 진행되었고, 금호석유화학·아시아나항공은 자율협약에 의한 구조조정이 진행되었다.
14) 매각준칙의 제정 주체는 전국은행연합회 여신전문위원회이지만 동 준칙은 다른 금융기관의 출자전환주식도 적용대상에 포함하고 있으며, 실제로 다른 금융기관도 동의에

출자전환주식을 보유하고 있는 채권금융기관은 매각준칙에 따라 채권금융기관 주식매각협의회(이하 '매각협의회')를 구성하며, 매각협의회는 주식의 매각에 있어서 매각 주간사 및 실사기관 선정에 관한 사항, 우선협상대상자 선정에 관한 사항, 최종 인수자와 주식 양수도조건의 결정에 관한 사항 등에 대하여 심의·의결한다.

매각준칙은 기업구조조정 촉진을 위한 금융기관협약 및 후속 협약이 정하는 바에 따라 기업구조조정이 완료되었거나 기업구조조정촉진법에 따른 채권금융기관 공동관리절차에서 벗어난 기업 등의 주식은 경영능력과 책임을 겸비한 투자자를 물색하여 신속하게 처분함을 원칙으로 하고 있다(제4조).

2. 공정한 경쟁입찰의 원칙

정상 기업의 M&A 또는 순수한 사적 계약에 의한 M&A의 경우라면 매각 주체가 그 매각절차에 있어서 수의계약에 의한 방식을 선택하든 경쟁입찰에 의한 방식을 선택하든 자신의 자유로운 의사에 따를 수 있을 것이다. 그러나 구조조정기업의 M&A에 있어서는 구조조정기업을 정상화하기 위하여 공적자금이 투입되거나 공공적 성격을 지니고 있는

의해 동 준칙에 따른 공동매각에 참여하고 있다.

채권금융기관 출자전환주식 관리 및 매각준칙

제1조(목적) 이 준칙은 「기업구조조정촉진법」 제2조 제1호 가목 내지 하목에서 규정된 채권금융기관(이하 "채권금융기관"이라 한다)이 기업구조조정 추진과정에서 보유하고 있는 출자전환주식의 지분을 효율적으로 관리하고 채권금융기관 상호 간 협조를 통해 공정하고 투명하게 공동매각함으로써 채권회수의 극대화를 도모하기 위한 기준을 제시함을 목적으로 한다.

15) 회생기업 M&A의 경우, 서울중앙지방법원은 회생실무준칙 제11호로 회생절차에서의 M&A에 관한 준칙을 만들어 시행하고 있다.

금융기관이 출자전환으로 인하여 보유한 주식을 매각한다는 점에서 특혜나 헐값 매각 시비가 없도록 매각절차의 공정성이 중요시되며, 따라서 그 매각에 있어서 공정한 경쟁입찰을 원칙으로 한다.

매각준칙 제8조 제1항에서는 "주식매각절차는 매각방법 및 절차의 투명성과 공정성을 확보하기 위하여 매각 주간사를 통한 공개경쟁입찰방식으로 추진함을 원칙으로 한다"고 규정하여 위와 같은 원칙을 명시하고 있다.[16]

---

16) 한국산업은행과 같은 공공기관인 금융기관의 경우에는 매각준칙과는 별도로 공공기관의 운영에 관한 법률 및 그 하부규정에 의하여 계약 체결 시 원칙적으로 일반경쟁입찰의 방식에 의하도록 하고 있다.
공공기관의 운영에 관한 법률
제15조(공공기관의 혁신)
① 공공기관은 경영 효율성 제고 및 공공서비스 품질 개선을 위하여 지속적인 경영 혁신을 추진하여야 한다.
② 기획재정부장관은 제1항의 규정에 따른 경영 혁신을 지원하기 위하여 운영위원회의 심의·의결을 거쳐 관련 지침의 제정, 혁신 수준의 진단 등 필요한 조치를 할 수 있다.
기타 공공기관의 혁신에 관한 지침
제22조의2(계약사무의 수행)
① 공공기관은 예산을 집행하기 위하여 계약업무를 수행함에 있어 상호 대등한 입장에서 계약 상대자와 합의에 따라 체결하여야 하며, 공공기관과 계약 상대자는 계약의 내용을 신의성실의 원칙에 따라 이행하여야 한다.
② 기획재정부장관은 공공기관의 경영 혁신을 지원하기 위하여 제1항에 의한 계약의 공정성, 투명성을 제고하기 위해 필요하다고 인정되는 경우 계약의 체결·이행절차 등에 관하여 세부사항을 정할 수 있다.
기타 공공기관 계약사무 운영규정
제5조(계약의 방법)
① 기관장 또는 계약 담당자는 계약을 체결하려면 일반 경쟁에 부쳐야 한다. 다만, 계약의 목적·성질·규모 등을 고려하여 필요하다고 인정되면 참가자의 자격을 제한하거나 참가자를 지명하여 경쟁에 부치거나 수의계약을 할 수 있다.
② 제1항에 따른 경쟁은 입찰의 방법으로 하여야 하며, 입찰을 하려면 미리 입찰에 관한 사항을 공고하거나 통지하여야 한다.

3. 경제·산업 등에 대한 고려

정상 기업의 M&A 또는 순수한 사적 계약에 의한 M&A의 경우라면 매각 주체의 입장에서는 무조건 높은 가격을 받고 매각하는 것이 최선일 것이므로, 매수인의 실제 매수대금에 대한 지급능력 외에는 해당 기업의 발전을 위한 매수인의 경영능력 등은 고려의 대상이 될 수 없겠으나, 구조조정기업의 M&A에 있어서는 향후 해당 기업, 나아가 국가적인 경제·산업 등에 미칠 영향 등도 매수인 선정의 고려요인이 된다.

한국자산관리공사가 보유하고 있던 출자전환주식 매각의 경우 공적자금이 투입된 주식을 매각한다는 점에서 국가적인 경제·산업에 미치는 영향을 고려할 필요가 있었으며, 나아가 채권금융기관이 보유하고 있는 주식 매각의 경우에도 적절하지 못한 M&A로 인해 해당 기업에 다시 부실이 발생하거나 경제·산업의 성장성 및 안정성이 저해된다면 그로 인한 손실을 채권금융기관이 다시 그대로 부담하게 될 것이므로 위와 같이 경제적·산업적 요인을 고려하지 않을 수 없을 것이다.[17]

매각준칙 제10조 제1항은 인수의향자가 복수인 경우에는 인수금액을 우선적으로 고려하여 우선협상대상자를 선정하되, 인수의향자의 재무구조 건전성, 인수자금 조달 가능성, 종업원 고용조건 등 비계량요소를 평가하여 반영할 수 있도록 하면서, 동조 제2항에서는 기업 인수 이후 단기차익 획득을 목적으로 하는 재무적 투자자보다는 인수회사를 실제로 경영·발전시킬 의사와 능력이 있는 전략적 투자자를 우대할 수 있도록 규

---

17) 대부분의 M&A에서 매수인은 자기자금만으로 매수대금을 지급하는 것이 아니라 금융기관으로부터 매수자금을 대출받아 매수대금에 충당하므로 M&A 이후 기업이 부실화되면 필연적으로 금융기관의 부실채권 확대를 가져오게 될 것이며, 이는 금융시장의 안정을 저해하게 될 것이다.

정하고 있다.

4. 구 사주의 참여 문제

정상 기업의 M&A 또는 순수한 사적 계약에 의한 M&A의 경우라면 구 사주가 주식을 재매수하여 경영권을 회복하는 것이 문제 되지 않을 것이나, 구조조정기업의 M&A에서는 과거 채권금융기관 및 이해관계자에게 막대한 손실을 입힌 구 사주로 하여금 주식을 다시 보유하도록 하여 경영권을 부여하는 것은 도덕적 해이에 해당할 수 있을 것이다.

반면 단순히 구 사주라는 이유만으로 매각과정에서 배제할 경우, 매각가격 저하 등으로 금융기관의 채권회수에 불리하게 작용할 수 있으므로 구조조정기업의 M&A에 있어서 구 사주의 참여 여부는 신중히 고려한다.

매각준칙 제12조 제1항에서는 부실책임이 있는 구 사주에 대하여 원칙적으로는 우선협상대상자에서 제외하면서도, 부실책임의 정도 및 사재출연 등 경영정상화를 위한 노력의 사후평가를 통해 오히려 구 사주에게 우선매수청구권까지 부여할 수 있도록 규정하되, 다만 동조 제2항에서는 구 사주가 우리사주조합 또는 회사자금을 이용하여 자사주를 매입하거나 채권금융기관 보유주식 중 극히 일부 지분만 매입하여 비정상적인 방법으로 경영권을 양수하는 등의 도덕적 해이가 발생하지 않도록 할 것을 규정하고 있다.[18]

---

18) 구 사주의 참여와 관련하여 금호산업의 경우, 구 사주(박삼구)의 사재 출연에 의한 유상증자 참여 등을 고려하여 채권단은 우선매수청구권을 부여하였고 이에 기하여 구 사주가 경영권을 회복하였다. 반면 현대건설의 경우, 구 사주(현대그룹)가 매각준칙 제12조 제1항 단서를 근거로 우선매수청구권의 부여를 요청하였으나 채권단은 이를 거부하고 다만 구 사주의 인수 참여를 배제하지는 않았는데, 결과적으로 구 사주가 아닌 현대자동차그룹이 현대건설을 인수하였다.

IV. 개별 구조조정기업의 M&A 사례

1. 대우종합기계

(1) 대우중공업의 분할

대우중공업은 1937년 6월 조선기계제작소에서 시작하여 1976년 대우
그룹이 이를 인수한 후 대우기계를 흡수·합병하면서 대우중공업으로 상
호를 변경하였고, 1994년 대우조선공업을 흡수·합병하게 되어 그 사업
은 기계 부문과 조선 부문으로 크게 구분되어 있었다.

1999년 8월 25일 대우중공업을 포함한 대우계열 12개사는 유동성 부족
이 심화되어 주거래은행인 제일은행에 기업개선 작업을 신청하였으며,
제일은행은 1999년 8월 26일 대우계열 채권금융기관협의회를 개최하여
대우계열 12개사를 워크아웃대상 업체로 선정하였다.

이에 따라 대우중공업의 채권금융기관들은 대우중공업의 기업개선 작
업을 진행하게 되었으며 조선 부문과 기계 부문을 분할함으로써 회사의
경영을 조기에 정상화시키고자 하였는바, 2000년 10월 인적 분할의 형태
로 존속회사(대우중공업)·조선(대우조선해양)·기계(대우종합기계)의 3사
로 분할하게 되었다.

2001년 2월 1일 대우조선해양과 대우종합기계의 주식이 증권거래소에
재상장되었으며, 채권단의 기업개선 작업 및 회사분할 등으로 인하여 대
우조선해양 및 대우종합기계의 재무구조와 수익성이 빠르게 개선됨에 따
라, 대우조선해양은 2001년 8월 23일 기업개선 작업을 종료하고 대우종
합기계도 2001년 11월 30일 기업개선 작업을 종료하였다(〈표 1〉 참고).

(2) 대우종합기계의 매각

1) 대우종합기계의 현황 및 두산중공업 컨소시엄의 인수

2003년부터 대우종합기계의 주가가 대폭 상승하고 국내 M&A시장이 활성화되어 시장 분위기가 형성됨에 따라 공적자금관리위원회와 한국자산관리공사, 한국산업은행은 2003년 4월부터 출자전환주식의 매각계획을 수립하고 M&A를 추진하였다(매각대상인 대우종합기계의 주식지분 51퍼센트 중 31퍼센트를 한국자산관리공사가 보유하고 있었으므로 공적자금관리위원회에서 매각계획을 심의하였다).[19]

매각 당시 대우종합기계의 사업구조는 건설기계(굴삭기 · 지게차) 및 엔진, 공작기계, 자동화기기를 생산하는 민수 부문과 장갑차, 정밀기계 등을 생산하는 방위산업 부문으로 구성되어 있었다.

대우종합기계의 주식매각은 방위산업 부문은 외국인의 참여를 배제한 제한경쟁입찰, 민수 부문은 내외국인을 대상으로 하는 국제경쟁입찰을 통하여 진행되어 2005년 4월 두산중공업 컨소시엄이 방위산업 부문과 민수 부문을 일괄인수하였으며, 인수 후 대우종합기계의 사명은 두산인프라코어로 바뀌었다.

---

19) 한국자산관리공사가 보유하고 있는 출자전환주식을 매각하는 경우, 공적자금의 운용 등에 관한 사항을 종합적으로 심의 · 조정하기 위하여 금융위원회에 두고 있는 공적자금관리위원회에서 심의 · 조정을 하며, 공적자금관리위원회에는 공적자금회수의 적정성을 심사하기 위하여 매각심사소위원회를 두고 있다(공적자금관리특별법 제3조, 제12조 및 동법 시행령 제5조의5 제1항 제2호). 이 경우 주식매각계획의 수립, 우선협상대상자의 선정, 매각 협상 및 주식양수도계약을 체결함에 있어서 공적자금관리위원회의 심의를 거치고 있으며, 매각심사소위원회도 매각 주간사의 선정, 우선협상대상자의 선정, 주식양수도계약의 체결 등을 심의한다.

2) 매각절차상 특이점

① 조합입찰방식

대우종합기계의 사업은 민수 부문과 방위산업 부문으로 구성되어 있었는데, 방위산업 부문과 관련하여 외국인투자촉진법상의 제한[20] 및 국내 방위산업 보호를 고려하여 외국인의 참여를 배제하기로 함으로써 외국인의 인수 참여가 불가능하였으므로 일괄매각을 강행할 경우에는 내국인만 참여할 수 있어 경쟁이 저조할 것으로 예상되었다. 따라서 민수 부문과 방위산업 부문에 따로 참여할 수 있는 기회를 부여하였는바, 방위산업 부문과 민수 부문의 일괄인수, 방위산업 부문만의 인수, 민수 부문만의 인수방식으로 다양한 조합을 구성한 입찰 참여가 가능하도록 하였다.[21]

위와 같이 조합입찰방식을 실시함으로써 보다 원활한 경쟁구도가 유지되어 입찰자로 하여금 높은 가격을 제시하게 하는 유인으로 작용하였다.

② 선 계약 후 실사 방식

M&A절차상 우선협상대상자가 선정되면 양해각서(Memorandum of Understanding. 이하 'MOU')를 체결하고 확인실사를 진행한 후 실사 결과를 반영하여 본계약을 체결하는 선 실사 후 계약 방식과 우선협상대상자와의 MOU를 생략하고 본계약을 바로 체결한 후 확인실사를 진행하는 선

---

20) 대우종합기계 주식의 매각 당시 외국인투자촉진법(법률 제7281호) 제6조 및 동법 시행령(대통령령 제18662호) 제8조는 외국인이 방위산업체를 영위하는 기업의 기존 주식 등을 취득함으로써 투자를 하고자 하는 경우, 국방부장관과의 협의를 거쳐 산업자원부장관의 허가를 받도록 정하고 있었다. 현행 외국인투자촉진법 제6조 및 동법 시행령 제7조는 국방부장관과의 협의를 거쳐 산업통상자원부장관의 허가를 받도록 하고 있다.

21) 대우종합기계와 마찬가지로 방위산업체에 해당하는 대우조선해양의 경우, 2008년 추진한 출자전환주식매각 M&A에서 방위산업 부문을 분리하지 아니하고 일괄매각하면서 외국인의 입찰 참여를 제한하였다.

계약 후 실사 방식이 있는바, 대우종합기계의 경우 선 계약 후 실사 방식을 선택하였다.

선 계약 후 실사 방식의 경우, 매각 주체의 입장에서는 본계약 체결 전에 확인실사를 실시함으로 인하여 발생할 수 있는 계약 체결 지연에 따른 매각대상 기업 이해관계자의 관여 및 산업 현장에서의 동요에 의한 실사 곤란 등 매각 진행의 장애요인을 감소시킬 수 있으며, 우선협상대상자로 하여금 MOU 체결보다 가중된 계약금을 납입하게 함으로써 인수 철회를 저지하는 효과를 가져올 수 있어, 높은 입찰가격에 의한 매각의 가능성을 높이고 본계약 체결 거절로 인한 영업비밀 누설 등을 방지할 수 있다.

〈표 1〉 구 대우계열사 현황

구 업체명	분할/신설사명	현재 상황	인수자	비고
(주)대우	(주)대우	파산	-	-
	대우건설	M&A 완료	케이디비밸류제6차유한회사	금호아시아나그룹 인수 후 재매각
	대우인터내셔널	M&A 완료	포스코	포스코대우로 사명 변경
대우중공업	대우중공업	파산	-	-
	대우종합기계	M&A 완료	두산그룹	두산인프라코어로 사명 변경
	대우조선해양	워크아웃 졸업	-	M&A를 추진하여 한화그룹과 MOU 체결 후 본계약 무산
대우자동차	대우자동차	청산	-	-
	지엠대우오토앤테코놀러지(GM DAT)	자산양수도 완료	GM	한국지엠으로 사명 변경
	대우버스	M&A 완료	영안모자컨소시엄	자일대우버스로 사명 변경
	대우상용차	M&A 완료	인도타타모터스	타타대우상용차로 사명 변경

	대우인천자동차	M&A 완료	GMDAT	GMDAT에 흡수·합병	
쌍용자동차		M&A 완료	인도 마힌드라&마힌드라	상해자동차의 인수 후 회생절차를 거쳐 재매각	
경남기업		회생절차 진행 중	대아건설(경남기업에 피합병)	워크아웃 졸업 및 대아건설의 인수 후 회생절차 진행	
대우통신	대우통신	파산	-		
	대우정밀	M&A 완료	S&T그룹	S&T대우, S&T모티브로 사명 변경	
	대우파워트레인	M&A(자산양수도) 완료	GMDAT	-	
	대우프라스틱	M&A 완료	삼라마이다스(SM)그룹	대우라이프로 사명 변경 후 SM그룹 남선알미늄에 흡수합병	
대우자동차판매	대우송도개발	파산	-	워크아웃 졸업후 재워크아웃 진행	워크아웃 졸업·2차 워크아웃·회생절차를 거쳐 회생계획에 따라 3사로 분할
	대우자동차판매	M&A 완료	대우버스	자일대우자동차판매로 사명 변경	
	대우산업개발	M&A 완료	신흥산업개발(홍콩)	-	
대우전자	대우전자	파산	-	-	
	대우일렉트로닉스	M&A 완료	동부컨소시엄	동부대우전자로 사명 변경	
대우전자부품		M&A 완료	아진산업컨소시엄	수차례 매각	
대우캐피탈		M&A 완료	아주그룹	아주캐피탈로 사명 변경	

2. LG카드

(1) LG카드의 경영정상화 추진과정

1) 긴급유동성 지원 및 채권은행 앞 매각 추진 무산

2003년 LG카드에 유동성 위기가 발생하자 LG카드에 부도가 발생할 경우, 금융기관의 동반 부실화 및 직접금융시장의 마비로 금융시스템의 붕괴가 예상됨에 따라 채권금융기관(8개 은행)이 유동성을 지원하였다. 그럼에도 불구하고 추가 유동성 위기의 발생이 예상되어 유동성 부족 해결을 위한 대안으로 위 8개 은행을 대상으로 LG카드의 매각을 추진하였다.

그러나 자산·부채실사 결과, 순자산부족액이 과다하고 추가 손실 발생이 예상됨에도 손실규모 대비 정상화방안이 미흡하여 매수희망기관이 없어 매각 추진이 무산되었다.

2) 자율협약에 의한 채권금융기관 공동관리 개시

위와 같이 채권은행에 대한 매각 추진이 무산된 후 LG카드의 유동성 위기가 채권금융기관의 지원 없이는 해결이 불가능할 것으로 판단됨에 따라, 신속한 유동성 지원으로 시장 안정을 꾀하고 채권금융기관 주도로 경영정상화를 추진한 후 적정가격에 매각하는 것이 최선의 방안으로 대두되었다.

LG카드의 경영정상화를 추진함에 있어 기업구조조정촉진법을 적용할 경우에는 LG카드의 신용이 급격히 하락함으로써 자산유동화증권(Asset Backed Securities. 이하 'ABS') 트리거(trigger)[22] 발생 등으로 정상화가 불가

---

22) 일반적으로 ABS 발행 시 일정 조건이 갖추어질 경우 ABS의 보유자가 중도상환을

능할 것으로 예상되어 기업구조조정촉진법에 의한 경영정상화가 아닌 채권금융기관 간 합의, 즉 자율협약의 형식으로 경영정상화를 추진하게 되었다. 이에 따라 기존 8개 채권은행을 포함한 10개 은행과 6개 보험회사로 구성된 16개 채권금융기관이 LG카드 경영정상화를 위한 채권금융기관 공동관리에 합의하고 LG카드 채권금융기관협약을 체결하였으며, 동협약에 의하여 출자전환·추가 유동성자금 지원·만기 연장 등 경영정상화를 위한 조치를 실시하였다.

(2) LG카드 매각절차

1) 채권금융기관 보유주식 공동매각 결의

채권금융기관은 LG카드의 제반 경영지표가 호전됨에 따라 적정가격에 의한 주식매각의 유리한 여건이 조성된 것으로 판단하고 2005년 10월 18일 보유하고 있는 LG카드주식의 공동매각을 결의하였으며, 매각준칙 및 LG카드 채권금융기관협약에 따라 매각이익의 극대화를 도모하고 절차상의 투명성과 공정성 확보를 위해 공개경쟁입찰방식으로 매각하기로 하였다.

2) 공개매수강제 문제의 발생

① 공개매수강제제도의 내용

구 증권거래법상 상장법인의 의결권 있는 주식을 6개월 동안 증권시장

요구할 수 있도록 하는 조건을 말하며, 경영정상화를 추진함에 있어 기업구조조정촉진법을 적용할 경우에는 신용등급의 하락으로 ABS 트리거가 발생할 수 있다.

밖에서 10인 이상으로부터 매수하고자 하는 자는 해당 매수를 한 후 본인
과 특별관계자가 보유하게 되는 주식수의 합계가 해당 주식총수의 100분
의 5 이상이 될 경우 공개매수를 하여야 한다(당시 증권거래법 제21조 제1항
본문, 제3항 및 동법 시행령 제10조, 제10조의2).[23)]

　다만 위 요건에 해당한다 하더라도 '채권금융기관 또는 채권은행이 기

---

23) 증권거래법(2006. 3. 30. 시행)
　　제21조(공개매수의 적용대상)
　　① 의결권 있는 주식, 기타 대통령령이 정하는 유가증권(이하 "주식 등"이라 한다)을
　　대통령령이 정하는 기간 동안 유가증권시장 및 코스닥시장 밖에서 대통령령이 정하는
　　수 이상의 자로부터 매수 · 교환 · 입찰 · 기타 유상양수(이하 이 장에서 "매수 등"이라
　　한다)를 하고자 하는 자는 당해 매수 등을 한 후에 본인과 그 특별관계자(대통령령이
　　정하는 특별한 관계가 있는 자를 말한다. 이하 같다)가 보유(소유 기타 이에 준하는
　　경우로서 대통령령이 정하는 경우를 포함한다. 이하 이 장 및 제200조의2에서 같다)하
　　게 되는 주식 등의 수의 합계가 당해 주식 등의 총수의 100분의 5 이상이 되는 경우(본
　　인과 그 특별관계자가 보유하는 주식 등의 수의 합계가 당해 주식 등의 총수의 100분
　　의 5 이상인 자가 당해 주식 등의 매수 등을 하는 경우를 포함한다)에는 공개매수하여
　　야 한다. 다만, 그 유형 기타 사정을 감안하여 대통령령이 정하는 매수 등에 관하여는
　　그러하지 아니하다.
　　③ 이 장에서 "공개매수"라 함은 불특정다수인에 대하여 주식 등의 매수(다른 유가증
　　권과의 교환을 포함한다. 이하 이 장에서 같다)의 청약을 하거나 매도(다른 유가증권
　　과의 교환을 포함한다. 이하 이 장에서 같다)의 청약을 권유하고 유가증권시장 및
　　코스닥시장 밖에서 당해 주식 등을 매수하는 것을 말한다.
　　증권거래법 시행령(2006. 3. 30. 시행)
　　제10조(공개매수의 적용대상 유가증권) 법 제21조 제1항 본문에서 "의결권 있는 주식,
　　기타 대통령령이 정하는 유가증권"이라 함은 주권상장법인 또는 코스닥상장법인이
　　발행한 유가증권으로서 의결권 있는 주식에 관계되는 다음 각 호의 1에 해당하는 유가
　　증권(이하 "주식 등"이라 한다)을 말한다.
　　1. 주권
　　제10조의2(공개매수 상대방의 수의 산정기준)
　　① 법 제21조 제1항 본문에서 "대통령령이 정하는 기간"이라 함은 당해 주식 등의
　　매수 등(법 제21조 제1항의 규정에 의한 매수 등을 말한다. 이하 이 장에서 같다)을
　　하는 날부터 과거 6월간을 말한다.
　　② 법 제21조 제1항 본문에서 "대통령령이 정하는 수 이상의 자"라 함은 당해 주식
　　등의 매수 등을 하는 상대방의 수와 제1항의 기간 동안 당해 주식 등의 매수 등의
　　상대방의 수의 합계가 10인 이상인 자를 말한다.

업구조조정 촉진을 위한 금융기관협약 및 그 후속 협약이 정하는 바에
따라 공동으로 기업개선 작업 추진대상으로 선정된 기업의 주식 등을 제3자
에게 매각하는 경우 그 주식 등의 매수 등 일정한 사유에 해당하는 경우
에는 공개매수가 면제되었다(당시 증권거래법 제21조 제1항 단서 및 동법
시행령 제11조, 유가증권의 발행 및 공시 등에 관한 규정 제122조).[24]

② LG카드 매각의 경우

LG카드 출자전환주식 매각의 경우, 주권상장법인이었던 LG카드의 주
식지분 51퍼센트 이상을 매수인이 14개 채권금융기관으로부터 장외에서
일시에 매입하게 되므로 위 증권거래법 제21조 제1항 본문의 공개매수강
제요건에 해당하였다.

그런데 위 유가증권의 발행 및 공시 등에 관한 규정 제122조의 공개매
수 면제사유에 해당하는지 여부가 문제 되었는바, LG카드 채권금융기관
협약이 제122조 제5호 가목의 '기업구조조정 촉진을 위한 금융기관협약
및 그 후속 협약에 해당하는지에 대하여 서로 다른 견해가 있었으나, 금

---

24) 증권거래법 시행령(2006. 3. 30. 시행)
　　제11조(공개매수를 요하지 아니하는 매수 등) 법 제21조 제1항 단서에서 "대통령령이
　　정하는 매수 등"이라 함은 다음 각 호의 1에 해당하는 것을 말한다.
　　….
　　5. 제1호 내지 제4호의2 외에 다른 주주의 권익 침해가 없는 것으로서 금융감독위원회
　　가 정하는 주식 등의 매수 등
　　유가증권의 발행 및 공시 등에 관한 규정(2005. 12. 29. 개정)
　　제122조(공개매수의 면제) 영 제11조 제5호의 규정에서 "금감위가 정하는 주식 등의
　　매수 등"이라 함은 다음 각 호의 경우를 말한다.
　　….
　　5. 채권금융기관 또는 채권은행이 다음 각 목의 1에 해당하는 기업의 주식 등을 제3자
　　에게 매각하는 경우 그 주식 등의 매수 등
　　가. 기업구조조정 촉진을 위한 금융기관협약 및 그 후속 협약이 정하는 바에 따라
　　공동으로 기업개선 작업 추진대상으로 선정된 기업
　　나. 기업구조조정촉진법 제13조 또는 제22조의 규정에 의하여 채권금융기관 또는 채
　　권은행의 공동관리절차가 개시된 부실징후기업

융감독 당국은 LG카드가 구조조정기업에는 해당하나 'LG카드 채권금융기관협약'이 '기업구조조정 촉진을 위한 금융기관 협약 및 그 후속 협약'에는 해당하지 아니하며 LG카드가 기업구조조정촉진법이 적용된 기업도 아니므로 공개매수 면제사유에 해당하지 아니한다고 결론을 내렸다.

③ 현행 의무공개매수 관련 법령의 규정(자율협약을 공개매수 면제사유로 추가)

현행 자본시장과 금융투자업에 관한 법률(이하 '자본시장법')에서도 구 증권거래법상의 공개매수강제제도는 유지되고 있는데, 주권상장법인의 주식을 6개월 동안 증권시장 밖에서 10인 이상의 자로부터 매수하고자 하는 자는 그 매수를 한 후 본인과 특별관계자가 보유하게 되는 주식 수의 합계가 주식총수의 100분의 5 이상이 될 경우에는 공개매수를 하여야 한다(자본시장법 제133조 및 동법 시행령 제139조 이하).

그러나 현행 법령은 LG카드 매각 당시와 달리 자율협약에 의한 출자전환주식 매수의 경우를 공개매수 면제사유로 규정하고 있는바, 자본시장법 제133조 제3항 단서, 동법 시행령 제143조 제7호 및 증권의 발행 및 공시 등에 관한 규정 제3-1조 제4의2호는 '채권금융기관이 자율적인 협약에 따라 구조조정이 필요한 기업의 주식 등을 제3자에게 처분하는 경우'로서 (i) 복수의 채권금융기관이 협약에 참여하여 공동으로 의사결정을 할 것, (ii) 협약에 참여한 채권금융기관이 대출금의 출자전환 외에 채권재조정 등 기업의 경영정상화를 위한 조치를 취하였을 것, (iii) 주식 등의 매수자가 협약에 참여한 모든 채권금융기관으로부터 주식 등을 매수할 것(다만 협약에 참여한 채권금융기관 간 합의가 있는 경우 그러하지 아니하다)의 요건을 모두 충족하는 경우, 그 주식의 매수에는 공개매수를 면제하고 있다.

3) 공개경쟁입찰과 공개매수의 접목에 의한 주식매각

위와 같이 채권금융기관의 LG카드 주식매각이 매수인의 입장에서는 공개매수강제의 대상이 되는 반면, 매각준칙에 의하면 기업구조조정과정에서 보유하고 있는 출자전환주식은 공개경쟁입찰방식을 통하여 매각하도록 하고 있었으므로, 채권금융기관은 공개경쟁입찰에 의한 매각과 매수인에 의한 공개매수를 접목하는 방식을 추진하게 되었다.

이에 따라 채권금융기관이 실시한 공개경쟁입찰에서 우선협상대상자로 선정된 신한금융지주는 주식에 대한 매각합의서를 체결하고 이행보증금을 납부한 후 LG카드 주식 공개매수의 공고를 하였으며, 공개매수기간을 거친 후 매각대금을 지급함으로써 매각절차를 종료하게 되었다.

V. 결론

외환위기 이후 금융기관은 금융기관협약 또는 기업구조조정촉진법에 의한 기업구조조정절차를 통해 수많은 부실기업의 경영을 정상화하였다.

또한 금융기관은 위와 같은 구조조정과정에서 출자전환으로 취득한 구조조정기업의 주식을 기업가치가 제고된 적절한 시기에 공개경쟁입찰을 통한 공정한 방법으로 공동매각함으로써 금융기관 부실채권회수 및 공적자금회수를 극대화하였고, 나아가 기업의 발전 가능성까지 고려하여 적절한 매수인에게 매각함으로써 국가경제의 성장성 및 안정성까지 도모하였다.

구조조정기업에 대한 금융기관 채권의 출자전환은 여전히 기업구조조정의 유용하고 중요한 수단이 되고 있는바, 현행 제도상으로도 기업구조조정촉진법에 따른 구조조정과정에서의 출자전환주식 취득의 경우에는 은행법, 금융산업의 구조개선에 관한 법률, 금융지주회사법 등의 출자 제한 규정을 적용하지 아니하는 등 금융기관의 출자전환을 지원하기 위한 특례를 두고 있으나(기업구조조정촉진법 제33조), 기업구조조정 수단으로서의 출자전환을 더욱 활성화하기 위하여는 금융기관의 출자 제한과 관련된 각종 법률 규정의 적용을 구조조정기업의 경우에는 배제 또는 완화하는 방향으로 계속적으로 개선할 필요가 있으며, 또한 출자전환주식의 원활한 매각을 통해 신속한 채권회수가 이루어질 수 있도록 금융기관의 출자전환주식 매각의 경우에는 주식매매 등 M&A와 관련된 각종 규제에 대한 특례를 인정하는 방향으로 관련 법령을 개선할 필요가 있다.

02

회생절차 M&A의 실무상 쟁점[*]

홍성준[**]

I. 서론

M&A(Mergers & Acquisitions)란 합병과 매수(또는 인수)를 포괄하는 개념으로 회사 합병, 영업양도, 지배주식의 취득 등의 방법으로 회사의 지배권 내지 경영권을 직간접으로 취득하는 여러 형태의 행위를 총칭한다.

우리 도산 실무에 M&A가 등장한 배경은 다음과 같이 요약해 볼 수 있다. 1997년 IMF사태 이후 금융기관을 비롯한 다수의 국내 유수 기업의 연쇄도산의 위험에 직면하여 일부는 법원 밖에서 워크아웃절차를, 일부는 법정 도산절차인 화의절차와 회사정리절차를 밟으면서 도산의 위험에 대처하게 되었다. 이런 위기의 기업들은 도산절차를 거치면서 목전

---

* 이 논문은 BFL 제20호(2006. 11)에 게재된 글을 수정·보완한 것이다.
** 법무법인(유한) 태평양 변호사

의 도산 위험으로부터는 벗어났으나, 곧 그 기업들이 수행해 오던 사회적·경제적 기능이 정상적으로 발현될 수 없는 현실적 한계가 있다는 것이 드러났다. 이런 기업들이 그 한계를 극복하여 채권자의 만족을 최대화하여 그들로부터 양보를 얻어 내고, 동시에 그 기업들의 도산 상태를 실질적으로 해소하여 정상적인 기능을 수행하기 위한 수단으로서, 외부로부터 신규자금을 조달하여 도산채무를 변제함으로써 채권자를 만족시킴과 동시에 채권자의 추가적인 일부 권리의 양보를 전제로 도산 상태를 실질적으로 해소하기 위한 목적에서 M&A가 우리 도산 실무에 등장하게 되었다.

이와 같은 목적을 갖는 회생절차에서의 M&A는 2008년 9월 글로벌 금융위기가 발발하기 전까지는 도산에 직면한 기업들이 도산 상태에서 벗어날 수 있는 실질적이고 효과적인 수단으로 활발하게 활용되어 왔으나, 글로벌 금융위기 이후 그 여파가 실물경제에도 영향을 미쳐 경기침체가 구조화되는 양상을 보이면서 회생회사의 M&A도 그 영향을 받아 상당히 감소하는 추세를 보이고 있고, 최근에는 종전과 달리 이른바 재무적 투자자의 회생기업 인수에 대한 관심도가 증가하고 있다.

한편 최근 회생 실무에서는 회생절차 개시 신청 사건 수의 급증을 배경으로 하여 등장한 회생절차에서의 패스트 트랙 프로그램(fast track program)이 정착되어 있고, 회생절차 진행 중의 신규자금조달 등 회생기업의 신속한 재건을 위한 다양한 방안이 모색되고 있어 모든 채무자회사가 M&A를 추진하지는 않으나, M&A는 회생절차 중인 기업의 마지막 실효적인 구조조정수단으로서 여전히 그 기능을 발휘하고 있다.

회생절차가 진행 중인 기업의 M&A와 관련하여서는 도산법 외에도 민상법·조세법·행정법·증권거래 관련 법령·공정거래법령 등 일반적인 M&A에서 제기되는 다양한 분야의 법률적 쟁점들에 대한 검토가 필요하고, 나아가 회계적 쟁점이나 사업성평가와 그 전망 등 법률 외적인 전문 지식과 경험을 필요로 하고 있으나, 이 글은 재건형 기업도산절차에서의 M&A의 도입 배경·목적과 그 실무에 대한 개괄적 설명을 통하여 재건형 기업도산절차에서의 M&A에 대한 기초적인 이해를 도모하고, 이와 직접 적으로 관련된 도산법적 쟁점에 대한 설명을 하는 것에 그치기로 한다.

II. 재건형 도산절차에서 M&A의 필요성

1. 재건형 도산절차(회사정리절차 및 회생절차)[1]에서의 M&A 의 필요성과 그 운영 경험

(1) 회생절차의 의의와 M&A

대표적인 재건형 도산절차인 회생절차를 간략히 정의하자면, '재정적 어려움'으로 인하여 파탄에 '직면'한 채무자를 둘러싼 '채권자·주주 등 여 러 이해관계'의 조정을 거쳐 '채무자 또는 그의 사업의 효율적인 재건'의 도모를 목적으로 하는 집단적 채무조정절차라고 말할 수 있다. 도산절차 가 가지는 사회적·경제적·정책적 기능과 관련하여 기업재산의 효율적 이용을 통한 기업재산가치의 극대화와 채권자 만족의 극대화를 목적으로 한다는 견해(재산가치 극대화론), 여기에서 더 나아가 기업의 경제적 파탄 으로 발생한 다양한 사회문제, 즉 근로자·하도급업자·고객 등에 대한

---

1) 회사정리절차와 회생절차는 상당한 부분에서 차이가 있으나 이 글의 목적이 양 절차의 차이점을 비교·분석하는 것이 아니므로, 이하에서는 특별히 구별하여 설명할 의미가 없을 때에는 양 절차를 구분하지 않고 회생절차라고만 한다.

영향도 고려하여 도산절차를 통한 적극적 재분배로써 정의를 실현하여야 한다고 주장하는 견해(재분배론) 등 여러 입장이 있을 수 있으나, 도산절차는 집단적 채무조정절차이므로 자산과 수익을 채권자들에게 공정하게 배분하는 기능을 기본으로 하고 기업을 둘러싼 다양한 이해관계의 재배분은 부수적으로 고려하여야 할 사항이라고 본다.

한편 청산적 도산절차인 파산절차가 채무자의 해체와 사업의 중단을 전제로 하여 채무자의 재산을 도산절차 내에서 전부 환가·처분하여 그 처분대금을 변제재원으로 하여 채권자들에게 질서정연하고 공평하게 배분하는 절차인 반면, 재건형 도산절차는 채무자의 재산을 환가·처분하는 대신 채무자의 사업의 계속을 전제로 재산의 처분대금 대신 사업에서 올리는 수익금을 변제재원으로 하여 채권의 만족을 극대화함과 동시에 채무자 자신의 회생 또는 채무자의 사업의 존속을 도모한다는 점에서 근본적인 차이가 있다. 즉 재건형 도산절차는 '사업의 계속'과 이를 통한 '채권자 만족의 극대화'라는 두 목표를 동시에 추구한다는 특징을 갖고 있으며, 회생절차에서의 M&A 실무에도 이러한 특징이 반영되고 있다.

(2) 회생절차에서 M&A 활용 배경

회생절차에서 작성되는 대부분의 회생계획은, 채무자가 조기에 그 수익력을 회복하지 못한다는 현실을 감안하여 회생계획기간 초기에 일정 기간 동안 채무 변제를 유예하는 내용의 회생계획을 작성하고, 회생계획 인가 후 상당 기간 채무의 압박에서 벗어나 사업과 수익력의 복원에 집중할 수 있도록 하여 장차 회생계획 수행의 토대가 되는 수익력을 조기에 확보하는 방향으로 입안되어 왔다. 그러나 현실에서는 대부분의 채무자 회사가 이러한 계획을 달성하지 못하고 있어 유예기를 지나 본격적인 채무 변제기에 접어들면, 회생계획의 수행에 심각한 어려움을 겪게 되어 다시 지급 불능 상태에 빠지거나 절차 폐지로 이어지는 사례가 많았다.[2)]

이와 같이 채무자회사가 계획의 수행 불가능단계에 이른 경우에 채무자회사는 불가피하게 절차 폐지와 파산선고를 받거나 재차 관계인집회의 결의를 거쳐 회생계획을 변경하여 기업의 재건을 다시 도모할 수는 있다. 그러나 이와 같은 회사에 대하여 절차 폐지와 파산선고를 하는 것은 재건을 위하여 들인 채무자의 노력과 채권자의 희생을 수포로 돌리는 것이어서 바람직하지 않고, 한편 아무런 대가 없이 회생계획 변경을 통하여 채권자에게 추가적인 희생을 강요하는 것도 적절하지 않다. 따라서 채무자회사가 당초 예정한 대로 회생계획을 수행하지 못하는 경우라도 재정적 파탄 상태에서 벗어남으로써 회생을 할 수 있고 동시에 채권자의 이해관계를 보호할 수 있다면 인가된 회생계획에서 예정한 회사의 지배구조와 채권관계를 재조정하는 것이 재건형 도산제도의 목적에 더 부합한다.[3)]

---

2) 독자생존형 정리계획의 수행 완료로 종결된 사례로는 서울중앙지방법원에서 담당한 석정온천개발 사건과 굿모닝시티 사건이 있고, 춘천지방법원에서 담당한 메디슨 사건이 있다. 석정온천개발사건과 굿모닝시티 사건은 개시 전에 수행하던 개발사업을 수분양자 등 이해관계인의 추가 출연을 기반으로 하여 완료한 뒤에 종결한 사례들이고, 메디슨 사건은 계획 입안 당시의 예상을 초과하는 사업실적으로 채무 변제를 거의 완료하였고 잔여채무 변제를 위한 자금 이상의 현금을 보유하여 종결된 사례이다. 최근 들어 서울중앙지방법원을 중심으로 회생계획 인가 후 채무 변제에 착수한 직후 조기 종결을 하는 사례가 늘어 가고 있으나, 이와 같은 조기 종결 사례의 경우에도 향후 잔여회생채무의 변제 등 회생계획의 수행 문제를 가지고 있다.
3) 회생 실무에서도 M&A는 '채권의 만족'과 이를 통한 '채무자의 재건'이라는 목표 외에 채무자회사를 운영할 '책임 있는 경영 주체의 확보'를 중요한 목표로 고려하고 있다. 이는 채무자회사의 재정적 파탄이 구 경영진의 무분별한 경영에 기인한다는 점과, 회생계획을 통해 채무자회사의 지배구조가 금융기관 등 채권자 중심으로 재편되는데 이들이 회사의 경영에 적합하다고 확신할 수 없다는 점을 고려하여, 종결 후 회사의 건전한 경영을 담당할 책임 있는 경영 주체의 확보도 회사의 존속을 위하여 필요한 현실적인 문제로 보고 있다.

(3) 회생절차에서의 M&A 활용 경험

'채권의 만족'과 '책임 있는 경영 주체의 확보'를 목적으로 서울중앙지방법원 파산부에서 회사정리 실무에 M&A가 본격적으로 도입되기 시작한 것은 지난 2000년 무렵으로, 그동안 서울중앙지방법원에서 M&A를 통하여 회사정리절차·회생절차를 종결한 사건은 2000년 2건(기아자동차·아시아자동차), 2001년 14건(삼미특수강·유원건설), 2002년 19건(범양상선·세양선박·쌍방울·쌍방울개발·미도파·한신공영), 2003년 8건(통일중공업·극동건설·가아특수강), 2004년 14건(고려산업개발·영남방직·뉴코아·진도·동서산업), 2005년 6건(일화·두루넷·진로·해태유통), 2006년 6건(아남건설·한합산업·건영), 2007년 8건(건영·현대엘씨디·나산), 2008년 5건(대한통운·동아건설산업), 2009년 2건, 2010년 3건(신성개발·한성항공), 2011년 2건(신일정공·현양), 2012년 2건(비알엔사이언스·우리엔지니어링), 2013년 7건(엠아이텍·대한해운·신성건설)이다.

한편 구 회사정리 실무에서 M&A로 회사정리절차를 종결한 57개 회사의 M&A 추진시기와 그와 관련한 채권회수율 등을 분석한 결과에 의하면, (i) 추진시기가 언제이든지 간에 M&A를 추진하는 것이 총채권자들의 만족을 증대시키고, (ii) 추진시기별로 나누어 보면 회사정리절차 개시 후 4년 이내에 종료된 M&A의 채권회수율이 청산배당율 대비 최고치를 보이고 있는바, 위 (ii)는 회생계획 인가 전 M&A와 회생절차 개시 신청 전 M&A를 도입하는 배경이 되었다.

(4) 회생절차 M&A의 특징

회생절차에서의 M&A는 사인 간의 M&A나 공공기관의 M&A와 비교해 보면 다음과 같은 특징을 가지고 있다.

1) 매도자(관리인) 중심의 M&A

회생절차 내에서 진행되는 M&A는 매도자, 즉 관리인 중심으로 진행되는 특징을 갖고 있다. 그 M&A의 주관자인 관리인은 채무자와 그의 채권자 및 주주 등으로 이루어진 이해관계 단체의 공적 수탁자로서 복잡하게 교차하는 이해관계를 중립적 견지에서 조정하여야 하는 지위를 가지고 있어 M&A과정에서 발생하는 여러 문제점에 대하여 이러한 이해관계를 두루 고려할 수밖에 없으므로, 일반적인 M&A의 경우라면 얼마든지 협상의 대상이 되는 사항도 그것이 채무자의 회생과 채권 만족에 필수적인 사항이라면 단순히 이익 조정의 관점에서 양보하는 결정을 할 수 없다. 이런 측면에서 회생절차의 M&A는 매도자 중심으로 진행되는 특징을 갖고 있다고 할 수 있다.

2) 채무자회사의 회생 추구와 그로 인한 제약

회생절차에서의 M&A는 '채무 변제재원의 조달'과 '책임 있는 경영 주체의 확보'를 통한 채무자회사의 회생이다. 그중에서 '채무자회사의 회생'이라는 목적을 달성하기 위하여 유상증자 참여의 우대, 경영능력의 요구, 인수주식의 보호예수강제, 법령상 제약요소의 사전 제거 요구 등 여러 측면에서 제약을 가하고 있다.

3) 신속한 절차

회생절차의 M&A는 공고 후에는 신속하게 진행된다. 관리인은 입찰 전에 입찰참가자들에게 입찰서 마감 후 진행되는 일정, 즉 우선협상대상자 선정 후 양해각서(Memorandum of Understanding, MOU) 체결시한, 인수

대금 조정을 위한 상세실사(due diligence) 허용시한, 인수대금 조정협상
시한, 투자계약 체결시한 등을 정해 놓고 있고, 인수인의 필요에 의하여
연장을 요청하는 경우라도 그 사유를 제한함과 동시에 법원의 허가를 얻
도록 하고 있으며, 연장시한도 일정한 범위를 넘지 못하도록 제한을 가하
는 것이 보통이다. 이는 M&A과정에서 거치게 되는 여러 단계의 협상을
조기에 확정함으로써 M&A의 지연을 방지하고 채무자의 사업을 조기에
안정시키기 위함이다.

4) 도산법절차의 수반 등

회생절차에서의 M&A는 대부분 이미 인가된 회생계획의 수행, 또는
새로운 회생계획의 인가 내지 인가된 회생계획의 변경이라는 도산법 특
유의 절차를 거치게 된다. 따라서 M&A를 완결하기 위한 거래법적 요소
외에도 회생절차 내부에서의 법적인 사항, 특히 회생계획과 관련된 사항
및 회생절차의 종결 가능성에 대한 면밀한 사전 검토가 필요하다.

한편 뒤에서 보는 바와 같이 회생절차 내에서 진행되는 M&A는 원칙
적으로 공개경쟁입찰방식으로 진행되는 관계로, 입찰절차 착수 시 인수
희망자에게 법원의 허가를 받아 배포하는 입찰안내서에서 그 이후의 과
정을 상세히 규정하고 있으며, 우선협상대상자를 선정한 후 법원의 허가
를 받아 양해각서와 투자계약을 순차로 체결하는데, 그 입찰안내서나 양
해각서 및 투자계약은 각각 법적 효력을 갖는 것이므로 입찰절차 착수
이후 회생회사와 인수자 간의 관계는 법원 밖에서 진행되는 사적 거래에
비해 엄격한 법적 거래의 특징을 갖는다. 따라서 회생회사는 입찰안내서
배포 이전부터 개별 조항의 법적 의미를 신중히 고려하여 그 내용을 검토
하여야 하고, 입찰 후에는 입찰안내서나 기왕에 체결한 양해각서 및 투자
계약의 내용을 기초로 인수자와 협상을 진행하여야 하며, 인수자 역시 이

런 법적인 제한하에서 회생회사의 M&A가 진행된다는 점을 유의하여야
한다.

　5) 공정성·투명성의 강조

　회생절차의 M&A에는 기본적으로 채권의 만족을 추구하는 기능이 있
고, 이를 위하여는 당연히 높은 인수금액을 제시하는 잠재적 투자자를 유
치하여야 한다.

　과거 수익성이 높은 정리회사들에 대한 M&A 추진방침이 천명되면서
잠재적 투자자들의 관심이 높아져 직접인수를 희망하거나 주간사로 선정
되려는 업체가 경쟁적으로 나서고 있는 상황이고, 경쟁에서 탈락한 업체
들이 선정과정에 이의를 할 가능성이 상존하고 있다. 실무상으로도 종종
우선협상대상자에서 탈락한 경쟁자 또는 M&A의 내용에 불만을 갖는 채
권자·주주 등 이해관계인들이 민형사상 이의를 제기하거나 법적 조치를
취하는 경우가 발생하므로, M&A의 안정적 진행을 위해서 절차의 투명성
과 공정성을 유지하는 것이 매우 중요하다.

　더구나 M&A의 결과가 채권자 등 이해관계인에게 미치는 영향은 매우
크므로, 채무자 회생 및 파산에 관한 규칙(이하 '채무자회생규칙') 제49조
에서는 "관리인은 영업 또는 사업의 양도 등에 관하여 매각 주간사, 채무
자의 영업 및 재산을 실사할 법인 또는 우선협상대상자를 선정하는 때에
는 미리 채권자협의회의 의견을 묻는 등 공정하게 절차를 진행하여야 한
다"라고 규정하여 M&A 등에서 공정한 절차 진행을 강조하고 있으며, 서
울중앙지방법원 파산부 실무준칙에서도 매각 주간사 선정 또는 우선협
상대상자 선정 시 최종 용역제안서나 인수제안서를 제출받기 전에 유상
증자·기타 인수대금의 규모, 자금조달 가능성, 인수희망자 재무구조의
건전성, 채무자를 실제로 경영·발전시킬 의사와 능력이 있는지 여부 등

을 평가항목으로 한 구체적인 평가기준을 관리인이 법원과 협의하여 미리 작성하여 두도록 하는 등 공정한 M&A절차를 진행할 것을 강조하고 있다.

회생절차의 M&A에서 공정성·투명성이 강조되는 또 다른 이유는 공정·투명한 M&A절차의 진행이 M&A 참가자들 사이에 유효한 경쟁을 유도할 수 있고, 이것이 채무자회사의 M&A 인수대금을 제고하는 기능을 할 수 있기 때문이다.

(5) 회생절차와 M&A 실무관계 및 최근 법률개정 내용

1) 채무자 회생 및 파산에 관한 법률(이하 '채무자회생법')이 시행된 이후 회생절차에서의 M&A 실무에 상당한 변화가 있었다. 채무자회생법에 따른 회생 실무가 과거의 회사정리 실무와 크게 다른 점은 '기존 경영자 관리인 선임'과 '회생계획 인가 후 조기종결'이다.

채무자회생법은 자원 배분의 효율성 제고를 위한 회생 신청의 조기유도 및 기존 경영자의 업무 경험의 활용을 주된 목적으로 '기존 경영자 관리인 선임'제도를 도입하였다. 이 제도가 실무에서 정착되면서 M&A에 대한 유인이 없는 기존 경영자 관리인이 회생절차의 기본 방향에 상당한 영향력을 행사하고 있고, 또 회생계획 인가 후 변제 착수 직후 조기종결을 하는 사례가 늘고 있어 회생절차 내에서 M&A 가능성이 상당히 감소하였다.

한편 M&A가 진행되는 경우에도 진행절차 측면에서 채권자협의회를 중심으로 한 이해관계인의 감시·감독 등 절차 관여의 여지가 생겼다. 채무자회생법이 기존 경영자 관리인 선임원칙을 채택한 것에 대응하여 기존 경영자 관리인을 견제·감독할 수 있는 권한을 채권자협의회에 주고 있다. 채무자회생규칙은, 법원·관리인 주도의 종전 M&A 실무를 개

선하고 M&A에 가장 큰 이해관계를 갖는 채권자 측의 참여를 일정 정도
보장하기 위하여, 관리인이 영업 또는 사업의 양도 등에 관하여 매각 주간
사, 채무자의 재산 및 영업 상태를 실사할 법인 또는 우선협상대상자 등
을 선정하는 때에는 미리 채권자협의회의 의견을 묻는 등 공정하게 절차
를 진행하여야 하고(제49조), 채권자협의회가 법원에 그 의견을 제시하는
경우에는 그 처리 결과를 채권자협의회에 통지하여야 한다(제38조)고 규
정하고 있다. 채권자협의회가 M&A과정에 대하여 의견을 제시할 수 있
으려면 진행 중인 M&A에 관하여 필요한 정보를 사전에 제공받아야 하
므로, 회생절차에서의 M&A에는 종전보다 관여하는 이해관계인의 범위
가 넓어져 그에 따른 이해관계 조정과정이 더욱 복잡해질 수도 있다.

　2) 2014년 세월호 사건 발생 이후 구 사주가 회생절차를 악용하여 회사
의 채무를 조정한 후 그 회사를 다시 인수한 것에 대하여 사회적 비난이
제기되자, 부실경영에 책임이 있는 구 사주가 회생절차를 악용하는 것을
방지하는 내용으로 서울중앙지방법원 파산부 실무준칙이 개정되고 그해
말 채무자회생법도 같은 취지로 개정되었다. 이에 의하면, 관리인이나 매
각 주간사는 인수희망자가 부실경영에 책임이 있는 구 사주와 관련이 있
는지를 조사하여 법원에 보고하여야 하고 그러한 인수희망자는 인수자
또는 인수예정자 선정대상에서 제외할 수 있으며, 회생계획에 정해진 영
업양도 등의 경우 일정한 사유가 사전에 발견된 때에는 그 계획안을 사전
에 관계인집회의 결의에 부치지 아니하는 결정을 하도록 하고, 결의가 마
쳐진 후 사후적으로 발견된 경우에는 회생계획 불인가결정을 하도록 하
고 있다.[4]·[5]

---

4) 채무자회생법 제231조의2(회생계획안의 배제에 대한 특칙)

① 회생계획안이 제57조 각 호의 어느 하나에 해당하는 행위를 내용으로 하는 경우로서 다음 각 호의 요건을 모두 충족하는 경우에는 법원은 회생계획안을 관계인집회의 심리 또는 결의에 부치지 아니할 수 있다.

1. 다음 각 목의 어느 하나에 해당하는 자의 중대한 책임이 있는 행위로 인하여 회생절차 개시의 원인이 발생하였다고 인정될 것

　　가. 회사인 채무자의 이사(「상법」 제401조의2 제1항에 따라 이사로 보는 자를 포함한다)나 해당 이사와 제101조 제1항에 따른 특수관계에 있는 자

　　나. 회사인 채무자의 감사

　　다. 회사인 채무자의 지배인

2. 제57조 각 호의 어느 하나에 해당하는 행위를 하려는 자가 다음 각 목의 어느 하나의 경우에 해당할 것

　　가. 제1호에 해당하는 자의 자금제공, 담보제공이나 채무보증 등을 통하여 제57조 각 호의 어느 하나에 해당하는 행위를 하는 데에 필요한 자금을 마련한 경우

　　나. 현재 및 과거의 거래관계, 지분소유관계 및 자금제공관계 등을 고려할 때 제1호에 해당하는 자와 채무자의 경영권 인수 등 사업 운영에 관하여 경제적 이해관계를 같이하는 것으로 인정되는 경우

　　다. 제1호에 해당하는 자와 배우자, 직계혈족 등 대통령령으로 정하는 특수관계에 있는 경우

② 회생계획안이 제57조 각 호의 어느 하나에 해당하는 행위를 내용으로 하는 경우로서 그 행위를 하려는 자 또는 그와 대통령령으로 정하는 특수관계에 있는 자가 다음 각 호의 어느 하나에 해당하는 경우에는 법원은 회생계획안을 관계인집회의 심리 또는 결의에 부쳐서는 아니 된다.

1. 채무자를 상대로 「형법」 제347조(사기)·제347조의2(컴퓨터 등 사용사기)·제349조(부당이득)·제355조(횡령, 배임)·제356조(업무상의 횡령과 배임)·제357조(배임수증재)의 죄(「형법」 또는 다른 법률에 따라 가중 처벌되는 경우 및 미수범을 포함한다)를 범하여 금고 이상의 실형을 선고받고 그 집행이 끝나거나(집행이 끝난 것으로 보는 경우를 포함한다) 집행이 면제된 날부터 10년이 지나지 아니한 경우

2. 채무자를 상대로 제1호의 죄를 범하여 금고 이상의 형의 집행유예 또는 선고유예를 선고받고 그 유예기간 중에 있는 경우

3. 이 법을 위반하여 금고 이상의 실형을 선고받고 그 집행이 끝나거나(집행이 끝난 것으로 보는 경우를 포함한다) 집행이 면제된 날부터 5년이 지나지 아니한 경우

4. 이 법을 위반하여 금고 이상의 형의 집행유예 또는 선고유예를 선고받고 그 유예기간 중에 있는 경우

③ 법원은 제1항 또는 제2항의 내용을 확인하기 위하여 필요한 경우에는 채무자, 관리인, 보전관리인, 그 밖의 이해관계인 등에게 정보의 제공 또는 자료의 제출을 명할 수 있다.

III. 회생절차에서의 M&A의 유형

일반 거래계에서 활용하는 M&A형태는 매우 다양하지만, 회생절차에서 활용되는 M&A의 유형으로는 크게 (i) 제3자 배정 신주인수방식, (ii) 영업 양도방식, (iii) 자산양수도방식이 이용되고, 거의 대부분이 (i)의 유형에 해당하는 것이며, 부분적으로 (ii)·(iii)의 유형이 활용되고 있다. 다만 회사에 따라 여러 사업 부문을 가지고 있으나 그 사정이 각각 달라 어느 하나의 M&A방식만으로는 M&A를 추진하는 목적을 달성하기 어려운 경우에는 위 (i)의 방식과 위 (ii)·(iii)의 방식을 혼용하기도 하며, M&A를 원활하게 진행하기 위하여 필요한 경우에는 회사분할절차 등이 수반되기도 한다.[6]

---

5) 채무자회생법 제243조의2(회생계획의 불인가)
　① 회생계획안이 제57조 각 호의 어느 하나에 해당하는 행위를 내용으로 하는 경우로서 제231조의2 제1항 각 호의 요건을 모두 충족하는 경우에는 법원은 회생계획불인가의 결정을 할 수 있다.
　② 회생계획안이 제57조 각 호의 어느 하나에 해당하는 행위를 내용으로 하는 경우로서 그 행위를 하려는 자 또는 그와 대통령령으로 정하는 특수관계에 있는 자가 제231조의2 제2항 각 호의 어느 하나에 해당하는 경우에는 법원은 회생계획 불인가의 결정을 하여야 한다.
　③ 법원은 제1항 또는 제2항의 내용을 확인하기 위하여 필요한 경우에는 채무자, 관리인, 보전관리인, 그 밖의 이해관계인 등에게 정보의 제공 또는 자료의 제출을 명할 수 있다.
6) (주)한보 사례의 경우에는 영위하고 있는 철강사업 부문과 건설사업 부문이 제3자 배정 신주인수방식 또는 영업양도방식 어느 하나에 의하여 일괄매각이 곤란하자, 철강사업 부문을 영업양도방식에 의하여 매각하되, 건설사업 부문은 영업양도방식에 의하는 경우 공사실적이 승계되지 않는 점을 고려하여 이 부분을 회사분할방식에 의하여 분리한 후 분할된 회사를 제3자 배정 신주인수방식에 의하여 매각하고 분할된 회사에 대한 정리절차를 그 직후 종결하였다.

1. 제3자 배정 신주인수방식

(1) 일반론

회생절차에서의 M&A의 목표는 '채무 변제자금의 효과적인 조달'과 '책임 있는 경영 주체의 확보'에 있다고 할 수 있는데,[7] 제3자 배정 신주인수방식은 채무자회사를 직접 경영할 의사와 능력이 있는 제3자에게 신주를 배정·발행하여 지배주주가 되도록 하고 그가 납입한 유상증자대금으로 회생채무를 일시에 변제함으로써 개선된 재무구조를 바탕으로 회생절차에서 조기에 벗어날 수 있게 한다. 회생절차에서는 기존 주식의 감자를 시행할 경우 주주총회 특별결의나 채권자보호절차를 거칠 필요가 없고(채무자회생법 제264조[8] 및 상법 제439조 제2항, 제232조), 회사의 부채가 자산을 초과하는 경우에는 주주는 관계인집회에서의 의결권도 인정되지 않으므로 일반 M&A에 비하여 지배구조 변경이 신속하고 간이하게 이루어진다는 이점이 있다.

---

7) 실무상 우선협상대상자 선정기준의 하나로서 인수 후 채무자회사를 실제로 경영·발전시킬 의사와 능력이 있는지 여부를 평가하고, 주로 인수희망자들을 중심으로 주요한 자산에 대한 과도한 제약이라는 비판이 있기도 하지만, 본계약의 내용으로 인수자가 인수한 신주의 50퍼센트를 증권예탁결제원에 1년간 보호예수하도록 하고 있는데, 이는 모두 채무자회사를 경영할 책임 있는 지배주주를 확보하기 위한 조치라고 할 수 있다.

8) 제264조(자본 감소에 관한 특례)

① 제205조의 규정에 의하여 회생계획에서 자본의 감소를 정한 때에는 회생계획에 의하여 자본을 감소할 수 있다.

② 제1항의 경우 「상법」 제343조(주식의 소각) 제2항, 제439조(자본 감소의 방법, 절차) 제2항·제3항, 제440조(주식병합의 절차), 제441조(주식병합의 절차), 제445조(감자무효의 소) 및 제446조(준용규정)의 규정은 적용하지 아니하며, 같은 법 제443조(단주의 처리) 제1항 단서에 규정된 사건은 회생 법원의 관할로 한다.

③ 제1항의 경우 채무자의 자본 감소로 인한 변경등기의 신청서에는 회생계획인가 결정서의 등본 또는 초본을 첨부하여야 한다.

인수희망자는 일반 M&A와 같이 증권시장에서 채무자회사의 주식을 매집하거나 주주들과의 개별 접촉을 통하여 기존 주식을 매입하여 대주주가 될 수도 있으나,[9] 이러한 방식은 주식의 귀속 주체만 변동될 뿐 채무자회사의 재무구조 개선 또는 정리채무의 변제에 도움이 되지 않기 때문에 회생절차의 M&A방식으로 활용할 수는 없다고 본다.[10]

(2) 인수대금 납입방식([그림 1])

뒤의 [그림 1]은 인수희망자가 유상증자대금을 납입하는 방식을 도식화한 것이다. 회생절차의 M&A에서는 대부분 사례 1과 같이 컨소시엄 구성원이 직접 신주를 인수하고 그 신주 인수대금을 정리회사에 납부하는 방식으로 유상증자에 참여한다. 사례 2는 인수희망자들의 조세 부담을 경감하고 더 많은 인수자금을 확보할 목적으로 중간단계 회사들을 통해 인수자금의 상당 부분을 부채로 조달하는 방안으로서, 중간단계의 회사들이 상위 회사로부터 출자받은 자금과 동등한 금액을 추가로 조달할 수 있다는 것을 전제로 도식화한 것인데, 중간단계의 회사에 대한 지배권을 상위 회사가 전적으로 유지한다면 책임 있는 경영 주체의 확보도 가능할 것이다.

---

9) (주)동양의 경우에는 회생계획을 인가받은 후 비업무용 자산이 당초 예상보다 높은 가격에 처분되어 그 처분대금으로 회생계획에 따른 채무 변제를 완료하고 M&A 없이 종결하였는데, 그 종결 직전부터 경영권 확보를 위한 기발행 주식의 매집 경쟁이 벌어진 바 있다.

10) 다만 채무자회사가 신주 발행을 내용으로 하는 M&A를 추진하면서 투자자로 하여금 신주 인수와 동시에 기왕에 발행된 주식도 인수하도록 하는 것을 생각해 볼 수 있으나, 이러한 방식은 기왕에 발행된 주식의 인수가 새로이 발행하는 신주의 가치에 부정적인 영향을 주지 않아야 한다.

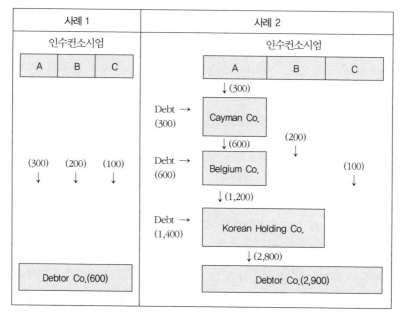

〔그림 1〕 유상증자 납입방식

(3) 인수인이 취득할 신주에 따른 구분(〔그림 2〕)

뒤의 〔그림 2〕는 신주를 발행하는 방식을 도식화한 것이다. 회생절차의 M&A에서는 대부분 사례 1과 같이 채무자가 직접 인수희망자에 대하여 신주를 발행하는 구조를 활용하고 있으나, 예컨대 공익채무 등의 부담과 관련하여 기존의 채권·채무관계로부터 단절이 필요한 경우에는 사례 2와 같이 채무자가 새로 회사를 설립하고 그 회사에 자산을 양도한 다음 신설회사의 주식을 인수희망자에게 발행하는 방식을 활용할 수도 있다. 또 여러 사업 부문을 운영하고 있는 회사가 사업 부문 전부를 제3자 배정 신주인수방식으로 M&A를 하는 것은 인수대금의 하락 등으로 곤란하고, 일부 사업 부문에 대한 인수희망자가 있어 그것을 영업양도하는 경우 채

무자회사의 실적 등을 인수인이 활용하기 어려우면 사례 3과 같이 인수희
망자가 있는 사업 부문을 분할하여 신설법인을 만들어 그 신설법인의 신
주를 발행하고,[11] 잔존 영업 부문은 종전의 채무자회사에 남겨 두어 추후
M&A를 추진하거나 청산하기도 한다.

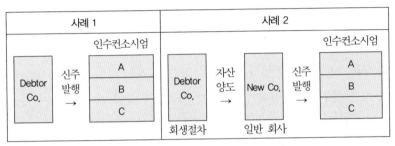

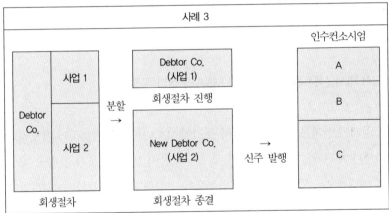

〔그림 2〕 신주발행방식

〔그림 2〕는 신주를 발행하는 방식을 도식화한 것이다. 회생절차의 M&A

---

11) 채무자회사가 채무자회생법 제212조에 따라 물적 분할을 할 수도 있으므로, 채무자회
사가 특정 사업 부문을 분할 신설회사에게 이전하는 형태로 물적 분할을 하면서 분할
신설회사 발행 주식을 취득하였다가 그 주식을 투자자에게 양도하는 방식으로 M&A
를 할 수도 있다.

에서는 대부분 사례 1과 같이 채무자가 직접 인수희망자에 대하여 신주를 발행하는 구조를 활용하고 있으나, 예컨대 공익채무 등의 부담과 관련하여 기존의 채권·채무관계로부터 단절이 필요한 경우에는 사례 2와 같이 채무자가 새로 회사를 설립하고 그 회사에 자산을 양도한 다음 신설회사의 주식을 인수희망자에게 발행하는 방식을 활용할 수도 있다. 또 여러 사업 부문을 운영하고 있는 회사가 사업 부문 전부를 제3자 배정 신주인수방식으로 M&A 하는 것은 인수대금의 하락 등으로 곤란하고, 일부 사업 부문에 대한 인수희망자가 그것을 영업양도하는 경우 채무자회사의 실적 등을 인수인이 활용하기 어려우면 사례 3과 같이 인수희망자가 있는 사업 부문을 분할하여 신설법인을 만들어 그 신설법인의 신주를 발행하고, 잔존 영업 부문은 종전의 채무자회사에 남겨 두어 추후 M&A를 추진하거나 청산을 하기도 한다.

(4) 개시 신청 전에 이루어진 M&A의 결과 존중

앞에서 살펴본 것처럼 가급적 조기에 M&A에 착수하는 것이 채무자의 회생과 채권자의 만족 두 측면 모두에 도움이 된다. 채무자가 비록 재정적 어려움으로 말미암아 부득이 부도를 경험하고 회생절차를 신청하였다 하더라도 신청 당시까지 사업의 기반이 아직 와해되지 않고 수익력을 유지하고 있다면 M&A의 조기 착수가 효율성 제고에 유리하고, 신청 전에 이루어진 M&A가 채권자와 협의하에 공정하게 관리·진행되어 온 경우라면 채무자와 채권자의 의사가 충분히 반영될 수 있으므로, 이러한 M&A는 회생절차 내에서 관리인이 법원의 감독하에 진행하는 M&A와 다르지 않다. 이런 이유로 회생 실무에서는 개시 신청 전에 M&A를 완료한 경우에는 그 M&A 결과를 기초로 회생절차가 진행된다(현대엘씨디, 동아건설산업, 한성항공, BRN SCIENCE 등).

서울중앙지방법원 파산부 실무준칙에 의하면, (i) 사전 M&A절차 진행의 공정성과 제시된 인수금액의 적정성이라는 요건이 충족되는 경우 사전 M&A절차를 승인받아 이를 바탕으로 회생절차를 진행할 수 있고, (ii) 만일 신청 전 M&A절차의 공정성이나 제시된 인수금액의 적정성에 의문이 있는 경우에는 사전 M&A 우선협상대상자를 포함한 잠재적 투자자들을 대상으로 사전 우선협상대상자가 제시한 조건보다 나은 조건으로 채무자를 인수할 것을 다시 공개경쟁입찰방식으로 부치는 stalking-horse bidding을 실시할 수 있고, (iii) 그와 같은 절차를 거쳤음에도 불구하고 사전 M&A보다 나은 조건을 제시하는 인수희망자가 없다면 M&A절차의 공정성 등에 다소 의문이 있어도 채권자협의회의 동의 아래 그 결과를 수용할 수도 있으며,[12] (iv) 이 경우 법원이 관리인을 선임하지 아니할 수 있고 조사위원에 의한 채무자회사의 조사보고절차도 생략할 수 있으므로 회생절차 신청 후 종결까지 소요되는 시간도 상당히 단축될 수 있다.

2. 영업양도방식

(1) 회생계획 인가 후 영업양도

채무자회사의 영업의 전부 또는 일부에 관하여 이를 해체하지 않고 조

---

12) 위와 같은 방식은 기업재건(reorganization) 실무가 발달한 미국 연방파산법원이 미국 연방파산법 제363조에 따른 자산, 영업양도 등을 승인할 때 활용하는 실무지침(practice guideline) 중 stalking-horse bidding과 유사한 것이다. 뉴욕 남부 연방파산법원(United States Bankruptcy Court Southern District Court of New York) 홈페이지에 게시된 Adoption of Amended Guideline for the Conduct of Asset Sales에서도 유사한 절차를 규정하고 있다.

직화된 총체, 즉 인적·물적 조직을 그 동일성을 유지하면서 일체로서 제 3자에게 이전하는 방식이다. 영업양도에 있어서 이전의 목적이 되는 것은 단순한 물건 또는 권리·의무뿐만 아니라 거래선, 영업상의 비밀, 노하우 같은 경영조직의 사실관계를 포함한 유기적 일체로서 양수인은 이를 이용하여 양도인과 같은 영업자의 지위를 취득한다. 특별한 사정이 없는 한 근로관계는 양수인에게 포괄적으로 승계된다.

채무자회사 내에 양도가 가능한 사업부(예컨대 이익을 내고 있는 사업부)와 양도가 불가능한 사업부(예컨대 만성적으로 적자를 내고 있는 사업부)가 혼재하고 있어 제3자 배정 신주인수방식을 택할 경우 양도가 불가능한 사업부로 인하여 인수금액이 하락할 가능성이 있는 때,[13)·14)] 달리 유보된 이월결손금이 없다면 제3자 배정 신주인수방식을 택할 때 대규모 채무면제이익이 발생하거나 추가적인 조세 부담의 가능성이 있어 인수자의 입장에서 인수에 따른 부담이 큰 경우 등에 활용할 수 있는 방식이다.

회생절차에 의한 영업양도는 주주총회 특별결의를 거칠 필요가 없고

---

13) 예컨대 해태제과(주)의 경우, 제과 부문은 영업양도하고 건설 부문은 영업을 폐지한 후 상호를 변경하여 사실상 청산절차를 밟았다. (주)한보의 경우, 철강 부문은 아마토공업(주)에게 영업양도하고 건설 부문은 물적 분할을 하여 신설회사(주식회사 한보토피아)를 설립한 후 신설회사의 주식 전부를 진흥기업(주)에게 양도하였으며, 분할 신설회사에 대하여는 그 직후 정리절차를 종결하였고, 분할 존속회사는 영업을 폐지하고 청산절차를 밟았다.

14) 제3자 배정 신주인수방식과 영업양도방식을 동시에 추진한 사례로는 (주)진도의 경우가 있다. (주)진도는 (i) 컨테이너사업 부문, (ii) 모피를 중심으로 한 의류사업 부문, (iii) 철강가공사업 부문 등이 있었는데, 위 사업 부문에 개별적으로 관심을 갖고 있는 인수희망자들이 있고 그들의 인수희망가격이 상당한 규모의 것으로 사전에 파악되었는바, (주)진도의 M&A는 이를 감안하여 원칙적으로 제3자 배정 신주인수방식으로 추진하되 개별 사업 부문의 영업양수도에 대해 유효한 입찰이 있을 것을 전제로, 인수희망자로부터 사업 부문별 입찰제안서도 제출받아 사업 부문별 인수희망자들을 컨소시엄을 구성한 것처럼 가상하여 제3자 배정 신주인수방식의 입찰참가자가 제시한 최고입찰가와 위 사업 부문별 입찰참가자들의 최고 입찰가의 합산액을 비교하여 금액이 높은 쪽을 택하여 진행하기로 예정한 바 있다.

반대주주의 주식매수청구권도 인정되지 않기 때문에(채무자회생법 제261조 제2항[15]) 및 상법 제374조의2) 상법상의 영업양도에 비하여 여러모로 편리하다. 다만 영업양도방식은 양도대상 자산 및 부채를 양수인에게 개별적으로 이전하는 특정 승계절차를 취하므로 제3자 배정 신주인수방식에 비하여 절차가 복잡하고, 양도되지 않은 잔존 자산의 처분 등에 상당한 시일이 소요될 뿐 아니라 경우에 따라서는 양도차익으로 인한 조세 부담이 새로 생겨날 수 있는 단점이 있다.

(2) 회생계획 인가 전 영업양도

1) 인가 전 영업양도의 필요성

회사정리법하에서는 정리절차 내에서 영업양도를 하고자 할 경우에는 정리계획에 의하여야 한다고 규정되어 있어서(회사정리법 제217조 및 채무자회생법 제200조), 인가 전 영업양도가 허용되는지에 관하여 논란이 있었으나, 채무자회생법은 회생계획 인가 전 영업양도(제62조)에 관한 규정을 신설하여 이를 해결하였다. 채무자회생법이 인가 전 영업양도를 명문화한 것은 개시 신청 전 부도 등의 여파로 인한 신용도의 급격한 하락, 기존의 거래관계의 단절, 회사조직의 와해 등으로 정상적인 회생절차의 진행에 큰 어려움을 겪는 경우가 있고, 그 영향이 중대할 때에는 채무자의 기업가치가 하락하여 청산가치를 하회하게 되는 결과에 이를 수도 있는데, 이러한 때 상당한 시일이 경과된 뒤 회생계획에 따라 영업을 양도하는 것과 비교

---

15) 제261조(영업양도 등에 관한 특례)

　…．

　② 제1항의 경우 「상법」 제374조(영업양도, 양수, 임대 등) 제2항 및 제374조의2(반대주주의 주식매수청구권)와 「자본시장과 금융투자업에 관한 법률」 제165조의5(주식매수청구권의 특례)의 규정은 적용하지 아니한다.

하여 보다 유리한 가격 및 조건으로 영업을 양도할 수 있는 경우라면 회생계획 인가 전의 영업양도가 더 효율적일 수 있다는 점을 고려한 것이라고 한다.

2) 인가 전 영업양도의 요건

① 회생절차 인가 전의 영업양도를 하기 위해서는 영업 또는 사업의 전부 또는 중요한 일부의 양도가 채무자의 회생을 위하여 필요한 경우에 해당하여야 한다. 회생계획 인가 전의 영업양도에 있어서 '채무자의 회생을 위하여 필요한 경우'라는 것은, 채무자의 회생절차 개시 신청에 의한 신용 훼손으로 영업이 급격히 악화되고 회생계획의 인가를 기다려서는 영업의 환가가치가 크게 하락하기 때문에 이를 방지하기 위하여는 조기에 영업을 양도할 필요가 있는 때를 말한다. 따라서 회생계획 인가 전의 영업양도에서는 통상 그 신청 전후에 양수인 후보자가 존재하거나 선정되어 있는 상태일 것이다.[16]

채무자회생법은 '영업의 전부 또는 중요한 일부의 양도가 행하여지는 경우'에 인가 전 영업양도절차를 이용할 수 있다고 규정하고 있다(제62조 제1항). 중요하지 않은 일부 영업양도는, 관리인이 영업이나 재산의 전부 또는 일부를 양도하는 경우에는 회생계획에 의하도록 정하고 있음(제200조 제1항 제1호)에 비추어 단순히 법원의 허가에만 의하여 영업을 양도하는 것은 원칙적으로 허용되지 않는다고 보아야 할 것이지만, 해당 영업이 채

---

16) 현대엘씨디 사건(서울중앙지방법원 2006회합7호)은 워크아웃 진행 중에 영업양도를 내용으로 하는 구조조정안을 도출하였으나 일부 채권자들의 반대로 말미암아 이를 실현하지 못하여 회생 신청을 하였는데, 회생 신청의 주된 내용은 개시 신청 전에 진행된 영업양도를 인가 전에 완료하고 이를 토대로 회생계획을 작성한다는 것이다.

무자의 사업에 중요하지 아니하고 그 영업의 계속이 지속적으로 손실을 발생시켜 회생계획의 인가 전이라도 시급히 해당 영업을 정리하는 것이 이익이 되는 경우에는 회생계획의 인가에 의하지 아니하고 법원의 허가에 의하여 영업을 양도할 수 있다고 할 것이다.[17]

② 채무자회생법 제62조에 의한 영업양도는 회생절차 개시 후 회생계획의 인가 전까지 할 수 있고, 회생계획 인가 후에는 회생계획에 의하여만 할 수 있다. 회생절차 개시 신청 후 회생절차 개시 전의 보전관리명령의 단계에서 영업의 전부 또는 중요한 일부를 양도할 수 있는지가 문제될 수 있으나, 이는 보전관리의 목적을 넘어서는 것이므로 허용되지 않는다고 본다.

(3) 절차

1) 회생계획 인가 전 영업 등의 양도에 대한 허가를 하는 때 법원은 관리위원회, 채권자협의회, 채무자의 근로자의 과반수로 조직된 노동조합의 의견을 들어야 한다. 근로자의 과반수로 조직된 노동조합이 없는 때에는 채무자의 근로자의 과반수를 대표하는 자의 의견을 들어야 한다(채무자회생법 제62조 제2항).

2) 아직 회생계획이 인가되기 전임에도 불구하고 부채가 자산을 초과하는 주식회사의 경우 법원은 관리인의 신청에 의한 결정으로 주주총회

---

17) 회사정리법하에서 정리회사 코오롱티엔에스의 경우 주력사업은 고속버스운송사업 및 관광사업 부문이었는데, 음식사업 부문이 회사정리절차 개시 전부터 지속적인 손실을 초래하여 회생계획 인가 전에 이를 정리하는 것이 오히려 이익이 되었으므로, 정리계획 인가 전에 법원의 허가를 얻어 제3자에게 음식사업 부문을 양도하였다.

결의(상법 제374조 제1항)를 갈음할 수 있고(채무자회생법 제62조 제4항), 이 때 주주보호절차(상법 제374조 제2항, 제374조의2 및 자본시장과 금융투자업에 관한 법률 제165조의5)를 거칠 필요도 없다.

법원이 위 주주총회결의에 갈음하는 결정을 한 때에는 그 결정서를 관리인에게 송달하고 결정의 요지를 기재한 서면을 주주에게 송달하여야 하며, 그 결정은 결정서가 관리인에게 송달된 때에 효력이 발생한다(채무자회생법 제62조 제1~3항). 위 주주총회결의에 갈음하는 결정에 대하여 주주는 즉시항고를 할 수 있고(채무자회생법 제63조 제3항), 위 즉시항고에는 집행정지의 효력이 있다(채무자회생법 제13조 제3항).

(4) 법원의 허가

1) 법원이 위 허가를 함에 있어서는 (i) 양수인후보자의 선정방법이 합리적인지, (ii) 입찰조건에 가액을 하락시키는 부당한 조건이 부가되어 있지는 않은지, (iii) 양수인후보자의 선정절차가 공정하게 진행되었는지 여부 등을 주로 고려하여야 할 것이다.

2) 법원이 영업양도를 허가할 때에는 그 양도대가의 사용방법을 정하여야 한다(채무자회생법 제62조 제3항). 그런데 회생절차에는 공익채권자ㆍ회생담보권자ㆍ회생채권자ㆍ주주ㆍ지분권자 등 여러 이해관계인이 존재하는바, 채무자의 주요 자산을 영업양도에 의하여 매각하는 경우에는 위와 같은 권리의 순위가 서로 다르고 복잡하게 얽혀 있는 여러 이해관계인의 이해를 합리적으로 조정하여 법원이 일방적으로 양도대가의 사용방법을 정하는 것은 쉬운 일이 아니다. 따라서 채무자는 회생계획 인가 전의 영업양도를 추진함에 있어서 미리 주요 회생담보권자 및 회생채권

자와 사이에 양도대가의 사용방법을 포함한 회생계획안의 주요 내용에 관하여 합의를 하는 것이 바람직하다. 이러한 합의가 이루어진 경우에는 관리인을 선임하지 않고 회생절차를 진행할 수 있을 뿐만 아니라(채무자회생법규칙 제51조 제5호), 회생계획의 인가 직후 회생담보권 및 회생채권을 변제한 후 회생절차를 조기에 종결할 수도 있을 것이다.

3) 법원의 인가 전 영업양도에 대한 허가 결정에는 따로 즉시항고를 할 수 있다는 조항이 없으므로 불복할 수 없다(채무자회생법 제13조 1항).

IV. M&A절차의 개관

회생절차에서의 M&A의 절차진행방식은 사안에 따라 차이가 있기는 하지만, 대체로 다음과 같은 단계별 일정을 따른다.

(i) M&A 추진 결정

(ii) M&A 주간사 선정

(iii) M&A 주간사의 자체실사 및 M&A 전략 수립

(iv) M&A 공고

(v) 인수의향서(Letter of Intent, LOI) 접수

(vi) 우선협상대상자 선정기준 작성

(vii) 인수제안서 접수

(viii) 우선협상대상자의 선정 및 통지

(ix) 양해각서 체결

(x) 우선협상대상자 정밀실사 및 인수대금조정

(xi) 본계약 체결

(xii) 후속 절차 : 회생계획 변경계획안 작성 → 인수대금 예치 → 관계 인집회 → 회생계획 변경계획안 인가 → 감자·유상증자·회사채 인수 등 절차 이행 → 회생채무 변제, 회생담보권 말소등기 촉탁 → (인수기획단 파견, 임원진 개편) → 회생절차 종결

1. M&A 추진 결정

(1) 채무자회사의 M&A 추진의 주체는 관리인이다. 관리인은 채무자의 사업 경영과 재산의 관리처분권을 가지며(채무자회생법 제56조),[18] 채무자·채권자·주주 등 이해관계인의 공적 수탁자로서 채무자회사 또는 그 사업을 유지·갱생시킬 임무가 있기 때문이다. 회생절차의 M&A에 대한 권한이 관리인에게 전속하는 것이기는 하지만, 관리인이 이를 추진함에 있어서는 착수부터 종료 시까지 모든 주요사항에 대하여 회생법원의 허가를 받아야 하므로 관리인이 M&A에 관한 사무를 자의적으로 처리할 수는 없다. 또한 M&A를 할 것인가에 관한 관리인의 결정은 채무자의 상황과 진행된 회생절차나 채무자를 둘러싼 이해관계인들의 이해관계를 비교·형량하여야 하는 것으로서 원칙적으로 경영판단의 영역에 속한다고 할 것이지만, 그 판단이 현저히 부당한 경우에는 M&A 추진 결정 자체의 위법성이 문제 될 소지가 있다고 본다.[19]

---

18) 제56조(회생절차 개시 후의 업무와 재산의 관리)
　① 회생절차 개시 결정이 있는 때에는 채무자의 업무의 수행과 재산의 관리 및 처분을 하는 권한은 관리인에게 전속한다.
　② 개인인 채무자 또는 개인이 아닌 채무자의 이사는 제1항에 규정에 의한 관리인의 권한을 침해하거나 부당하게 그 행사에 관여할 수 없다.
19) 대법원 2008. 1. 24.자 2007그18 결정 ; 대법원 2008. 5. 9.자 2007그127 결정 참조. 최근 이와 관련하여 논란이 있었던 사례로는 (주)동양을 들 수 있다. (주)동양은 회생절차 인가결정을 받은 이후 비영업용 자산 처분대금으로 회생계획에 따라 변제하여야

(2) M&A와 관련하여 가장 어려운 문제 중 하나가 M&A 착수시점의 결정이다. 채무자의 M&A 추진시기를 결정함에 있어서 M&A 실패로 인한 부작용으로 회사의 존립이 어려워질 수도 있다는 점이 반드시 고려되어야 한다. 따라서 관리인은 해당 업계의 현황, 잠재적 투자자들의 동향, 동종 업체가 시장에 매물로 나와 있는지 여부 등을 꼼꼼히 검토하여 M&A 추진시기를 신중하게 선택하여야 하고, 경우에 따라서는 M&A를 무리하게 추진하는 것보다는 M&A시기를 신중하게 선택하고 M&A 추진에 앞서 기업가치를 높이는 데 주력하는 것이 바람직한 경우도 있다.

최근에 작성되는 회생계획안에는 모두 조기 M&A 근거조항을 두는데, 회생계획에 M&A시한을 정해 둔 사례도 있다.[20] 그러한 계획에 담긴 채권자들의 의사를 존중하여 가급적 계획에서 정한 바에 따라 M&A를 추진하여야 할 것이지만, 그렇다 하여도 M&A의 성사 가능성은 별도로 면밀히 검토되어야 한다.

과거 회사정리 실무에서 정리계획 인가 전의 회사의 경우에도 M&A를 적극적으로 추진하여 그 내용을 반영한 정리계획안을 제출할 수 있었으나,[21] 정리계획 인가 전에 M&A를 추진하여 성공한 사례는 드물었다.[22]

할 채무 전액을 상환하고도 상당한 규모의 자금을 보유하고 있었는데, 그 회사의 인수에 관심이 있는 투자자가 다수 존재하였음에도 불구하고 M&A를 하지 않은 채 회생절차가 종결되었다.

20) (주)코오롱티엔에스의 정리계획에 의하면 2004년 12월 말까지 M&A가 완료되지 않으면 관리인은 정리절차 폐지 신청을 하여야 하고, (주)진로의 정리계획에 의하면 정리계획 인가 결정일로부터 1년 이내에 M&A가 성사될 수 있도록 추진하고 다만 기업매각을 위한 본계약이 체결되었으나, 절차상의 시일 촉박으로 인해 M&A기한을 연장할 필요가 있다고 판단하는 경우 2005년 11월 30일을 초과하지 않는 범위에서 법원의 허가를 받아 연장할 수 있다는 등 조기 M&A 추진조항이 명시되어 있다.

21) (주)엠피맨닷컴 사례 참조.

22) 최근 들어 회생계획 인가 결정을 통해 부외부채를 포함한 채무의 조정을 전제로 회생절차 개시 신청 전에 M&A를 추진한 사례로는 파산자 동아건설산업, 현대엘씨디, 한성항공, BRN SCIENCE 사건이 있다. 이처럼 회생절차 개시 신청 전이나 그 직후부터

그러나 회생 실무에서는 인가 전 M&A도 종전에 비하여 활발하게 운용되고 있는데, 이는 조기 M&A가 인가 후 M&A보다 효율성을 제고할 수 있다는 측면보다는 주로 사업의 기반이 조기에 붕괴되거나 운영자금의 고갈 등으로 현실적으로 독자생존형 회생계획안을 작성하는 것을 기대하기 어려운 사정이 있기 때문이다.

2. M&A 주간사 선정

M&A 주간사(이하 '주간사')는 추진 주체인 관리인에 대하여 M&A절차와 관련된 일련의 업무에 자문 및 용역을 제공하는 회사를 말한다. 실무에서는 M&A절차 전반에 걸쳐 전문성과 절차의 공정성을 확보하기 위해 공개경쟁입찰방식으로 주간사를 선정하는 것을 원칙으로 한다. 또한 관리인은 그 선정의 공정성을 제고하기 위하여 용역 제안 업체의 M&A 수행·자문실적, M&A 성공실적, 제안서 내용의 충실도, 참여 인원의 능력 및 경험, 인수의향자 확보 여부, 회생회사·회생절차 및 그 M&A에 대한 이해도, 업무 추진력 등을 주요 고려요소로 하여 회사가 예정하고 있는 M&A에 적합한 주간사가 선정되도록 주간사 선정기준을 법원의 허가를 얻어 사전에 마련하여 두고 있다. 회생절차의 M&A에 있어서는 인수자가 채무 재조정이나 기존 주식의 감자와 지분율에 관하여 특별한 요구를 하는 경우가 적지 않으므로 인수자를 포함한 이해관계인들과의 협상 및 이해 조정능력도 주간사 선정 시 중요하게 고려하여야 한다. 따라서 관리인은 예상 주간사 후보자들을 대상으로 용역제안요청서를 발송하여 용역제안서가 제출되면 위 선정기준에 따라 이를 심사하되, 통상은 1차로 서

M&A를 추진하는 것은 적법하다(대법원 2007. 10. 11.자 2007마919 결정).

류심사를 행하고 2차로 서류심사 결과 우수 업체에 한하여 별도로 프레
젠테이션에 의한 심사를 거쳐 평가점수가 가장 우수한 용역제안사를 주
간사로 내정한 후, 용역수수료·계약기간 등 구체적인 용역계약조건에
관하여 협상을 벌이고 법원의 허가를 얻어 용역계약을 체결하게 된다.

주간사는 통상 회계법인·신용평가기관·은행 또는 금융기관의 M&A
팀·기업구조조정 전문회사(Corporate Restructuring Company, CRC) 중에서
선정되는데, 기업가치평가·M&A 전략 수립·기업소개서(Information Memo-
randum, IM) 작성·투자자 유인 등 마케팅활동, 인수의향서 접수 및 평가,
채무 재조정안 수립, 채권자 설득 등 일련의 절차를 관리인과 함께 진행
한다. 실무상으로는 과거 회계법인이 단독으로 주간사가 되는 경우가 많
았으나, 최근에는 회계법인과 법무자문사가 컨소시엄을 구성하거나 제
휴관계를 형성하여 법률자문을 원활히 받을 것을 요구하고 있으며, 투자
은행(investment bank)이나 기업구조조정 전문회사(또는 은행·금융기관의
M&A팀 등)가 회계법인 및 법무자문사와 컨소시엄을 구성하여 공동주간
사가 되는 경우도 있다.[23]

3. M&A 주간사의 자체실사 및 M&A전략 수립

(1) 주간사는 직접 또는 회계법인 등을 통하여 회사의 자산 및 부채에
대하여 실사를 하고 이를 토대로 청산가치[24]와 계속기업가치[25]를 산정

---

23) (주)두루넷의 경우 회계법인·한국산업은행·법무법인이 공동주간사가 되었고, (주)
   일신석재의 경우 회계법인·기업구조조정 전문회사·법무법인이 공동주간사가 되었
   으며, (주)진로의 경우 투자은행이 단독주간사가 되고, 회계자문사와 법무자문사는
   주간사가 관리인의 동의하에 선임하였다.
24) 기업이 파산적 청산을 통하여 해체·소멸되는 경우, 기업을 구성하는 개별 재산을
   분리하여 처분할 때의 가액을 합산한 금액을 말한다.
25) 기업재산을 해체·청산함이 없이 기업활동을 계속할 경우의 가치를 말하는 것으로서,

한다. 청산가치 산출은 M&A 성공 시 원회생계획 또는 변경계획에서 채권자들에게 보장해 주어야 할 최소한의 몫이기 때문에 그 이하의 금액으로는 M&A를 추진할 수 없다는 점에서 중요한 의미를 갖는다. 계속기업가치의 산출은 특별한 의미가 있는 것은 아니지만, M&A 구도와 매각전략 수립에 필요한 M&A 인수대금을 예상하는 데에 활용한다.

(2) 주간사는 이와 같이 평가(valuation)를 마친 후 관리인과 협의하면서 M&A 구도와 전략을 수립한다. 이 단계에서 M&A 매각 예상금액을 잠정적으로 결정한다. 매각 예상금액[26]은 통상 청산가치와 계속기업가치 사이에서 정해지는데, 이를 활용하여 추후 작성 가능한 변경계획을 개략적으로 예측하여 관계인집회에서 채권자들의 동의 가능성 등을 사전에 가늠하여 보면서 M&A 구도와 전략을 수립하게 된다. M&A의 매각구도를 검토함에 있어서는 '채무 변제재원의 확보'와 '회사의 회생 도모'라는 두 가지 목적이 조화롭게 달성될 수 있는 방안을 모색하게 된다. 앞에서 설명하였던 제3자 배정 신주인수방식, 영업양도방식, 자산매각방식 중 어느 방식으로 M&A를 추진할 것인지를 이 시점에서 확정하게 된다. 회사의 존속과 회생이라는 목적을 달성하기 위하여는 제3자 배정 신주인수방식으로 추진하는 것이 유리한 방안이 될 것이지만, 이 목적만을 고집할 경우에는 채권자의 이해관계가 훼손될 수 있으므로 추진방식은 위 두 가지

기업의 미래 수익흐름을 현재가치로 할인하는 현금흐름할인법에 의하여 산정한다.
26) 계속기업가치는 채무자회사의 기업가치의 상한을 의미한다고 볼 수 있고, 인수희망자들은 예비실사 결과 등 수집 가능한 정보를 바탕으로 채무자회사의 기업가치를 평가한 후 적정하다고 판단하는 금액으로 인수를 제안할 것이므로 인수제안금액이 청산가치와 계속기업가치 사이에 있을 것이지만, 인수희망자 간에 경쟁이 치열하거나 인수의향자가 인수에 따른 경제적 이익을 높게 평가하는 경우에는 계속기업가치를 초과하는 인수금액이 제시되기도 한다.

목적을 고려하여 신중히 결정되어야 한다.

　다만 과거의 경험에 의하면, 회생회사 M&A가 다수의 인수희망자들의 참여하에 치열한 경쟁 속에 이루어지는 경우가 많고, 그 결과 실제 제시된 인수대금이 주간사 등이 사전에 예상한 금액을 훨씬 뛰어넘는 경우가 자주 발생하였는바, 제3자 배정 신주인수방식과 영업양도방식의 인수대금을 사전에 검토해 본 결과 영업양도방식이 채권자에게 더 많은 채권변제를 할 수 있는 것으로 예상된다고 하더라도 쉽게 제3자 배정 신주인수방식을 포기할 것은 아니다.

　그리고 우선협상대상자 선정기준을 확정할 무렵 실제 인수제안서 평가 시 적용할 최저 입찰금액을 정하는 경우가 보통이다. 최저 입찰금액은 청산가치와 계속기업가치 사이에서 입찰참가자 사이의 경쟁 정도 등을 고려하여 정하게 되는데, 채무자회사가 M&A시장에서 통용될 수 있는 수익력을 갖고 있어 경쟁이 치열하게 이루어지는 경우에는 계속기업가치에 보다 가까운 금액으로 결정하게 되고, 만약 M&A가 성사되지 않을 때에는 다른 방안이 없어 회생절차를 폐지하여야 할 만큼 사정이 좋지 않은 회사라면 청산가치 이상으로만 매각되면 채권자들의 이익을 크게 해치는 것이 아니라 할 것이므로 청산가치 수준에서 결정되기도 한다. 최근 들어서는 최저 입찰예정금액을 정하여 입찰서 제출 상황을 보아 가면서 해당 입찰서를 무효화할 것인지 결정하는 방식을 활용하기도 한다.

　이러한 청산가치·계속기업가치 및 최저 입찰금액은 이를 공표할 경우, 경쟁을 통한 시장가격의 형성을 저해할 우려가 있고, 특히 인수 호감도가 낮은 회사는 인수금액이 청산가치 수준으로 수렴될 우려가 있다고 판단하여 이를 공표하지 않고 있다.

　(3) 관리인과 주간사는 M&A를 어떤 구도로 추진할 것인지에 관하여

구체적인 전략을 수립하고 잠재적 투자자를 물색하며, 각종 서류(입찰안내서·양해각서 초안·우선협상대상자 선정기준표 초안·기업소개서 등)를 준비하여야 한다. M&A 구도와 전략을 수립함에 있어서는 (i) 회사의 장단점, (ii) 잠재적 투자자들의 동향, (iii) 채권관계 및 회사 지배구조의 분석 및 채권자 및 주주의 동향, (iv) 기타 이해관계인의 동향 등 여러 사정을 검토하고 있다. 이하에서는 앞에서 설명한 M&A 추진방식 결정 시 검토사항 외에 통상적인 제3자 배정 신주인수방식의 M&A에서 공통적으로 검토되는 몇 가지 사항에 대하여 설명한다.

1) M&A 구도와 전략 수립 시 가장 중요하게 생각하는 부분은 유상증자비율의 범위를 정하는 것이다. 채무자의 회생이라는 측면만 놓고 본다면 인수대금 전액을 유상증자대금으로 조달하는 것이 이상적이나, 인수자의 입장에서는 투자금의 회수가 불확실한 유상증자보다는 투자금회수가 용이한 회사채 인수 또는 전환사채 인수를 선호하기도 한다. 유상증자비율을 지나치게 높게 책정하면 인수자의 입장에서는 그만큼 투자금회수에 따른 불확실성이 높아져 인수금액 하락요인으로 작용할 수 있고, 반대로 회사채 인수비율을 높게 책정하면 회사로서는 공익채권을 일으켜 회생채권을 변제하는 것에 불과하므로 재무구조 개선 효과가 없어 회사의 회생에 도움이 되지 않기 때문에 유상증자비율을 어느 정도까지 허용할 것인지는 여러 사정을 고려하여 해당 거래의 실정에 맞게 결정한다.[27]

---

27) M&A단계에서 일정 수준 이상의 유상증자가 이루어지도록 하고 있으나, 그와 같은 구도가 정리절차 종료 후에도 유지될 것인가라는 문제는 별개이다. 서울중앙지방법원에서 M&A를 통하여 정리절차를 종결한 회사 가운데에는 M&A과정에서 상당한 규모의 유상증자를 하였다가 종결 후 얼마 지나지 않아 유상감자를 하는 경우를 종종 볼 수 있다.

더구나 구 회사사건처리요령(대법원송무 예규 송민92-5)에서는 '회사의
총자산이 총부채를 안정적으로 초과할 것'[8. 나. (1)]을 정리절차 종결 시
주요 고려사항의 하나로 규정하고 있었고, 실무상 이를 매우 강조하여 회
생절차 종결 무렵 순자산 초과 상태를 유지할 수 있는 범위에서 유상증자
비율과 회사채의 규모를 결정하여 왔다.

그러나 이미 부채를 감당하기에 충분한 경상이익을 실현하고 있고 향
후에도 그러할 것으로 예측되는 경우에는 굳이 회사의 총자산이 총부채
를 초과하지 않는다고 하더라도 정리절차를 종결할 수 있을 것이므로,
M&A 구도 및 전략 수립단계에서 순자산이 확보되지 아니하는 수준의
유상증자도 수용한 사례가 있다. 다만 이 경우에도 회사가 M&A 후 예상
되는 수익의 규모에 대비하여 예상되는 잔존 부채를 감당할 수 있어야
하므로, 유상증자비율은 일정 수준 이상이어야 한다는 제한이 있다.

이러한 관점에서 전체 인수대금 중 유상증자의 비율이 일정 비율[28] 미
만인 경우는 입찰서는 무효로 처리하고 유상증자비율이 높을수록 우선협
상대상자 선정 시 우대하는 것이 통례이나, 상당 기간 회생계획에 따른
변제를 하지 못하여 M&A가 성사되지 않을 경우 절차를 폐지하여야 할
상황이라면 유상증자비율을 지나치게 높게 설정하지 않도록 할 필요가
있다.[29]

2) 다음으로 M&A로 인수인에게 발행할 신주의 수와 기발행주식 중
감자되는 주식의 수 또는 M&A 후 인수인이 확보하는 지분율의 사전 결

---

[28] 대개 40퍼센트 또는 50퍼센트로 정하고 있으나, 종결 예상시점에 회사가 순자산 초과
상태를 유지하기 위하여 필요한 최소한의 수준이 기준이 될 것이다.
[29] 한신공영의 경우 전체 인수대금 중 유상증자가 차지하는 비율이 38.8퍼센트, 뉴코아의
경우 유상증자비율이 32퍼센트, 삼미의 경우 유상증자비율이 38.3퍼센트, 천지산업의
경우 유상증자비율이 40.3퍼센트였다.

정 가부에 대하여 본다. 회생절차의 M&A를 기업지배권 또는 경영권의 거래라고 볼 수 있는데, 그 거래의 대상이 되는 신주와 감자되는 주식의 수 또는 지분율은 거래대금에 직접 중요한 영향을 미친다. 그런데 M&A 후 인수인의 지분율은 회생계획 변경계획안을 작성하면서 비로소 확정되는데, 실제로는 그 지분율이 70퍼센트 수준부터 100퍼센트까지로 큰 편차를 보이고 있다.

인수인 입장에서는 자신이 M&A 후에 취득할 주식의 수 또는 지분율을 예측할 수 있다면, 자신이 인수할 지배권 또는 경영권의 가치를 보다 정확히 산정할 수 있을 것이고 그 투자로 인한 수익 역시 보다 정확하게 예측할 수 있을 것이므로 그에 합당한 입찰대금을 제시할 것이며, 채무자 회사도 거래목적물을 정확하게 제시함으로써 인수 후 지분율에 대한 불투명한 요소를 제거하여 그 가치에 상응하는 인수대금을 확보할 수 있을 것이며, 추후의 M&A절차에서 인수인과 사이에 지분율 확보를 둘러싼 다툼도 사전에 방지할 수 있다. 다만 거래목적물인 지분율을 사전에 특정한다고 하더라도 사전에 예측한 인수인의 지분율이 M&A 종결 후 인수인의 실제 지분율과 달라질 수 있는데, 인수인이 제시한 입찰대금은 거래목적물의 수량을 반영하고 있다고 보는 것이 합리적이므로 M&A 후 지분율이 사전에 특정된 지분율과 달라지는 경우에는 입찰대금을 정산하는 방식으로 이를 조절하는 것도 고려해 볼 수 있다.[30]

---

30) (주)진로의 경우 인수인의 M&A 후 지분율을 99퍼센트로 특정하여 M&A의 목적물을 사전에 명시하였고, 추후 감자 및 출자전환 등을 시행한 결과 인수인의 최종적인 지분율이 이를 초과하는 경우에는 그에 비례하여 인수대금을 추가로 납부하여야 한다는 내용으로 M&A를 진행하였는데, 실제로 감자 및 출자전환 없이 신주를 발행한 결과 인수인의 최종적인 지분율이 사전에 보장한 지분율을 초과하여 최종 인수대금을 그에 비례하여 증액한 바 있다.

3) M&A에 필요한 인허가 등 법령상의 제약과 해소방안 검토

최근의 몇몇 사례에서는 채무자회사의 M&A에서도 각종 행정법규상의 인허가 등이 중요한 이슈로 등장하고 있는바, 관리인으로서는 이런 문제점을 사전에 검토하여 인수희망자가 해결하여야 할 사항을 그들의 책임하에 해소하여야 한다는 점을 주지시키고 있으며, 양해각서와 투자계약에서 인수자가 이러한 인허가 등을 해소하지 못하는 경우 투자계약의 해지사유로 규정함과 동시에 인수자에게 계약금을 몰취하는 위약벌의 제재를 가한다는 내용을 규정하고 있다.

4) 공정성·인수 경쟁 유지를 위한 조치 요부

회생절차 M&A가 공개경쟁입찰방식으로 진행되는 이유는 시장에서 경쟁을 통하여 형성된 입찰대금이 기업의 가치를 가장 잘 반영하고 있기 때문이다. 따라서 인수희망자들이 담합을 통하여 경쟁을 저해하면 공정한 입찰대금을 확보할 수 없게 되므로, 인수희망자 사이에 담합이 있는 경우에는 해당 인수희망자가 제출한 입찰서를 무효로 처리하는 제재를 가함으로써 인수희망자 사이의 실질적인 경쟁을 유도한다.

4. M&A 공고

M&A 구도와 전략이 수립되면 관리인은 법원의 허가를 받아 인수의향서 제출기간·제출장소·제출서류·진행일정 등을 정하여 일간신문과 회사 홈페이지 등을 통하여 M&A 공고를 하는데, 이때가 M&A절차가 본격적으로 개시되는 시점이다. 관리인과 주간사는 예상 투자자들에게 티저(간단한 회사소개, 투자가치의 홍보, 일정 안내 등)를 배포하는 등 마케팅 작업에 착수하게 된다.

5. 인수의향서 접수

인수의향서는 일반적으로 법적 구속력이 없기 때문에 M&A과정 중에 변경 또는 수정될 수 있고 인수금액도 기재하지 않는다. 이 단계에서 인수의향서 제출 업체로부터는 비밀유지확약서(confidentiality agreement)를 제출받는 것이 보통이다. 인수의향서의 제출과 입찰 참가 자격을 연계하지 않는 것이 보통이므로, 통상의 경우에는 인수의향서를 제출하지 아니하였다 하더라도 입찰서를 제출하는 데 아무런 지장이 없다. 다만 인수의향서를 제출한 업체가 너무 많거나 인수 의지가 불명확하거나 인수능력이 의문시되는 등 부적절한 업체들이 인수의향서를 제출하는 경우에는 사전에 마련된 평가기준에 따라 인수의향서를 평가하여 일부 업체를 배제하고 적정한 업체만을 선정하여 예비실사 참가자격과 입찰 참가자격을 부여하기도 하는데, 인수의향서 제출 업체 중 일부를 배제할 계획이 있는 경우에는 M&A 공고를 하면서 이를 사전에 알릴 필요가 있다.

그 후 관리인은 예비실사에 참가할 업체들에게 기업소개서를 배포한다. 기업소개서에는 회사의 영업비밀에 해당하는 사항 등은 포함되지 않으나, 가급적 회사의 실상에 대한 정보를 충실히 포함시키고 있고, 특히 인수의향자들의 입찰대금 결정에 중대한 영향을 미칠 사항은 그와 관련된 사실관계를 중심으로 상세히 기술하고 있다.

예비실사 참가자들에게는 소정의 정보이용료를 납부시키는 것이 보통이다. 예비실사 참가자들은 회사에 마련된 데이터 룸에서 회사의 재무자료, 영업 관련 자료 등을 열람할 수 있다. 예비실사 시 제공하여야 할 정보의 양이나 참가 업체의 수 등을 감안하여 실제 데이터 룸(physical data room)을 운영하거나 동시에 온라인상에도 가상 데이터 룸(virtual data room)을 설치하여 운영하는데, 최근에는 대부분 후자로 운영된다. 예비실

사단계에서는 인수희망업체들이 M&A 주간사를 통하여 질의 및 응답을
할 수 있고, 필요한 경우에는 관리인과 주요 임직원들이 예비실사대상자
별로 경영진 설명회를 개최하기도 한다.

관리인은 이 단계에서 예비실사참가자들에게 입찰안내서를 배포하는
데, 여기에는 구속력 있는 인수제안서를 제출하는 방식과 필요한 사항의
안내와 우선협상대상자와 체결할 양해각서의 초안 등이 포함된다.

6. 입찰의 법적 의미

위에서 본 바와 같이 회생절차에서의 M&A는 입찰서에 담아야 할 내
용을 사전에 확정하여 안내한 후 공개경쟁입찰방식으로 진행되므로, 인
수희망자가 그 절차에서 하는 입찰행위의 법적 의미가 문제 될 수 있다.
즉 회생회사가 법원의 허가를 받아 추진되는 M&A의 주요 내용을 확정
하여 공고하고 입찰안내서를 배포하는 행위나 인수희망자의 입찰 참가
행위를 민법상 청약 또는 청약의 유인 중 어느 것에 해당하는 것으로
볼 것인지의 문제이다. 통상적으로 입찰 시 입찰참가자가 준수하여야 할
M&A조건을 입찰안내서와 양해각서 초안을 사전에 제시하는 방식으로
밝히고 있으나, 입찰참가자가 그에 대한 수정 의견을 제시하는 것을 허용
하는 한편 회생회사 역시 입찰참가자가 제시한 수정에 대한 수용 여부를
본인의 입장에서 결정할 권한을 유보하고 있으며, 나아가 M&A의 계속
진행 자체에 관한 권한도 유보하고 있는 점 등을 고려해 보면, 회생회사
의 입찰행위나 인수희망자의 입찰 참가행위는 청약의 유인에 불과한 것으
로 본다.

7. 우선협상대상자 선정기준 작성

(1) 우선협상대상자 선정기준의 사전 작성

과거 회사정리 실무 사례 가운데에는 우선협상대상자 선정기준을 사전에 마련하지 않은 상태에서 관리인이 입찰서 제출 이후 주간사의 자문을 얻어 사후적으로 평가한 사례도 있었다. 그러나 우선협상대상자 선정은 채무자 재산의 관리 처분 및 사업 수행의 일환이므로 관리인이 회생절차에서 M&A를 추진하는 목적에 부합하도록 공정하고도 객관적인 기준에 따라 이루어져야 하며, 우선협상대상자 선정기준이 특정 입찰참가자에 유리하도록 편파적으로 설정되어 공정성·객관성 훼손 논란이 일거나 회생회사 M&A의 목적에 반하는 결과를 방지할 필요가 있다. 따라서 관리인은 입찰제안서 마감 전에 그 진행 상황 등을 고려하여 우선협상대상자 선정기준을 마련하여 법원의 허가를 얻는다. 우선협상대상자 선정기준은 사전에 공개되지는 않으나, 인수희망자의 입찰 준비의 편의와 채무자회사에 유리한 입찰조건을 유인하기 위하여 입찰제안서 평가항목과 제한된 범위 내에서 평가기준은 입찰참가자들에게 공표한다.

(2) 우선협상대상자 선정기준의 내용

우선협상대상자 선정기준을 작성함에 있어서는 통상 인수대금의 규모 및 유상증자비율, 인수대금 중 부채 부분의 조달조건, 인수대금의 조달능력, 인수 후 경영능력, 주인수자[31]의 재무건전성, 고용 승계 여부 등을

---

31) 통상 컨소시엄 구성원 중 유상증자에 의한 인수금액이 가장 많은 투자자를 지칭한다.

배점기준에 포함시키고 최근에는 양해각서 초안의 수정 요청 여부를 배점기준에 포함시키고 있다. 인수대금규모의 배점이 당연히 높기 마련인데, 인수대금의 규모에 따른 변별력이 비계량지표(인수 후 경영능력, 고용승계 여부, 주인수자의 재무건전성, 양해각서 초안의 수정 요청 여부 등)에 비하여 지나치게 낮게 책정되지는 않았는지, 유상증자비율에 따라 배점에 차별을 둘 것인지,[32] 비계량지표의 배점은 적절한지, 전략적 투자자가 재무적 투자자에 비하여 우대받도록 배점이 되어 있는지 등을 면밀히 검토하여야 한다. 이를 위해 다양한 예상 데이터를 가지고 시뮬레이션을 실시하여 배점의 적정성을 점검한다.

8. 인수제안서의 접수

인수의향자들은 예비실사 결과를 토대로 미리 배포된 입찰안내서에 따라 인수금액을 기재한 구속력 있는 인수제안서를 제출하게 된다. 제출된 입찰서는 마감 후 관리인과 주간사가 함께 법원 감독하에 개봉한다.

인수제안서가 제출된 이후에는 컨소시엄의 구성원을 임의로 변경할 수 없는 것이 원칙이고, 예외적으로 불가피한 경우에 한하여 관리인이 법원의 허가를 얻어 컨소시엄 구성원 변경을 허용하고 있다. 그에 앞서 인수의향서 제출단계부터 예비실사에 참가할 수 있는 적격자를 선별한 경우에는 인수의향서 제출 후 입찰서 제출 전까지 컨소시엄 구성원의 변경에

---

32) 향후 회사채 발행에 따른 이자를 회생회사가 감당할 수 있는 수준이라면 굳이 유상증자비율이 더 높다고 하여 가점을 부여할 필요까지는 없을 것이다. 인수대금으로 회생채무를 상환하고 공익채무만 남게 되는 마당에 회사채 발행을 통한 일정 규모의 공익채무의 발생은 용인되어야 할 뿐만 아니라 인수자의 입장에서는 유상증자비율이 높을수록 투자금회수에 따른 불확실성이 높아져 인수금액이 하락하는 요인이 되기 때문이다.

제한을 가하기도 하는데, 인수제안서 제출 이후에는 컨소시엄 구성원의 변경이 우선협상대상자 선정을 위한 평가에 영향을 미친다는 점에서 보다 엄격하게 제한을 하고 있다.

한편 인수제안서 제출 후 우선협상대상자로 선정된 투자자가 회생회사에 대하여 부당한 요구를 하거나 아무런 이유 없이 양해각서 체결을 거부하는 사례가 발생할 수 있는데, 이런 사태를 방지하고자 입찰안내서에서 입찰참가자에게 입찰보증금을 납부할 것을 요구하고 우선협상대상자로 선정된 자가 그후 예정된 조치의 이행을 거부하는 경우 이를 몰취한다는 내용을 명시하고 있다.

9. 우선협상대상자의 선정 및 통지 등

(1) 입찰제안서의 평가 주체

제출된 입찰제안서의 평가 주체는 관리인이지만, 그 평가자가 1인인 경우 특히 정성적 사항에 대한 평가의 객관성이 확보되지 않으므로 최근에는 관리인·회사 임직원·매각 주간사의 담당자 등이 입찰평가위원회를 구성하여 제안서를 평가한다.

(2) 우선협상대상자 선정과 이행보증금 납부

우선협상대상자 선정 시 인수희망자들이 제출한 입찰제안서를 평가한 결과에 따라 우선순위를 정하는데, 동점자가 있는 경우에는 인수금액의 규모가 큰 인수제안서 제출자를, 인수금액규모까지 동일한 경우에는 유상증자금액이 큰 인수제안서 제출자를, 유상증자금액까지 동일한 경우에는 기타 비계량지표의 배점점수가 큰 고득점순으로 우선협상대상자를 선정하는 것이 일반적이다.

우선협상대상자를 선정하면서 평가점수 순위에 따라 예비협상대상자를 추가로 선정하여 두는 경우가 많다. 이는 우선협상대상자와의 협상이 결렬될 때에 대비하여 처음부터 다시 절차를 밟을 필요 없이 당초의 우선협상대상자의 지위를 상실시키고 예비협상대상자에게 새로운 우선협상대상자의 지위를 부여할 수 있도록 하여 M&A절차를 이어 가기 위한 것이다. 실무에서는 예비협상대상자의 존재 자체가 관리인의 우선협상대상자에 대한 협상력을 높일 수 있으므로 사전에 정해 놓은 매각금액을 넘는 복수의 인수희망자를 예비협상대상자를 함께 선정하여 두는 것이 유리하다.

한편 입찰제안서 제출자가 다수이고 그 내용상 우열을 가리기가 쉽지 않은 경우, 특히 입찰금액이나 그 외의 비계량적 평가항목에서 차이가 근소하거나 그들이 기왕에 제시한 입찰조건을 채무자에게 유리한 조건으로 개선할 용의가 있는 때에는 우선협상대상자를 복수로 선정한 후 그들 사이에 재입찰을 실시하여 최종적으로 우선협상대상자를 선정할 수도 있다.

우선협상대상자는 선정 통보일로부터 그 체결기한 내에 양해각서를 체결하여야 하고(다만 법원의 허가를 얻은 경우에는 기간 연장이 가능하다), 양해각서 체결일 전일까지 인수금액의 5퍼센트에 해당하는 이행보증금을 납입하여야 한다.

10. 양해각서 체결

관리인은 우선협상대상자와 기배포된 양해각서 초안에 대한 협상을 거쳐 법원의 허가를 받은 후 양해각서를 체결한다. 이 단계에서 협상이 결렬되는 수도 있는데, 예컨대 당초 우선협상대상자가 회생절차 M&A에서 필수적이거나 관행적으로 수용되고 있던 조건의 수정, 예를 들어 인수대금의 무제한적인 조정을 요구하면서 협상을 끌다가 결국 협상 포기를 선언하여 우선협상대상자의 지위를 상실한 적도 있다. 통상 관리인이 우선협상대상자를 선정한 후 양해각서의 내용을 협의하지만, 우선협상대상자가 양해각서 초안에 대하여 많은 수정사항을 요구하는 경우에는 우선협상대상자 선정 이전에 양해각서에 대한 협의를 미리 할 수도 있다.

11. 우선협상대상자 정밀실사 및 인수대금조정

우선협상대상자는 양해각서에서 정한 방법에 따라 채무자회사에 대한 정밀실사를 실시한다. 실사기간은 대개 2주 정도로 정하는데 회사의 규모에 따라서는 1개월 이상으로 하는 경우도 있고, 추가적인 실사기간이 필요한 때에는 법원의 허가를 얻어 연장할 수 있다.

우선협상대상자 정밀실사의 목적은 실사기준일 현재 실사범위에 해당하는 자산·부채가 실사기준에 따라 적정하게 평가되어 있는지 확인하도록 하는 것이지 회생회사의 향후 사업적인 전망이나 그 수익성을 확인하고자 하는 것이 아니므로, 이에 따라 정밀실사의 범위가 제한될 수 있다. 정밀실사 후 우선협상대상자는 인수대금 조정요청서를 제출하는데, 인수대금의 조정대상은 회생회사의 실사 결과가 중대하고도 명백한 오류나 누락에 해당하는 사항 등 양해각서에서 명시한 사항에 한하여 이루어지며, 실사기준일 이후의 자산·부채의 변동사항을 근거로 하는 인수대금 조정요청은 허용될 수 없다.

실무상으로는 회생절차 M&A에서는 일반 M&A와는 달리 부외부채나 우발채무의 발생 가능성이 거의 없기 때문에 통상 양해각서에 인수대금의 5퍼센트 한도 내에서 인수대금을 조정할 수 있는 것으로 정하고 있다. 우선협상대상자가 인수대금의 조정 요청을 하는 경우에는 사유와 근거를 명시하여야 하며, 관리인이 이를 수용하고자 하는 경우 회생법원의 허가를 받기 위하여 우선협상대상자의 조정 요청 내용, 양해각서에 정해진 조정사유의 존부와 그 수용 여부에 관한 의견 및 이에 대한 구체적인 근거자료를 제시하여야 한다. 인수대금 조정을 통해 제안된 인수대금을 감액하는 것은 종국적으로 채권자에게 배분될 몫을 감소시키는 것이므로, 그 M&A의 주관자이자 총 이해관계인의 이익을 위하여 선관주의의무를 부담하고 관리인의 입장에서는 감액 요청에 합리적인 근거가 있는지를 검토하는 것은 당연하다.

12. 본계약 체결

인수대금 조정협상이 끝나면 기타 인수조건에 관해서도 세부적인 협상을 벌여 타결되면 본계약을 체결한다. 본계약에는 인수대금액수, 인수대금의 지급시기와 방법, 지급조건 등 그간 협상해 온 M&A에 관한 모든 사항은 물론 후속 절차에 대한 내용(회생계획 변경절차에 관한 내용, 회생담보권·회생채권의 변제에 관한 내용, 자본 감소·유상증자·회사채 인수에 관한 내용, 인수기획단의 파견, 회생절차의 종결에 관한 내용 등)을 기재한다. 본계약에는 통상 인수자가 컨소시엄인 경우에는 컨소시엄 구성원 사이에 연대의무관계에 있다는 내용을 기재하고, 컨소시엄 구성원은 원칙적으로 변경할 수 없으나 예외적으로 불가피한 때에 한하여 관리인이 법원의 허가를 얻어 변경할 수 있도록 함으로써 인수대금의 납입을 담보하게 하고 있다.

또한 실무상 본계약 체결 당일 인수자로 하여금 인수대금의 10퍼센트

(기납입된 이행보증금 5퍼센트 포함)를 계약금으로 예치하게 하고, 인수자의 귀책사유로 인하여 본계약이 해제 또는 해지되는 경우에는 위 계약금을 위약벌 또는 위약금으로서 몰취하는 조항을 본계약에 명시함으로써 인수자가 부당하게 계약을 파기하지 못하도록 구속력을 확보하여 두고 있다.

계약금을 제외한 나머지 인수대금은 회생계획 변경계획안 심리 및 결의를 위한 관계인집회 수일 전까지 예치하도록 정하는 것이 보통인데, 인수자에 따라서는 본계약 체결 후 인수대금을 마련하지 못하였다는 이유로 인수대금 예치기한을 연장하여 줄 것을 요청하는 경우가 종종 있다.[33] 채무자회사로서는 본계약만으로 M&A가 곧바로 종료되지 않고 회생계획 변경계획안 제출 및 관계인집회에서의 가결까지 상당한 시일이 소요되므로 인수대금 납입에 대한 구속력을 확보하기 위하여 위약벌 또는 위약금 규정은 불가피한 면이 있다.

13. 후속 절차

회생절차 M&A는 인수자가 납입한 인수대금으로 회생담보권과 회생채권을 전부 변제하여(인수자는 원칙적으로 공익채무만 승계)[34] 재무구조

---

33) 실무상 인수자가 잔금 입금기한까지 인수대금을 마련하지 못하여 2차에 걸쳐 기한을 연장해 주었음에도 인수대금을 마련하지 못하여 결국 계약을 해제하고 이행보증금을 몰취한 예[한보철강공업(주)의 2003년 M&A에서 우선협상대상자로 선정된 AK캐피탈 컨소시엄]가 있는가 하면, 인수자가 잔금 입금기한까지 잔금을 예치하지 않아 1차 연장하여 주었는데 유상증자대금만 예치하고 회사채인수대금을 예치하지 않고 있다가 관계인집회 당일에 이르러서야 비로소 회사채인수대금을 예치하여 관계인집회를 예정대로 개최한 예도 있다.

34) 다만 아직 소송이 끝나지 않은 채권과 미확정 채무 등의 경우, 그 채권이 현실화될 때까지 변제는 유보하되 현실화 가능금액을 추정하여 추후 확정 시 변제할 금액에

를 개선하고 인수자는 지배주주가 되어 종결 후 개선된 재무구조를 바탕으로 정상적인 기업을 운영해 나가는 것을 기본구조로 한다. 이에 따라 관리인은 인수자와 본계약 체결 후 인수대금을 변제재원으로 하여 회생채권 및 회생담보권을 변제하는 내용의 변경계획안을 작성·제출한다(채무자회생법 제282조 제2항).

회생계획 변경계획안이 인가된 후에는 인수자의 희망에 따라 인수기획단이 파견되고, 인가 결정 후 기존 주식의 감자, 인수자에 대한 유상증자및 회사채 발행, 인수대금에 의한 회생채무 변제, 회생담보권 말소등기촉탁 등 후속 절차를 신속하게 진행하여 지배주주가 된 인수자의 경영권행사가 늦어지는 일이 없도록 하며, 이러한 절차가 끝나면 임원진 개편등의 후속 절차를 밟는다. 회생채권 변제가 완료되고 인가 결정이 확정되면 관리인은 곧바로 회생절차 종결 신청을 하고, 법원은 채권자협의회와관리위원회의 의견을 들어 종결 결정을 하게 된다.

V. M&A와 관련된 회생절차상의 몇 가지 문제점

1. 회생절차의 M&A와 회생계획의 변경 가부

회생절차에서의 M&A는 채무 재조정 등을 주요 내용으로 하여 회생계획의 변경을 전제로 하는 경우가 많은데, 만일 회생계획의 변경이 적법하지 않다면 그 M&A는 완료될 수 없다. 이와 관련하여 구 회사정리법이

상응하는 자금을 인수대금에서 분리하여 에스크로계좌에 예치하거나, 해당 채권자를수익자로 하여 그 변제재원을 신탁한다.

적용되는 사건에서 대법원 2008. 1. 24.자 2007그18 결정(국제상사 사건)
과 대법원 2008. 5. 9.자 2007그127 결정(충남방적 사건)이 내려진 바 있는
데, 위 결정들은 회생계획 변경 시 그 요건 충족 여부에 대한 다툼은 기본
적으로 '법률 위반'의 문제로 판단하였다. 이는 정리계획 변경계획 인가
결정의 항고심 결정에 대하여 불복할 수 있는 특별항고 사유인 '헌법 위
반' 문제로 볼 수 없다는 판단을 전제로 한 것으로서, 항고심단계에서는
여전히 변경계획 인가 결정의 적법성이 다투어질 수 있다.

(1) 회생절차의 M&A와 회생계획의 변경 가부의 관련성

채무자회사가 자체 능력으로 잔존 회생채무를 완제할 수 있는 특수한
경우를 제외하고는 채권자 등의 이해관계를 재조정하기 위하여는 회생계
획의 변경절차를 거칠 수밖에 없다. 따라서 M&A를 시행하고 난 뒤 원회
생계획을 M&A의 내용대로 변경할 수 없다면 그 M&A는 목적을 달성할
수 없기 때문에, M&A 착수 이전에 회생계획의 내용, 잔존 회생채무의
규모와 구조, 채무자회사의 지배구조 등에 대하여 면밀히 검토하여야 하
고, 이를 토대로 회생계획 변경의 적법성과 실행 가능성을 세심하게 검토
하여야 한다.

(2) 회생계획 변경의 필요성

관계인집회의 결의를 거쳐 법원으로부터 인가 결정을 받은 회생계획
은, 그에 기하여 담보권자·채권자·주주 등의 이해관계의 조정과정을
거쳐 권리 변경과 실권의 효과가 발생하여 이미 수행이 이루어지고 있으
므로 함부로 변경을 허용할 수는 없다. 그러나 어떠한 경우에도 변경을

인정하지 않는다면 경제 상황, 기타 사정의 변화로 인가된 회생계획을 수
행할 수 없게 된 때 그 절차를 폐지하고 파산절차로 이행할 수밖에 없다.
이는 사회적·경제적으로 바람직하지 않고 원회생계획에 반영된 이해관
계인의 의사에도 반하는 결과가 되므로, 경제 상황 변화 등 부득이한 사
정이 있어서 그 변경을 허용하여 채권자의 권리 일부를 재차 감축하더라
도 채무자가 회생할 수 있다면 이를 불허할 이유가 없다.[35]

(3) 회생계획 변경의 요건

회생계획의 변경은 원계획의 인가 결정이 있은 후 부득이한 사유로 이
를 변경할 필요가 있는 때에 허용된다(채무자회생법 제282조 제1항). 여기
에서 '부득이한 사유'라 함은 원계획 인가 당시 그러한 사정이 예상되었다
면, 현재와 다른 계획이 수립되었을 것으로 보이는 사정이 발생한 경우를
말한다고 해석된다.[36] 따라서 그러한 사정이 인가 후에 생긴 것이 아니라
인가 전부터 존재하고 있었다면 이에 해당하지 아니하고, 주로 인가 후
경제 사정의 급변, 법령의 개폐, 사업 수행에 필요한 인허가의 취소, 예상
에 미달하는 영업 부진 등의 경우가 이에 해당하는바, 대부분의 채무자회
사의 경우 인가 후 경제 사정의 변동, 사업 부진 등의 사유가 있으므로 실
무상 이 요건이 크게 문제 되지는 않는다. 다음 '변경의 필요성'이라 함은
원회생계획을 그대로 두었을 때 채무자회사가 계획의 전부 또는 일부가
수행 불가능하거나 현저히 곤란하게 될 상황에 있고, 그 계획을 변경한다

---

35) 三ヶ月章 / 竹下守夫 / 霜島甲一 / 前田 庸 / 田村諄之輔 / 靑山善充, 條解會社更生法
(中), 弘文堂, 2001, 966면.
36) 三ヶ月章 / 竹下守夫 / 霜島甲一 / 前田 庸 / 田村諄之輔 / 靑山善充, 앞의 책(주 35),
966면.

면 이를 회피하여 채무자회사의 회생을 도모할 수 있는 경우를 말한다.[37)]

(4) 회생절차의 M&A 추진 여부와 회생계획의 변경

채무자회사에 대한 회생계획의 변경 필요성은 원계획의 수행 가능성의 관점에서 살펴보아야 한다. 만일 채무자회사가 회생계획을 안정적으로 수행하고 있고 앞으로도 그 수행을 위한 자금을 보유하고 있거나 그 밖에 회생계획의 수행에 지장을 초래할 만한 사정이 없음에도 불구하고 이와 같은 채무자회사에 대하여 인수희망자를 물색하여 M&A를 추진한다면, 이는 채권자 측의 채권의 만족이라는 이해관계, 채무자회사의 회생이라는 이해관계와 아무런 관련이 없고 단지 인수희망자에 대하여 신주를 발행함으로써 채무자회사의 지배구조의 변동만을 초래하는 결과가 되기 때문이다. 즉 이런 경우에는 채권자의 이해관계인 '회생채무의 변제'와 채무자회사의 이해관계인 '회생채무의 변제를 통한 회생절차 종결'이 원회생계획에서 정한 대로 잘 수행되고 있고, 채무자의 지배구조는 가결·인가된 원회생계획에 반영된 채권자·주주 등 이해관계인의 총의에 따라 이미 완료되어 있는 상태로서 원계획의 수행 가능성의 문제는 생기지 아니하므로 회생계획을 변경할 필요가 없다고 생각한다.

이에 대하여 M&A를 통하여 새로운 경영 주체를 확보할 현실적인 필요가 있다는 반론이 있을 수 있다. 도산회사가 장차 정상적인 회사로서 존속하기 위해서는 건전하고 책임 있는 경영 주체로서의 지배주주가 필

---

37) 과거 회사정리 실무에서 정리회사 극동건설의 주주들이 자신들에게 신주를 무상으로 배정하여 달라는 정리계획 변경계획안을 제출한 바 있으나, 법원은 "그 변경계획안의 내용이 계획 수행을 곤란하게 하는 사정을 회피하고 기업의 유지 갱생을 도모할 수 있는 내용이 아니다"라는 이유로 계획 변경을 허용하지 아니한 바 있다.

요한데, 출자전환을 통하여 채무자회사의 지배주주가 된 금융기관을 중심으로 한 채권자들은 회사의 경영에 별 관심이 없고 능력도 부족하다는 점을 근거로 한다.

그러나 금융기관이라도 회생계획 인가 후 출자전환을 받아 상당한 지분율을 확보하는 경우가 있고, 또 채권회수율 제고 차원에서라도 회생절차를 통해 재건된 채무자회사의 경영에 관심을 가질 수 있으며, 일부 사례에서는 금융기관 자신이 유상증자에 참여할 인수희망자로서 나서기도 한다. 이런 점을 고려해 볼 때, 회생절차 종결 후 금융기관 중심 지배구조가 형성되어 있다고 하여 책임 있는 경영 주체의 확보를 위해 M&A를 할 필요가 있다고 단정할 수는 없다. 나아가 회생절차의 여러 관계인의 의사에 따라 그들 사이의 이해를 조정하여 마련된 회생계획이 정상적으로 수행되고 있거나 이미 수행을 완료하였다면, 회생절차에서 기왕에 형성된 지배권의 변동만을 초래하는 M&A는 회생계획에 반영된 이해관계인의 총의에 반하는 것일 뿐 아니라 회생절차의 M&A가 추구하는 목적에 비추어도 정당하지 못한 것으로 보아야 하므로 이러한 M&A는 허용될 수 없다고 본다.

2. 투자계약과 기존 주식에 대한 감자약정

M&A 투자계약에 대한 협상을 진행하면서 초기단계에서 난관에 봉착하는 것 중 하나가 투자계약에서 기존 주식에 대한 감자비율을 정하자는 인수인의 요구이고, 특히 상장회사의 경우에는 투자자의 이런 요구가 강력하다.

통상 투자계약이 체결된 뒤 관리인이 M&A를 토대로 하는 회생계획 변경계획안을 작성하여 회생법원에 제출하는데, 이 과정에서 부딪히는 어려운 문제 중 하나가 기존 주주의 권리 감축 여부 및 그 감축의 정도(감자비율)이다. 회생계획 변경계획은 주로 M&A 인수대금으로 잔존 회생채무를 완제하기 위하여 채무 재조정을 하면서 담보권자·채권자들에게 어떻게 인수대금을 배분할 것인가 하는 점이 주된 내용을 이룬다.

M&A를 토대로 한 회생계획 변경계획에 대하여도 회생계획의 인가요건이 그대로 적용되고, 이에 따라 회생담보권자·회생채권자·주주 사이에 공정·형평의 원칙에 부합하는 권리 변경이 있어야 한다. 판례는 회생채권자의 권리를 감축하면서 주주의 권리를 감축하지 않는 것은 공정·형평의 원칙상 허용되지 않는다고 하므로,[38] M&A 결과로 인한 회생계획 변경계획에서도 잔존 회생채권 전부에 만족을 주지 못하는 경우에는 그보다 후순위에 있는 주주의 권리도 반드시 감축하여야 한다. 이와 반대로 회생담보권·회생채권의 권리 감축이 없는 경우에 주주만의 권리를 감축할 수 있는가에 대하여는 원칙적으로 부정적으로 보아야 한다고 생각한다. 다만 이때에도 주주의 권리 변경을 통하여 외부자금을 유치하여 회생절차를 종결함으로써 채무자회사를 재건할 수 있는 것이 명백한 경우에는 회생채권의 감축이 없더라도 주주의 권리 변경은 가능하다고 볼 수 있다.[39]

그러나 이와 같은 경우에도 주주에 대하여 어느 정도 권리를 변경하는 것이 공정·형평의 원칙에 부합하는지를 결정하는 것은 매우 어려운 문

---

38) 대법원 2004. 12. 10.자 2002그121 결정(두레에어메탈 사건)은, "공정·형평의 원칙은 선순위 권리자에 대하여 수익과 청산 시의 재산분배에 관하여 우선권을 보장하거나 후순위 권리자를 선순위 권리자보다 우대하지 않아야 됨을 의미한다고 할 것이어서, 예컨대 정리채권자의 권리를 감축하면서 주주의 권리를 감축하지 않는 것은 허용되지 아니한다"라고 판시하였다.
39) 임채홍／백창훈, 회사정리법 하(제2판), 한국사법행정학회, 2002, 189-190면 ; 三ヶ月章／竹下守夫／霜島甲一／前田 庸／田村諄之輔／靑山善充, 앞의 책(주 35), 553-554면 참조.

제이다. 실무상 회생계획에 따른 채권자와 주주 사이의 권리 변경의 차등 정도를 파악할 때 회생채권자의 손실과 주주의 상대적 지분율 저하를 단순 비교하여 결정하고 있으나, 회생채권자의 권리와 주주의 권리는 그 성질이 이질적이어서 그 사이 권리 변경 차등의 공정·형평성은 단순히 채권의 감축율과 주식 수의 감소만을 비교하여 결정할 수 없고, 그 밖에 자본의 감소와 그 비율, 신주 발행에 의한 실질적인 지분의 저감비율, 회생계획안 자체에서 장래 출자전환이나 인수·합병을 위한 신주 발행을 예정하고 있는 경우 예상되는 지분비율, 그에 따른 회생계획에 의하여 채무자회사가 보유하게 될 순자산 중 기존 주주의 지분에 따른 금액의 규모, 변제될 회생채권의 금액과 비율, 보증채무의 경우 주채무자 등 제3자의 변제액과 변제 개연성 등 여러 사정을 두루 참작하여야 하고, 그 외에 주주가 갖는 장래 수익에 대한 가치 등도 고려되어야 한다.[40]·[41]·[42]

이상과 같이 기존 주주에 대한 권리 변경의 가부와 그 변경의 정도는

[40) 대법원 2004. 12. 10.자 2002그121 결정(두레에어메탈 사건).

41) 위 대법원 결정의 원심인 서울고등법원 2002. 11. 4.자 2002라209 결정은, "정리채권과 주식의 쌍방에 관하여 권리를 감축함에 있어서는 후순위인 주식의 감축률이 선순위인 정리채권의 감축률보다 높아야만 공정·형평의 원칙에 반하지 않는다고 할 것이고, 이 둘은 채권과 주식이라는 근본적 차이 때문에 정리채권의 감축비율과 주식 수의 감소비율에 따른 단순 비교만에 의할 수는 없다 할 것이나, 정리채권의 경우는 일반적으로 현금 변제 및 출자전환에 따른 주식가치의 현재화를 포함한 예상 변제액비율(보증채권의 경우에는 주채권의 현실화를 감안하여야 하므로 주채무자로부터의 기변제액 및 향후 변제가 확실한 금액을 감안한 예상 변제액비율)을, 주주의 경우는 권리 감축이 그 기업에 대한 주주의 비율적 지위의 저감을 의미하므로 단순한 감자비율이 아니라 감자 및 신주 발행 후 변동된 구 주주의 주식지분비율을 각 그 권리의 감축률이라고 볼 수 있다"고 판시하였다.

42) 위 서울고등법원 2002. 11. 4.자 2002라209 결정은 상대적 지분비율법에 의하여 기존 주주의 권리 감축률을 산정한 것으로 보인다. 그 밖에 기존 주주의 권리 감축의 정도를 파악하는 방법으로는 M&A 전에 기존 주주에게 배분될 순자산가액과 M&A를 통한 감자 후 기존 주주에게 배분될 순자산가액을 비교하여 감축률을 산정하는 순자산 접근방법을 들 수 있다.

종국적으로 회생계획 변경계획안의 입안 및 결의과정에서 확정될 수밖에 없는 것이므로, 관리인이 그 이전인 투자계약 체결단계에서 인수희망자와 합의로 사전에 결정하기 어렵고, 특히 M&A 당시 자산이 부채를 초과하는 경우에는 추후 결의에 부쳐질 회생계획 변경계획안에 대하여 기존 주주가 의결권을 갖고 있으므로 그 성공을 위해서는 기존 주주의 현실적 의사도 고려하지 않을 수 없다. 따라서 투자계약 체결단계에서 이해관계인에 대한 공정·형평한 처우의 차원이 아니라 M&A 후 채무자회사의 지분율 확보와 이를 통한 투자의 효용성 극대화를 추구하는 인수인과 사이에 이를 협상의 문제로 해결할 수 있는 성질의 것은 아니라고 본다.

3. 원회생계획에 따른 신주 발행과 주주의 권리 변경

최근 회생절차의 M&A에서 인수대금이 잔존 회생채무를 완제할 수 있어 굳이 채무 재조정을 위한 회생계획 변경의 필요성이 없는 사례들이 종종 발생하고 있다. 그런데 비교적 최근에 작성된 회생계획에는 관리인에게 제3자 배정 신주인수방식의 M&A를 추진할 책무를 부과하고 수권자본의 규모를 충분히 확충하면서, "관리인은 수권자본금범위 내에서 법원의 허가를 받아 신주를 발행할 수 있다"는 계획조항을 두고 있는 것이 보통이다. 관리인이 이와 같은 회생계획에 따라 M&A를 추진한 결과, 인수인이 회생채무를 초과하는 인수대금을 제시하고 회생계획에서 정한 수권자본범위 내에서 인수인에 대하여 신주를 발행하여 줄 수 있는 경우 회생계획 변경의 절차가 필요한지 여부가 문제 된다.

서울중앙지방법원 파산부의 실무는 인수인에 대한 신주 발행으로 인하여 기존 주주의 지분율이 희석화(dilution)되는 것은 그 자체로 기존 주주에게 불리하므로 정리계획 변경의 절차가 필요할 것이지만, 그 지분율의 저감이 원정리계획에서 정한 범위 내의 것이라면 그로 인한 불이익은 원회생계획에서 이미 예정하고 있는 것이어서 인수인에 대하여 신주를 발행하는 것만으로는 새로이 회생계획 변경절차를 밟을 필요는 없다고 보고 있다.[43) · 44)] 따라서 본계약 체결 후 작성되는 회생계획 변경계획안에서 회생채권자의 권리가 감축되는 경우에는 예외 없이 주식병합에 의한 자본 감소의 방법으로 주주의 권리를 감축하고 있다. 이때 주주에 대한 권리 감축의 정도는 정리채권자에 대한 권리 감축의 정도보다 작아서는 안 된다.[45)] 기존 주주의 권리 감축의 정도는 위에서 설명한 바와 같이 여러 사정을 종합하여 파악하여야 할 것이지만, 실무적으로는 감자 및 신주 발행 후 변동된 기존 주주의 주식지분비율을 주주의 권리감축률로 보는 상대적 지분비율법이 이용된다.

4. 신주의 제3자 배정에 대한 근거

오래전 인가된 정리계획에는 관리인이 신주를 발행할 경우, 그 배정방법 등에 대하여는 법원의 허가를 얻어 관리인이 정한다는 정도로 포괄적이고 추상적인 내용으로만 정하고 있는 경우가 있다.[46)]

정리절차와 회생절차에서는 기존 주주의 신주 인수권에 관한 상법상의 조항의 적용이 명시적으로 배제되고 있으므로(구 회사정리법 제255조 및

---

43) 이런 전제하에 정리계획 변경 없이 신주를 발행하고 M&A를 완료한 회사로는 신성통상, 세계물산, 신한, 진로 등이 있다. 정리회사 국제상사와 관련한 대법원 2005. 6. 15.자 2004그84 결정(국제상사 사건)도 이러한 실무처리는 적법한 것으로 수긍하고 있는 것으로 보인다.

44) 대법원 2008. 5. 9.자 2007그127 결정(충남방적 사건).

45) 주 41의 서울고등법원 2002. 11. 4.자 2002라209 결정 참조.

46) 대법원 2008. 5. 9.자 2007그127 결정은 그 유효성을 인정하고 있다.

채무자회생법 제266조 제2항[47]), 절차 내에서 상법의 규정을 이유로 한 기존 주주들의 신주 배정 요구를 받아들일 필요는 없다.

그러나 담보권자와 채권자가 자신들에게 신주 인수권을 배정하여 달라는 요구는 다른 차원에서 검토되어야 한다. 채무자회사가 어느 정도 수익력을 보존하고 있는 경우, 어느 기업이 막대한 인수대금을 지불하고 채무자회사의 지배권을 획득하는 것은 추후 막대한 경제적인 이익을 얻을 수 있다는 것을 의미하고, 회생절차에서 실시되는 M&A가 성사되는 것도 인수자가 이와 같은 경제적인 이득을 올릴 수 있기 때문이다. 이처럼 채무자회사의 지배권 또는 경영권의 획득이라는 것이 현실적으로 막대한 경제적 이익을 가져다줄 수 있는 것이므로, 이와 같은 경제적 이익의 분배 순위는 담보권자·채권자 등의 순으로 공정·형평에 맞게 배분되어야 한다고 볼 수도 있다.[48] 따라서 이해관계인인 담보권자·채권자의 신주 배정 요구를 배제하고 공개경쟁입찰방식으로 제3자 M&A를 추진하기로 하였다면, M&A 시 제3자인 인수인에게 신주를 배정한다는 점을 정리계획·회생계획에 명확하게 규정할 필요가 있고 최근에 작성되는 회생계획에서는 이와 같은 조항을 명시하고 있다.

---

47) 제266조(납입 등이 있는 신주 발행에 관한 특례)
    ….
    ② 제1항의 경우에는 「상법」 제418조(신주 인수권의 내용 및 배정일의 지정·공고), 제422조(현물출자의 검사), 제424조(유지청구권), 제424조의2(불공정한 가액으로 주식을 인수한 자의 책임), 제428조(이사의 인수담보책임) 및 제429조(신주 발행 무효의 소) 내지 제432조(무효판결과 주주에의 환급)의 규정은 적용하지 아니한다.
48) 정리회사 진로 사례에서는, 금융기관 채권자들이 출자전환을 통하여 대주주가 된 뒤 종결 후 자신들이 M&A를 추진한다는 구도의 정리계획안을 제출하였고, 이와 별도로 정리담보권자(겸 정리채권자) 1인이 자신에게 정리회사의 신주 인수권을 배정한다는 내용의 정리계획안을 제출하기도 하였다.

5. 회생절차의 M&A와 회생절차의 종결 : 즉시항고 · 특별항고(재항고)의 문제

인수인이 채무자회사를 인수하는 경우 막대한 규모의 자금을 투입하게 되므로 현실적으로 그 M&A를 회생절차의 종결과 분리하여 생각할 수는 없는데, 이와 관련하여 실무상 종종 문제 되던 것이 M&A를 내용으로 하는 회생계획 변경계획 인가 결정에 대한 불복이 있는 경우에 회생절차를 종결할 수 있는가 하는 문제이다.

구 회사정리법은 정리절차에 관한 재판에 대하여는 회사정리법에 불복을 허용하는 명문의 규정이 있는 경우에 한하여 즉시항고를 할 수 있었고 (제11조), 정리계획 인가 결정에 대하여는 즉시항고를 할 수 있고, 그에 대하여는 민사소송법 제449조(특별항고)의 규정에 준용한다고 되어 있었는바(구 회사정리법 제237조 제1항 및 제7항), 대법원은 정리계획 인부 결정에 대한 항고에 대하여는 특별항고만 허용된다고 보아 왔다.[49] 특별항고는 재판에 영향을 미친 헌법 위반이 있거나 재판의 전제가 된 명령 · 규칙 · 처분의 헌법 또는 법률의 위반 여부에 대한 판단이 부당하다는 것을 이유로 하는 때에 한하여 제기할 수 있고(민사소송법 제449조), 특별항고는 재판 확정 후의 불복방법이므로 통상의 상소가 아니며 재심에 유사한 비상불복절차로서 특별항고가 제기되었다 하여 원심재판의 확정이 차단되는 것이 아니므로,[50] 정리계획 변경계획 인가 결정은 항고심 결정이 고지됨으로써 확정된다.

---

49) 대법원 1987. 12. 29.자 87마277 결정이 이와 같은 내용의 최초의 결정이며 그후 같은 취지의 결정이 내려졌다.
50) 법원행정처, 법원실무제요 민사소송 III, 법원행정처, 2014, 329면 ; 강현중, 민사소송법(제5판), 박영사, 2002, 762면.

따라서 정리회사가 다른 요건만 구비하였다면 항고심 결정이 내려진 뒤에는 정리채권자표에 확정된 정리계획조항을 기재하는 등의 조치를 한 후 정리절차를 종결할 수 있다. 다만 특별항고가 제기된 경우에도 이론적으로는 인가 결정 자체가 취소될 가능성이 있으나, 인가의 대상이 된 정리계획은 법정 가결요건에 해당하는 대다수의 이해관계인의 동의하에 이루어진 것으로서 이미 그 계획 수행이 이루어지고 있고, 정리계획의 인가 결정이 사회적 · 경제적으로 미치는 영향이 작지 않은 점 등을 고려하여, 인가 결정에 부분적인 위법이 있는 때에는 인가 결정의 취소보다는 다른 이해관계인들과의 관계, 정리계획의 수행 가능성 등을 고려하여 특별항고인에 대하여 권리보호조항을 두어 인가 결정을 변경하는 방식으로 처리되어 왔다.[51] 따라서 그 확정에 많은 시일이 소요되는[52] 특별항고심에서 인가 결정이 변경되더라도 이로 인하여 추가된 변제의무만 이행하면 큰 혼란은 발생하지 않으므로, 특별항고심 결정 전에 회생절차를 종결하는 예가 많이 있었다.

위 대법원 결정(대법원 1987. 12. 29.자 87마277 결정) 이후 정리계획 인부 결정에 대하여는 특별항고만이 허용된다는 것은 확립된 판례 및 실무례였는데, 2002년 1월 26일 민사소송법의 전면개정으로 위에서 본 바와 같이 특별항고 사유가 종래의 헌법 또는 법률 위반에서 헌법 위반 등으로 축소되어 불복 기회가 현저히 제한되어 권리 구제에 문제가 있다는 비판이 제기되었다. 이를 감안하여 채무자회생법에서는 회생계획 인부 결정에

---

51) 대법원 2006. 5. 12.자 2002그62 결정 ; 대법원 2000. 1. 5.자 99그35 결정.
52) 대법원 2000그98, 2002그101, 2001그132, 133, 134, 135, 2002그121 사건 등을 추적해 보면, 인가 결정 후 특별항고에 대한 결정이 있을 때까지 12~52개월이 소요되었고, 그중 항고심 결정부터 특별항고에 대한 결정이 있을 때까지는 9~32개월이 소요되었으며, 정리회사 고려시멘트의 정리계획 변경계획 인가 결정에 대한 특별항고 사건은 인가 결정 후 50개월 만에 파기환송 결정이 내려진 바 있다.

대한 항고심 결정에 재항고를 할 수 있도록 규정하고(제247조 제7항[53]), 회생계획 변경 결정 및 변경계획 인가 결정[54]에 대하여도 이를 준용하고 있다. 따라서 채무자회생법상의 회생절차에서 회생계획 변경계획 인가 결정에 대한 재항고가 제기되는 경우에는 특별항고만 허용되던 종전과 달리 인가 결정 자체가 취소·변경될 가능성이 더 커졌으므로, 종전과 같은 논리로 재항고심의 결정 전에 회생절차를 종결하는 것은 어려워졌다.

다만 현행법하에서도 원심 결정이 헌법에 위반되거나 헌법을 부당하게 해석하거나 판례에 위반하는 등 매우 제한된 사유가 있어야만 재항고심의 심리가 속행되므로, M&A를 반영한 회생계획 인가 결정에 대한 재항고가 제기되어도 사실상 그 결과가 변경될 가능성은 낮을 것이고, 그 재항고 사유를 검토하여 인가 결정이 변경될 가능성이 없다면 회생계획 변경계획 인가 결정이 확정되기 전이라도 회생절차를 종결할 수 있다고 본다.[55]

6. 회생절차 종결과 부인권 관련 소송의 유지 여부

회생절차 M&A 진행과정에서 자칫 간과하기 쉬운 부분이 부인권 관련

---

53) 채무자회생법 제247조(항고)
   ① 회생계획의 인가 여부의 결정에 대하여는 즉시항고를 할 수 있다. 다만, 목록에 기재되지 아니하거나 신고하지 아니한 회생채권자·회생담보권자·주주·지분권자는 그러하지 아니하다.
   ....
   ⑦ 제1항의 즉시항고에 관한 재판의 불복은 「민사소송법」 제442조(재항고)의 규정에 의한다. 이 경우 제1항 내지 제6항의 규정은 이에 준용한다.
54) 채무자회생법 제282조 제3항 및 제247조 제7항.
55) 서울중앙지방법원 2012회합103호 범양건영 사건은 변경회생계획 인가 후 채권자의 즉시항고가 제기되어 있었음에도 불구하고 항고인이 즉시항고로 얻을 이익과 종결 지연으로 인수인이 얻을 손해를 비교·형량한 후 회생절차를 종결하였다고 한다. 서울중앙지방법원 파산부실무연구회, 회생사건실무 하(제4판), 박영사, 2014, 246면 참조.

소송의 운명이다. 회생절차가 개시되면 채권자들은 그 권리의 행사가 중지되고 정리계획 인가 결정에 따라 권리의 감축을 받게 된다. 그런데 회생절차 개시 이전에 회사가 사해행위, 편파행위, 무상행위 등을 통하여 회사의 재산을 유출시키는 경우에는 채권자 사이의 공평을 해하게 됨은 물론 회사의 회생에도 부정적인 영향을 끼치게 된다. 채무자회생법은 이를 방지·시정하기 위하여 관리인에게 이러한 행위를 부인할 수 있는 권한을 부여한다. 부인권은 관리인만이 행사할 수 있다고 해석되고 있고, 관리인이 부인권을 행사하고자 할 경우에는 반드시 소, 부인의 청구 또는 항변의 방법에 의하여야 하며, 그 부인의 효과는 재판이 확정된 때에 발생하는 것으로 해석되고 있다.

이와 관련하여 관리인이 이미 부인권을 행사하여 그 소송이 계속 중에 M&A에 성공하여 회생절차를 종결하는 경우에 계속 중인 소송의 운명이 문제 된다. 이에 대하여 대법원[56)]은 "회사정리법상의 부인권은 정리절차 개시 결정 이전에 부당하게 처분된 회사재산을 회복함으로써 회사사업을 유지·갱생시키고자 인정된 회사정리법상의 특유한 제도로서 정리절차의 진행을 전제로 관리인만이 행사할 수 있는 권리이므로, 정리절차의 종결에 의하여 소멸하고, 비록 정리절차 진행 중에 부인권이 행사되었다고 하더라도 이에 기하여 회사에게 재산이 회복되기 이전에 정리절차가 종료한 때에는 부인권 행사의 효과로서 상대방에 대하여 재산의 반환을 구하거나 또는 그 가액의 상환을 구하는 권리 또한 소멸한다고 보아야 할 것이므로, 부인의 소 또는 부인권의 행사에 기한 청구의 계속 중에 정리절차 폐지 결정이 확정된 경우에는 관리인의 자격이 소멸함과 동시에 당해 소송에 관계된 권리 또한 소멸한다"는 입장을 견지하고 있다.

---

56) 대법원 2004. 7. 22. 선고 2002다46058 판결.

따라서 M&A를 추진하는 관리인이나 채무자회사를 인수하려는 인수
희망자들로서는 아직까지 판례가 회생절차 종결 시 부인권 관련 소송의 계
속에 부정적이라는 점을 충분히 인식하여야 하고, 채무자회사의 M&A가
회생절차의 종결을 전제로 하고 있다는 점에서 사전에 부인권 관련 소송
이 계속 중인지 여부와 M&A 후 회생절차 종결 시 발생할 효과 및 이에
대한 대책 등을 사전에 검토하여야 한다. 최근 실무에서는 부인권 행사가
문제 되는 경우에는 회생절차 종결 이후에도 부인권 소송을 계속하기 위
하여 채무자회사를 (물적) 분할하여 분할 존속회사는 영업을 계속하면서
부인권 소송과 관련되지 않은 나머지 자산과 부채를 전부 보유하고 분할
신설회사는 부인권 소송과 관련된 범위 내에서만 자산과 부채를 승계하
여 부인권 소송 계속 후 그 결과를 분할 존속회사에게 이전하도록 하는
내용의 회생계획 변경계획을 마련한 다음 분할 존속회사에 대하여 회생
절차를 종결하고 있다.[57)]

---

57) 통상적인 M&A의 경우 회생담보권·회생채권·주식 등의 권리 변경을 내용으로 하는
회생계획 변경절차를 밟고 있으므로, 부인권 행사 계속을 위한 회사분할이 필요한
때 변경회생계획안에 그 내용을 명시하여 관계인집회의 심리 및 결의절차를 거쳐 인
가를 받음으로써 회사분할의 근거를 마련하고 있다. 만일 회생담보권자나 회생채권자
의 잔여 권리 전액의 만족을 얻는 등의 사유로 관계인집회가 필요하지 않은 경우에는
부인권 행사 계속을 그 내용으로 하는 변경회생계획을 마련할 필요가 있기는 하지만,
그와 같은 내용의 변경회생계획안은 이해관계인 누구에게도 불리한 영향을 주는 것은
아니므로 관계인집회를 거치지 않고 법원의 결정으로 변경할 수 있다(채무자회생법
제282조 제1항).

03

M&A거래에서의 양해각서에 관하여[*]

양시경[**] · 강은주[***]

I. 서론

1. 현대건설 M&A와 양해각서[1]

2010년 11월 16일 현대건설의 매각을 추진해 온 주관기관 외환은행을 비롯한 9개 채권금융기관으로 구성된 채권단[2]은 현대그룹 컨소시엄을

---

[*] 이 논문은 BFL 제47호(2011. 5)에 게재된 글을 수정 · 보완한 것이다.

[**] 법무법인(유한) 태평양 파트너 변호사

[***] 김 · 장법률사무소 변호사

1) 이 글은 현대건설 M&A가 마무리되던 해인 2011년 5월 BFL 제47호에 발표되었으며, 그런 연유로 현대건설 M&A를 도입부에서 언급하였다. 벌써 5년여가 지났으므로 이 부분의 삭제를 고려해 보기도 하였으나, 현대건설 M&A는 양해각서에 관한 세간의 관심을 촉발시킨 계기가 된 사안이라는 점에서 의미가 있어 그대로 둔다.

2) 채권단은 현대건설에 대한 대출금채권을 출자(주식)로 전환(즉 debt-to-equity swap)함으로써 상장법인 현대건설의 대주주가 되었고, 주주협의회를 구성하여 그 보유지분의

우선협상대상자로 선정하고, 같은 달 29일 현대그룹 컨소시엄과 양해각서(Memorandum of Understanding, MOU)를 체결하였다. 그러나 현대그룹의 주식 인수자금 중 현대상선 프랑스법인 명의로 프랑스 나티시스은행에 예치된 1조 2,000억 원 상당의 출처에 의문이 제기되면서 주관기관인 외환은행은 2010년 12월 20일 위 양해각서를 해지하기에 이른다. 현대그룹은 채권단을 상대로 양해각서 해지금지가처분을 신청하였고,[3] 예비협상대상자로 선정되었던 현대자동차그룹 컨소시엄은 위 가처분 신청 사건에 채권단 측 보조참가인으로 참여했다. 현대건설 M&A(Mergers & Acquisitions)을 둘러싼 채권단, 현대그룹 컨소시엄 및 현대자동차그룹 컨소시엄 간의 분쟁은 신문의 경제면을 연일 장식하게 된다. 여기에서 분쟁의 핵심이 된 '양해각서'란 대체 무엇인가?

2. 양해각서를 어떻게 이해할 것인가

양해각서란 계약을 최종적으로 체결하기 전까지 둘 이상의 당사자 사이에서 협상에 관한 내용이나 합의 내용의 골격을 작성하는 문서를 의미하는 것으로 설명되는데,[4] 양해각서의 명칭[5]·형태 및 내용은 천차만별

공동매각을 진행하였다.

3) 현대그룹은 채권단이 양해각서를 해지하기 전인 2010년 12월 10일 양해각서 해지금지
   가처분을 신청하였고, 채권단의 양해각서 해지 직후 위 가처분의 신청 취지를 양해각서
   해지의 무효를 구하는 내용으로 변경하였다.
4) 류병운, "양해각서(MOU)의 법적 성격," 홍익법학 제8권 제1호(2007), 홍익대학교 법학
   연구소, 177면. 한편 남유선, "M&A계약 교섭단계에서의 법적 책임에 관한 연구," 증권
   법연구 제10권 제1호(2009. 6), 한국증권법학회, 9면에서는 "양해각서는 본래 그 기원은
   외교협상과정에서 당사국이 조약 체결에까지는 이르지 못하더라도 양국의 입장을 서로
   확인하고 이를 준수하기로 하는 서면합의로부터 비롯된다. 사인(私人) 간의 거래에 있
   어서도 본계약을 체결할 단계는 아니나 당사자 쌍방이 상호 이해 내지 양해한 바를
   대강 기재하여 메모(각서)형식으로 서로 교환하는 경우에 MOU형태가 이용되고 있다.

이다. 일반적으로 양해각서는 법적 구속력이 없는 형태로 체결되지만, 우리나라에서 워크아웃기업의 M&A나 회생기업의 M&A를 위한 양해각서는 흔히 법적 구속력이 있는 형태로 체결되고 있어 양해각서에 대한 논의를 더욱 복잡하게 한다. 앞에서 살펴본 현대건설 M&A를 위한 양해각서는 법적 구속력이 있는 양해각서였는데,[6] 법적 구속력 있는 양해각서와 법적 구속력 없는 양해각서는 그 내용이나 기능 면에서 큰 차이가 있음을 주의해야 한다.

다음에서는 먼저 양해각서의 내용을 살펴보고, 양해각서의 성격을 기능적 측면과 계약의 체결단계 측면에서 고찰해 본다. 마지막으로 양해각서의 체결에 따라 교부되는 이행보증금의 성격도 살펴본다. 양해각서는 M&A 외에도 다양한 비즈니스거래에서 사용되지만, 이 글에서는 주로 M&A[7]를 위해 체결되는 양해각서에 국한하여 검토하기로 한다.

따라서 양해각서(MOU)란 장래의 계약에 대한 일방 또는 쌍방 당사자의 예비적 합의나 양해를 반영하는 계약 체결 전 단계에 사용되는 성문의 도구라고 일응 정의될 수 있다' 라고 설명한다.

5) 양해각서 외에도 의향서(letter of intent) · 확약서(letter of commitment) · 텀 시트(term sheet) 등 여러 명칭이 사용될 수 있으며, 해당 문건의 내용과 당사자의 의사에 따라 그 성질을 살펴보아야 한다. 특히 중요조건에 관한 초기 협상 결과를 본계약 협상 진행에 앞서 텀 시트 형식으로 문서화하여 양 당사자가 서명하는 경우가 많다.

6) 한편 채권단과 현대그룹 간에 양해각서가 체결된 것과 비슷한 시기인 2010년 11월 13일에는 하나금융지주가 외환은행 최대주주인 론스타와 외환은행 M&A를 위한 양해각서를 체결하고 같은 달 15일부터 외환은행에 대한 실사를 시작한 사건도 있었다. 위 양해각서는 법적 구속력 없는 양해각서였다.

7) 물론 우호적 M&A(friendly M&A)를 의미한다.

II. 양해각서의 내용

1. 일반적인 M&A에서의 양해각서와 워크아웃기업·회생기업 M&A에서의 양해각서

M&A거래를 위한 양해각서는 크게 일반적인 M&A에서 체결되는 양해각서와 워크아웃기업 및 회생기업 M&A에서 체결되는 양해각서로 나누어 볼 수 있는데,[8] 일반적인 M&A에서는 이른바 '법적 구속력이 없는 양해각서'(non-binding MOU)[9]가 체결되는 것이 원칙적이다. 양해각서 체결단계에서는 양수인이 회사에 대한 실사(due diligence)[10]를 만족할 만한 수준으로 수행하지 못하여 양수인이 실사 결과에 따라 언제든지 협상을 중단할 권리를 유보하려 하기 때문이다. 반면 워크아웃기업·회생기업

---

8) 양해각서와 관련하여 상당수의 논문이 축적되어 있으나 대부분 두 유형의 양해각서를 명확히 구분하고 있지 않은 것으로 보인다. 한편 최근의 대법원 판례 사안은 대부분 법적 구속력 있는 양해각서가 체결된 경우로서, 이를 곧바로 법적 구속력 없는 양해각서의 경우에 적용하기는 어려운 것으로 보인다.

9) 일반적인 M&A에서 체결되는 양해각서의 경우 양수인의 배타적 협상권, 비밀유지의무, 준거법 및 분쟁해결방법, 해지조항 등 일부 형식적·법률적 조항들(legal terms)에만 법적 구속력이 있는 것으로 하고, 나머지 대부분의 상업적 조항들(commercial terms)은 법적 구속력이 없는 것으로 하는 것이 통상적이다. 일부 조항은 법적 구속력이 있는 것으로 한다는 점에서 '법적 구속력이 없는 양해각서'(non-binding MOU)로 명명하는 것은 적절하지 않을 수 있으나, 요체가 되는 상업적 조항들(예컨대 거래대금, 거래의 주요 전제요건 등)이 구속력을 갖지 않으므로 실무에서는 '법적 구속력이 없는 양해각서'라는 표현을 많이 사용한다.

10) 기업실사는 기업의 경영 및 재무 상태 등 기업의 전반적인 상황에 관하여 조사하는 것을 말하며, M&A거래에서 인수자가 반드시 실시하여야 하는 준비 작업으로 인식되어 있다. 기업실사는 법무법인에 의한 법률실사, 회계법인에 의한 회계실사·세무실사, 컨설팅회사에 의한 사업성실사 등 여러 각도에서 이루어진다. 기업실사에 관한 자세한 내용은 정영철, "기업인수·합병 거래에 있어 기밀유지계약과 기업실사," BFL 제20호(2006. 11), 서울대학교 금융법센터 참조.

M&A에서는 법적 구속력이 있는 양해각서(binding MOU)가 체결되는 경우가 많으며, 법적 분쟁으로 비화될 소지가 많은 것은 이 양해각서이다.[11]

2. 일반적인 M&A : 법적 구속력이 없는 양해각서의 내용

법적 구속력 없는 양해각서의 내용이나 형태는 매우 다양하지만, 통상적으로 포함되는 것으로는 M&A의 목적물 및 인수방법, 잠정적 인수가격의 제시 및 인수가격 조정사유와 조정한도, 본계약(definitive agreement)[12]에 포함될 중요조건 중 일부, 본계약 체결 및 거래 종결(closing)[13] 관련 예상일정, 양수인의 배타적 협상권, 양수인의 실사,[14] 비밀유지의무, 양해각서의 준거법 및 분쟁해결방법, 양해각서의 법적 구속력 여부, 양해각서의 실효 및 해지 등을 꼽을 수 있다. 법적 구속력 없는 양해각서가 체결된 경우, 당사자들은 본계약을 체결하지 않은 채 언제든지 협상테이블을 떠날 수 있다는 점에 특징이 있다. 법적 구속력 없는 양해각서의 내용을 차례로 살펴보면 다음과 같다.

(i) M&A의 목적물 및 인수방법 : M&A 대상 기업 및 거래구조가 기재된다. 예컨대 주식양수도, 자산양수도, 영업양수도, 합병, 분할, 신주 인

---

11) 법적 분쟁으로 비화되는 양해각서는 대부분 법적 구속력이 있는 양해각서인 관계로 이러한 형태의 양해각서를 원칙적인 것으로 오해하기 쉬우나, 사실은 이와 달리 구속력 없는 양해각서를 체결하는 경우가 훨씬 많다.

12) M&A 거래방식에 따라 주식양수도계약서, 자산양수도계약서, 영업양수도계약서, 합병계약서, 신주인수계약서, 합작투자계약서 등이 '본계약서'가 된다.

13) 본계약의 내용에 따라 대상기업의 주식(또는 대상기업의 자산, 영업)과 인수대금을 주고받는 것을 말한다.

14) 양수인은 비밀유지약정서(confidentiality agreement) 내지 양해각서를 체결하고 대상기업에 대한 실사를 시작한다. 한편 양해각서를 체결하기 전 제한된 범위 내에서 실사〔예비실사(preliminary due diligence)〕를 거치는 경우가 있으며, 양수인은 양해각서 체결 후 제한 없는 실사〔정밀실사(confirmatory due diligence)〕를 수행하게 된다.

수, 합작투자(joint venture) 등 다양한 M&A방식 중 당사자가 예정하고 있는 거래방식이 기재된다.

(ii) 잠정적 인수가격과 조정사유 : 잠정적 인수대금이 기재되고, 잠정적 인수대금 산정의 전제가 된 사실과 배치되는 사실이 발견되는 경우(예컨대 실사 결과 대상기업에 부실자산이나 우발채무가 발견되는 경우, 순자산이 장부상 기재에 미달하는 경우 등) 인수대금이 하향조정될 수 있음이 규정된다. 양도인의 협상력에 따라서는 인수대금의 하한을 정하고 조정사유를 제한할 수도 있다.

(iii) 본계약에 포함될 중요조건 중 일부 : 양도인과 양수인 간에 이미 합의가 이루어진 거래의 주요 조건들을 기재하는데, 본계약에 포함되어야 할 진술 및 보증[15] · 선행조건 · 면책 등을 대개 그 내용으로 한다.

(iv) 양수인의 배타적 협상권(exclusivity) : 양해각서의 효력이 지속되는 동안 양도인은 양수인 외의 제3자와 대상기업의 M&A 관련 논의나 협상을 할 수 없음이 규정된다.

(v) 양수인의 실사 : 실사의 기간과 범위 및 실사 관련 절차적인 내용이 기재된다.

(vi) 비밀유지의무 : 양해각서 체결 및 본계약 협상 진행 사실을 비밀로 유지할 것이 규정된다. 실사과정에서 발견된 대상기업에 대한 비밀정보와 관련해서는 통상적으로 양수인과 양도인, 대상기업 간에 별도의 비밀유지약정서(confidentiality agreement)[16]가 체결되므로 양해각서에는 이

---

15) 진술 및 보증(representations and warranties)조항이란 계약 체결에서 중요한 전제가 된 사항을 '진술하게 하고 그 진실성을 '보증하게 하는 것으로서, 그 위반 시 계약 해지 사유가 되거나 손해배상책임을 발생시킬 수 있다. 이에 관한 자세한 내용은 천경훈, "진술보장조항의 한국법상 의미," BFL 제35호(2009. 5), 서울대학교 금융법센터 ; 허영만, "M&A계약과 진술보장 조항," BFL 제20호(2006. 11), 서울대학교 금융법센터 참조.

16) 비밀유지약정서의 자세한 내용에 관해서는 정영철, 앞의 논문(주 10) 참조.

를 규정하지 않는 경우가 많으나, 경우에 따라서는 이를 강조하기 위하여 양해각서에 중복적으로 규정하기도 한다.

(vii) 양해각서의 준거법 및 분쟁해결방법 : 양해각서의 해석에 관한 준거법 및 분쟁해결방법을 정한다. 반드시 본계약의 준거법이나 분쟁해결방법과 일치할 필요는 없으나, 실제로는 많은 경우에 본계약에서도 그대로 규정된다.

(viii) 양해각서의 법적 구속력 : 양해각서에는 법적 구속력이 없음(non-binding)을 명시한다. 다만 양해각서단계에서 확정하기 어려운 인수가격 및 인수의 주요 전제조건 등 상업적인 내용들을 제외하고 양수인의 배타적 협상권, 비밀유지의무, 준거법 및 분쟁해결방법, 해지조항 등과 같이 형식적인 조항에는 법적 구속력이 있는 것으로 하는 것이 일반적이다.

(ix) 양해각서의 실효 및 해지 : 통상 본계약이 체결되면 양해각서는 효력을 상실하는 것으로 규정한다. 따라서 양해각서는 본계약의 체결을 해제조건으로 하는 잠정적 계약이라고 할 수 있다. 또한 양수인에게 무한정한 배타적 협상권을 부여할 수는 없으므로, 특정 시점이 지날 때까지 실사를 거쳐 본계약이 체결되지 않는 경우 양해각서는 효력을 상실하는 것으로 규정된다. 그 외에도 당사자의 의사에 따라 여러 해지사유가 규정될 수 있다.

3. 워크아웃기업 · 회생기업 M&A : 법적 구속력이 있는 양해각서의 내용

채권금융기관 주도의 워크아웃기업 M&A나 법원 주도의 회생기업 M&A에 있어서는 완전한 법적 구속력을 지닌 양해각서를 체결하는 경우가 많다. 왜 이러한 형태의 양해각서가 체결되는지에 대해서는 항을 바꾸어 논의하기로 하고, 이러한 유형의 양해각서의 내용부터 간략히 살펴보면 다음과 같다.

(i) M&A의 목적물 및 인수방법, 양수인의 배타적 협상권, 양수인의 실사권, 비밀유지의무, 양해각서의 준거법 및 분쟁해결방법 : 법적 구속력 없는 양해각서의 경우와 같은 내용이나, 전반적으로 훨씬 자세하고 명확하게 작성된다.

(ii) 잠정적 인수가격과 조정사유 : 잠정적 인수대금이 기재되고, 양해각서에 정해진 조정사유가 발견되는 경우 인수대금이 조정(특히 하향조정)될 수 있음이 규정되며, 조정사유의 내용과 최대 조정한도(인수대금의 하한)을 규정한다. 법적 구속력 없는 양해각서에 비해 조정사유와 조정제외사유가 훨씬 자세하게 작성된다.

(iii) 본계약 협상에 관한 사항 : 본계약에 포함시킬 내용의 일부(주요 조건들)를 미리 규정한다.[17) 경우에 따라 "주식매매계약서의 조건에 관한 협상은 양수인이 입찰에 앞서 양도인에게 제공한 주식매매계약서 초안을 기초로 하며, 양수인은 입찰 시에 함께 제출한 주식매매계약서 초안의 수정사항 외에는 주식매매계약서 협상의 대상으로 삼을 수 없다"는 취지의 규정이 포함되기도 한다.

(iv) 진술, 보증과 확약사항 : 양해각서 체결에 관해 양 당사자에게 행위능력이 있고 적법한 내부 수권이 있었다는 점, 양해각서 체결이 양 당사자에게 적용되는 법령상, 정관 및 내규상 또는 계약상 제한을 위반하지 않는다는 점, 양수인이 제출한 입찰서류가 사실과 일치하고 중요한 사실을 누락하지 않았다는 점 등에 대해 해당 당사자가 진술 및 보증을

---

17) 예컨대 양수인의 대상기업 근로자고용 보장의무, 본계약 체결 시 계약금 납부의무 등.

한다. 그 외 본계약 체결 시까지 당사자가 준수하여야 할 확약사항[18]이 기재된다.

(v) 양해각서의 법적 구속력 : 양해각서의 모든 조항에 법적 구속력이 있음(binding)이 명시된다.

(vi) 양해각서의 실효 및 해지 : 법적 구속력 없는 양해각서와 마찬가지로 본계약이 체결되거나 일정 시점까지 본계약이 체결되지 않는 경우 양해각서가 효력을 상실하는 것으로 규정된다. 한편 입찰절차에서의 위법 사실이나 입찰서류의 위조가 발각된 경우, 진술·보증조항 및 확약사항을 비롯한 양해각서의 제반 조항을 어느 당사자가 위반한 경우, 그 상대방의 의사표시에 의해 양해각서의 해지가 가능하도록 한다.

(vii) 이행보증금 : 양해각서의 성실한 이행을 담보하기 위하여 양해각서 체결 즉시 양수인은 인수대금의 일정 비율(대개 5퍼센트 안팎)의 금원을 이행보증금으로 납부하도록 한다. 양수인 측의 귀책사유로 양해각서가 해지되는 경우 양도인은 이행보증금을 몰취할 수 있고, 그때 양수인은 이행보증금의 감액을 주장할 수 없음이 규정된다.

(viii) 주주협의회의 주식매매계약서 체결 불승인 시 양해각서 실효 : 워크아웃기업 M&A에서는 주식매매계약서 체결 시 주주협의회[19]의 사전 승인을 받아야 하는 특수성이 있다. 이에 워크아웃기업 M&A를 위한 양해각서에는 주식매매계약서 체결이 주주협의회에서 불승인되는 경우, 양해각서가 실효되고 이행보증금은 양수인에게 반환된다는 취지의 규정

---

18) 양수인 컨소시엄 구성원의 추가·변경이 있거나 투자비율이 변동되는 경우, 사전에 주관기관 동의(워크아웃기업 M&A의 경우) 또는 법원의 허가(회생기업 M&A의 경우)를 받겠다는 취지의 확약이 대표적이다.

19) 주관기관을 포함하여 M&A거래의 양도인이 되는 채권금융기관 전체로 구성된 협의체를 말한다. 각 채권금융기관의 의결권은 그 보유주식 수에 비례하여 산정되는 것이 일반적이다.

이 삽입된다.

III. 양해각서의 기능

1. M&A협상의 특성과 양해각서 체결의 필요성

'계약'의 성립을 위해서는 그 계약의 내용이 되는 모든 조건에 대하여 계약 당사자 간 의사의 합치가 있어야 한다.[20] 그런데 기업을 사고파는 M&A에서는 그 거래대상이 독립된 법인격을 지니고 영업활동을 하고 있는 '기업'으로서 다양한 내부적 · 외부적 법률관계[21]를 맺고 있고 기업가치도 계속적으로 변동하며 매각대금도 거액이므로, 관련 계약서에는 복잡하고 다양한 계약조건들이 규정된다. 그 결과 큰 틀에서 대상기업에 대한 M&A 추진에 합의한 당사자들도 막상 M&A 관련 계약서를 체결하기 위해서는 계약서 초안에 기재된 조항 하나하나에 관하여 전문변호사를 대동하고 협상을 시작하는 것이 일반적이다.

협상을 요하는 항목도 많고 다양하지만, 협상의 전제조건을 어떻게 충족시킬 것인지가 문제이다. 누구도 미지의 것에 대하여 협상할 수는 없다. M&A거래의 양수인으로서는 대상기업에 관하여 잘 알지도 못한 채 인수대금을 제안하거나 양도인이 제시한 계약조건을 덥석 수용할 수는

---

20) 민법 제534조는 "승낙자가 청약에 대하여 조건을 붙이거나 변경을 가하여 승낙한 때에는 그 청약의 거절과 동시에 새로 청약한 것으로 본다"고 규정하고 있다. 즉 어떤 청약에 대하여 완전히 동일한 내용의 승낙이 있지 않은 한 계약은 성립되지 않는다.
21) 내부적 법률관계로는 회사의 경영진 구성 및 의사결정 메커니즘, 근로관계 등을 들 수 있고, 외부적 법률관계로는 주주와의 관계, 자금조달 및 영업을 위한 제3자(채권자 · 거래처 · 고객 등)와의 계약관계, 과세 당국이나 감독 당국과의 관계 등을 들 수 있다.

없는 노릇이므로, 양수인은 본격적인 협상에 들어가기에 앞서 대상기업에 대한 실사를 통해 대상기업을 들여다보고 대상기업이 지니는 가치와 대상기업이 안고 있는 위험요소를 규명하고 평가할 수 있어야 한다. 그러나 실사란 그 자체로 대상기업의 영업에 부담이 되고 대상기업의 비밀정보가 외부로 유출될 위험성을 수반하기 때문에, 대상기업을 인수하고자 하는 진지한 의사와 능력도 없이 기업 쇼핑을 일삼거나 심지어 경쟁사인 대상기업의 영업이나 재무구조 등 기업비밀을 엿보려는 자에게는 양도인이 대상기업의 실사를 허용할 이유가 없다.

이처럼 상충되는 이해관계에도 불구하고 근본적으로 잠재적 양도인과 잠재적 양수인은 대상기업에 대한 M&A 추진이라는 공동의 목표를 가지고 함께 노력하는 상생의 관계에 놓이게 되는바, 생각건대 당사자의 입장에서는 이것이 양해각서라는 잠정적·중간적 형태의 계약을 체결하는 가장 큰 이유일 것이다. 즉 잠재적 양도인과 잠재적 양수인은 대상기업의 M&A에 관하여 상호 의사를 타진하고 협의를 진행하다가 어느 정도 분위기가 무르익어 거래 성사의 가능성이 엿보이는 단계가 되면, '아직 계약조건에의 합의에는 이르지 못하였음에도 불구하고' '문서화'를 통하여 이미 형성된 컨센서스(consensus)[22]를 보다 확고히 해두고 차후의 단계로 나아가게 된다. 양해각서를 체결하는 것은 마치 게임을 시작하기에 앞서 게임이 시작됨을 서로 분명히 해두고 미리 게임의 규칙을 정하는 것과도 같다.

---

22) 이상에서 언급하였듯이 양해각서는 법적 구속력이 없는 형태로 체결되는 것이 일반적이다. '합의'라는 용어는 법적 구속력 있는 계약의 성립을 연상시키므로 의도적으로 사용하지 않았다.

2. 일반적인 M&A에서 양해각서의 기능

양해각서는 ① 당사자에게 본계약 협상단계에 진입했음을 각인시키고, ② 양수인에게 배타적 협상권을 부여하고, ③ 이미 컨센서스가 이루어진 계약조건들을 문서화하며 양수인의 실사권 등 본계약의 협상을 위한 절차적 사항을 정함으로써 **본계약 협상에 적용되는 규칙을 자율적으로 제정**하기 위해 체결된다고 할 수 있다. 자세히 살펴보면 다음과 같다.

(i) 양해각서 체결에는 양 당사자의 의사결정권자의 결정이 필요하므로, 법적 구속력이 있든 없든 양해각서의 체결로써 M&A거래는 실무자 선에서의 의사타진단계를 넘어 의사결정권자의 의사가 상호 교환되는 단계로 진입한다. 즉 양해각서 체결은 실무자 선에서 이루어지고 있던 M&A거래에 관한 논의를 결정권자 간 의사교환으로 격상시키고, 이로써 양 당사자는 이제 계약의 협상이 본격적으로 시작되었음을 분명하게 인식하게 된다.

(ii) 일반적인 M&A에서 체결되는 법적 구속력이 없는 양해각서의 경우에도 법적 구속력이 있는 조항들(예컨대 양수인의 배타적 협상권, 비용부담조항, 준거법 및 관할조항)은 법적으로 양 당사자를 구속한다. 그 결과 이행청구권이나 손해배상청구권이 성립될 수 있다.

(iii) 한편 양해각서상 법적 구속력이 부여되지 않는 조항들(예컨대 잠정적 인수대금 및 인수대금의 조정, 본계약에 포함될 중요조건, 양수인의 실사권 등)은 어떤 기능을 갖는 것인지 의문이 들 수 있다.

그러나 법적 구속력이 없는 조항들을 무용하다고 볼 수는 없다. 비록 이 조항들에 법적 구속력이 없더라도 각 당사자는 양해각서단계에서 기재된 계약조건과 배치되는 주장이 상대방에 의해 수용될 가능성은 희박하다는 점을 인지하게 되는 결과, 그러한 주장으로 인해 협상이 공전될

뿐만 아니라 최악의 경우 협상이 결렬될 수 있음을 예상하게 된다. 게다가 양해각서에 배치되는 주장을 하는 것은 당사자의 대외적인 평판이나 신인도에 악영향을 미칠 수 있다. 따라서 당사자들은 본계약의 체결을 위해 노력하는 한 양해각서와 배치되는 주장을 자제하게 되며, 결국 양해각서에 기재된 본계약에 관한 내용들은 본계약 협상의 출발점 내지 가이드라인이 된다.

즉 양해각서를 체결함으로써 당사자들은 차후 진행될 협상의 내용과 절차에 대하여 기본적인 틀을 수립하고 방향성을 부여하는 한편, 양해각서를 법적 구속력 없는 형태로 만듦으로써 언제든지 협상을 중단할 수 있는 퇴로를 열어 두는 것이다.

3. 워크아웃기업 · 회생기업 M&A에서 양해각서의 기능

워크아웃기업이나 회생기업의 M&A는 대개 이 기업들이 봉착한 재무적 난관을 어느 정도 극복하고 소위 기업정상화를 성취한 단계에서 이루어지므로, 그 추진 주체인 채권단 또는 법원은 복수의 인수희망자들이 경합하는 경쟁입찰방식과 같이 매도인 우위의 거래와 절차를 통해 대상기업을 매각하거나 새로운 투자자를 유치하는 것이 일반적이다. 다음에서 검토하는 워크아웃기업 및 회생기업 M&A의 특성들은 위와 같은 일반적인 거래여건 내지 경향에 기초한다.

(1) 워크아웃기업 · 회생기업 M&A의 특수성

워크아웃기업 · 회생기업 M&A에서 체결되는 양해각서는 입찰 시행 주체가 정한 입찰절차상 그 체결이 예정되어 있다는 점에서 일반적인

M&A의 경우와 차이가 있다. 주식양수도방식에 의한 워크아웃기업 M&A에서의 입찰절차를 개략적으로 나타내면 다음과 같다.[23]

〈표 1〉 주식양수도방식에 의한 워크아웃기업 M&A에서의 입찰절차

매각 공고단계	(i) 매각 공고 및 잠재투자자에 대한 입찰안내서 교부, (ii) 입찰절차 참가를 희망하는 자로부터 의향서 및 비밀유지약정서 징구
입찰 전 단계	(i) 의향서를 제출한 자들 중 일정 기준에 따라 선별하여 1차 실사(이른바 예비실사)를 허용, (ii) 입찰안내서 및 주식매매계약서 · 양해각서의 초안을 교부
입찰 실시	입찰자는 인수금액이 기재된 입찰서와 함께 양해각서 및 주식매매계약서의 초안에 대한 수정요청서를 제출
우선협상대상자 선정 및 양해각서 체결단계	(i) 미리 정해 둔 우선협상대상자 선정기준표[24])에 따라 우선협상대상자 및 예비협상대상자를 선정, (ii) 우선협상대상자와 양해각서 체결
정밀실사 및 주식매매계약서 협상단계	(i) 양해각서에 정해진 바에 따라 우선협상대상자의 대상기업에 대한 2차 실사(이른바 정밀실사) 수행, (ii) 주식매매계약서에 관한 협상을 거쳐 최종 인수대금 및 주식매매계약서 최종안에 합의, (iii) 주식매매계약서 체결
거래 종결단계	주식매매계약서에 정해진 바에 따라 양도인은 주식의 소유권을 이전하고 양수인은 인수대금을 지급

이처럼 입찰 시행 주체는 미리 양해각서 초안을 입찰자들에게 배포한 뒤 그 수정안을 입찰일에 제출하도록 하고 이를 우선협상대상자 선정에 반영한다. 우선협상대상자 선정 후에는 지체 없이 우선협상대상자와 법적 구속력 있는 형태의 양해각서를 체결한다.

---

[23] 회생기업 M&A절차도 법원의 허가가 필요한 점과 주로 신주 인수방식에 의하는 점을 제외하면 이와 크게 다르지 않다. 회생기업 M&A절차에 관해서는 이 책의 제2장 참조.
[24] 우선협상대상자 선정기준표는 입찰자가 제출한 인수(투자)희망가격과 함께 양해각서 초안 및 주식매매계약서 초안에 대한 수정사항 유무 및 내용도 평가하여 점수에 반영하도록 작성된다.

(2) 워크아웃기업 · 회생기업 M&A에서 법적 구속력 있는 양해각서가 체결되는 이유

1) 워크아웃기업이나 회생기업 M&A에서 법적 구속력 있는 양해각서가 체결되는 이유는 상당 부분 양도인들[25]이 갖는 우월적 지위 내지는 협상력에서 찾아볼 수 있다.[26] 그러나 구속력 있는 양해각서가 체결되는 근본적인 원인은 양도인의 협상력보다는 양도인의 특성에 있지 않은가 생각된다.

첫째, 주관기관이나 관리인의 협상권에 제약이 존재한다. 워크아웃기업 M&A에서는 다수의 채권금융기관이 양도인이 되고 이들 중 한 곳의 채권금융기관이 주관기관으로 선정되어 다른 채권금융기관들의 위임을 받아 매각절차를 추진하므로, 다른 채권금융기관들에 대하여 수임인으로서의 선관주의의무를 부담하는 주관기관으로서는 일반적인 M&A의 당사자처럼 자유롭게 협상을 하는 데에 법률적 · 현실적 부담을 갖게 된다.[27] 법원의 허가를 받아야 하는 회생기업 M&A에서도 협상권에 제약이 존재할 것으로 생각된다.

둘째, 매각절차의 공정성에 대한 요청으로 인해 협상 결렬 시 양도인

---

25) 회생기업 M&A가 신주 발행방식으로 진행되는 경우에는 신주 발행인인 회생기업 자체의 지위 내지 협상력이 문제 될 것이나, 논의의 편의상 이를 구분하지 않고 양도인으로 칭한다.

26) 즉 이 M&A절차의 대상기업이 워크아웃이나 회생절차를 거치면서 부실자산 및 우발부채가 최소화된 결과, M&A시장에서 인기가 좋아져 다수의 입찰자가 경쟁 구도를 형성하게 되고 양도인 측의 협상력이 극대화되어, 양도인은 양수인에 대하여 법적 구속력 있는 양해각서 체결을 '요구' 내지 '강요'할 만한 지위를 누리게 되기 때문이라고 보는 견해가 많다.

27) 워크아웃 M&A에서 주주협의회의 주식매매계약서 체결 불승인 시 양해각서가 실효되도록 하는 조항도 같은 맥락에서 규정되는 것이다.

이 갖는 부담이 증대되어 있다. 특히 공적자금이나 대규모 구제금융이 투입된 기업을 매각하는 경우 매각절차의 공정성이 중요해지고, 그 결과 어느 한 입찰자와의 협상이 원활하지 못한 경우 다른 입찰자와 쉽게 협상을 개시하기가 어려워진다.[28] 따라서 미리 양해각서를 체결함으로써 향후 협상 결렬의 원인이 될 만한 항목들을 어느 정도 해결해 두어야 한다.

셋째, 워크아웃기업 매각 후 진술 및 보증조항 위반으로 채권금융기관들이 손해배상책임을 지게 되는 경우 채권금융기관 각자의 부담 부분 확정 등 복잡한 문제가 생기기 때문에, 워크아웃기업 M&A에서는 대상기업에 대한 진술 및 보증을 제공하지 않는 것을 원칙으로 한다.[29] 회생기업 M&A에서도 대상기업에 대한 진술·보증은 제공되지 않는 경우가 많다. 대상기업에 대한 진술 및 보증과 면책조항은 일반 M&A거래에서 가장 치열하게 협상이 이루어지고 있음을 고려해 보면, 워크아웃기업 M&A에서는 이미 협상의 폭에 제한이 있다고 볼 수 있다.

넷째, 최대한 매각절차를 안정적으로 구성할 필요가 있다. 다수의 채권금융기관의 수임인 지위에서 매각절차를 진행하는 주관기관으로서는 입찰자가 양해각서 체결 후 본계약 체결을 거부하는 사태를 사전에 방지

---

28) 채권금융기관들은 특혜 논란을 차단하기 위하여 사전에 우선협상대상자 선정기준표를 만들고 그 기준표에 따라 채점을 하여 우선협상대상자를 선정하는 방식을 취하게 된다. 일반적인 M&A에서 양도인은 경쟁입찰을 실시하여 우선협상대상자를 선정한 후에도 세부적인 조건에서 협상이 결렬되면 다른 입찰자와 협상을 새로 시작하여 본계약을 체결할 수 있는 반면, 워크아웃기업 M&A에서의 우선협상대상자는 엄격한 절차를 거쳐 선정되므로 우선협상대상자와의 본계약 협상이 원활하지 못한 경우에도 이미 선정된 우선협상대상자가 아닌 다른 입찰자와 협상을 개시하기가 용이하지 않다.

29) 전국은행연합회에서 제정한 채권금융기관 출자전환주식 관리 및 매각준칙 제11조 제2항은 "보유주식을 매각한 후에는 채권금융기관에 우발적 채무나 여타 의무의 부담이 없도록 하여야 한다"라고 규정하고 있다.

할 필요가 있으며, 법원의 감독하에 M&A를 주관하는 회생기업 관리인도 마찬가지이다. 따라서 당사자에게 언제든지 협상을 거부할 수 있는 자유를 인정하는 법적 구속력 없는 양해각서는 워크아웃기업이나 회생기업의 M&A에 맞지 않게 된다.

이러한 특성으로 인해 워크아웃기업 M&A는 협상을 필요로 하는 항목 자체를 사전에 축소하는 방식으로 설계되며 우선협상대상자로 선정된 당사자의 협상거부권을 제한하는데, 그 과정에서 법적 구속력 있는 양해각서가 중요한 역할을 한다.

이를 보다 자세히 살펴보면, 워크아웃기업의 M&A에서 주관기관은 입찰일 전에 양해각서 초안과 본계약서 초안을 입찰자들에게 교부하면서 입찰일에 입찰자들이 이를 수정하여 제출하도록 하되, 그중 일부 내용은 입찰자가 수정할 수 없음을 입찰안내서 등을 통해 입찰자들에게 주지시킨다(이때 입찰자들에게 대상기업에 대한 진술 및 보증과 면책을 요구할 수 없음을 명시하고, 양해각서 초안 및 본계약서 초안을 이와 다른 취지로 수정해 오는 경우 우선협상대상자 선정과정에서 불이익을 받게 될 것임을 명확히 한다). 이후 입찰자가 입찰일에 양해각서 초안과 본계약서 초안에 대한 의견(수정본)을 제출하면, 주관기관은 입찰자들이 써낸 인수희망가격 등과 함께 해당 수정본을 평가하여 그 결과를 토대로 우선협상대상자를 선정하고 그와 같이 선정된 우선협상대상자와 양해각서를 체결한다. 앞에서 살펴본 것처럼 양해각서에는 "주식매매계약서의 조건에 관한 협상은 양수인이 입찰에 앞서 양도인에게 제공한 주식매매계약서 초안을 기초로 하며, 양수인은 입찰 시에 함께 제출한 주식매매계약서 초안의 수정사항 외에는 주식매매계약서 협상의 대상으로 삼을 수 없다"는 취지의 규정이 포함되므로, 양해각서의 법적 구속력에 따라 이후 본계약 체결 시 협상이 필요한 항목이 대거 축소됨으로써 본계약의 내용에 관한 가시성(visibility)이 확보되는 것이다. 또한 법적 구속력 있는 양해각서를 체결함에 따라 입찰자는 양해각서상 근거 없이 본계약 협상을 함부로 거부할 수 없게 된다.

2) 양도인이 양수인에게 법적 구속력 있는 양해각서의 체결을 요구하는 데에는 대가가 따른다. 입찰자들은 대상기업에 대하여 전면적인 실사를 거치지 않고 법적 구속력 있는 양해각서를 체결하게 될 것이므로, 추후 위험요소가 발견될 경우를 감안하여 하향조정된 입찰가를 제출할 수도 있고 입찰 참가 자체를 포기할 수도 있다. 따라서 궁극적으로 양도인은 법적 구속력 있는 양해각서를 채택함으로써 매각대금이 하락할 위험성에 놓인다.[30] 또한 일반적인 M&A에서는 대상회사의 영업이나 재무현황에 관한 진술 및 보증조항에 의해 인수대금 자체를 직접 조정함이 없이 면책(즉 손해배상)으로 해결이 가능한 사항들도 (진술 및 보증 자체를 원칙적으로 허용하지 않는 워크아웃기업·회생기업의 M&A에서는) 모두 가격에 반영될 수밖에 없을 것이다.

3) 요컨대 법적 구속력 있는 양해각서를 체결하는 이유로는 앞에서 언급한 기본적인 사항 외에도 (i) 본계약의 협상대상 축소 및 (ii) 당사자의 협상중단권 제한 등이 추가된다. 앞에서 양해각서의 일반적인 기능은 본계약 협상에 적용되는 규칙을 자율적으로 제정하는 데에 있다고 하였는데, 법적 구속력 있는 양해각서는 본계약 협상에 적용되는 규칙을 제정함에 있어 **안정적인 매각절차를 설계하고자 하는 양도인 측의 필요가**

---

30) 이러한 위험성을 완화하기 위해 양도인은 입찰일 전에 양수인에게 대상기업의 실사를 보다 폭넓게 허용하는 경향이 있다.

반영된 결과라고 할 수 있다.

4. 입찰 시행 주체의 재량권과 양해각서

(1) 입찰 시행 주체의 폭넓은 재량권

여기에서 매각절차 설계에 있어서의 입찰 시행 주체의 재량권에 대해 간단히 짚고 넘어가고자 한다. 사적 자치의 원칙상, 입찰 시행 주체가 사인(私人)인 경우에는 낙찰자의 선정기준, 입찰의 구체적인 요건과 절차 및 입찰절차에 의한 계약 체결 여부 등을 결정하는 데 있어 폭넓은 재량권을 가진다고 보아야 할 것으로 여겨진다. 법원 또한 사적 입찰에 있어 매각 주체는 광범위한 재량권을 갖는다는 취지로 판시해 온 것으로 이해된다.

특히 정리회사 (주)이트로닉스 M&A 사건에서 인천지방법원은 "입찰 시행 주체가 국가기관이나 지방자치단체로서 관계 법령 또는 자체 심사 기준에서 낙찰자를 정하는 데 필요한 요건과 절차 등을 구체적으로 명시하고 있는 경우와 달리, 입찰 시행 주체가 사인인 경우에는 입찰에 붙인다는 표시는 원칙적으로 청약의 유인에 지나지 아니하여 입찰 시행 주체는 낙찰자의 선정기준, 입찰의 구체적인 요건과 절차 및 입찰절차에 의한 계약 체결 여부 등을 전적으로 자신의 의사에 따라 정하여 시행할 수 있다 할 것이고, 입찰자 가운데 가장 유리한 입찰에 대하여도 허부의 자유를 가진다"고 판시하고, "정리절차에 대하여 정리법원의 관여가 있다는 것만으로 이 사건 정리회사의 매각(M&A)절차의 성격이 국가 등이 실시하는 입찰절차와 같아지는 것은 아니다"라고 판시하였다.[31] 또한 워크

---

31) 인천지방법원 2006. 2. 17.자 2005카합2792 결정. 정리회사 (주)이트로닉스의 관리인

아웃기업 M&A 사례인 현대건설 M&A 관련 현대그룹 컨소시엄의 가처
분 신청 사건에서 서울고등법원은 "이 사건 입찰은 기본적으로 사인 간
의 주식매매를 위한 절차이고, 사법상의 거래에서는 계약 자유의 원칙상
당사자들이 계약 체결의 자유, 계약 상대방 선택의 자유 및 계약 내용 결정
의 자유를 가진다"고 판시하였다.[32] 즉 워크아웃기업 · 회생기업 M&A에
공공성이 강조되는 측면이 있으나, 법원은 기본적으로 이들 M&A를 위
한 입찰을 사적 입찰(private auction)로 파악하고 있다.

입찰 시행 주체의 폭넓은 재량권은 양해각서 해석에 있어서도 고려
되어야 하는바, 양해각서상 입찰 시행 주체에게 일방적으로 유리해 보
이는 조항이 있더라도 그 효력을 함부로 축소 · 해석할 것은 아니라고
생각된다.

(2) 신뢰보호의 원칙

입찰 시행 주체는 입찰을 시행함에 있어 신의성실의 원칙에 따라야
한다는 제한을 받는다. (주)이트로닉스 사건의 항고심 결정인 서울고등

은 입찰자들이 제출한 입찰서를 심사한 결과, 신청인들의 입찰이 비록 최고가이지만
소정의 자금조달증빙을 갖추고 있지 않다는 점에서 이를 무효로 처리하고 다른 입찰
자를 우선협상대상자로 선정하였다. 이에 신청인들은 관리인의 우선협상대상자 선정
결과에 불복하여 관리인을 상대로 우선협상대상자로서의 지위를 임시로 정하여 달라
는 가처분 결정을 신청하였다. 인천지방법원은 신청인들의 신청을 기각하였고, 이 결
정에 대하여 A는 항고 및 재항고를 하였으나 모두 기각되었다(서울고등법원 2006.
6. 1.자 2006라327 결정 ; 대법원 2006. 9. 18.자 2006마634 결정).

32) 현대그룹 컨소시엄과 양해각서를 체결한 채권금융기관들이 현대그룹 컨소시엄의 양
해각서상 확약 위반을 이유로 위 양해각서를 해지하자, 현대그룹 컨소시엄에서는 양
해각서 해지가 무효임을 주장하며 자신들이 양해각서상의 권리를 가지고 있음을 임시
로 정하는 가처분을 신청하였다. 현대그룹 컨소시엄이 제기한 가처분 신청은 기각되
었고(서울중앙지방법원 2011. 1. 4.자 2010카합3735 결정), 이에 현대그룹 컨소시엄이
항고하였으나 기각되었다(서울고등법원 2011. 2. 15.자 2011라154 결정).

법원 2006. 6. 1.자 2006라327 결정은 입찰 시행 주체의 재량권 행사의 한계를 다루고 있다. 위 사건에서 신청인들은 "관리인이 입찰절차와 우선협상대상자 선정기준 등을 명시적으로 공표함으로써 자신들은 공표된 절차와 기준에 따라 우선협상대상자 선정 및 본계약 체결 등이 이루어질 것이라는 정당한 신뢰와 기대를 가지게 되었고 이와 같은 신뢰는 보호되어야 한다"고 주장하였다. 그러나 법원은 신청인들에게 사전에 배포된 입찰안내서상의 기재를 근거로[33] "관리인이 신청인들에게 이 사건 입찰의 우선협상대상자 선정에 있어서 신의를 주었다거나 객관적으로 보아 신청인들이 그러한 신의를 가짐이 정당한 상태에 이르렀다고 보기 부족하다"고 판단하여 신청인들의 주장을 받아들이지 않았다.

양해각서의 기능이 본계약 협상을 시작하기에 앞서 본계약 협상을 위한 규칙을 정함에 있다고 보면, 우선협상대상자와 법적 구속력 있는 양해각서가 체결된 경우 우선협상대상자가 갖는 신뢰는 양해각서의 해석에 의해 그 내용이 결정되는 것이고, 양해각서의 내용에 배치되는 신뢰를 주장할 수는 없는 것으로 생각된다.[34] 이러한 측면에서 보면 양해각

---

33) 법원이 근거로 든 사정들은 다음과 같다. (i) 입찰안내서상 "우선협상대상자의 선정은 전적으로 회사와 M&A 주간사의 고유 권한이며, 입찰참가자는 선정절차 · 선정기준 · 선정방법 및 선정 결과에 대하여 어떠한 이의도 제기할 수 없다"고 규정되어 있는 점, (ii) 입찰안내서상 '피신청인과 M&A 주간사가 인정할 수 있는 자금조달 증빙'을 제시할 것을 요구하고 있는 점, (iii) 그럼에도 불구하고 신청인들은 피신청인이 제공한 양식을 피신청인이나 M&A 주간사의 동의 없이 임의로 변경하여 내용을 수정하였고, 이는 단순한 실수라기보다는 위 대출확약서를 발송한 주식회사 조흥은행의 의도에 따라 행하여진 점.

34) 이와 관련하여 법적 구속력 있는 양해각서는 '처분문서'가 된다. 대법원은 "처분문서는 그 성립의 진정함이 인정되는 이상 법원은 그 기재 내용을 부인할 만한 분명하고도 수긍할 수 있는 반증이 없는 한 그 처분문서에 기재되어 있는 문언대로의 의사표시의 존재 및 내용을 인정하여야 하고, 당사자 사이에 계약의 해석을 둘러싸고 이견이 있어 처분문서에 나타난 당사자의 의사해석이 문제 되는 경우에는 문언의 내용, 그와 같은 약정이 이루어진 동기와 경위, 약정에 의하여 달성하려는 목적, 당사자의 진정한 의사

서는 본계약 체결에 관한 양 당사자의 신뢰의 내용을 명확히 해두는 것
이라고도 말할 수 있다.

IV. 계약의 체결단계상 양해각서의 의미

1. 우선협상대상자 선정이나 양해각서 체결이 본계약의 청약에 해당하는지 여부

(1) 정리회사 (주)이트로닉스 M&A 사건에서 인천지방법원은 입찰 시행 주체가 사인(私人)인 경우에는 입찰에 붙인다는 표시는 원칙적으로 청약의 유인에 지나지 않는다고 판단한 바 있다. 양도인의 입찰 공고가 청약의 유인이라면, 입찰 후 우선협상대상자를 선정하고 양해각서를 체결하는 것은 본계약 성립의 어느 단계에 위치하는가?

등을 종합적으로 고찰하여 논리와 경험칙에 따라 합리적으로 해석하여야 한다"는 입장이다(대법원 2009. 7. 23. 선고 2008다46210 판결 등).

한편 법적 구속력 없는 양해각서의 경우, 양수인의 배타적 협상권조항이나 비용부담조항 등 예외적으로 법적 구속력이 있는 것으로 작성되는 조항들과 관련해서는 법적효력이 인정될 것이지만, 그 밖의 조항들에 대해서는 법적 효력을 인정하기 어려울것이다. 따라서 법적 구속력이 없는 조항들에 근거하여 본계약 체결에의 신뢰를 주장하는 경우, 양해각서 체결 사실만으로는 그러한 신뢰를 입증하기에 부족하다고 판단될 수 있다. 법적 구속력이 없는 양해각서에 배치되는 신뢰를 주장하는 것도 그러한신뢰가 유발된 다른 사정을 입증하는 경우에는 가능할 것이다.

그러나 법적 구속력이 있는 조항과 법적 구속력이 없는 조항이 혼재되어 있는 양해각서의 법적 효력을 규명하는 것은 생각만큼 간단하지 않을 수 있다. 구속력 없는 합의와 신사약정의 효력을 논한 것으로 최신섭, "신사약정과 법률행위 : 담합행위의 제재방법으로," 비교사법 제10권 제2호(2003. 6), 한국비교사법학회 ; 최신섭, "계약법체계에서 구속력 없는 합의의 법적 의미 : 독일법과의 비교법적 고찰," 비교사법 제12권제1호(2005. 3), 한국비교사법학회 참조.

(2) 먼저 우선협상대상자 선정 자체를 본계약의 '청약'으로 볼 수는 없는가? M&A를 위한 입찰의 경우 그렇게 보기는 어려울 것이다. 우선협상대상자 선정은 해당 입찰자에게 본계약 체결을 우선적으로 협상할 수 있는 지위를 주겠다는 의사표시일 뿐 해당 입찰자와 본계약을 체결하겠다는 의사표시가 아니기 때문이다.

법적 구속력이 없는 양해각서의 경우, 양해각서에 포함된 본계약 관련 조건들에 대해서는 법적 구속력이 없으므로 청약이나 승낙으로 볼만한 의사표시 자체를 인정하기 어렵다. 한편 양수인의 배타적 협상권에 대해 법적 구속력을 부여하는 경우 그러한 내용의 의사의 합치가 있었다고 볼 수 있으나, 이는 본계약의 내용과는 직접적인 관련이 없다. 따라서 법적 구속력이 없는 양해각서는 본계약 체결단계 내에 위치시키기 어려우며 전혀 별도의 계약에 해당한다고 할 수 있다.

마지막으로 법적 구속력이 있는 양해각서의 경우를 보면, 이러한 유형의 양해각서는 본계약의 협상 내용과 범위에 제한을 가하고는 있으나, 본계약은 여전히 다양한 내용으로 체결될 가능성이 있다. 법적 구속력이 있는 양해각서에서 양 당사자는 함부로 본계약 협상을 중단할 수 없으나, 본계약 협상의 중단 가능성이 완전히 배제되는 것도 아니다. 따라서 법적 구속력이 있는 양해각서를 본계약과 동일시할 수는 없을 뿐만 아니라 그러한 양해각서로부터 본계약 체결 청구권을 도출할 수도 없다.[35] 즉 그러한 경우의 양해각서 또한 본계약 체결단계 내에 위치시키기 어려우며, 본계약의 협상 내용 및 절차를 규율하는 전혀 별도의 계약이라고 볼 수밖에 없다.

M&A계약이나 금융계약 등 다소 복잡하고 중요성이 큰 계약들의 경

---

35) 즉 양해각서를 매매의 일방 예약으로 보기도 어렵다(민법 제564조 참조).

우 쌍방 당사자들은 계약서 초안의 수정본을 주고받으며 최종본에 대해 실무자 선에서 먼저 합의를 마친 후, 내부 결재를 거쳐 권한 있는 서명권자의 서명을 받음으로써 계약 체결을 마무리 짓는다. 이 경우 계약에 필요한 청약과 승낙은 마지막 순간, 즉 서명권자가 서명을 하는 순간에 존재한다고 볼 수밖에 없다. 그 이전에 당사자 간에 교환된 모든 의사표시는 '철회 가능한' 것들이어서 법률상 청약의 성격을 가지고 있다고 보기 어렵고,[36] 청약이 없는 이상 이에 대한 승낙도 있을 수 없기 때문이다. 이 점을 고려하여 보면, M&A거래에서 본계약서가 확정되어 서명권자에 의해 체결되기 전까지는 어떠한 청약이나 승낙도 인정될 수 없음이 더욱 명백해진다.

(3) 요약하면 우선협상대상자의 선정과 양해각서 체결 모두 본계약과 관련하여 어떠한 청약으로도 의사의 합치로도 해석할 수 없으며,[37] 우선협상대상자의 선정 발표나 양해각서로부터 본계약 체결에 관한 청구권을 도출할 수도 없다. 따라서 우선협상대상자의 선정이나 양해각서의 체결에도 불구하고 당사자들은 여전히 본계약과 관련하여 '계약 교섭단계'에 머무르게 되며, 당사자들이 양해각서 등 별도의 계약서에 의해 합의

---

36) 계약의 청약은 이를 철회하지 못한다(민법 제527조 청약의 구속력). 청약자가 철회 가능성을 유보한다는 뜻을 청약에 표시해 두는 경우에는 사적 자치의 원칙상 청약의 구속력은 배제된다. 그러나 청약자가 모든 경우에 청약의 구속력을 유보한다면, 이는 청약이 아니라 청약의 유인에 지나지 않는 것으로 해석하여야 할 것이다(곽윤직 편, 민법주해 XII, 박영사, 1997, 201쪽 참조). M&A계약 협상 시 협상자들은 협상을 위한 모든 의견 교환이 서명권자의 계약서 최종본 서명이 있기까지 철회 가능하다는 점을 상호 이해하고 있다. 결국 협상과정에서의 의사표시는 청약의 유인일 뿐인 것으로 생각된다.

37) 부연하자면 우선협상대상자 선정 및 양해각서 체결 자체에 대한 의사의 합치가 있을 뿐 본계약에 관한 어떤 의사의 합치는 없다는 뜻이다.

하지 않은 사항에 대해서는 '계약 체결 전 법률관계'에 관한 법리가 적용되어야 할 것이다.

2. 계약 교섭의 부당파기와 양해각서

(1) 계약 교섭의 부당파기에 관한 판례의 태도

계약 교섭의 부당파기와 관련하여 대법원은 "어느 일방이 교섭단계에서 계약이 확실하게 체결되리라는 정당한 기대 내지 신뢰를 부여하여 상대방이 그 신뢰에 따라 행동하였음에도 상당한 이유 없이 계약의 체결을 거부하여 손해를 입혔다면 이는 신의성실의 원칙에 비추어 볼 때 계약자유원칙의 한계를 넘는 위법한 행위로서 불법행위를 구성한다"는 전제하에, "그러한 불법행위로 인한 손해는 일방이 신의에 반하여 상당한 이유 없이 계약 교섭을 파기함으로써 계약 체결을 신뢰한 상대방이 입게 된 상당 인과관계 있는 손해로서 계약이 유효하게 체결된다고 믿었던 것에 의하여 입었던 손해 즉 신뢰손해에 한정된다고 할 것이고, 이러한 신뢰손해란 예컨대 그 계약의 성립을 기대하고 지출한 계약 준비비용과 같이 그러한 신뢰가 없었더라면 통상 지출하지 아니하였을 비용 상당의 손해라고 할 것이며, 아직 계약 체결에 관한 확고한 신뢰가 부여되기 이전 상태에서 계약 교섭의 당사자가 계약 체결이 좌절되더라도 어쩔 수 없다고 생각하고 지출한 비용, 예컨대 경쟁입찰에 참가하기 위하여 지출한 제안서, 견적서 작성비용 등은 여기에 포함되지 아니한다"고 판시한 바 있다.[38] 또한 대법원은 "계약 교섭단계에서는 아직 계약이 성립된 것이

---

38) 대법원 2003. 4. 11. 선고 2001다53059 판결.

아니므로 당사자 중 일방이 계약의 이행행위를 준비하거나 이를 착수하는 것은 이례적이라고 할 것이므로 설령 이행에 착수하였다고 하더라도 이는 자기의 위험 판단과 책임에 의한 것이라고 평가할 수 있지만, 만일 이행의 착수가 상대방의 적극적인 요구에 따른 것이고, 바로 위와 같은 이행에 들인 비용의 지급에 관하여 이미 계약 교섭이 진행되고 있었다는 등의 특별한 사정이 있는 경우에는 당사자 중 일방이 계약의 성립을 기대하고 이행을 위하여 지출한 비용 상당의 손해가 상당 인과관계 있는 손해에 해당한다"고 판시한 바 있다.[39]

요컨대 계약 교섭의 부당파기로 인한 손해배상책임은 불법행위책임이며, 상대방에게 계약 체결의 신뢰를 부여하여 상대방이 그 신뢰에 따라 행동하였음에도 상당한 이유 없이 계약의 체결을 거부하여 손해를 입힌 경우에 성립한다는 것이 판례의 태도이다. 또한 그 손해배상범위는 신뢰이익 부분에 관한 손해에 한정되는바, 그 손해는 계약 체결에 관하여 확고한 신뢰가 부여된 시점 이후의 것이어야 하고, 한편 특별한 사정이 있는 경우에는 계약을 이행하기 위하여 지출된 비용도 이에 포함될 수 있다. 구체적으로 입찰자가 우선협상대상자로 선정되기 전에 해당 거래를 위해 지출한 비용은 '계약 체결에 관하여 확고한 신뢰가 부여되기 이전에 지출된 비용'으로서 손해배상범위에서 제외되는 반면, 입찰자가 우선협상대상자로 선정된 후 추가로 지출된 비용만이 일단 손해배상의 범위에 포함될 수 있고, 그 경우에도 통상적인 예에 비추어 그 액수가 과다하다는 등의 특별한 사정이 있는 경우에는 손해배상의 범위에서 제외될 가능성이 있다. 또한 양해각서상에 규정된 의무를 이행하기 위하여 지출된 비용이나 입찰 시행 주체들이 특별히 요청한 조치를 취하기 위하여 지출

---

39) 대법원 2004. 5. 28. 선고 2002다32301 판결.

된 비용이 있는 경우, 그러한 비용도 손해배상범위에 포함될 수 있을 것이다.

(2) 법적 구속력 없는 양해각서와 계약 교섭의 부당파기

법적 구속력 없는 양해각서의 경우, 당사자들은 언제든지 본계약 협상을 중단할 수 있다. 따라서 법적 구속력 없는 양해각서의 체결만으로는 '계약 체결의 신뢰를 부여'한 경우로 평가되지 않고, 일반적으로는 계약 교섭 중단이 계약 교섭의 부당한 파기에 해당하지는 않을 것으로 생각된다. 그러나 양도인이 양수인의 배타적 협상권을 무시하고 제3자와 협상을 진행하는 등 양해각서상 법적 구속력 있는 조항을 위반한 경우, 본계약 협상에 있어서 신의성실의 원칙에 명백히 반하는 태도로 일관한 경우, 본계약 체결에 관한 신뢰를 부여하였다는 점이 다른 사실관계에 의하여 뒷받침되는 경우에는 계약 교섭의 부당파기에 해당하여 손해배상책임이 발생될 수 있을 것이다.

(3) 법적 구속력 있는 양해각서와 계약 교섭의 부당파기

법적 구속력 있는 양해각서가 체결된 경우, 본계약이 체결될 것이라는 점에 대한 '신뢰를 부여'한 것으로 해석될 수 있다. 단 그러한 신뢰의 내용은 양해각서의 해석에 따라 결정될 것이므로, 양해각서 자체가 거기 규정된 의무 위반 등 소정의 사유로써 해지되거나 양해각서를 위반함 없이 본계약 체결이 결렬된 경우 등에는 계약 교섭의 부당파기에 해당하지 않을 것이다. 반면에 양해각서 위반으로 본계약 체결이 결렬된 경우에는 계약 교섭의 부당파기에 해당하여 손해배상책임이 발생할 수 있다.

V. 법적 구속력 있는 양해각서의 특수한 문제 : 이행보증금의 성질에 관하여

1. 현황

워크아웃기업·회생기업 M&A에서 우선협상대상자는 양해각서 체결 직후 양해각서의 규정에 따라 인수대금의 일정 비율에 상당하는 금원을 이행보증금으로 납부하며, 위 이행보증금은 양수인의 양해각서 위반 시 양도인에게 귀속(몰취)되도록 정하는 경우가 많다. 이들 M&A에서 입찰자가 양해각서를 준수하는 것은 양도인이 안정적인 매각절차를 구축하고 진행하는 데에 필수적이기 때문에 양도인은 양해각서의 이행을 담보하기 위한 수단으로서 이행보증금을 징구하는 것이다.

만일 이행보증금 규정이 없다면 양도인은 양수인이 양해각서를 위반하여도 그와 상당 인과관계가 있는 손해의 배상만을 청구할 수 있을 뿐인데, 손해액 입증이 어렵고 손해액의 실제 규모 또한 그다지 크지 않은 반면에 양수인이 양해각서를 위반함에 따라 새로이 입찰(매각)절차를 진행해야 할 경우, 유찰된 때와 비슷하게 인수(희망)가격이 하락할 수 있다는 사정을 감안하면 양도인이 이행보증금을 선호하는 이유를 짐작할 수 있다.

2. 이행보증금의 해석 : 위약벌인가 손해배상액의 예정인가

위약금은 손해배상액의 예정으로 추정되며,[40] 예정액이 부당히 과다

---

40) 민법 제398조 제3항.

한 경우에는 법원은 재량으로 적당히 감액할 수 있다.[41] 한편 위약벌약
정은 채무의 이행을 확보하기 위하여 정해지는 것으로서 손해배상의 예
정과는 그 내용이 다르므로 손해배상의 예정에 관한 민법 제398조 제2항
을 유추적용하여 그 액을 감액할 수는 없고, 다만 그 의무의 강제에 의하
여 얻어지는 채권자의 이익에 비하여 약정된 벌이 과도하게 무거울 때에
는 그 일부 또는 전부가 공서양속에 반하여 무효로 될 수 있다.[42]

양해각서상 이행보증금 몰취약정이 있는 경우 손해배상액을 예정한
것으로 보아야 하는가 아니면 위약벌에 해당하는가? 이는 개개의 양해
각서의 해석에 달린 문제인데, 다음에서는 M&A거래에서 체결된 위약금
약정에 관한 최근 대법원 판결을 살펴보고자 한다. 그런데 판례의 태도
를 보면, 법원은 M&A거래에서의 위약금약정과 관련하여 손해배상액의
감액이든 위약벌이든에 관계없이 그 감액을 인정하는 데에 신중한 입장
인 것으로 보인다.

3. 판례의 태도

(1) 정리회사 (주)건영 M&A 사례[43]

정리회사 (주)건영의 M&A를 위한 양해각서가 체결되었으나 양수인
의 자금조달 실패로 양도인이 양해각서를 해제하고 100억 원 상당의 이행
보증금(최종 인수대금 1,940억 원의 약 5퍼센트에 해당)을 몰취한 사안이다.
대법원은, (i) 위 양해각서상의 위약금약정을 위약벌로 판단하였고,

---

41) 민법 제398조 제2항.
42) 대법원 1993. 3. 23. 선고 92다46905 판결.
43) 대법원 2008. 2. 14. 선고 2006다18969 판결.

(ii) 양수인의 위약으로 인해 양도인이 입을 것으로 예상되는 손해, 위약
벌의 규모나 전체 인수대금에 대한 비율, 양수인을 비롯한 컨소시엄 구
성원의 경제적 지위와 능력 등 제반 사정을 종합해 볼 때 위약벌의 규모
가 100억 원을 상회한다고 하여 그러한 위약벌의 약정이 공서양속에 반
하여 그 일부 또는 전부가 무효라고 할 수는 없다고 판시하였다.

(2) 정리회사 (주)청구 M&A 사례[44]

정리회사 (주)청구의 M&A를 위해 본계약인 투자계약서가 체결되었
으나 양수인이 인수대금 지급의무를 불이행함에 따라 122억 원 상당의
계약금(인수대금의 10퍼센트에 해당)을 몰취한 사안이다.

대법원은 (i) 투자계약서상 계약금 몰취조항을 위약벌이 아닌 손해배
상의 예정으로 판단하였으나,[45] (ii) 손해배상액의 감액을 인정하지는 않
았다. 이와 관련하여 대법원은 "민법 제398조가 규정하는 손해배상의 예

---

44) 대법원 2008. 11. 13. 선고 2008다46906 판결.
45) 대법원은, "(i) 양해각서에서는 이행보증금의 귀속에 관하여 위약벌이라는 용어를 사
용하고 있지만 이 사건 계약금 몰취조항에서는 위약벌이라는 용어를 사용하지 않고
있는 점, (ii) 투자계약서상 이 사건 계약금 몰취조항과는 별도로 원고 등이 계약 해제로
인하여 피고(정리절차 개시와 종결 전후를 불문하고 모두 '피고'라 한다)가 입은 손해를
배상할 의무를 부담한다는 취지의 조항을 두고 있지 않는 등 이 사건 계약금 몰취조항
을 위약벌에 관한 약정으로 해석할 만한 특별한 근거 규정도 없는 점, (iii) 양해각서는
투자계약을 체결하기 전 단계에서 투자계약조건의 협상을 위한 기준을 정하는 것을
목적으로 하는 것으로서 양해각서상의 이행보증금은 투자계약의 체결을 보증하는 것
이지 투자계약의 이행을 보증하는 것은 아니므로 양해각서상의 용어 사용을 근거로
투자계약상 계약금의 성질을 결정할 수는 없는 점, (iv) 정리회사 M&A절차의 특수성
을 고려할 때 투자계약상의 위약금이 통상의 계약에 비하여 이행 확보적인 기능이
강하기는 하지만 손해배상액의 예정에도 심리적 경고에 의한 이행 확보기능이 있는
점 등에 비추어 보면, 이 사건 계약금 몰취조항은 손해배상액의 예정에 해당한다"고
판단한 원심의 판단을 정당하다고 하였다.

정은 채무불이행의 경우에 채무자가 지급하여야 할 손해배상액을 미리 정해 두는 것으로서 그 목적은 손해의 발생 사실과 손해액에 대한 입증 곤란을 배제하고 분쟁을 사전에 방지하여 법률관계를 간이하게 해결하는 것 외에 채무자에게 심리적으로 경고를 줌으로써 채무 이행을 확보하려는 데에 있으므로, 채무자가 실제로 손해 발생이 없다거나 손해액이 예정액보다 적다는 것을 입증하더라도 채무자는 그 예정액의 지급을 면하거나 감액을 청구하지 못한다. 따라서 민법 제398조 제2항에 의하여 법원이 예정액을 감액할 수 있는 '부당히 과다한 경우'라 함은, 손해가 없다든가 손해액이 예정액보다 적다는 것만으로는 부족하고 계약자의 경제적 지위, 계약의 목적 및 내용, 손해배상액 예정의 경위 및 거래관행, 기타 여러 사정을 고려하여 그와 같은 예정액의 지급이 경제적 약자의 지위에 있는 채무자에게 부당한 압박을 가하여 공정성을 잃는 결과를 초래한다고 인정되는 경우를 뜻하는 것으로 보아야 한다'고 판시하였다.

(3) 워크아웃기업인 대우조선해양(주) M&A 사례

대우조선해양(주)의 M&A를 위해 채권금융기관과 한화 컨소시엄 사이에 법적 구속력 있는 양해각서가 체결되고 약 3,150억 원 상당의 이행보증금이 납부되었는데, 그후 한화 컨소시엄이 양해각서상 정당한 이유 없이 본계약 체결을 거부한 사안이다.

서울중앙지방법원은 "이 사건 이행보증금은 위약벌이라고 할 것이고, 그 액수가 3,200억 원에 이른다고 하더라도 위 조항이 선량한 풍속, 기타 사회질서에 반하여 그 일부 또는 전부가 무효라 할 수 없다"고 판시하였다. 또한 "설사 이행보증금 등 몰취에 관한 위 조항이 손해배상액의 예정에 해당한다고 하더라도 위에서 살펴본 각 사정에 비추어 보면, 그 액수가 부당히 과다하다고 할 수 없으므로 이를 감액하지 아니함이 상당하다"고 판시하였고,[46] 항소심도 같은 취지로 판시하였다. 그러나 대법원은 위 이행보증금이 위약벌이 아닌 손해배상액의 예정으로서, 양해각서에서 이행보증금 몰취조항을 두게 된 주된 목적이 최종계약의 체결이라는 채무 이행을 확보하려는 데에 있었다고 하더라도 3,150여억 원에 이르는 이행보증금 전액을 몰취하는 것은 부당하다고 하며 원심을 파기하였다.[47]

4. 검토

통상적으로 위약벌은 위약금을 교부한 자의 채무불이행 시 상대방이 이를 몰수하는 것, 즉 제재를 통한 채무 이행만을 확보하기 위하여 한 것으로서 이러한 제재와는 별도로 채무불이행으로 인한 손해배상을 따로 청구할 수 있고, 위약벌의 약정이 공서양속에 반하여 일부 무효로 되지 않는 한 이를 감액할 수 없음에 반하여, 손해배상액의 예정은 주로 손해액에 대한 입증의 곤란 및 다툼을 예방하여 채무불이행으로 인한 법률관계를 간이화함과 동시에 채무자에게 심리적인 경고를 줌으로써 채무 이행을 확보하려는 것이라고 설명된다. 그런데 M&A거래에서의 이행보증금은 그 명칭을 위약금과 위약벌 중 어느 것으로 하는지, 위약금과 별도로 채무불이행으로 인한 손해배상액을 따로 청구할 수 있는지 등과는 관계없이, 징벌적 성격의 제재를 통해 양수인의 양해각서 위반을 억지하려는 데에 가장 큰 목적이 있다. 따라서 이행보증금을 손해배상액

---

46) 서울중앙지방법원 2011. 2. 10. 선고 2009가합132342 판결.
47) 대법원 2016. 7. 14. 선고 2012다65973 판결.

의 예정으로 보든 위약벌로 보든 그 감액을 인정하는 데에는 신중하여야 할 것으로 생각된다.

VI. 결론

일반적으로 양해각서는 본계약을 위한 준비단계에서 그 체결 여부 및 구체적인 내용이 당사자들의 재량에 맡겨져 있는 것이지만, M&A과정에서 작성·체결되는 양해각서는 관행적으로 일정한 사항들을 포함하면서 본계약의 향배를 정하여 왔고, 특히 워크아웃기업 및 회생기업의 M&A에 있어서 양해각서는 법적인 구속력을 갖고 이행보증금을 비롯한 여러 특수한 규정을 담아 그 자체가 독립적 계약의 일종으로 기능하는 등 법적 성격이나 기능 면에서 이론적인 검토와 분석의 필요를 제기하고 있다. 이 글은 이러한 양해각서의 내용과 기능, 성격과 의미에 관하여 기초적인 수준에서 분석의 틀을 제공하고자 시도되었으며, 장차 이에 관해 보다 많은 연구와 판결이 누적되기를 기대한다.[48)]

---

48) 필자들이 이 논문을 2011년경 처음 발표할 당시에만 해도, 양해각서에 대한 연구가 많지 않은 상황이었다. 그 원인으로는 법적 구속력 있는 양해각서가 우리나라에서 다소 특이하게 나타나는 현상이라는 점, 양해각서의 내용이나 체결 배경이 사안마다 너무 달라 이를 일반화하여 설명하기 어렵고, 그 결과 양해각서는 실무에서 늘 협상되고 체결되는 것임에도 불구하고 학계의 관심을 끌기는 어려운 면이 있었다는 점 등을 꼽을 수 있을 듯하다. 그러나 지금은 양해각서에 관해 여러 훌륭한 연구가 축적되어 온 것으로 보인다. 특히 이동진, "교섭계약의 규율 : 기업인수 교섭과정에서 교환된 「양해각서」를 중심으로," 법조 제61권 제2호(2012), 법조협회의 경우 양해각서 위반을 이유로 한 가처분 신청의 문제까지 포함하여 다루고 있다.
이 글에서 논한 바와 같이 양해각서는 계약 교섭의 부당파기에 관한 문제와 연결된다. 즉 A가 B와 계약 체결에 관해 배타적으로 협상하기로 약정하였는데, 그럼에도 불구하고 C와 계약하려고 하는 경우의 문제와 맞닿아 있다. 법적 구속력이 있는 양해각서는

무릇 M&A거래에 있어서 양해각서란, 배타적 협상권을 얻되 인수가
격 등 주요 인수조건에 관해서는 (장차 실사 결과 등을 보아 가며) 변경과
절충의 여지를 두고자 하는 인수자(입찰자) 측과, 반면 인수가격을 최대
한 확정하고 (이행보증금을 두면서까지) 인수의무를 문서화하되 자기 자신
은 추후 임의 해지의 여지를 유보하고자 하는 매도인(채권단) 측 사이의
대립과 견제가 반영된 협상의 산물이라고 할 수 있다. M&A시장에서 매
도인과 매수인 중 누가 우위를 점하느냐에 따라, 또한 장차 M&A시장참
여자들의 연구와 노력의 결과로서 새롭고 다양한 거래형태가 고안·실행

물론이고, 법적 구속력이 없는 양해각서의 경우에도 배타적 협상조항에 대해서는 구
속력이 있는 것으로 정하는 경우가 많다. 따라서 A가 C와 계약을 체결하려고 한다면,
B는 A·C간 계약 체결 및 이를 위한 협상을 금지하는 내용의 가처분을 법원에 신청할
수 있고, 법원은 많은 경우에 이를 인용하여야 할 것이라고 볼 수 있을 것 같다. 그러
나 이와 같이 (사후적 손해배상청구권을 넘어) 사전적 구제책까지 인정하는 결론이
반드시 타당한가? 어차피 A·B 간 양해각서에서는 본계약 체결청구권이 도출되지
못하고, A·B 간의 신뢰는 많은 경우에 이미 상실되었을 것이다. 그렇다면 A·C 간에
계약을 체결하는 것은 허용하되, B는 신뢰이익 상당의 손해배상청구권 및 위약금이
규정된 경우 해당 위약금을 얻는 데에 만족하도록 하는 것이 더 효과적인 또는 경제적
인 결론은 아니겠는가? 이동진, 앞의 논문, 127면에서는 이에 관하여 다루고 있는데,
교섭이 완전히 파탄에 이른 경우에는 피보전권리와 보전의 필요성이 없다고 볼 수
있어서 가처분 신청이 가능하지 않을 것이지만, 교섭이 완전히 파탄에 이르지 않은
경우에는 가처분 신청이 인용될 수 있다고 보고 있다. '완전히 파탄에 이른 경우'란
기준이 너무 좁게 해석될 수 있는 데에 대한 우려가 있다. 현실적으로 A가 B의 명시적
인 반대에도 불구하고 C와 계약을 체결하려고 하는 경우의 대부분은 이미 A·B 간
계약이 체결될 가능성은 매우 적을 것이기 때문이다. 물론 A가 B 몰래 C의 계약조건
을 받아 보려고 시도한 경우이거나 양해각서의 해석에 이견이 있어 A가 C와 중첩적으
로 협상해도 된다고 생각한 경우라면, A·B 간 계약이 체결될 가능성이 여전히 있다
고 할 수 있을 것이다.
또 한 가지 고려해야 할 것은 법원이 양해각서에 근거하여 A·C 간 계약 협상 및
체결을 금지하는 경우, A는 종전 양해각서의 기간이 만료할 때까지 M&A를 실행하지
못하여, 그 결과 추진해 온 M&A 프로젝트가 실패로 돌아갈 위험에 처할 수 있다는
점이다. 이는 양해각서가 신중하게 작성되지 못해서 그 기간이 너무 길거나 적절한
해지조항이 삽입되지 못했을 때 특히 문제 될 수 있다.

됨에 따라 양해각서의 내포(內包)와 속성은 더욱 다변화할 것으로 생각된다. 그에 따라 양해각서의 해석을 둘러싼 논증과 쟁송 역시 뒤따를 것임은 분명해 보인다.

04

기업 M&A거래에 있어 기밀유지계약과 기업실사

정 철* · 이태현** · 강재영***

I. 기밀유지계약

1. 기밀유지계약의 체결

계약법은 계약 체결 이전 단계의 정보 제공을 둘러싼 양 당사자의 대립하는 이해관계에 대하여 적절한 해결 방향을 제시해 주어야 하나, 현행 민법은 계약 체결 이전 단계에서의 정보 제공에 관하여 명시적인 규정을 두고 있지 않다.[1] · [2] 기업 M&A(Mergers & Acquisitions)거래(이하에

---

*   법무법인(유한) 지평 변호사
**   법무법인(유한) 지평 변호사
*** 법무법인(유한) 지평 변호사
1) 김상중, "계약 체결 이전 단계의 정보 제공의무," 고려법학 제56호(2010. 3), 고려대학교 법학연구원, 2면.
2) 이와 관련하여 유럽계약법 Art. 2 : 302는 "비밀정보가 교섭과정에서 일방에 의해 주어

서는 실무상 가장 흔한 주식양수도거래를 전제로 논의를 이어 나갈 것이며, 양수도대상이 된 주식을 발행한 회사를 '대상회사'라 한다) 시에는 주식매매계약 체결 이전에 매매목적물인 주식을 발행한 대상회사에 관한 정보 제공이 불가피하며, 매도인 및 대상회사는 제공되는 정보가 원하지 않게 공개되는 사태를 막기 위한 최소한의 담보로서 기밀유지계약을 체결하는 것이 보통이다.

기밀유지계약에는 비밀정보를 제공받는 자가 일방인지 아니면 상호 쌍방인지에 따라 일방수령형 기밀유지계약과 쌍방수령형 기밀유지계약으로 나누어 볼 수 있는데,[3] 기업 M&A거래 시 체결되는 기밀유지계약은 일방수령형 기밀유지계약이다. 실무상 매도인과 인수후보자가 기밀유지계약을 체결하는 형태 외에도 매도인이 인수후보자로부터 인수후보자가 작성한 '기밀유지확약서'를 징구하는 사례가 흔하게 발견된다. 이 경우 기밀유지확약서에 포함되는 내용과 관련된 쟁점은 기밀유지계약의 경우와 큰 차이가 없다.

한편 공개매각의 경우 기밀유지계약 체결 시점에 인수후보자로부터 정보이용료를 징수하기도 한다. 이때의 정보이용료는 인수후보자가 제공받은 정보를 임의로 사용할 수 있다는 취지의 금원은 아니며, (i) 인수의사 없이 대상회사의 정보만을 수집하고자 하는 악의적 인수의향자를 배제하고, (ii) 인수의향자에게 제공할 자료를 취합하고 제공하는 데 소

진 경우 상대방은 후에 계약이 체결되는지 여부와 관계없이 자신의 목적을 위해 그 정보를 공개하거나 사용하지 않을 의무가 있다. 이 의무의 위반에 대한 구제에는 발생한 손해에 대한 배상과 상대방이 얻은 이익의 반환이 포함된다"고 규정하고 있다고 한다. 오일석, "원유·가스 탐사개발에서의 기밀유지계약에 대한 고찰," 법학논총 제37권 제3호(2013), 단국대학교 법학연구소, 263면에서 재인용.

3) 김경선, "비밀유지계약에 관한 연구," 비교사법 제15권 제4호(2008. 12), 한국비교사법학회, 345면.

요되는 비용[4])을 보전하고자 하는 성격의 금원이다.

기밀유지계약은 매도인으로부터 인수후보자에게 대상회사에 관한 정보가 제공되기 전에 체결되어야 한다. 공개매각의 경우, 대상회사에 관한 개략적 정보가 포함된 기업소개서(Information Memorandum. 이하 'IM')를 잠재적 인수후보자들에게 제공하기 직전에 잠재적 인수후보자 들로부터 매도인이 제공하는 기밀유지계약안에 서명을 받는 것이 보통 이다. 이때 잠재적 인수후보자들로부터 기밀유지계약안에 대해 수정 의 견을 묻는 경우도 있고, 수정의 기회 없이 매도인 측이 제공한 기밀유지 계약안에 서명한 자들에게만 입찰 자격을 부여하는 경우도 있다. 어느 경우에나 기밀유지계약에 들어갈 내용을 주도적으로 작성하는 주체는 매도인 측이 될 것이다.

2. 기밀유지계약의 목적과 기능

기밀유지계약은 다음과 같은 목적과 기능을 가진다.

(1) 정보 유출의 방지

기밀유지계약의 가장 기본적인 효과는 '정보를 유출하면 심각한 문제 가 발생한다'라는 심리적 압박감을 인수후보자에게 부여하여 인수후보 자의 고의 또는 과실에 의한 정보 누설을 방지하게 하는 것이다.[5]

---

4) 다음에서 보는 바와 같이 최근에는 가상 데이터 룸(virtual data room)을 통한 전자적 방식의 실사자료 제공이 많은데, 이에 따라 매각 주체는 실사자료의 양, 실사에 참여하 는 인수의향자 측 인력규모 등에 비례하여 상당한 비용을 서비스 제공업체에 지출하게 된다.
5) 김경선, 앞의 논문(주 3), 351면.

(2) 기존 법률에 의해 보호되지 않는 비밀보호

기밀유지계약이 없더라도 대상회사의 영업비밀, 산업기술은 부정경쟁
방지 및 영업비밀의 보호에 관한 법률, 산업기술의 유출방지 및 보호에
관한 법률 등 관련 법령에 의해 보호된다.[6] 이 법령들은 영업비밀 및
산업기술 침해행위에 대한 금지청구권,[7] 영업비밀 보유자의 신용회복조
치,[8] 손해액의 추정[9] 등 일반 계약조항으로 규정하기 힘든 특칙을 규정
하고 있다. 다만 이 법령들에 따른 영업비밀·산업기술은 개념상 대상회
사 및 매도인이 인수후보자에게 제공하는 정보를 모두 포섭하지 못하는
결정적 한계가 있으므로,[10] 해당 법률에 따른 구제수단은 매도인 및 대
상회사 입장에서 실효적인 방법은 아니다. 기업 M&A거래 시 인수후보
자에게 제공되는 대상회사에 관한 정보는 주요 계약, 기술 관련 자료,
거래처에 관한 자료, 내부 인력에 관한 자료 등 매우 광범위하므로 영업
비밀 및 산업기술에 해당하지 않는 정보에 대한 비밀유지를 위해 기밀유
지계약을 체결할 필요가 있다.

---

6) 정영철, "기업 인수·합병 거래에 있어 기밀유지계약과 기업실사," BFL 제20호(2006.
  11), 서울대학교 금융법센터, 7면.
7) 부정경쟁방지 및 영업비밀의 보호에 관한 법률 제4조 ; 산업기술의 유출방지 및 보호
  에 관한 법률 제14조의2.
8) 부정경쟁방지 및 영업비밀의 보호에 관한 법률 제12조.
9) 부정경쟁방지 및 영업비밀의 보호에 관한 법률 제14조의2.
10) 영업비밀은 "공공연히 알려져 있지 아니하고 독립된 경제적 가치를 가지는 것으로서,
  합리적인 노력에 의하여 비밀로 유지된 생산방법·판매방법, 그 밖에 영업활동에 유
  용한 기술상 또는 경영상의 정보"를 말하며(부정경쟁방지 및 영업비밀보호에 관한 법
  률 제2조 제2호), 산업기술은 "제품 또는 용역의 개발·생산·보급 및 사용에 필요한
  제반 방법 내지 기술상의 정보 중에서 행정기관의 장이 지정·고시·공고·인증하는
  기술"을 말한다(산업기술의 유출방지 및 보호에 관한 법률 제2조 제1호).

(3) 부당공동행위 오인 가능성 제거

인수후보자는 대상회사와 동종의 영업을 하는 경쟁사인 경우가 많다. 이때 인수후보자가 대상회사의 제품 및 가격에 관한 정보를 제공받는다면 이는 부당한 공동행위를 위한 합의로 오인될 소지가 있으며, 기밀유지계약으로 정보의 제공범위와 목적·사용가능범위를 명확하게 기술함으로써 이러한 오인의 가능성을 제거하는 효과가 있다.[11]

(4) 자본시장법상 불공정거래행위 등 상장사 위법사항 배제

대상회사가 상장회사인 경우, 대상회사에 관한 정보의 제공은 자본시장과 금융투자업에 관한 법률(이하 '자본시장법')상 불공정거래행위에 해당될 소지가 있다. 이에 기밀유지계약을 체결함으로써 중요 정보를 특정인에게만 제공하여 공정공시의무에 반하였다거나 내부자거래를 유발하였다는 오해를 피하는 데 도움이 될 수 있다.[12]

(5) 공지 사실에 대한 특허 배제 위험성 제거

특허 출원 전에 국내에서 공지되거나 공연히 실시된 발명은 특허를 받을 수 없다(특허법 제29조 제1항 제1호). 인수후보자가 대상회사의 출원 전 기술에 관한 자료 제공을 요청하는 경우는 드물지만, 해당 기술이 대상회사 가치평가(valuation)에 핵심적 요소인 때 이러한 자료가 제공되는

---

11) 정영철, 앞의 논문(주 6), 7면.
12) 한국상사법학회 / 천경훈(집필), 주식회사법대계 III, 법문사, 2013, 573면.

경우도 있다. 이 경우 대상회사는 기밀유지계약을 통해 특허로 등록될 수 있는 발명을 보호받을 수 있다.[13)]

3. 주요 내용 및 쟁점

(1) 비밀정보의 정의

기밀유지계약에서 '비밀정보'의 정의는 가장 핵심적인 부분이라고 볼 수 있는데 정보제공자는 이를 가급적 포괄적으로 정의하고자 하고, 정보 수령자는 이를 제한적으로 정의하고자 하는 욕구가 강할 것이다. 비밀정보를 정의하는 방식에는 보호되는 비밀정보를 특정·열거하는 한정적 방식과 비밀정보를 특정·열거하지 않는 포괄적 방식이 있으며, 기업 M&A거래 시 체결되는 기밀유지계약은 대부분 포괄적 방식으로 비밀정보를 정의하는 것으로 보인다. 이는 앞에서 설명한 바와 같이 기밀유지계약은 정보제공자 측이 주도적으로 작성하는 경우가 많은 점, 인수의향자에게 제공되는 대상회사에 관한 정보가 다양한 분야에 걸친 광범위한 것인 점 등이 고려된 것으로 이해된다. 통상 기업 M&A거래 시 체결되는 기밀유지계약의 비밀정보는 '대상회사 및 매도인이 인수의향자에게 제공한 대상회사에 관한 모든 정보와 자료' 정도로 정의된다. 과도하게 광범위한 비밀정보 정의 규정은 공서양속에 반하여 무효가 될 수 있다는 견해가 있으나,[14)] 기업 M&A거래 시 제공되는 정보의 특성과 뒤에서 설명하는 바와 같이 통상 비밀정보에서 제외되는 정보도 함께 규정되

---

13) 김경선, 앞의 논문(주 3), 351면.
14) 김경선, 앞의 논문(주 3), 356면.

는 점을 고려하면 기업 M&A거래 시 체결하는 기밀유지계약에서 이러한 정의방식이 무효로 평가될 가능성은 낮다고 판단된다.

비밀정보의 정의 규정에는 그 특성상 비밀로 볼 수 없는 정보는 제외하는 조항을 두는 것이 보통이다. 비밀정보에서 제외되는 정보로는 일반에게 공개된 정보, 인수의향자가 적법하게 이미 지득하고 있는 정보 등을 규정하는 것이 일반적이다. 이때 "비밀정보의 개념에서 제외되는 항목에 해당한다는 점에 대해 인수의향자가 입증해야 한다"는 조항을 추가하여 입증책임 소재에 대한 논란의 여지를 없애고자 하는 경우도 있다.

한편 기업 M&A거래의 특성상 해당 거래가 은밀하게 진행될 필요가 있는 경우가 많다. 이때 (i) 해당 거래 진행에 관한 사항(해당 거래를 위해 협상이 진행 중인 사실, 해당 거래의 조건·배경 및 이를 암시케 하는 내용 등)도 비밀정보의 개념에 포함시키거나, (ii) 인수의향자에게 비밀정보뿐만이 아니라 거래 진행에 관한 사항에 대해서까지 비밀준수의무를 부담하도록 규정하게 된다.

(2) 비밀유지의무와 해당 비밀보장 강화방안

정보수령자가 부담하는 비밀유지의무의 핵심은 제공받은 비밀정보를 비밀로 유지하고, 정보제공자의 사전 동의 없이 제3자에게 공개 또는 제공하는 것을 금지하는 누설금지의무와 해당 거래를 평가할 목적으로만 사용해야 하는 목적 외 사용금지의무이다. 다만 각종 IT 기술 및 기기가 발달된 상황에서 비밀정보는 그 특성상 한번 공개되면 확산 속도가 빠를 수밖에 없다. 이에 정보제공자로서는 정보수령자의 비밀유지의무의 임의 이행을 기대하면서도 동시에 비밀보장을 위한 별도 방안을 기밀유지계약에 반영할 필요가 있다. 비밀보장을 강화하기 위한 방안으로는 실무상 다음과 같은 방식들이 주로 이용된다.

- 비밀정보 제공창구의 제한 : 뒤에서 설명하는 바와 같이 대상회사에 대한 실사는 법률·회계·조세 등 다양한 분야에 걸쳐 동시에 진행되며, 거래규모가 커질수록 실사에 참여하는 인력 및 이 인력에 대응하는 대상회사 인력의 규모도 커지기 마련이다(공개매각의 경우 복수의 인수의향자가 동시에 대상회사에 대한 실사를 진행하게 되어 이러한 인력 규모는 더욱 커질 수밖에 없다). 이러한 상황에서 대상회사의 실사 대응 인력이 무분별하게 실사자료를 제공하면 부적절하거나 불필요한 자료까지 실사수행자에게 제공될 가능성이 높아진다. 이에 매각자문사를 따로 둔 경우 매각자문사를 통해서만 자료의 요청 및 제공이 되도록 조정하는 것이 일반적이며, 매각자문사를 두지 않은 경우라고 할지라도 자료 제공 요청 및 제공의 창구를 특정 담당자로 단일화하는 것을 고려할 필요가 있다.
- 비밀정보 제공방식의 제한 : 일반적으로 하드카피보다는 소프트카피가 유출 시 확산 가능성이 훨씬 높아진다. 다만 방대한 실사자료를 모두 하드카피로 제공하는 것은 비효율적이므로(특히 인수의향자가 다수인 공개매각에서는 더욱 그러하다), 대부분의 자료는 뒤에서 설명하는 가상 데이터 룸(Virtual Data Room. 이하 'VDR')을 통해 제공하고 일부 중대한 자료만 현장 데이터 룸(Physical Data Room. 이하 'PDR')을 통해 하드카피로 제공하는 경우가 많다. 특히 VDR에 제공된 자료는 다운로드 금지, 출력 금지, 캡처 금지, 열람자 워터블럭 생성[15] 등 다양한 기술적

---

15) 아무리 기술적 보호조치를 취한다고 하더라도 VDR로 열람된 자료의 유출을 완전히 막는 것은 불가능하다(예를 들어 모니터 화면을 사진으로 찍는 행위 등). 따라서 VDR에 업로드된 자료를 열람 시 열람자의 성명, 이메일 등을 워터마크 처리하여 유출

보호장치를 걸어 두는 경우가 많다.

- 비밀정보수령자의 제한 : 정보는 제공받는 자가 증가할수록 외부에 누설되거나 부정하게 이용될 가능성이 높아지기 때문에 비밀정보수령자의 범위를 가급적 줄일 필요가 있다. 이에 대해서는 아래의 (3)을 참조하기 바란다.

한편 비밀정보라고 하더라도 법률, 법원의 판결, 행정처분 등 정보수령자가 이를 공개할 수밖에 없는 경우가 있는데, 통상 이를 누설금지의무의 예외로 규정하는 것이 일반적이다. 이 경우 정보제공자가 보호조치를 취하는 등 그 권리를 보장받을 수 있도록 하는 조항, 예를 들어 (i) 정보수령자가 위와 같은 정보공개를 요구받으면 즉시 정보제공자에게 통지하도록 하는 조항, (ii) 정보수령자가 정보를 공개하더라도 필요최소한의 범위만 공개할 의무를 부과하는 조항, (iii) 비밀정보를 보호하기 위한 정보제공자의 행위에 최대한 협조할 의무를 부과하는 조항, (iv) 정보수령자가 정보를 공개하기 위한 선행조건으로 정보공개의무가 있다는 법률전문가의 법률의견서를 제출하도록 하는 의무를 부과하는 조항 등을 함께 규정하는 것이 보통이다.

(3) 비밀정보수령자

비밀정보수령자인 인수의향자는 대부분이 법인이다. 그러나 현실적으로 비밀정보를 수령하고 검토하는 주체는 자연인인 인수의향자의 임직원이 될 수밖에 없다. 그렇다면 인수의향자가 임직원으로 하여금 비밀

시 책임을 추궁하거나 유출을 사실상 금지하는 압박 용도로 사용한다.

정보를 검토하게 하는 것은 제3자 제공에 해당되어 누설금지의무에 위반되는 것일까? 논란의 여지는 있지만 인수의향자의 임직원의 비밀정보 이용은 인수의향자의 비밀정보 이용으로 볼 수 있다고 해석하거나 기밀유지의무계약 당사자 간에 그러한 내용의 묵시적 합의가 있다고 평가할수 있을 것이다. 그렇다면 인수의향자의 임직원도 비밀유지의무를 부담한다고 볼 수 있을까? 이에 대해 인수의향자의 임원은 상법 제382조의4에 따른 비밀유지의무를 부담하고, 직원은 취업규칙상·직무상 알게 된 비밀에 대해 비밀유지의무를 부담한다고 볼 여지가 있으나, (i) 이 임직원들이 취득한 대상회사에 관한 정보가 '직무상 취득한 비밀'에 해당하는지, (ii) 이 임직원들이 대상회사 및 매도인에 대해 직접 의무 위반의 책임을 부담하는지에는 의문이 있다. 이에 이러한 논란의 여지를 없애기위해 (i) 인수의향자로 하여금 비밀정보를 제공받게 되는 임직원으로부터 별도의 기밀유지확약서를 징구토록 하는 방안, (ii) 인수의향자의 임직원과도 기밀유지계약을 체결하는 방안, (iii) 기밀유지계약에 인수의향자의 비밀유지의무 중 하나로 임직원에 대한 감독의무를 규정하고, 임직원이 비밀유지의무에 위반되는 행위를 하면 인수의향자로 하여금 책임을 지도록 규정하는 방안 등이 활용된다.[16)]

기업 M&A거래에 있어 인수의향자가 단독으로 대상회사를 분석하는 경우는 거의 없으며, 대부분 외부의 법률·회계·조세자문사가 선임되어 함께 실사를 진행한다. 이때 당연히 인수의향자 외에 법률·회계·조세자문사도 비밀정보를 수령할 필요가 있고, 인수의향자 입장에서는 이 외부 자문사들로 하여금 비밀유지의무를 부담토록 할 필요가 있다. 이 외부 자문사들은 변호사법 제26조, 공인회계사법 제20조, 공인노무사법

---

16) 실무적으로는 가장 간편한 (iii) 방안이 많이 활용되고 있는 것으로 보인다.

제14조 등 개별 법령에 따라 전문가로서 직무상 알게 된 비밀의 누설금
지의무를 부담하기는 한다. 다만 이들이 제공받은 비밀정보가 전부 '직
무상 알게 된 비밀'에 해당하는지 논란의 여지가 있고, 이들이 비밀정보
를 유출할 경우의 책임 소재를 정해 둘 필요가 있으므로 정보제공자로
서는 외부 자문사에 대해서도 앞에서 언급한 (i) 내지 (iii) 방안을 시행할
필요가 있다.

한편 정보제공자의 비밀보장을 강화하기 위한 방안으로 비밀정보를
수령하는 인원의 범위를 제한하는 방안을 시행하는 것을 고려할 필요가
있다. 즉 (i) 대상회사 및 외부 자문사 인력 중 해당 거래의 검토를 직접
수행하는 인력으로 비밀정보수령자를 제한하거나, (ii) 비밀정보를 수령
하는 대상회사 및 외부 자문사 인력 명단을 특정하도록 하고, 해당 명단
이 변경될 시에는 미리 정보제공자에게 통지하도록 하는 방안 등을 생각
해 볼 수 있다. VDR로 진행되는 실사의 경우 아이디(ID) 부여 수량과
아이디 공동접속을 제한함으로써 한정된 자만 자료에 접근할 수 있도록
조치하는 방법이 사용된다.

(4) 손해배상액의 예정

인수의향자[17]가 비밀유지의무를 위반하면 정보제공자는 의무 위반의
사실, 그로 인한 손해 발생 사실 및 손해액을 입증하여 손해배상을 받을
수 있다. 다만 이 경우 정보제공자가 손해 발생 사실 및 손해액을 입증하
는 것은 쉽지 않다. 이를 해결하기 위한 방안으로 손해배상액의 예정(민

---

17) 계약 문언에 따라 인수의향자가 그 의무 위반에 대해 책임을 지게 되는 임직원, 외부
    자문사가 여기에 포함되는 경우도 많을 것이다.

법 제398조)약정을 하는 것을 고려할 수 있지만, 실무상 기업 M&A거래의 기밀유지계약에서 손해배상액의 예정을 하는 경우는 매우 드물다. 이는 배상예정액에 대해 양 당사자가 합의하는 것이 매우 곤란하고, 실제로 인수의향자가 제공받은 비밀정보를 악용하는 사례가 드물었다는 경험적 반영 때문이 아닐까 추측된다.

만약 영업비밀의 보호가 특히 중요시되는 경우라면 앞에서 설명한 부정경쟁방지 및 영업비밀의 보호에 관한 법률의 손해액 추정조항[18]을 기밀유지계약에 포함시키는 방안을 고려할 수 있을 것이다.

(5) 진술 및 보증

기밀유지계약에서 정보제공자가 제공하는 정보의 정확성이나 완전성에 대해 진술 및 보증이 필요한지는 기밀유지계약이 체결되는 목적, 분야 등에 따라 달라질 것이다. 기밀유지계약은 대가의 수령 없이 정보를 제공하는 경우가 대부분이고, 본계약 체결이나 특정 목표 달성을 위한

---

18) 제14조의2(손해액의 추정 등)

① 부정경쟁행위, 제3조의2 제1항이나 제2항을 위반한 행위 또는 영업비밀 침해행위로 영업상의 이익을 침해당한 자가 제5조 또는 제11조에 따른 손해배상을 청구하는 경우 영업상의 이익을 침해한 자가 부정경쟁행위, 제3조의2 제1항이나 제2항을 위반한 행위 또는 영업비밀 침해행위를 하게 한 물건을 양도하였을 때에는 제1호의 수량에 제2호의 단위수량당 이익액을 곱한 금액을 영업상의 이익을 침해당한 자의 손해액으로 할 수 있다.

....

③ 부정경쟁행위, 제3조의2 제1항이나 제2항을 위반한 행위 또는 영업비밀 침해행위로 영업상의 이익을 침해당한 자는 제5조 또는 제11조에 따른 손해배상을 청구하는 경우 부정경쟁행위 또는 제3조의2 제1항이나 제2항을 위반한 행위의 대상이 된 상품 등에 사용된 상표 등 표지의 사용 또는 영업비밀 침해행위의 대상이 된 영업비밀의 사용에 대하여 통상 받을 수 있는 금액에 상당하는 금액을 자기의 손해액으로 하여 손해배상을 청구할 수 있다.

협력단계에서 체결되는 경우가 많아 제공되는 정보에 대한 진술 및 보증을 하지 않는 것이 일반적인 듯하다. 기업 M&A거래 시 체결되는 기밀유지계약에서도 정보제공자가 비밀정보의 정확성이나 완전성에 대해 진술 및 보증을 하는 조항을 두지 않는 것이 일반적이며, 더 나아가 "정보제공자는 비밀정보의 정확성에 대해 진술 및 보증을 하지 않으며, 정보수령자도 이 점을 인정한다"는 명시적인 조항을 두는 경우도 많다. 결국 인수의향자는 입찰서 제출 시 또는 본계약 체결을 위한 협상을 개시하기로 결정하는 단계에서 제공받은 대상회사에 관한 정보가 진실인지 여부에 대한 위험을 직접 부담할 수밖에 없다. 물론 이후 체결되는 본계약에서는 제공된 대상회사에 관한 자료에 대해 매도인이 진술 및 보증을 하는 것이 일반적이다.

다른 분야의 기밀유지계약에는 정보제공자가 제3자의 권리를 해함이 없이 비밀정보를 제공할 수 있는 권리가 있음을 진술 및 보증하는 경우가 있으나, 기업 M&A거래 시 체결되는 기밀유지계약에는 이러한 조항을 두는 경우가 적은 듯하다. 기업 M&A거래 시에도 정보제공자로 하여금 이러한 진술 및 보증을 받아 둘 필요성은 충분히 있어 보이므로,[19] 인수의향자로서는 정보제공자 측에 이에 대한 진술 및 보증을 요구하는 것도 고려할 만하다.

---

19) 예를 들어 실사과정에서 대상회사가 제3자와 체결한 계약서가 방대하게 제공되는데, 제공되는 해당 계약에는 계약 체결 사실 및 계약의 내용에 대해 당사자에게 비밀유지의무를 부과하는 경우가 많다. 실무상 대상회사는 자신이 부담하는 이와 같은 비밀유지의무를 간과한 채 인수의향자에게 계약서를 제공하는 경우가 있고, 이러한 때 비밀유지의무 위반 문제가 발생할 수 있으므로 주의가 필요하다.

(6) 기간 및 종료에 관한 조항

기밀유지계약도 계약인 만큼 계약의 종료에 관한 조항을 두는 것이 보통이지만, 그보다 더 중요한 것은 비밀유지의무의 존속기간을 설정하는 것이다.[20] 기업 M&A거래 시 체결되는 기밀유지계약에는 비밀유지의무의 존속기간을 무기한으로 하거나 특정 기간(통상 3~5년)으로 설정하는 경우가 많다. 다만 비밀유지의무의 존속기간을 무기한으로 설정할 때 "영업비밀의 보호기간은 공정하고 자유로운 경쟁의 보장 목적 달성을 위해 필요한 시간적 범위 내로 제한되어야 한다"는 대법원 판례 취지[21] 및 일부 무효의 법리에 따라 일정 기한으로 제한될 가능성도 없지 않다. 비밀유지기간 설정과 관련하여 제공되는 비밀 중 비밀유지조항이 규정된 계약이 있는 경우에는 해당 계약상 비밀유지기간과 동일하게 비밀유지기간을 조정할 필요가 있다. 그래야만 제공된 계약상 비밀유지의무 위반을 예방할 수 있기 때문이다.

한편 기밀유지계약에는 기밀유지계약이 종료된 경우 또는 기업 M&A거래를 진행하지 않기로 한 경우에는 인수의향자는 제공받은 비밀정보를 모두 반환하거나 반환이 곤란하면 이를 모두 폐기하도록 하는 조항을 두는 것이 일반적이다. 앞에서 설명한 바와 같이 기업 M&A거래 시 인수의향자에게 제공되는 비밀정보 중 하드카피가 차지하는 비중이 낮은 만큼, 실무상 비밀정보의 반환보다는 인수의향자 및 인수의향자 측 외부 자문인으로부터 제공받은 모든 정보를 파기하였다는 내용의 이행완료증명서를 제공받는 것이 보통이다. 제공받은 비밀정보를 모두 반환·폐기한다

---

20) 계약상 의무는 계약의 종료로 인해 소멸하는 것이 일반적인 모습이지만, 기밀유지계약에서 비밀유지의무는 계약의 종료에도 불구하고 일정 기간(또는 무기한) 존속한다고 명시하는 것이 보통이다.

21) 대법원 1996. 12. 23. 선고 96다16605 판결.

하더라도 정보수령자의 기억에 남아 있는 정보까지 반환·폐기하도록 할 수는 없다는 점에서 이러한 반환·폐기에도 불구하고 비밀유지의무는 (일정 기간 또는 무기한) 존속하도록 계약 문구를 작성할 필요가 있다.

(7) 기타 조항

기밀유지계약은 본계약 체결의 전 단계로 체결되는 경우가 대부분인바, 정보수령자로 하여금 기밀유지계약의 체결 및 그에 따른 비밀정보의 제공이 정보제공자의 본계약을 체결할 의무로 해석되지 아니한다(또는 본계약 체결에 관한 청약 또는 승낙으로 해석되지 아니한다)는 조항을 두는 경우가 많다. 또한 인수의향자가 비밀정보를 제공하고 수령하는 과정에서 대상회사 임직원을 접촉하는 경우가 발생할 수 있는 만큼, "실사과정에서 알게 된 대상회사 임직원들을 고용하기 위한 목적으로 접촉하여서는 안 된다"는 접촉금지조항을 두기도 한다.

II. 기업실사

1. 기업실사의 목적 및 이해관계인

(1) 기업실사의 목적

어떤 물건을 구매하는 사람은 해당 물건에 대해 미리 알아보기도 하고 물건을 이리저리 꼼꼼히 살피고 구매하기 마련이다. 기업 M&A거래도 마찬가지다. 거래 상대방(이하 '인수의향자')은 사전에 가능한 범위에서 M&A의 대상이 되는 회사·영업 등에 대해 자체적으로 조사를 하며, 대상회사가 실사에 응하는 순간부터는 본격적으로 대상회사·대상영업 등에 대해 실사를 진행한다. 기업의 M&A거래에서 거래 상대방이 대상회사[22]의 인수에 관계된 의사결정 시점에 필요한 정보를 얻기 위한 모든 조사활동을 기업실사[23]라고 하며 영어로는 due diligence[24]라는 표현을 사용한다. 거래규모에 따라 정도의 차이는 있을지언정 기업 M&A거래에서 실사는 항상 수반되는 절차이다.[25] 실사는 다음과 같은 목적과 효용을 가진다.

• 거래 여부에 대한 의사결정 : 인수의향자는 기본적으로 해당 거래에 관심을 갖고 실사에 참여하지만, 실사과정에서 인수를 포기해야 하는 정도의 사유[일명 딜브레이커(deal-breaker)사유]가 발견되는 경우가 있다. 이러한 사유로는 우선 법률상 해당 거래 자체가 불가능한 사유가 있을 수 있다. 예를 들어 인수의향자가 외국인인데 대상회사가 영위하는 영업이 외국인투자촉진법상 외국인투자 제한업종에 해당하는 때가 이에 해당할 것이다. 또한 법률상 해당 거래가 가능하기는 하나 인수의향자가 인수한 이후 사업에 막대한 지장을 초래하게 될 사유도 딜

---

22) 기업실사의 대상은 대상회사가 될 수도 있고(합병·주식양수도거래), 영업(영업양수도·분할·합병)이 될 수도 있다. 이하에서는 앞에서 검토한 'I. 기밀유지계약과 마찬가지로 가장 흔한 거래유형인 주식양수도거래 위주로 논의를 이어 가겠다.

23) 현행법에서 실사에 관하여 규율하는 조항은 없으나, '금융투자회사의 기업실사(due diligence) 모범규준'은 금융투자회사가 증권의 인수업무 또는 모집·매출의 주선업무와 관련하여 적절한 주의를 기울이는 것을 기업실사라고 정의한다.

24) diligence라는 용어의 어원은 투자자들에 대한 불충분한 공시에 따른 고발에 대비하기 위하여 유가증권의 발행에 관련된 자들에게 발행회사에 대하여 조사를 수행할 것을 요구한 미국의 1933년 증권법(Securities Act of 1933)까지 거슬러 올라간다고 한다(김성기, 재무실사, 법문사, 2013, 3면).

25) 정영철, 앞의 논문(주 6), 11면.

브레이커사유가 될 수 있다. 예를 들어 대상회사가 중소기업으로 사업상 특혜를 누리다가 인수의향자에게 인수됨으로써 해당 특혜가 사라지는 경우, 대상회사가 거래 종결 이후 대규모의 과징금 등을 부과받을 우려가 있는 경우 등이 이에 해당할 수 있다.

- 거래구조 결정 : 기업 M&A거래는 구주양수도, 신주 발행, 영업양수도, 분할, 합병 등 다양한 방식으로 이루어질 수 있다. 통상 이러한 거래구조는 당사자가 의도하는 사업구조·조세 효과 등을 고려하여 결정되나, 실사과정에서 발생된 사항을 바탕으로 최초 의도한 거래구조가 변경되는 경우가 있다. 예를 들어 대상회사에 대해 대규모 우발부채가 발생할 가능성이 발견되어 주식양수도거래를 영업양수도거래로 변경하거나 근로관계에 관한 우발부채 발생 가능성으로 인해 영업양수도가 아닌 자산양수도로 거래를 변경하는 경우가 이에 해당할 것이다.
- 대상회사의 가치평가 : 실사는 대상회사의 자산·부채·법률관계 등을 대상으로 하며, 이를 통해 대상회사의 적정가치를 평가하게 된다. 평가된 금액은 공개매각방식의 경우 인수의향자가 매도인 측에 제시하는 인수금액의 기초가 될 것이며, 공개매각이 아니더라도 평가금액은 주식매매계약의 계약금액 산정의 기초가 될 것이다. 회계실사팀 또는 회계실사팀과 별도의 가치평가팀이 꾸려지는 경우 해당 가치평가팀이 가치평가 작업을 주도하게 되며, 그 외 실사팀(법률·조세·기술 등)의 실사 결과도 여기에 반영된다.
- 본계약 체결을 위한 준비 : 실사는 통상 본계약 체결 전에 완료된다(다만 본계약 체결 이후 추가로 확인실사를 하는 경우도 있다). 따라서 본계약 체결 전에 완료된 실사사항을 바탕으로 본계약에 들어갈 진술 및 보증사항, 선결조건, 확약사항 등이 구체적으로 결정된다.
- 거래 종결 이후에 대한 준비 : 기업 M&A거래를 통해 둘 이상의 기업

이 결합하게 되면, 대상회사가 속한 기업집단이 달라진다. 이때 이질적인 기업문화의 충돌 등과 같은 문화적·인적 자원의 미숙한 관리로 인해 해당 거래의 효과가 반감되는 경우가 흔하다. 이런 측면을 고려하여 대규모 거래에서는 거래 종결 이후 '인수 후 통합과정'(post merger integration)을 별도로 거치기도 한다.[26] 실사과정에서 대상회사에 관한 다양한 자료, 대상회사 근무 인력을 접촉하게 되고 이는 인수 후 통합과정을 준비하는 기초자료가 될 수 있다.

(2) 이해관계인

1) 매도인

기업 M&A거래는 대상회사의 대주주인 매도인의 매도 의사결정에서 시작된다.[27] 해당 거래를 하기로 결정한 매도인은 매각 주간사를 선정하여(또는 매도인 자체 인력으로) 인수의향자를 파악하며, 매각 목적에 맞는 매각 이후 후속 조치를 검토하게 된다. 또한 다음의 (3)에서 보듯이 매도인도 거래 개시에 앞서 자체적으로 매각실사를 진행하는 경우가 많다.

2) 인수의향자(매수인)

매수인은 매도인으로부터 대상회사 지배지분을 인수하는 주체로 해당 거래와 관련된 의사결정을 위해 실사를 수행한다. 매수인은 단독 법인인 경우가 있고, 대상회사 지배지분 인수에 대규모 자금이 소요되는 경우

---

26) 이에 최근에는 인수 후 통합과정뿐만이 아니라 인수 전 통합과정(pre-merger integration)의 중요성도 부각되고 있다.

27) 물론 인수의향자가 대상회사를 먼저 물색하여 매도인 측에 매도를 적극 제안하는 경우도 있다.

특수목적법인(Special Purpose Company, SPC) 또는 컨소시엄이 매수 당사
자로 활용되기도 한다. 특수목적법인의 경우에는 다수 투자자가 특수목
적법인의 지분투자를 하거나 특수목적법인에 대여하는 방식으로 인수자
금이 조달되며, 컨소시엄의 경우에는 다수의 투자자가 컨소시엄을 구성
하여 각 투자자가 분할하여 거래대상 주식을 매수한다. 이렇게 다수 투
자자가 특수목적법인이나 컨소시엄을 구성하면 각 투자자는 전략적 투
자자와 재무적 투자자로 구분할 수 있다.[28]

3) 대상회사 및 그 임직원

주식양수도거래에서 대상회사는 기업 M&A거래의 당사자가 아니지
만, 대상회사에 대한 실사를 위해서는 대상회사의 협조가 불가피하다.
통상 매도실사의 경우에는 매도인이 대상회사의 대주주로서 임원 선임
을 통해 대상회사의 이사회를 장악하고 있기 때문에 특별한 사정이 없는
한(2대 주주와의 분쟁 등) 대상회사의 협조 여부가 문제 되는 일은 거의
발생하지 아니한다.

다만 매수실사의 경우 대상회사가 법적으로 매도인과는 별도의 인격
을 가지는 만큼 매수인으로서는 (i) 대상회사도 양해각서 또는 의향서에
당사자로 서명하게 하여 실사에 협조할 의무를 부과하거나, (ii) 매도인
에게 대상회사로 하여금 실사에 협조하게 할 의무를 부과하는 등의 안전
장치를 미리 마련해 둘 필요가 있다.[29]

---

28) 대상회사 인수 및 인수 이후 대상회사 경영을 통해 시장에서의 우위 확보, 신사업
분야 진출 등 사업적 목적을 달성하고자 하는 자가 전략적 투자자가 되고, 대상회사의
경영보다는 투자수익을 얻고자 하는 자가 재무적 투자자가 될 것이다. 이러한 전략적
투자자와 재무적 투자자 사이에는 주주간 계약 체결을 통하여 향후 대상회사운영,
투자금회수, 운영책임 등에 관해 미리 약정하기 마련이다.
29) 한국상사법학회 / 천경훈(집필), 앞의 책(주 12), 581면.

또한 대상회사의 임직원은 실사자료 준비, 인터뷰 대응 등 대상회사에 대한 실사 시 중요한 역할을 수행하게 된다. 다만 대상회사의 경영권변동은 해당 거래 이후 대상회사 임직원의 지위에 큰 영향을 미칠 수 있는 부분으로,[30] 기업 M&A거래를 추진하는 매도인은 최소한의 극히 제한된 범위의 대상회사 임직원에게만 그 사실을 알리고 실사에 대응하도록 하는 경우가 있다.

(3) 매도실사

인수의향자는 거래 진행 여부에 관한 의사결정을 하기 위해 또한 본 계약의 조건과 내용을 협상하기 위해 대상회사에 대한 매도인과의 정보 불균형을 해소할 필요가 있으며, 그 수단으로 실사가 활용된다. 그렇다면 매도인은 실사를 할 필요가 없을까? 매도인은 이미 대상회사에 대해 잘 알고 있기 때문에 굳이 매도실사를 할 필요가 없다고 생각할 수도 있다. 그러나 실무에서는 정도에 차이는 있을지언정 매도인 측도 대상회사에 대해 실사(또는 실사에 준하는 사전 파악 작업)를 진행하는 경우가 대부분이다.

실사의 대상이 되는 '대상회사'라는 존재는 각종 유무형의 자산, 부채, 계약, 영업관계, 인력 등의 복합체이다. 따라서 매도인조차 대상회사에 대해 정확히 파악하지 못하는 부분이 있을 수 있는데, 인수의향자와 해당 거래에 관해 본격적인 협상에 임해야 하는 매도인으로서는 미리 자신

---

30) 통상 인수 이후 임원은 사임하게 되며, 직원은 매수인에 의해 근로조건이 변경되거나 구조조정 등을 당하게 되는 경우가 많다. 이러한 사임이나 구조조정 등이 없더라도 대주주의 변경은 해당 기업이 속한 기업집단이 변경되는 것으로 대상회사 임직원에게는 큰 영향을 미친다.

의 약점을 파악해 둘 필요가 있다.

공개매각절차를 준비하는 매도인은 미리 매각 주간사 및 법률자문사를 선정하여 앞에서 설명한 IM, 향후 체결될 양해각서 및 본계약(주식매매계약)의 초안을 작성하도록 한다. 자문사가 IM, 계약서 초안을 작성하고 검토하기 위해서도 대상회사에 대한 파악이 필요할 것이다.[31] 특히 매도실사 결과, 발견된 우발사항 중 전부 또는 일부는 미리 작성되는 주식매매계약안의 공개목록에 반영해 둘 필요도 있다.

2. 기업실사의 대상

(1) 기업실사의 대상

통상 실사가 진행되는 분야는 회계, 조세, 법률의 세 영역이다. 가치평가 작업은 실사과정의 일환으로 진행되는데,[32] 이는 회계실사에 포함시켜 회계자문사가 수행하는 경우가 많고, 경우에 따라서는 별도의 자문사가 선임되어 독립적으로 진행하기도 한다.[33] 또한 상황에 따라 추가로

---

31) 통상 IM에는 대상회사 사업 현황, 대략적인 재무구조, 향후 전망 정도에 대해서만 기재하는 경우가 많지만, 최근에는 더 나아가 대상회사에 대한 주요 이슈 및 우발사항도 IM에 포함시키는 경우가 많아지고 있다. 이는 실사를 수행하는 인수의향자라면 당연히 발견할 수 있는 사항을 미리 매도인 측에서 공개함으로써 상호 불필요한 자원을 낭비하지 않고 신속하고 효율적으로 거래를 진행시키기 위한 목적이다.

32) 각 자문사의 실사 결과를 종합하여 가치평가를 수행하는 것이 이상적이겠으나, 효율적인 실사 진행을 위해 타 자문사의 실사와 동시에 가치평가 작업을 함께 진행하는 경우가 대부분이다.

33) 일명 빅딜이라고 불리는 큰 규모의 공개매각거래에서는 재무실사를 수행하는 회계법인, 가치평가를 수행하는 회계법인을 따로 두는 경우가 있다. 이는 각 회계법인으로 하여금 자신이 맡은 특정 실사 분야에 집중하도록 하는 측면이 있지만, 전략적으로 미리 주요 회계법인을 자문사로 선정함으로써 공개매각 시 경쟁사(타 인수의향자)의 회계법인 선임권을 견제하는 측면도 있다.

다음과 같은 전문 영역 실사가 진행되는 경우가 있다. 전문 영역 실사는 원래 법률·회계 및 조세실사, 가치평가과정에서 각 자문사에 의해 수행될 수 있는 부분이지만, 해당 영역의 중요도를 고려하여 보다 특화된 자문인이 별도로 수행하도록 하는 것이다.

- 영업실사 : 대규모 영업망이 필요한 제조업 등 영업의 비중이 높은 경우 수행되며, 이는 주로 외부 자문인보다는 동종 업계에 있는 인수의향자 측 내부 인력이 수행하는 경우가 대부분이다.
- 기술실사 : IP·IT 업체와 같이 유형자산보다는 무형자산이 중요한 경우 수행되며, 특히 대상회사가 보유한 기술이 업계 선도 기술이고 본격적인 사업화가 되기 이전이라 가치평가를 하기 어려운 때 기술실사의 필요성이 높다. 현재 이러한 기술실사를 수행해 주는 전문가 집단이 상당수 존재하고 있는 것으로 보인다.
- 지식재산권실사 : 대상회사가 특허 등 지식재산권을 다수 보유한 기술기업이고, 해당 지식재산권의 가치가 인수 여부에 관한 의사결정 및 가치평가에 중대한 영향을 미칠 경우 별도의 기술실사가 필요할 것이다.
- 노무실사 : 법률자문사가 기본적으로 노동 영역에 대해 실사를 수행하는 것이 원칙이나, 통상임금 등 임금 관련 우발부채규모를 구체적으로 산정하기 위해 별도의 노무실사를 공인노무사 등으로 하여금 수행하도록 하는 경우가 있다. 제조업을 수행하는 대상회사가 그 업무 중 일부 또는 상당 부분을 하도급 주고 있는 경우 불법 파견 등 하도급 관련 실사를 별도로 수행하기도 한다.[34]

---

34) 하도급은 불법 파견·사내 하도급·산업안전보건 등 노동 영역과 하도급거래 공정화 관련 공정거래 영역이 중첩되는 부분으로, 공정거래 전문가가 실사에 참가할 필요도 있다.

• 환경실사 : 공장을 갖춘 제조업체는 토양, 대기, 폐기물, 용수 등 환경에 관련된 우발 리스크를 안고 있다. 특히 토양오염의 경우 토지양수인은 자신이 토양오염행위를 하지 않았음에도 불구하고 해당 토지를 소유 또는 점유하는 자로서 정화책임을 부담할 수 있으므로,[35] 공장 등을 운영하는 대상회사를 인수하는 인수의향자는 토양오염 여부를 미리 조사해 둘 필요가 있다. 토양환경보전법은 토지매수인을 위하여 토양환경평가제도를 마련해 두고 있으므로 이를 적극 활용하는 것을 고려할 만하다.[36]

(2) 법률실사 영역

기업실사 중 특히 법률실사는 다음과 같은 영역에 대해 이루어지며 영역별로 검토되는 주요 사항은 다음과 같다.

〈표 1〉 법률실사영역 및 주요 검토사항

법인 일반	정관, 등기사항전부증명, 사업자등록증 등 확인, 주주총회 및 이사회 의사록 검토, 임원과의 계약, 임원 보수 등 임원에 대한 사항, 주식(주식연계증권 포함)의 발행 및 주식담보에 관한 사항, 주주간 계약 및 주주와 회사가 체결한 계약 검토, 거래 제한사항(주식양도 제한 등)
인허가 및 규제	사업 관련 인허가, 해외투자, 외국환거래에 관한 사항, 행정처분이나 제재 관련 사항
독점규제 및 공정 거래	기업 결합에 관한 사항, 동종 업체 간 활동 관련 사항, 불공정거래행위에 관한 사항, 하도급, 대규모 유통, 가맹사업 및 대리점 거래 등의 공정화에 관한 사항

---

35) 토양환경보전법 제10조의4 제1항 제4호.
36) 토양오염이 발생한 토지를 양수할 당시 토양오염 사실에 대하여 선의이며 과실이 없는 토지양수인은 정화책임을 부담하지 않는데(토양환경보전법 제10조의4 제2항), 토양환경평가를 받은 양수인은 선의 · 무과실이 추정된다(토양환경보전법 제10조의2 제2항). 토양환경평가를 환경부에 등록된 전문 기관에 위탁해야 한다(환경부 홈페이지에서 등록된 업체 검색 가능).

재무 및 회계	부채, 제3자를 위해 제공한 보증, 담보, 미수금채권(회생·파산절차 관련), 환헤지거래, 파생금융상품 등에 관한 검토
유형자산(동산 및 부동산)	주요 유형자산 현황(담보권, 기타 부담에 관한 사항 포함), 주요 유형자산에 대한 임대 및 임차 현황,[37] 토지의 사용관계에 관한 사항[38]
지식재산권	회사가 보유한 등록된 지식재산권, 영업비밀의 현황 관리방식에 관한 검토, 임직원 중 핵심 인력에 대한 관리방안 검토, 라이선스, 기술 도입 등에 관한 법률관계 검토, 직무 발명
계약	주로 영업 관련 계약에 관한 검토(영업의 지속 가능성, 과거 계약 위반 사항 등)[39]
인사 및 노무	고용계약서, 취업규칙, 각종 약정서(전직 금지·경업 금지·비밀유지 등)에 관한 사항, 임금의 구성항목과 임금 지급 또는 미지급의 근로기준법 위반에 관한 사항,[40] 단체협약 등 노동조합 관련 사항, 계약직 근로관계(기간제·파견직 등), 고용 종료(사직·해고·명예퇴직)와 관련된 사항
소송 및 분쟁	대상회사 및 임직원을 당사자로 하여 계류 중인(향후 예상되는) 소송에 대한 검토, 임직원을 상대로 계류 중인(향후 예상되는) 형사사건에 대한 검토[41]
기타	보험에 대한 검토, 환경에 대한 검토, 조세에 대한 검토 등

---

37) 대상회사가 임차인일 경우 임차보증금 반환채권은 대상회사의 자산을 구성한다. 특히 대상회사가 질적 및 양적으로 대규모로 점포를 임차하여 영업하는 경우(프랜차이즈업체 등) 임차보증금규모도 그에 비례해서 커지고, 이때 임차보증금의 회수 가능성에 대한 검토는 매우 중요하다.

38) 공장 등 부지가 부족한 대한민국의 현실, 기반시설(항만 시설 등)에 대해서는 공동투자가 불가피한 점 등을 고려하면 제조업체는 단독으로 존재하지 않고 타사와 함께 인접하여 모여 있는 경우가 많다. 특히 업력이 오래된 회사는 인접 업체와 계약 없이 상호 토지 사용을 묵인하고 지내는 경우가 있으며(특히 계열사 간), 경영권변동의 기회에 실사과정에서 이를 정리해야 할 경우도 있다

39) 실사자료 중 가장 큰 비중을 차지하는 것이 계약에 관한 자료이다. 대상회사가 주로 수행하는 영업에 관한 계약을 우선적으로 검토하는 것이 통상이다. 자료의 범위가 방대하기 때문에 금액기준으로 상위 순위의 계약만 검토하거나 주된 영업 및 그와 직접적으로 관련된 계약만을 선별하여 검토해야 할 경우가 많다.

40) 미지급 수당, 통상임금 및 평균임금에 관한 검토가 주를 이룬다. 타 법령 위반과 달리 임금과 관련하여 대상회사가 법 위반을 하고 있을 가능성이 매우 높다. 임금 관련 사항은 우발부채의 규모가 큰 경우가 많으므로 우발부채규모 및 실현 가능성에 대해 검토하는 것이 중요하다.

41) 상황에 따라서는 핵심 인력(key man)이 대상회사에서 일정 기간 근무할 것이 주식매

3. 기업실사의 진행

(1) 준비단계

매수실사의 경우, 인수의향자는 함께 실사를 수행할 외부 자문사를 선정하고 이들과 자문계약을 체결한다. 선정된 자문사는 우선 대상회사에 제공할 실사요청자료목록을 작성하게 된다. 요청자료목록 작성 시 선행되어야 할 작업은 실사범위를 확정하는 것이다. 즉 (i) 대상회사가 자회사를 두고 있는 경우 대상회사 외에 추가로 어떤 자회사까지 실사대상으로 포함시킬지, (ii) 실사항목별로 실사대상기간을 어떻게 설정할지를 미리 정할 필요가 있다.[42] 또한 이 단계에서 미리 인수의향자 내부 인력 및 각 자문사 간에 실사 역할 분담을 해두어 중복 검토가 되거나 검토가 되지 않는 부분이 나오지 않도록 할 필요도 있다.

대상회사에서 실사자료를 미리 완벽하게 준비해 두기보다는 실사과정에서 지속적으로 자료를 준비하는 경우가 대부분인바, 요청자료목록 작성 시 중요성과 우선순위 등을 표기하는 것도 고려할 만하다. 통상 요청자료목록은 실사의 효율적 진행을 위해 회계, 법률, 조세 등 각 분야의 목록을 통합하여 작성하는 것이 좋을 것이다. 담당자, 요청일, 수령일 시트(sheet)를 정리해 두고 자료의 수신·발신 상황을 표기하도록 하는 것이 좋겠다.

한편 매도인 측은 실사를 진행하기에 앞서 실사자료를 미리 준비해

매계약의 조건이 되기도 한다. 주로 기존 대표이사·최대주주 등이 핵심 인력이 되는 경우가 많은데, 해당 인력이 구속되거나 징역·금고형을 받게 될 위험에 대한 분석이 필요한 경우가 있다.

42) 예를 들어 주주총회 및 이사회 의사록은 과거 어느 시점부터 요청할지, 대상회사 법 위반사항은 어느 시점부터 확인할지 등을 결정해야 한다.

두어야 할 것이다. 인수의향자가 다수인 경우에는 VDR에 업로드하는 방식으로 실사자료를 제공하는 것이 보통이므로, 해당 서비스를 제공하는 업체와도 미리 이용조건 등을 협의하여 이용계약을 체결해 두어야 한다. 또한 매도인은 VDR을 통해 제공할 자료와 PDR을 통해 제공할 자료를 미리 구분해 놓음으로써 민감한 자료의 유출 가능성을 최소화할 필요가 있다.

(2) 실행단계

앞에서 설명한 요청자료목록은 각 자료 명칭을 특정하기보다는 포괄적으로 작성될 수밖에 없어 실사 경험이 많지 않은 대상회사 임직원은 자료 준비에 어려움을 호소할 수도 있다. 이때 인수의향자 측 자문사는 미리 대상회사 담당자와 요청자료목록을 두고 해당 자료를 요청하는 이유, 구체적으로 필요한 자료 명칭 등을 협의할 수도 있을 것이다.[43]

매도인 측으로부터 1차 실사자료가 제공되면 본격적인 실사가 개시된다. 실사 수행 주체는 제공된 1차 자료를 바탕으로 해당 자료와 관련된 추가 요청사항(질의 · 자료 요청)을 정리하고, 대상회사가 이를 추가 제공하는 방식으로 실사가 진행된다. 대상회사는 실사자료를 분야별 요청자료목록에 맞게 구분하여 제공하게 되는데, 실사를 수행하는 자문사는 자신이 실사를 수행하는 분야뿐만이 아니라 타 분야의 자료들도 개략적으로 검토할 필요가 있다. 대상회사 담당자가 실수로 특정 분야 자료를 타 분야항목에 포함시키는 경우가 있고, 특정 자료가 여러 분야에 걸쳐 검

---

[43] 물론 이는 기밀유지계약상의 개별 접촉 금지에 반하지 않는 범위 내에서 이루어져야 함을 유의해야 한다. 이러한 사전협의는 인수의향자가 다수인 공개매각보다는 인수의향자가 단독인 경우 효용성이 있을 것이다.

토가 필요한 자료인 경우가 상당히 많기 때문이다.

한편 실사 실행단계에서 각 자문사는 독자적으로 실사를 수행하는 것이 아니라 협력하여 실사를 수행하는 것임을 명심할 필요가 있다. 각 분야의 실사 결과는 다른 분야의 실사 결과와 결합할 때 비로소 의뢰인인 인수후보자의 결정에 도움을 줄 수 있기 때문이다. 예를 들어 임원의 급여 지급방식의 위법성을 실사과정에서 발견한 법률자문사는 조세자문사와 그 결과를 공유하여 해당 내용이 조세실사 결과에도 반영될 수 있도록 할 필요가 있고,[44] 대상회사의 급여 지급에 위법성을 발견한 법률자문사는 해당 우발부채의 규모 산정에 대해 회계자문사(또는 가치평가팀)와 협의하여 법률실사 결과가 대상회사에 대한 가치평가에 반영될 수 있도록 해야 할 것이다.

실사는 제공된 자료를 분석하고 검토하는 방식으로 주로 이루어지지만, 적절한 시기에 대상회사 임직원과의 면담을 추가로 시행하는 경우가 대부분이다. 임직원과의 면담은 자료를 통해 제공되거나 설명되기 어려운 부분(예를 들어 대상회사가 시행하는 정책에 관한 내용, 향후 계획에 관한 내용 등)에 대해 의문을 해소할 수 있는 가장 효과적인 방법이다. 임직원 면담은 대상회사 측 임직원과 실사 수행 주체 간에 집단 대 집단으로 면담을 실시하는 방식, 분야별로 담당자끼리 개별 면담을 실시하는 방식이 모두 활용된다. 이때 경험이 적은 법률자문사 담당자가 흔히 하는 실수가 대상회사 임직원을 취조나 추궁의 대상으로 여기고 인터뷰에 임하는 것이다. 실사는 매도인과 인수의향자 사이의 합의에 의해 진행되는 사적 절차에 불과하며, 대상회사의 법 위반 사실을 밝혀내기 위한 수사

---

44) 주주총회에서 임원 보수한도를 정했다고 하더라도 이러한 사정만으로 법인세법 시행령 제43조 제2항에서 언급한 보수 지급기준이 있는 것으로 곧바로 인정되는 것은 아니다(국심99서1457, 1999. 12. 29).

나 행정조사과정이 아니다. 결국 인수의향자가 원하는 정보는 대상회사 임직원으로부터 얻어 낼 수밖에 없다는 점에서 대상회사 임직원으로 하여금 적대적 감정을 들게 하는 것은 득이 될 것이 없다.

특히 제조업은 자료 검토 및 임직원 면담 외에 제조 시설을 현장 실사하는 경우도 많다. 재고자산 및 설비를 확인하고 가치평가업무를 수행하는 회계자문사, 제조 시설의 성능을 검증하는 인수의향자 측 생산 담당 직원들[45]에게 특히 현장실사는 의미가 있을 것이다. 법률자문사는 현장실사에 참여하지 않기도 하지만, 환경이나 불법 파견 등의 쟁점의 경우 현장실사가 의미가 있으며 현장실사과정에서 예상하지 못한 쟁점을 발견하는 때가 종종 있으므로[46] 가급적 현장실사에 참여하는 것이 좋겠다.

(3) 완료단계

1) 실사보고서

각 자문사는 실사기간 동안 확인한 쟁점 및 그에 대한 검토 결과를 실사보고서에 기재한다. 여기에서 검토 결과란 해당 쟁점에 대해 인수의향자가 취해야 하는 조치를 구체적으로 기재해야 인수의향자의 의사결정에 실질적 도움이 될 수 있다. 인수의향자가 취해야 하는 조치는 주로 본계약에 반영될 내용인데, 대략적으로 다음의 사항을 들 수 있다.

---

45) 통상 제조 시설이라고 하더라도 실사과정에서 성능 검증까지 하는 경우는 거의 없다. 대상회사의 그간의 업력이 그 성능을 어느 정도 보증해 주기 때문이다. 다만 대상회사가 최근에 신설되었거나 건축 중인 제조 설비를 보유하고 있는 경우 실사과정에서 시운전을 통해 성능 검증을 하기도 한다.

46) 예를 들어 불법 증축 건축물을 발견한다거나 세제 혜택을 위해 설립한 기업 부설 연구소에서 생산행위를 하는 것을 발견하는 등의 성과가 있을 수 있다.

- 선행조건으로 규정해야 할 사항 : 특정 결과가 먼저 발생하지 않으면 해당 거래가 금지되거나 해당 거래가 가능하더라도 거래 당사자가 심히 불이익을 얻는 사항[47]은 선행조건으로 규정하게 된다.
- 확약사항으로 규정해야 할 사항 : 법 또는 계약 위반사항 중 매도인이 거래 종결 전에 임의로 시정하는 것이 용이한 사항[48]은 종결 전 확약사항으로 규정하게 된다. 선행조건과 확약사항은 중복되며, 확약사항으로 규정될 경우에는 의무 위반에 따른 책임 추궁이 가능하다는 면에서 선행조건과 법률적 차이가 있다고 생각한다. 매도인의 이행 여부가 해당 거래에서 결정적이지 않고 매도인의 이행에 시간이 소요되는 사항은 종결 후 확약사항으로 규정하기도 한다.
- 진술 및 보증으로 규정해야 할 사항 : 실사 결과 법 위반 사실이 확인되지는 않았지만, 법 위반 개연성이 있는 사항에 대해서는 매도인으로부터 진술 및 보증을 받고 향후 위반사항이 확인되면 손해배상을 받도록 하는 것이 일반적이다. 법 위반으로 인한 우발부채 발생 가능성이 확인된 경우 해당 금액을 매매대금 산정 시 감액요소로 반영할 수도 있지만, 해당 우발부채가 향후 실현될 현실적 가능성이 낮다면 이를 바로 매매대금에 반영하기보다는 진술 및 보증사항으로 반영해 두고 향후 우발부채가 실현되었을 때 매도인으로부터 손해배상을 받도록 할 수도 있다.[49] 다만 이 경우 인수의향자는 매도인의 법 위반 사실을 알면서 이를 진술 및 보증사항에 포함시키는 것이므로 논란의 여지를 없애기 위해 본계약에 "매수인이 본계약 체결 당시 매도인의 진술 및 보

---

47) 공정거래법에 따른 사전 기업 결합 승인, 자본시장법에 따른 대주주 변경 승인, 해당 거래에 대해 계약상 상대방 당사자의 동의가 필요할 경우 상대방 당사자의 동의 등.
48) 임대인의 동의 없는 전대차에서 임대인으로부터 전대차에 대해 승인을 받을 것 등.
49) 따라서 법률자문사는 법 위반 사실을 발견하는 것뿐만이 아니라 이로 인한 우발부채의 실현 가능성까지 검토할 필요가 있다.

증 위반의 점을 알고 있다는 사실은 매도인의 진술 및 보증 위반으로 인한 매수인의 손해배상청구권을 제한하지 아니한다"는 취지의 조항을 포함시키는 것이 좋겠다.[50]

- 그 외 본계약에 반영할 만한 사항 : 법 위반으로 인한 우발부채 발생 가능성이 확인된 경우, 그 우발부채 실현 가능성에 대해 매도인과 매수인 사이에 이견이 있을 수 있다. 이때 해당 우발부채 실현 가능성이 비교적 단기간 내에 확인된다면 매수인으로 하여금 매매대금의 일정 부분 지급을 유보하도록 하거나 매매대금 전액을 지급하고 그중 일부를 매도인으로 하여금 에스크로계좌에 보관토록 할 필요가 있다. 또한 비록 우발부채 실현 가능성이 낮기는 하지만 그 금액이 과다하여 손해배상으로 전보하기에 적절하지 않은 경우,[51] 또는 손해배상금액의 제한을 받지 않고 손해 전액을 배상받아야 하는 경우에는 특별손해배상조항을 두기도 한다.[52] 특별손해배상조항을 두는 경우, 민법상 특별손해의 인지 가능성에 관한 요건(민법 제393조 제2항) 충족을 위해 상호 간에 인지하고 있는 내용을 계약서에 보다 구체적으로 적시할 필요가 있다.

---

50) 대법원 2015. 10. 15. 선고 2012다64253 판결에 따르면 계약서에 별다른 언급이 없는 한 매도인의 진술 및 보증 위반의 점에 대해 악의인 매수인이라도 손해배상청구가 제한되지 않는 것이 원칙이라고 할 것이나, 양 당사자가 이 점에 대해 미리 확인을 받고 계약서에 규정해 두면 더욱 좋을 것이다.

51) 주식매매계약에서 매도인의 진술 및 보증 위반으로 인한 손해배상책임은 매매대금의 일정 비율로 한도를 설정해 두는 것이 보통이다.

52) 임금 관련 사항은 해당 임금 지급방식이 해당 업계에서 관행으로 정착한 경우가 많아 노동조합이 조직되어 있지 않다면 근로자들이 대규모로 소송을 제기할 가능성이 높지 않다. 다만 해당 우발채무가 현실화될 경우, 그 액수가 크므로 이를 특별손해배상으로 약정해 둘 필요가 있다.

2) 실사보고

인수의향자는 입찰 일정 또는 본계약 일정에 맞추어 자문사에 실사보고서 제출기한을 제시하게 되고, 각 자문사는 자신이 맡은 분야에 대해 실사보고서를 작성하여 인수의향자에게 제출한다. 실사 내용은 실사보고서에 모두 포함되어 있으므로 실사보고서 제출로 실사가 종료되는 경우도 있지만, 통상 실사를 수행한 외부 자문사가 실사 수행의 결과를 요약·정리하여 인수의향자 임직원에게 대면보고하는 절차를 거치게 된다. 이러한 대면보고과정에서 인수의향자, 각 자문사가 한자리에 모여 의견을 교환할 기회를 가진다.

실사보고는 실사보고서가 작성된 시점에 인수의향자의 최종 의사결정을 위해 개최되는 것이 원칙이며, 경우에 따라서 실사절차 중간에 중간보고 1회를 거치는 경우도 많다. 실사보고를 위해 각 자문사는 실사보고서 외에 실사보고서 중 핵심사항만 요약한 요약보고서를 작성하여 인수의향자에게 제공한다.[53]

다만 대상회사는 거래가 종료될 때까지 계속적으로 영업을 하기 때문에 실사 보고 이후에도 인수계약 내용의 변경을 고려할 정도의 중요한 법적 문제가 종종 발생한다. 따라서 법률자문사는 실사보고 이후에도 지속적으로 대상회사를 모니터링하면서 기존에 발견된 주요 이슈의 현실화(중요 소송의 판결 선고) 내지 새로운 이슈의 제기 가능성에 대해 예의 주시할 필요가 있겠다.

---

53) 더 나아가 인수의향자가 각 자문사에 일일보고서(daily report)를 요구하는 경우도 있다. 실사기간이 짧아 의사결정에 충분한 시간이 없는 경우, 실시간으로 중요 이슈를 파악하기 위해 일일보고서의 필요성이 클 것이다.

05

현대건설 매각 사건의 일지와 쟁점*

천경훈**

I. 들어가며

우리나라의 M&A(Mergers & Acquisitions)는 다른 나라의 M&A와 구별되는 여러 특성을 보인다. (i) 적대적 M&A는 매우 드물고 계약을 통해 성사되는 우호적 M&A가 대부분이라는 점, (ii) 합병이나 공개매수는 찾기 어렵고 대주주로부터 장외에서 현금으로 주식을 매수하는 유형이 지배적이라는 점, (iii) 한때 부실에 빠졌던 회사를 매각대상으로 하는 경우가 많다는 점, (iv) 대체로 매우 높은 경영권 프리미엄이 수수된다는 점 등이 그 예이다.

특히 구조조정 중이거나 구조조정에서 갓 벗어난 회사를 대상으로 한

---

* 이 논문은 BFL 제47호(2011. 5)에 게재된 글을 수정·보완한 것이다.
** 서울대학교 법학전문대학원 부교수

M&A, 즉 회생회사의 M&A, 기업구조조정촉진법 또는 채권금융기관 간 자율협약 등이 적용되는 구조조정 대상기업의 M&A, 공적자금[1]이 투입된 기업의 M&A는 나름대로 고유한 특성을 보인다. 이러한 M&A는 (i) 투명성과 공정성이 강조되어 입찰로 진행된다는 점, (ii) 실사 전 양해각서 (Memorandum of Understanding, MOU)단계부터 매수희망자를 상당히 강력하게 구속하는 예가 많다는 점, (iii) 매각대가의 극대화만이 아니라 M&A 이후 대상기업의 안정적 경영 등 '국민경제적' 고려가 이루어진다는 점 등을 특징으로 한다.

이처럼 우리나라 M&A, 특히 구조조정기업을 대상으로 한 M&A에 고유한 특성들은 외국의 법리나 판례에서는 다루고 있지 않은 고유한 법적 문제들을 낳는다. 입찰자들이 적어 내는 입찰금액, 기타 입찰조건이라는 것은 법적으로 어떤 효력을 갖는가? 흔히 주주협의회라는 형태로 구성되는 매도인들의 모임, 컨소시엄이라는 형태로 구성되는 매수희망자들의 모임은 법적으로 어떤 성격과 권리·의무를 갖는가? 이들이 체결하는 양해각서는 그 교과서적 의미나 국제관행과는 다르게 최종 계약에 준하는 상세한 조항을 갖추고 구속력도 갖는다고 정하는 경우가 많은데, 과연 그 법적 의미는 무엇인가? 매도인이 우위에 서는 경우 입찰안내서·양해각서 등에서 매도인의 임의해지권, 매수인의 부제소약정 등 매도인에게 일방적으로 유리한 내용을 정하는 때가 많은데, 어디까지 그

---

[1] 공적자금이란 예금자보험법에 따른 예금보험기금, 「금융기관 부실자산 등의 효율적 처리 및 한국자산관리공사의 설립에 관한 법률」에 의한 부실채권정리기금 및 구조조정 기금, 공공자금관리기금법에 의한 공공자금관리기금, 「금융산업의 구조개선에 관한 법률」에 따른 금융안정기금 등 공적자금관리특별법 제2조 제1호에 열거된 기금 또는 재산 등에서 금융기관 또는 기업의 구조조정에 지원되는 자금을 말한다(공적자금관리특별법 제2조). 공적자금 투입 기업에 대한 M&A의 가장 대표적인 유형은, 부실기업에 대한 채권을 매입한 한국자산관리공사가 그 채권을 출자전환하여 취득한 주식을 매각하는 경우이다.

효력을 인정할 것인가?

현장에서 M&A 업무를 처리하는 실무변호사들은 이런 법적 난제의 존재를 진작 인식하고 있었다. 그러나 판례로든 학설로든 이런 문제들이 충분히 정리된 적은 별로 없었고, 이렇다 할 재판 예가 형성되지도 못했다. 그런 상황에서 2010년 가을부터 2011년 초까지 연일 신문 지면을 장식한 현대건설(주) 주식매각 사건은, 단순히 '옛 현대가의 적통성을 둘러싼 다툼'이라는 식의 통속적인 흥밋거리를 넘어 법적으로도 많은 쟁점과 생각 거리를 던져 주는 사건이었다. IMF 금융위기 이후 10여 년 동안, 숱한 부실회사 내지 부실을 갓 벗어난 회사에 '새 주인'을 찾아 주는 과정에서 자연발생적으로 형성되어 온 '우리식 M&A'를 법적인 시각에서 되돌아보는 계기가 되었다.

이 글에서는 현대건설 주식매각 사건을 둘러싸고 벌어졌던 각종 분쟁을 시간순으로 간략히 요약하고, 그 분쟁 중에서 가장 핵심이 되었던 양해각서 해지금지가처분 사건의 주요 쟁점을 정리하고자 한다. 이 글의 목적은 이 사건의 여러 쟁점에 대해 철저한 학술적 논구를 행한다거나 각 당사자 주장의 옳고 그름을 가리기보다는, 이 사건의 주요 일지와 쟁점을 요약하고 이로부터 얻어 낼 수 있는 시사점을 되짚어 보려는 데 있다. 이를 통해 우리나라 M&A에서 발생하는 특유한 법적 쟁점에 대한 주의를 환기하는 한편, 다른 연구자 및 실무가에게 추가적인 검토의 출발점을 제공하고자 한다. 이런 목적에 비추어 지나치게 세부적인 정황이나 정보에 대한 언급은 생략하고 언론이나 공시자료 등을 통해 공개된 정보에 주로 의거하여 서술하기로 한다.

II. 주요 사실관계 및 일지

1. 주요 당사자

이 사건의 주요 사실관계를 일자순으로 검토하기에 앞서 주요한 등장 인물들을 간략히 소개하는 것이 이해를 도우리라 본다. 이 사건은 현대 건설의 채권자였다가 출자전환을 통해 주주가 된 금융기관들이 '현대건 설 주주협의회'를 구성하고 그들이 보유한 현대건설 주식을 매각하고자 하였고, '현대그룹 컨소시엄'과 '현대자동차그룹 컨소시엄'이 이를 매수하 려고 경쟁한 사건이다.

(1) 현대건설 주주협의회

현대건설은 2001년 경영난으로 기업구조조정촉진법에 의한 채권금융 기관 공동관리절차의 적용을 받게 되었다. 통상의 예에 따라 채권금융기 관들은 여러 차례 출자전환을 통하여 현대건설의 주식을 다량 보유하게 되었다.[2] 2006년 5월 25일 현대건설에 대한 채권금융기관 공동관리절차 가 종결되자, 주주인 채권금융기관들은 주식의 공동매각을 위해 그 무렵 현대건설 주주협의회(이하 '주주협의회')를 구성하고 몇 차례 매각 기회를

---

2) 가장 규모가 큰 출자전환은 2001년 6월 27일에 있었다. 차입금 1조 9,574억 9,100만 원을 주식으로 전환하여 채권금융기관의 지분비율이 90.38퍼센트가 되고 한국외환은 행이 13.71퍼센트를 소유한 최대주주가 되었다. 그후 수차 소규모의 출자전환, 유상증 자 및 주식매매를 거쳐 2010년 9월 30일 기준으로 한국정책금융공사(1,239만 3,985주, 11.12퍼센트), 한국외환은행(971만 5,000주, 8.72퍼센트), 우리은행(837만 96주, 7.51퍼 센트), 기타 주주협의회 소속 금융기관(1,244만 3,019주, 11.16퍼센트) 등이 도합 4,292만 2,100주(38.51퍼센트)를 소유하고 있었다(현대건설 2010. 11. 15.자 분기보고서).

노리다가 2010년 9월 24일 드디어 주식매각을 위한 입찰 공고를 내기에 이른다.

이 사건 당시 주주협의회를 구성한 주주는 (주)한국외환은행·한국정책금융공사(한국산업은행이 소유하던 지분을 인수)·(주)우리은행·(주)국민은행·(주)신한은행·농업협동조합중앙회·(주)하나은행·현대증권(주)·(주)한국씨티은행 등 모두 9개사로서,[3] 이들이 매각하고자 내놓은 주식은 보통주 3,887만 9,000주로 현대건설 발행주식총수의 34.88퍼센트에 해당하였다.

이들 중 한국외환은행·우리은행·한국정책금융공사의 3개사가 운영위원회를 구성하였고, 그중 한국외환은행이 주관기관으로서 주식매각 관련 계약의 체결업무를 위임받았다. 메릴린치 서울지점, 한국산업은행, 우리투자증권이 이들의 공동매각 주간사로 활동하였다.

---

3) 주주협의회가 9개사로 구성된 것은 의무적 공개매수조항의 적용을 받지 않기 위해서이다. 즉 자본시장과 금융투자업에 관한 법률 제133조 제3항 및 동 시행령 제140조 제2항에 따라 증권시장 밖에서 상장주식을 6개월 간 10인 이상의 자로부터 취득하고자 하는 경우, 그러한 취득으로써 본인과 특별관계자가 보유하게 되는 주식을 합산한 비율이 발행주식총수의 5퍼센트 이상이 되는 때에는 공개매수절차에 따라야 한다. 이를 피하기 위해 다수 주주 중에서 보유량 순서로 9개사만이 주주협의회를 구성하여 매각절차에 임하는 경우가 많다. 다만 동법 시행령 제143조에서는 "공개매수를 요하지 아니하는 매수"를 열거하고 있고, 동조 제7호는 "그 밖에 다른 투자자의 이익을 해칠 염려가 없는 경우로서 금융위원회가 정하여 고시하는 주식 등의 매수 등"을 들고 있다. 이에 따라 금융위원회 규정인 「증권의 발행 및 공시 등에 관한 규정」 제3-1조에서는 채권금융기관 등이 기업구조조정촉진법에 의한 공동관리절차가 개시된 부실징후기업 또는 「기업구조조정 촉진을 위한 금융기관협약」에 따라 기업개선 작업 추진대상으로 선정된 기업의 주식을 제3자에게 매각하는 경우에 예외를 인정한다. 그러나 문언상 이미 공동관리절차가 종결된 경우에도 이 예외가 적용된다고 단언하기 어려우므로, 이 사건에서도 의무적 공개매수가 적용될 수 있다는 전제하에 9개사로 주주협의회를 구성한 것으로 보인다.

(2) 현대그룹 컨소시엄

현대상선(주), 현대엘리베이터(주), 현대로지엠(주), 현대증권(주), 동양종합금융증권(주), Hyundai Merchant Marine(France) S.A.(현대상선의 프랑스 자회사. 이하 '현대상선 프랑스법인')의 6개사가 현대그룹 컨소시엄을 구성하여 2010년 11월 15일 입찰에 참여하였다.

다음 두 가지 사항을 주목할 만하다. 첫째, 현대증권(주)는 매도인 측인 주주협의회 구성원이기도 하고 매수희망자인 현대그룹 컨소시엄의 구성원이기도 하다. 둘째, 이 사건의 핵심 쟁송인 양해각서 해지금지가처분에서 신청인이 된 것은 위 6개사 중 현대상선(주), 현대엘리베이터(주), 현대로지엠(주) 3개사뿐이다. 특히 현대상선 프랑스법인은 아래에서 보는 중요한 쟁점의 한복판에 있는 법인인데, 왜 신청인에 포함되지 않았는지에 관해 많은 논란이 있었다.

(3) 현대자동차그룹 컨소시엄

현대자동차(주), 기아자동차(주), 현대모비스(주)의 3개사가 현대자동차그룹 컨소시엄(이하 '현대차 컨소시엄')을 구성하고 2010년 11월 15일 입찰에 참여하여 현대그룹 컨소시엄과 경쟁하였다. 양해각서 해지금지가처분에는 보조참가인으로 참여하여 주주협의회 측을 보조하였지만, 몇몇 쟁송에서는 현대그룹 컨소시엄과 직접 맞붙기도 했다. 주주협의회와 현대그룹 컨소시엄 간 양해각서가 해지된 후, 현대차 컨소시엄은 결국 주주협의회와 양해각서 및 본계약[4]을 체결하고 현대건설의 주식을 인

---

4) 양해각서와 같은 예비적 합의와 달리 본래의 권리·의무를 발생시킨다는 의미에서의

수하는 데 성공하였다.

(4) 기타 조연들 : 현대그룹채권단, 노조, 국회 등

현대그룹 채권은행협의회는 현대상선을 비롯한 현대그룹 계열사들의 재무 상황에 우려를 표시하면서 2010년 초부터 재무구조개선약정의 체결을 요구했고, 현대그룹이 이에 응하지 않자 신규여신 중단, 만기 도래 여신회수 등의 제재조치를 취하기로 결의했다. 이는 현대그룹 컨소시엄이 현대그룹을 인수하는 데에 부정적 요인으로 작용할 것이었기 때문에 현대그룹 측에서는 강하게 반발했다. 현대그룹 채권단 일부는 현대건설의 주식을 매도하려는 주주협의회 구성원이기도 했기 때문에 이해관계가 얽힌 면이 있었다.

현대건설 노동조합은 '무리한 차입을 통한 인수'에 반대한다거나 현대그룹 컨소시엄의 자금 출처 조사를 요구하는 등 고비마다 사실상 현대차 컨소시엄에 유리한 목소리를 냈다. 현대건설의 일부 퇴직자들도 수차 신문광고를 통해 현대그룹 컨소시엄의 인수를 반대하는 의사를 표시하기도 했다.

이 사건은 초기부터 현대자동차그룹과 현대그룹 간의 대립이 격화되면서 여러 건의 가처분 신청과 형사고소가 이루어져서 법원과 검찰이 중요한 분쟁의 장이자 등장인물이 되었다. 국회 정무위원회에서도 이 사건에 관심을 표한 바 있었고, 국회 입법조사처는 마침 이 사건이 한창이던

'본계약(definitive agreement)'을 의미한다. 이 글에서는 '이 계약'이라는 의미에서의 '본계약과 구별하기 위해 띄어쓰기를 하지 않고 '본계약'으로 표기하기로 한다. 본계약은 M&A방식에 따라 주식매매계약·신주인수계약·자산양수도계약·영업양수도계약·합병계약·합작투자계약 등이 있을 수 있는데, 구주매각방식으로 진행된 이 사건에서의 본계약은 주식매매계약이었음은 물론이다.

2010년 12월 13일 「공적자금 투입 기업매각의 개선방안」이라는 보고서에서 매각대금 극대화가 매각의 목표가 되어서는 안 된다고 주장하여, 더 높은 가격을 써낸 현대그룹 컨소시엄의 반발을 사기도 했다.

2. 사실관계 및 일지

(1) 입찰 공고 및 우선협상대상자 선정(2010. 9. 24~11. 16)

2010년 9월 24일 주주협의회는 『한국경제신문』에 현대건설 주식매각을 위한 입찰 공고를 냈다. 현대그룹 컨소시엄과 현대차 컨소시엄으로부터 참여의향서를 접수한 주주협의회는 10월 13일 이들에게 입찰안내서를 송부하였다. 치열한 준비 작업 끝에 현대그룹 컨소시엄과 현대차 컨소시엄은 입찰 마감일인 11월 15일 입찰서류를 제출했고, 그다음 날인 11월 16일 오전 주주협의회는 5조 5,100억 원을 입찰금액으로 제시한 현대그룹 컨소시엄을 우선협상대상자로, 5조 1,000억 원을 제시한 현대차 컨소시엄을 예비협상대상자로 선정하여 발표했다.

(2) 현대상선 프랑스법인의 자금 관련 문제 대두(2010. 11. 16~28)

입찰안내서에서는 입찰 시 '입찰금액 및 자금조달계획'을 제출하도록 요구하였다. 이 서류에서는 자금의 성격이 자기자금인지 차입인지를 밝히고, (i) 자기자금의 경우 주요 조달조건·풋백옵션계약 등 투자회수보장 관련 계약·계획의 유무 및 주요조건을, (ii) 차입을 통한 자금조달의 경우에는 차입 관련 증빙, 내부결의 증빙, 금리·담보조건, 보증 제공 여부, 상환조건, 차입매수 등 인수금융계획이 있는 경우 그 내용과 주요조건 등을 상세히 기재하도록 하고 있었다.

그런데 현대그룹 컨소시엄이 제출한 입찰서류에는 현대상선 프랑스법인이 '자기자금'으로 1조 원 이상을 투자할 계획이라고 기재되어 있었고 자금 증빙으로 예금잔고증명서가 첨부되어 있었다. 매출이나 자산이 미미한 이 법인이 무려 1조 원이 넘는 현금을 자기자금으로 보유하면서 전략적 투자를 하겠다고 하자, 그 자금조성경위·자금조달조건 등에 관해 의문이 제기되었다. 현대그룹 컨소시엄이 우선협상자로 선정된 지 불과 이틀 후인 11월 18일 무렵부터 일부 언론에서 이 예치금에 관한 의혹을 제기하였고,[5] 공동매각 주간사와 주주협의회도 공문으로 자금 출처 및 성격에 관한 해명을 요구하였다.[6] 심지어 현대상선 소액주주들이 위

---

[5] 중앙일보 2010. 11. 19.자, "채권단, 현대건설 인수자금 확인키로," E7면 등.

[6] 이 부분 해명 요구 및 답변의 경과에 관해서는 주주협의회 측과 현대그룹 측의 설명이 다소 다르다. 주주협의회 측은, (i) 입찰 첫날부터 현대상선 프랑스법인의 자금에 관해 내부적으로 의문이 제기되었으나 큰 파장이 우려되는 '우선협상대상자 선정 보류'보다는 '우선협상대상자 선정 후 사후 의혹 해소'방안을 선택하였고, (ii) 우선협상대상자 선정 후 현대그룹에 추가 해명을 요구하자, 현대그룹 측에서는 양해각서 체결 후 해명하겠다는 입장을 보였고, (iii) 이에 그러한 해명의무를 명시하는 방향으로 수정한 양해각서를 체결한 후, (iv) 수정된 양해각서에 기하여 해명 요청 및 해명 불이행에 대한 시정을 요구하였으나, (v) 현대그룹은 대출계약서를 공개하지 않았고 기껏 제출한 대출확인서라는 것도 작성자의 직책 등이 분명하지 않을뿐더러 직접 수신인인 현대그룹 외에는 이를 신뢰하여서는 안 된다는 단서조항(disclaimer)이 있는 등 의혹을 전혀 해소하고 있지 못하므로 해명의무를 이행하지 않은 것이라고 주장했다. 반면 현대그룹 측은 (i) 위 자금이 현대상선 프랑스법인이 현지에서 대출받아 보유 중인 자기자금으로서 아무 문제가 없는 것인 데다가, (ii) 이는 현대그룹 컨소시엄을 우선협상자로 선정함으로써 이미 주주협의회 측도 인정한 것이고, (iii) 그후 일부 언론 등의 선동에 의해 불필요한 의혹이 제기되어 양해각서를 수정하기는 하였으나, (iv) 대출계약서 자체는 나티시스은행과의 비밀유지약정에 따라 공개할 수 없는 것이니 그 공개를 요구하는 것은 합리적 범위 내의 요구라 할 수 없고 대신 대출확인서 등 추가 증빙에 의해 충분히 해명이 되었고, (v) 사실상 이행이 불가능한 촉박한 시일을 설정하여 해명 요청을 하는 등 주주협의회의 트집 잡기에 불과하다고 반박했다. 법원은 대체로 주주협의회 측의 주장에 손을 들어 주었다. 뒤의 III. 4. 참조.

자금이 주주들에게 공시된 바 없다는 이유로 특별감리를 요청하는 진정
서를 금융감독원에 제출하기도 하였다.[7]

(3) 현대그룹 컨소시엄과의 양해각서 체결(2010. 11. 29)

프랑스법인 자금에 관한 현대그룹 컨소시엄 측의 보완설명에 만족하
지 못한 공동매각 주간사는, 현대그룹 컨소시엄에 양해각서(안) 및 주식
매매계약서(안)를 수정하자고 제안하였다. 수정된 요지는 다음과 같았
다. (i) 인수자금에 인출 제한이 없고 조달과정에서 불법성이 없음을 추
가로 진술 및 보증(representations and warranties)한다. (ii) 현대상선 프랑
스법인의 자금을 나티시스은행으로부터 대출받으면서 현대그룹 계열사
의 주식이나 자산을 담보로 제공하지 않았고, 현대그룹 계열사가 어떤
형태로도 보증하지 않았으며, 장차 현대건설의 주식을 담보로 제공하거
나 현대건설이 보증을 제공할 것을 조건으로 하지도 않았다는 점을 추가
로 진술 및 보증한다.[8] (iii) 그 위반 여부를 확인하기 위해 주관기관 또

---

7) 내일신문 210. 11. 22.자, "소액주주, 현대상선 특별감리 요청 : 공시도 안 한 1조 2천
억 어디서 나왔나," 10면.
8) 이 부분은 두 가지로 나누어 볼 수 있다. 첫째, 인수자금에 대해 현대건설이 보증하지
않도록 한 것은 차입금 부담으로 인해 인수대상 회사인 현대건설이 동반 부실화하는
것을 막기 위함이다. 인수대상 회사의 자산을 인수금융의 담보로 제공하는 것이 배임죄
에 해당한다고 본 대법원 판결(대법원 2006. 11. 9. 선고 2004도7027 판결)에 비추어
보면 합당한 요구라고 할 수 있다. 둘째, 인수자인 현대그룹 계열사들이 보증 및 담보
제공을 하지 않도록 한 것은 과도한 차입금 부담으로 인해 인수자들이 부실화되는 것을
막기 위함이다. 그러나 근본적으로 매각 주체는 매각금액의 극대화와 지급의 확실성
(closing certainty)을 추구하여야 하고, 매각 후에 인수자들이 어떻게 될 것인지는 매각
주체가 크게 고려할 요소가 아니다. 더 높은 가격을 제시하고 거래 종결 시 지급능력도
있는 인수희망자를 인수 후에 부실화될 수 있다는 우려에서 배제한다면, 매각 주체의
주주에 대한 배임이 될 수도 있을 것이다. 다만 최근 무리한 차입 인수의 후유증으로
인수자들이 어려움을 겪는 이른바 '승자의 저주'가 심각하게 문제 되고 그것이 시스템

는 공동매각 주간사가 해명 및 추가 서류 제출을 요구할 경우 이에 성실히 응할 의무가 있다.

결국 11월 29일 당초 초안에 위 수정사항을 반영한 내용으로 주주협의회 구성원들을 대리한 주관기관인 한국외환은행과 현대그룹 컨소시엄은 양해각서를 체결하였다. 또한 같은 날 현대그룹 컨소시엄은 이행보증금으로 2,755억 48만 1,900원을 예치하였다.

이 양해각서는 단순히 본계약에 성실히 응할 것을 규정하는 구속력 없는 양해각서(non-binding MOU)가 아니라, 우리나라 회생기업 및 구조조정기업 매각절차에서 최근 관행화하다시피 한 구속력 있는 양해각서(binding MOU)이다. 즉 이 양해각서 스스로도 법적 구속력을 가진다고 명시하고 있음은 물론 본계약에서 규정할 주요조건을 미리 상당 부분 규정하면서 그에 따라 본계약을 체결해야 한다고 정하고 있으며, 확인실사 후에도 본계약금액을 입찰금액보다 3퍼센트 이상 인하할 수 없다고 정하고 있다.

그러면서도 매도인들의 해지사유를 폭넓게 인정함은 물론 본계약 체결에 주주협의회의 의결을 요구하면서 매수인은 이에 대해 구제수단을 갖지 못하도록 규정하고 있다. 요컨대 구속력 있는 양해각서이기는 하지만, 매도인은 거의 구속되지 않고 매수인만 구속하는 다분히 '편면적으로' 구속력 있는 약정인 것이다. 이것이 뒤에서 보는 가처분 사건의 쟁점 중 하나가 된다.

리스크로 비화될 위기도 있었던 점에 비추어 보면, 감독기관의 감독을 받는 금융기관들로 이루어진 주주협의회가 국민경제적 측면을 고려하여 인수자의 과도한 레버리지에 제한을 두려는 것은 이해할 수 있다. 그렇다 해도 인수자들이 자기 소유의 자산, 특히 새로 취득하게 될 대상회사의 주식을 장차 담보로 제공하지 않을 것까지 요구한 것은 쉽게 납득하기 어렵다.

(4) 프랑스법인 자금에 관한 논란 계속(2010. 11. 30~12. 19)

11월 29일 양해각서가 체결됨으로써 현대그룹 컨소시엄이 상당히 유리한 고지를 점한 듯했다. 그러나 현대차 컨소시엄은 12월 1일 금융위원회 및 금융감독원에 조사를 촉구하는 등 계속 이의를 제기했고, 이에 현대그룹 컨소시엄은 12월 2일 현대차 컨소시엄을 상대로 '이의제기 금지 가처분'이라는 흔치 않은 가처분으로 응수했다. 주주협의회 측이 프랑스법인의 자금에 관한 소명이 여전히 부족하다며 양해각서를 위반했다고 지적하자, 현대그룹 컨소시엄은 12월 10일에는 주주협의회 구성원 9개 사를 상대로 '양해각서 해지금지가처분'을 제기하였다.

분쟁의 핵심에는 위 프랑스법인 자금에 관한 논란이 있었다. 공동매각 주간사들은 11월 30일 현대그룹 컨소시엄에게 '대출계약서 및 그 부속서류'를 12월 7일까지 제출하라고 요구하였으나, 현대그룹 측은 나티시스은행과의 비밀유지약정을 이유로 이를 거절하고 대신 나티시스은행 관련자들의 확인서를 제출했다.

그러나 주주협의회 측은 이 확인서의 내용이 양해각서상의 진술 및 보증이 옳은지를 증빙하기에 충분치 않을뿐더러 작성자들이 권한 있는 자인지조차 확인할 수 없다고 판단하였다. 이에 주주협의회 측은 12월 7일 대주인 나티시스은행과의 대출계약서 또는 그에 갈음하는 주요 계약조건(term sheet)을 재차 요구하면서[9] 그 시한을 12월 14일로 지정하였

---

9) 이날 주주협의회 측은 두 건의 공문을 보냈다. 하나는 원래 시한인 그날 정오까지 증빙자료를 제출하라는 것이었고, 다른 하나는 5영업일의 시정 기회를 부여하여 재차 해명을 요구하는 내용이었다. 현대그룹 컨소시엄 측은 이 두 건의 공문이 모순되고, 첫 번째 공문은 사실상 이행 불가능할 정도의 짧은 시간을 부여한 악의적인 것이라고 주장했다. 이에 대해 주주협의회 측은 첫 번째 공문은 원래 요청을 되풀이한 '재요청'이고, 두 번째 공문은 이미 위반이 이루어진 상태에서 시정기간을 부여하여 '시정 요구'를 한 것으로서

다. 현대그룹 측은 나티시스은행과의 비밀유지약정을 이유로 이에 응하지 않았고, 기존에 제출했던 확인서를 보완한 2차 확인서를 12월 14일 제출하였다.

(5) 양해각서 해지(2010. 12. 20)

주주협의회 운영위원회는 현대그룹 컨소시엄이 제출한 보완자료가 이미 제출한 1차 확인서와 거의 다를 것이 없다는 판단 아래, 현대그룹 컨소시엄이 양해각서에 따른 자금출처 해명의무를 위반하여 양해각서 해지가 불가피하다고 판단하였다. 이에 주주협의회 운영위원회는 주주협의회 안건으로 주식매매계약 체결의 건(제1호 안건)과 양해각서 해지의 건(제2호 안건)을 상정하였다. 그리하여 12월 20일 주주협의회 서면결의로 제1호 안건은 부결되고 제2호 안건은 가결되어 결국 양해각서는 해지되었다.

(6) 양해각서 해지금지가처분 기각결정(2011. 1. 4)

현대그룹 컨소시엄 구성원들은 이미 12월 10일 서울중앙지방법원에 주주협의회 구성원 9개사(피신청인)를 상대로 양해각서 해지금지가처분(이하 '이 사건 가처분')을 신청하였다. 그러나 가처분 사건 계속 중인 12월 20일 양해각서가 해지되어 해지 금지라는 당초의 목적을 달성하기 어렵게 되자, 다음과 같이 신청 취지를 변경하였다. "(i) …현대그룹 컨소시엄

성격이 다르다고 주장했다. 이날의 정황에 대해서는 더 많은 다툼이 있었으나, 사안에 특수한 내용이므로 생략한다.

이 피신청인들에 대하여 2010년 11월 29일 체결한 양해각서상의 권리를 가지고 있음을 임시로 정한다. (ii) …현대차 컨소시엄을 우선협상대상자로 선정하여 양해각서를 체결하거나 주식매매계약을 체결하는 등 위 현대차 컨소시엄에게 위 주식을 매각하는 일체의 절차를 진행하여서는 아니 된다."

그러나 서울중앙지방법원은 2011년 1월 4일 이 가처분 신청을 기각하였다.[10] 1월 10일 현대그룹이 이에 대해 항고하였으나 2월 15일 서울고등법원은 항고를 기각하였고,[11] 그후 재항고기간 내에 신청인들이 재항고를 하지 않아 위 결정이 확정되었다.

(7) 현대차 컨소시엄의 현대건설 인수(2011. 1. 14〜4. 1)

주주협의회는 2011년 1월 14일 현대차 컨소시엄과 양해각서를 체결하였다. 현대차 컨소시엄 소속사들은 실사를 마친 후 주식매매계약 체결에 관해 3월 4일 각각 이사회결의를 거쳐 3월 8일 주주협의회 구성원들과 주식매매계약을 체결하였다.

그후 기업결합 신고 등 인허가절차를 거쳐 4월 1일 대금 지급 및 주식 양수도(closing)가 이루어졌다. 현대자동차가 2,332만 7,400주, 현대모비스가 971만 9,750주, 기아자동차가 583만 1,850주를 각 매수하였으며, 총 매수가격은 4조 9,601억 원으로서 당초 입찰가격인 5조 1,000억 원보다 2.74퍼센트 적은 금액이었다.

---

10) 서울중앙지방법원 2011. 1. 4.자 2010카합3735 결정.
11) 서울고등법원 2011. 2. 15.자 2011라154 결정.

(8) 이행보증금 반환 소송

현대그룹 컨소시엄 중 현대상선은 주관기관인 한국외환은행을 상대로 이행보증금의 반환을 청구하였다.[12] 제1심 법원[13]은 양해각서가 적법하게 해지되었고, 주관기관 등 매각 주체들의 요구는 합리적 범위 내에서 이루어졌으며, 현대그룹 컨소시엄은 매각 주체들의 자금출처 해명 요구에 성실히 응하지 아니하였다고 판단하였다. 다만 이 사건 양해각서의 이행보증금 몰취조항은 손해배상액의 예정에 해당하는데, 그 예정액이 부당히 과다하다고 판단하여 이를 4분의 1에 해당하는 688억 7,512만 475원으로 감액하고, 몰취된 이행보증금에서 이를 뺀 2,066억 2,536만 1,425원을 반환하라고 판시하였다.

그 액수가 부당히 과다하다고 판단한 이유로는 다음과 같은 것들을 들었다. 즉 (i) 자금에 관한 의문이 현대그룹 컨소시엄의 행위에 의하여 발생한 것이라기보다는 경쟁자·국민적 관심·여론 등 외부적 요인에 의해 발생하였고, (ii) 교섭관계 파탄의 원인이 양측 모두에 있었으며, (iii) 매각절차가 크게 지연되지 않았고 현대그룹 컨소시엄의 의무 위반과 매각 주체들의 손해 사이에 인과관계가 있다고 단정하기 어렵다는 점 등이다.

이러한 원심은 제2심에서도 유지되었고,[14] 대법원[15]에서도 상고가 모두 기각되어 확정되었다.

---

12) 그 밖에 매각 주체들을 상대로 양해각서상 의무 위반 및 불법행위를 원인으로 한 손해배상도 청구하였는데 이는 모두 기각되었다.
13) 서울중앙지방법원 2013. 7. 25. 선고 2011가합123150 판결.
14) 서울고등법원 2013. 12. 5. 선고 2013나53290 판결.
15) 대법원 2016. 3. 24. 선고 2014다3115 판결.

III. 양해각서 해지금지가처분 사건의 쟁점

이하에서는 이 사건 중 양해각서 해지금지가처분 사건에서 다투어졌던 절차법적·실체법적 쟁점들을 간단히 훑어본다. 제1심과 제2심 법원모두 이 사건 신청을 기각하였는데, 세부적인 차이는 있지만 대체로 유사한 입장을 취하였으므로 제1심과 제2심을 특별히 구분할 필요가 있는경우 외에는 '법원'으로 통칭한다. 아래 법원의 판시는 주로 제2심인 서울고등법원의 판시를 인용하기로 한다. 이행보증금 반환 사건은 이 글에서는 다루지 아니한다.

1. 신청 취지

앞에서 보았듯이 이 사건 신청 취지는 다소 특이하다. 원래는 "양해각서를 해지하여서는 아니 된다"는 것이었으나, 양해각서가 해지된 후 "양해각서상 권리를 가지고 있음을 임시로 정한다"는 것과 "현대차그룹에게주식을 매각하는 절차를 취해서는 아니 된다"는 것으로 변경되었다.

변경된 신청 취지 중 특히 앞의 것은 흔히 볼 수 없는 유형의 신청취지이기는 하지만, 민사집행법 제300조 제2항[16)에서 말하는 임시지위를 정하는 가처분으로서 이러한 가처분 신청이 허용되지 아니할 이유는없다고 본다. 최근 회사가처분의 특징적 추세로는 (i) 본안소송을 전제로하기보다는 가처분 자체가 본안을 대체하고 단심화 경향까지 보인다는

---

16) 민사집행법 제300조 제2항 : 가처분은 다툼이 있는 권리관계에 대하여 임시의 지위를정하기 위하여도 할 수 있다. 이 경우 가처분은 특히 계속하는 권리관계에 끼칠 현저한손해를 피하거나 급박한 위험을 막기 위하여, 또는 그 밖의 필요한 이유가 있을 경우에하여야 한다.

점, (ii) 특히 임시지위를 정하는 가처분에 있어 법원이 후견적 입장이 중요시되어 비송사건과의 차별성이 모호해진다는 점 등을 들 수 있다.[17] 이는 본안소송에 앞선 법률관계의 동결이라는 고유한 의미의 보전처분의 기능에서 다소 벗어난 것이기는 하지만, 이와 같은 가처분의 확대 적용을 통해서나마 법원이 법적 절차에 따른 회사 분쟁 해결의 길을 마련해 주고 있는 셈이다. 이런 점을 고려하면, 이 사건에서 나타난 바와 같은 신청 취지의 다양화 · 비전형화는 불가피하다고 생각된다.

2. 컨소시엄의 법적 성격

(1) 쟁점과 법원의 판단

앞에서 언급하였듯이 현대그룹 컨소시엄 구성원 6개사 중 3개사만이 이 가처분 신청을 하였다. 매도인들은, 이 사건은 컨소시엄 구성원 전원과 매도인 사이에 법률관계가 합일적으로 확정되어야 할 필수적 공동소송에 해당하므로, 컨소시엄 일부 구성원만이 제기한 이 사건 가처분 신청은 당사자 적격의 흠결로 말미암아 부적법하다는 신청 전 항변을 제출하였다.[18]

---

17) 신필종, "회사 관련 가처분의 동향과 과제," BFL 제23호(2007. 5), 서울대학교 금융법센터, 29-32면.

18) 필수적 공동소송은 권리 · 의무의 주체들이 반드시 공동소송인이 되어야 하는 고유필수적 공동소송과, 그들이 반드시 공동소송인이 되어야 하는 것은 아니지만 기왕에 공동소송인이 되었으면 그들 사이에서 승패가 같아야 하는 유사필수적 공동소송으로 구분할 수 있다[호문혁, 민사소송법(제8판), 법문사, 2010, 821면]. 이 사건에서 당사자들 및 법원이 필수적 공동소송이라고 한 때에는 그중에서도 고유필수적 공동소송을 지칭한 것으로 보인다.

이에 대해 우선 법원은 다음과 같은 점을 근거로 현대그룹 컨소시엄이 민법상 조합에 해당한다고 보았다. (i) 현대그룹 컨소시엄은 그 구성원이 상호 출자하여 이 사건 주식을 공동으로 매수하기 위하여 결성되었고, (ii) 그중 현대상선을 업무집행조합원에 해당하는 컨소시엄 대표자로 선임하였으며, (iii) 컨소시엄 구성원이 이 사건 입찰과 관련하여 대외적으로 부담하는 모든 의무와 책임을 연대하여 이행하기로 약속하였다. 하지만 법원은 이 사건 가처분 신청은 조합재산인 합유물의 보존행위에 해당한다고 보았다. 즉 양해각서의 해지가 부적법하고 무효여서 양해각서가 여전히 유효하다는 주장을 전제로 하여, 현대그룹 컨소시엄이 합유의 방식으로 가지고 있는 양해각서상의 권리에 관한 현상을 유지하고자 하는 행위라는 것이다. 그런 전제에서 합유물의 보존행위에 해당하는 이 사건 가처분 신청은 조합원 각자가 할 수 있으므로(민법 제272조 단서) 필수적 공동소송이 아니라고 판시하였다.

(2) 검토

1) 민법상 조합은 '2인 이상이 상호 출자하여 공동사업을 경영할 것을 약정'함으로써 성립한다(제703조 제1항). 2인 이상이 서로 출자하여 공동사업을 경영할 것을 약정하는 계약을 '조합계약'이라고 하고 조합계약에 의하여 성립한 단체를 '조합'이라고 하는 것이 엄밀한 용법이지만, 두 용어를 혼용하기도 한다. 즉 조합은 단체성과 계약성이라는 이중적 구조를 가진 인적 결합이라고 할 수 있다.[19] 판례에 나타난 대표적인 예로는 종래 가장 전형적인 예로 인식되어 온 계, 각종 동업[20] 및 각종 사업면허를

---

19) 김재형, "조합에 대한 법적 규율," 민법론 II, 박영사, 2004, 142면.
20) 일반적으로 동업이란 몇 사람이 서로 출자를 하여 공동으로 영업을 경영하기로 하는

공동취득한 경우[21) 등이 있다. 정관과 조직을 갖춘 조직체 중에서도 비법인사단에는 이르지 못한다고 보아 조합으로 인정된 사례도 있다.[22) 이러한 법조문상의 정의와 전형적인 조합유형에 비추어 볼 때, 주식매수인들이 컨소시엄을 구성하더라도 이들이 '공동사업을 경영할 것을 약정'했다고 할 수 있을지는 의문이다.

2) 우선 M&A를 위한 컨소시엄의 기능과 형태를 간략히 살펴보자. 매각대상 주식을 단일 기업이 매수하기에는 소요자금의 규모와 투자 실패 리스크가 지나치게 클 경우, 복수의 매수인이 공동으로 컨소시엄을 형성하여 매수를 시도하는 예가 흔하다. 컨소시엄 구성원들이 계약 체결(signing) 또는 거래 종결(closing) 전에 별도 법인을 설립하여 그 법인으로 하여금 주식을 취득하게 하는 경우도 있지만,[23) 대부분 컨소시엄 구성원 각자가 대상기업 주식을 직접 취득한다. 이 경우에도 구성원별로 각각 계약서가 작성되는 것이 아니라 하나의 매매계약서가 단일하게 작성되기 때

약정을 말한다. 변호사 등 전문직 종사자들이 합동사무소를 차리는 경우, 의사들이 병원을 차려 공동으로 의료사업을 하는 경우, 공동광업권자로 등록하고 광산을 공동 개발하는 경우 등도 동업의 예이다.

21) 공유수면매립법상의 면허(대법원 1969. 11. 25. 선고 65다1352 판결 ; 대법원 1975. 6. 10. 선고 74다113 판결), 주세법에 따른 주류제조면허(대법원 1993. 7. 13. 선고 93다12060 판결) 및 농지확대개발촉진법상의 개간허가(대법원 1974. 2. 26. 선고 73누171 판결) 등을 공동으로 취득한 경우 이들 간의 관계를 조합으로 보았다. 이런 사례들은 면허 내지 허가에 기한 공동사업을 수반하는 것이므로 사실상 동업의 한 유형이라고 할 수도 있다.

22) 대법원 1974. 9. 24. 선고 74다573 판결.

23) 특히 복수의 사모투자펀드(Private Equity Fund, PEF)가 공동으로 기업 인수에 참여하는 소위 클럽딜(club deal)의 경우, 이들이 주주 또는 사원으로 참여하는 투자목적기구를 국내 또는 해외에 설립하고 그 투자목적기구 내지 그 투자목적기구의 자회사·손자회사로 하여금 주식을 취득하게 하는 예가 많으며, 우리나라에서도 그런 예가 점차 증가하고 있다.

문에,[24] 컨소시엄 구성원 중 1인이 매매계약협상·체결 등의 업무를 다른 구성원들로부터 위임받아 일종의 대표자로서 일괄 수행하게 된다. 거래가 종결되어 컨소시엄 구성원들이 대상회사 주식을 취득한 후에는 이들 간에 별다른 법률관계가 존속하지 않는 경우도 있으나, 대상회사의 주주로서 대상회사의 가치를 보전하고 공동매각을 통해 매각가격을 극대화하기 위하여 주식매각절차, 대상기업의 임원 선임, 대상기업의 중요한 의사결정 등에 관한 주주간 계약을 체결하는 예가 많다. 요컨대 컨소시엄 구성원 간의 관계와 그 밀접성은 그들 간의 계약이 정하는 바에 크게 달라진다.

어쨌거나 이들의 의사가 주식매매계약에 따라 취득하는 주식을 매수인 간의 합유 내지 공유로 하자거나 그 주식을 조합재산으로 삼아 공동사업을 경영하자는 것은 아니다. 매매계약이 이행되면 각각의 매수인은 매매대상 주식을 각자 취득하여 각각 단독 소유를 하는 것이지, 조합 내지 단체로서 소유하게 되는 것은 아니다.[25] 이들의 '공동사업'이라고 할 만한 것이 있다면, 주식 취득 시점까지 입찰서류 작성·입찰·양해각서 및 매매계약의 협상·체결·실사 등에 있어 상호 협조하고 공동의 보조를 취하겠다는 것에 불과하다.

이 정도의 느슨한 결합, 즉 주식 취득 시점까지만 존속하는 공동구매 정도의 결합[26]을 '2인 이상이 상호출자하여 공동사업을 경영할 것을 약

---

24) 아주 예외적으로, 매도인 측이 매수인 컨소시엄 구성원별로 조금씩 다른 내용의 이면계약(side letter)을 체결하는 경우도 있지만, 이는 추후 법률관계를 불필요하게 복잡하게 만들 수 있다.

25) 앞에서 본 바와 같이 공동매수인들이 특수목적기구를 설립하여 이를 통해 대상기업 주식을 취득하는 경우에는 그 특수목적기구가 대상기업의 주주가 되고, 원래 매수인 컨소시엄 구성원이었던 자들의 관계는 그 특수목적기구의 주주 내지 사원 간의 관계로 변환된다.

26) 물론 주식 취득 후 이들이 대상기업의 주주로서 주주간 계약을 체결할 수 있고, 이러한

정'한 조합으로 인정하여 계나 동업에 관해 형성된 법리를 적용한다면, 당사자들의 대내적인 의사와 일치하지 않음은 물론 대외적인 인식에 비추어도 과도한 경우가 적지 않을 것이다. 더구나 이러한 컨소시엄 구성원들은 경우에 따라 상당히 이질적인데, 예를 들어 계열회사 아닌 재무적 투자자들이 있을 때 이들을 다른 구성원과 똑같이 '조합원'이라는 평면에서 다루는 것 또한 무리가 있다.

3) 이 사건 법원이 현대그룹 컨소시엄을 조합으로 인정하면서 든 세 개의 근거도 충분하지 않다고 본다. "구성원들이 주식을 공동매수하기로 했다"는 것만으로 이를 법문상의 상호출자 또는 공동사업과 동일시할 수 있을지 의문이다. "구성원 중 현대상선을 업무집행조합원에 해당하는 컨소시엄 대표자로 선임하였다"는 것도 복수의 당사자가 그중 1인을 대리인으로 선임하는 행위로서 조합의 특징적 징표가 되기에는 부족하다. '컨소시엄 구성원들이 이 사건 입찰과 관련하여 대외적으로 부담하는 모든 의무와 책임을 연대하여 이행하기로 약정'한 것은 매매계약 성사의 불확실성을 최소화하고자 구성원들이 매도인을 위해 서로 인적 담보를 제공한 것이며, 이 역시 조합의 특징적 징표는 아니다.

4) 이런 점에서 볼 때 'M&A 컨소시엄=조합'이라는 등식을 기계적으로 고수하면, 막상 조합계약에 관한 민법전의 규정과 법리·판례로부터 유익한 지침은 얻지 못하면서 불필요한 혼란을 야기할 수 있다고 본다. 컨소시엄 구성원 간의 관계는 무리하게 전형계약 중 하나에 끌어다 맞출

주주간 계약은 그 내용 여하에 따라서는 대상기업의 경영이라는 공동의 사업을 수행하는 조합계약에 해당할 수도 있다. 그러나 이는 이 사건에서와 같은 계약 이행 전 단계에서 공동매수인 간의 관계와는 별개의 문제이다.

필요 없이 컨소시엄계약에 따라 해석하고 규율하면 충분하다. 따라서 이 사건 신청을 필수적 공동소송으로 볼 수 없다는 결론은 타당하지만, 현대그룹 컨소시엄이 민법상 조합에 해당한다는 판시는 다소 성급한 것이 아니었나 생각된다. 또한 컨소시엄 자체가 권리의 귀속 주체인 것처럼 표현("현대그룹 컨소시엄이… 권리를 가지고 있음을 임시로 정한다")한 신청인들의 신청 취지도 정확하지 않았다고 판단된다.

3. 부제소특약 위반 여부

(1) 쟁점과 법원의 판단

이 사건 양해각서는 광범위한 부제소특약을 두고 있었다. 예컨대 "현대그룹 컨소시엄은 어떠한 사유로든 본 양해각서가 해지되는 경우 채무자들이나 그 자문사 및 이들의 임직원을 포함하여 어느 누구에게도 어떠한 사유로든 이의를 제기하거나 손해배상(indemnification)청구, 기타 민형사상의 청구나 조치를 강구할 수 없다"고 규정하고 있고, "이 사건 양해각서가… 실효되거나… 해지된 경우에는 채무자들은 별도의 통지 없이 현대그룹 컨소시엄을 제외한 어떠한 상대방과도 본건 거래를 위한 협상을 진행할 수 있으며, 현대그룹 컨소시엄은 이에 대해 어떠한 이의도 제기할 수 없다"고도 규정하였다. 이러한 부제소특약이 있으므로 신청인의 권리보호 자격 충족 여부, 즉 이 사건 신청의 적법성 여부가 문제 되었다.

이 사건 법원은 헌법 제27조 제1항이 국민의 재판청구권을 실질적으로 보장하고 있다는 데에서 설시를 시작한다. 그리하여 부제소특약이 효력이 있으려면 (i) 합의 당사자가 처분할 수 있는 권리범위 내의 것으로

서, (ii) 특정한 법률관계에 한정된 합의이고, (iii) 그 합의 시 예상할 수
있는 상황에 관한 것이어야 한다는 대법원 판결[27]을 인용하고 있다. 그
런 전제에서 "위 부제소특약은 아직 구체적인 분쟁이 발생하기 이전에
체결된 것인바, 실제 분쟁 상태가 개시되기도 전에 장래 발생할 모든 유
형의 분쟁 상태를 예상하는 것은 사실상 불가능하므로, 부제소특약 당시
예상한 범위를 넘는 분쟁에 대해서까지 제소를 금지하고 있다고 볼 수
없다"고 하였다.

또한 피신청인인 주주협의회 측은 현대그룹 컨소시엄에 대하여 손해
배상청구권을 가진다고 명시해 둔 사실을 지적하며, "(이에 반하여) 현대
그룹 컨소시엄은 해지의 적법성에 관하여 일절 다투지 못한다면… 형평
에 반하는 결과를 초래한다"고도 지적하였다. 만약 위 부제소특약이 일
체의 소송을 금지하는 취지라면 이는 "국민의 재판을 받을 권리를 보장
한 위의 헌법 및 법원조직법의 규정과 부제소 합의제도의 취지에 위반되
어 무효"라고 판시하였다. 그리하여 위 특약에도 불구하고 이 사건 신청
은 적법하다고 보았다.

(2) 검토

1) 부제소특약은 '헌법상 보장된 재판청구권을 포기'하는 것이라는 측
면과 '사적 자치의 원칙상 자유로운 합의'라는 측면을 모두 갖고 있으므
로, 그 유효성을 판단하기 쉽지 않다.[28] 특히 부제소특약은 악용되는 경
우가 많으므로 부제소특약 자체가 당사자들의 진정한 의사의 합치로 성

---

27) 대법원 1993. 5. 14. 선고 92다21760 판결 ; 대법원 1999. 3. 26. 선고 98다63988 판결.
28) 부제소특약의 유효성에 관한 다양한 국내외 학설의 소개로는 문일봉, "강행법규에 반
   하는 부제소특약의 효력," 판례월보 제335호(1998), 24면 이하.

립한 것인지 여부를 엄격히 심리해야 한다.[29] 이런 의미에서 이 사건 결정이 들고 있는 위 대법원 판례들은 일반론 차원에서는 충분히 합리적이다.

다만 석연치 않은 부분은, 유능한 변호사들이 포진한 대형 로펌의 자문까지 받아 가며 스스로 부제소특약에 동의하고 계약서에 서명한 국내 유수의 대기업에 대해 그 특약의 효력을 제한해 주는 혜택을 베풀어야 하는가의 문제이다. 위에서 언급한 부제소특약의 효력을 배제 또는 제한한 판결 및 학설상의 예[30]들도 모두 전문가의 조력을 받지 못한 개인에 관한 것이다.

2) 이 사건의 '편면적 부제소특약'이 부당하고 형평에 반하는 결과를 초래하는 것은 분명하다. 그러나 현대그룹 컨소시엄 및 그 자문역들이 이러한 부제소특약의 존재나 그 의미를 몰랐을 리는 없다. 판례에서는 '그 합의 시에 예상할 수 있는 상황'에 관한 부제소특약만이 유효하다고 하는데, 유력한 경쟁입찰자와의 다툼이 있는 상황에서 양해각서를 체결하면서 '장차 양해각서가 해지되어 이를 다투는 상황'을 예상할 수 있었음도 자명하다.

그럼에도 현대그룹 컨소시엄이 부제소특약조항을 그대로 둔 채 양해각서에 서명한 이유는 무엇일까? 의식적으로든 무의식적으로든, (i) 이 조항을 배제 또는 수정하려고 시도하는 경우의 기대편익과 (ii) 이 조항을 그대로 두고 신속히 양해각서를 체결하는 경우의 기대편익을 고려하여 후자가 더 크다고 판단했기 때문이다. (i)과 같이 시도해 보았자 부제소특약을 제외하는 데 성공할 가능성이 매우 낮거나 그 대가로 다른 조

---

29) 호문혁, 앞의 책(주 18), 289-290면.
30) 호문혁, 앞의 책(주 18), 288-289면.

건을 크게 양보해야 한다거나 그 과정에서 주주협의회 측과 마찰을 빚어 현대건설 주식을 매수하는 데에 지장을 초래할 수 있다고 생각하면, (i)의 기대편익은 매우 낮아진다. 반면 혹시 나중에 제소를 하더라도 법원에서 대법원 판례 등에 기대어 이 부제소특약을 무효로 해줄 것이라는 기대를 품게 되면 (ii)의 기대편익은 현격히 높아진다.

결국 충분한 정보력과 분석력을 갖춘 대기업이 광범위한 부제소특약을 받아들인 것은 그 나름대로의 타산적인 판단에 따른 결과이다. 당장의 생존을 위한 불가피한 결정이 아니라 새로운 투자를 하기 위한 결정이었으므로 특별히 궁박한 상태에서의 판단도 아니다. 예컨대 민법 제104조가 개입하여야 할 '궁박, 경솔 또는 무경험'과 같은 주관적 요소는 존재한다고 보기 어렵다. 과연 이처럼 당사자가 부제소특약의 법적 의미를 완벽히 이해하고 합리적 · 타산적으로 이를 선택한 경우까지 법원이 후견적으로 개입하여 '재판 받을 권리'를 보호해 주어야 하는 것일까? 이 점은 앞으로 재고를 요한다고 본다.[31]

---

31) 필자의 관찰로는 대체로 해외, 특히 영미계 투자자들 및 변호사들은 계약서의 문언이 그대로 효력을 갖는 것을 당연하게 생각하는 경향이 강한 것으로 보인다. 따라서 매도인들이 제안한 계약서에 이 사건과 같은 광범위한 부제소특약이 있는 경우, 조심성 있는 외국계 투자자들은 이 특약을 그대로 두고서는 서명하지 않으려고 했을 가능성이 높다. 반면 국내 기업이 우선협상대상자가 되는 경우에는 설령 그 기업이 충분한 경험 · 정보 · 분석력 · 자금력을 가지고 있더라도, 광범위한 부제소특약 등 매수자에게 명백하고도 부당하게 불리한 조항을 그대로 둔 채 계약을 체결하는 경우가 상대적으로 많은 것으로 보인다. 이러한 차이가 나타나는 이유는, 필자의 추측으로는 첫째 국내 투자자들 및 변호사들은 법원이 후견적 기능을 발휘하여 '사리에 맞게' 계약조항의 보충적 해석 내지 제한적 해석을 해줄 것이라고 흔히 기대하고, 둘째 실제로 국내 법원이 그런 기대에 부응하는 경향을 보이고, 셋째 총수 내지 오너가 분명한 국내 기업의 경우 총수 내지 오너는 책임 추궁의 우려 없이 과감히 위험을 감수하는 의사결정을 할 수 있기 때문이다.

3) 다만 이 사건과 같이 치열하고 민감한 쟁점을 다루는 사건에서 부제소특약을 이유로 신청을 각하하는 결정은 법원으로서도 쉽지 않았을 것이고, 사법제도의 분쟁 해결 기능 내지 사법제도에 대한 사회의 신뢰를 고려할 때 바람직한 결정이 아니었으리라고 생각된다. 그런 의미에서 일단 신청의 적법성을 인정하고 실체 판단으로 나아간 이 사건 결정은 적어도 거시적인 사법 정책적 측면에서는 불가피했다고 생각된다. 어쨌든 최근 들어 국내 주식매각절차에서 양해각서 및 주식매매계약서의 여러 조항이 매도인에게 일방적으로 유리하게 작성되는 예가 드물지 않은데, 부제소특약에 관한 이 사건 판시는 그런 조항의 효력이 때로는 제한될 수 있음을 보여 준다.

4. 자금출처 해명의무 위반 여부

(1) 쟁점

1) 이 사건에서 실제 다툼의 95퍼센트 이상을 점했던 핵심 쟁점은, 과연 자금출처 해명의무의 위반을 이유로 한 양해각서 해지가 유효하였느냐는 점이다. 앞에서 본 바와 같이 주주협의회 측은 현대상선 프랑스법인의 자금출처 및 조달조건에 관하여 대출계약서 등 증빙자료를 제출하고 해명할 것을 요청하였고, 현대그룹 컨소시엄은 대출계약서는 프랑스 나티시스은행과의 비밀유지약정 때문에 공개할 수 없다며 은행 관계자가 서명한 '대출확인서'를 제출하였다. 주주협의회 측은 이러한 대출확인서만으로는 해명이 되지 않았다고 보아 양해각서를 해지하였다.

2) 피신청인들의 입장은 양해각서에서 정한 사유와 절차에 따라 적법

하게 양해각서가 해지되었다는 것이다.

이 사건 양해각서는, 현대그룹 컨소시엄 측이 (i) 자금조달증빙이 사실과 일치하고 중요한 사실을 누락하지 않았음과 (ii) 현대상선 프랑스법인이 대출받은 자금에 관하여 현대그룹 컨소시엄 또는 현대건설이 보증·담보 등을 제공하지 않았음을 진술 및 보증하는 내용을 포함하고 있었다. 나아가 주관기관(한국외환은행) 또는 공동매각 주간사가 '진술 및 보증사항의 위반 여부를 확인하기 위해 추가 해명 및 관련 서류의 제출을 합리적으로 요청'하는 경우, 현대그룹 컨소시엄은 이에 성실히 응하여야 한다고 규정하고 있었다.

양해각서에 따르면, 현대그룹 컨소시엄이 (i) 양해각서상의 진술 및 보증에 위반한 경우 또는 (ii) 양해각서를 위반하여 주관기관으로부터 시정을 요구받고도 5영업일 이내에 시정하지 않은 경우, 주관기관은 양해각서를 해지할 수 있다. 이러한 양해각서 각 조항에 비추어 보면, 현대그룹 컨소시엄은 해명 요청에 응할 의무를 불이행함은 물론 시정 요구에도 따르지 않음으로써 양해각서상의 해지사유가 발행하였으니 해지권 행사는 적법하다는 것이다.

3) 신청인들의 입장은 양해각서의 해지는 위법하여 무효이므로 여전히 양해각서는 유효하다는 것이다.

우선 현대그룹 컨소시엄은 진술 및 보증조항에 위반한 바 없고 양해각서에 따른 해명 및 서류 제출의무도 충실히 이행하였다고 주장했다. 만약 현대그룹 컨소시엄이 이행한 것을 넘어서까지 자금출처를 해명하라고 요구한다면, 그러한 요구는 합리적 범위를 넘어서는 과도한 요청이고 트집 잡기에 불과하여 준수할 의무가 없다는 것이다. 또한 해명의무라는 것은 부수의무에 불과하여 그 위반을 해지사유로 삼을 수 없다는 주장도 하였다.

4) 그리하여 이 사건에서는 (i) 신청인(현대그룹 컨소시엄) 측의 자금출처 해명의무가 존재하는지, (ii) 피신청인(주주협의회) 측에서 대출계약서 또는 이에 준하는 대출조건의 공개를 요청한 것이 합리적인 범위 내의 요청이라고 할 수 있는지, (iii) 해명의무는 부수의무에 불과하여 이를 불이행하더라도 해지권을 발생시키지 않는 것인지, (iv) 신청인 측이 제공한 대출확인서로 이러한 해명의무가 이행되었다고 할 수 있는지 등이 다투어졌다.

이러한 쟁점들은 기본적으로 양해각서 및 각종 부속서류의 여러 조항을 어떻게 해석할 것인가, 그리고 양해각서 체결을 전후하여 당사자 사이에 오간 수많은 공문과 자료를 어떻게 해석할 것인가의 문제로서, 법리의 문제라기보다는 이 건 특유의 사실관계에 관한 문제이다. 사실관계에 관한 제반 증거들을 직접 검토하지 못한 필자로서는 그 당부(當否)를 판단할 위치에 있지 못하므로 이하에서는 법원의 판시를 소개하는 데 치중하기로 한다.

(2) 해명의무의 존재 여부

앞에서 보았듯이 이 사건 양해각서는 합리적인 해명 요청 및 서류 제출 요청에 성실히 응할 의무를 현대그룹 컨소시엄에 부과하고 있다. 따라서 문언상으로도 현대그룹 컨소시엄 측에 해명의무가 있음은 명백해 보인다. 그러나 법원은 이를 가볍게 문언 해석만으로 끝내지 않고 그 취지와 성격에 관해 상세히 설시하였다.

우선 법원은, 이 사건 양해각서 및 기타 서류에 근거하여 보면 입찰 시행 주체인 피신청인들이 입찰절차의 진행, 우선협상대상자의 선정, 입찰서류에 대한 평가 및 최종 주식매매계약 체결 시 주주협의회의 결의 등에 있어서 광범위한 자유를 가지며, 입찰자들에게는 광범위한 제약을 부과하고 있다는 점에 주목했다.

특히 법원은 (i) 입찰 시행 주체인 피신청인들은 우선협상대상자를 선정함에 있어서 '입찰금액 외에도 인수구조의 합리성 및 이에 따른 자금조달능력, 경영계획서 기술 내용의 구체성, 실현 가능성 및 적정성 등을 종합적으로 고려'하기로 하고, (ii) 이에 따라 입찰 시에 '입찰금액 및 자금조달계획·입찰참가자 소개서·경영계획서'를 제출하도록 하였으며, (iii) 구체적으로는 자기자금·타인자금 여부, 컨소시엄 구성원 중 재무적 투자자 존재 여부 등을 밝히도록 하였고, (iv) 컨소시엄 구성원 및 인수비율의 변경을 불허하는 한편 현대건설의 인수구조와 인수 후 지배구조 및 재무구조도 명시하도록 하였고, (v) 인수 후에도 컨소시엄 구성원의 변경을 엄격히 금지하는 등의 조치를 취하고 있다는 점을 지적했다. 이와 같이 비가격적 요소까지 면밀히 검토하고 인수 후의 현대건설 경영계획도 평가대상으로 삼겠다는 것이 이 사건 입찰의 본질적 특성이라는 것이다.

이와 같은 이 사건 입찰의 성격 및 특수성에 비추어 볼 때, "입찰 시행 주체는 우선협상대상자 선정과정에서는 물론 우선협상대상자 선정 이후라도 자금조달능력·인수구조 및 지배구조·재무건전성 등에 관한 중요한 사항에 대하여 해명을 요구할 권한이 있고, 이에 대응하여 입찰참가자들 내지 우선협상대상자로 선정된 자는 이를 보완하거나 해명할 의무가 있다"고 판시하였다. 즉 자금출처를 해명해야 할 신청인들의 양해각서상 의무는 이 사건 입찰의 특수한 본질에 비추어 보아도 정당하다는 것이다.

(3) 해명 요청의 합리성 여부

신청인들은, 양해각서 체결 이후에까지 이 사건 자금에 대하여 추가 자료의 제출을 요구하는 것은 입찰절차의 안정성을 심하게 훼손하거나 신뢰이익을 침해하는 것으로서 불공정하므로 허용될 수 없다는 취지로 주장했다. 해명의무가 존재하더라도 일단 양해각서까지 체결해 놓고 프랑스법인 자금에 관해 계속적으로 해명을 요청하는 것은 과도한 요구라는 것이다.

그러나 법원은 이러한 요청이 합리적이고 정당하다고 보았다. 법원이 역시 중요하게 본 것은, 주주협의회 측이 우선협상대상자 선정과정에서 가격적 요소 외에 자금조달능력·인수구조 및 지배구조·재무건전성 등 비가격적 요소도 중시한다고 밝혔고 이 점이 양해각서 및 입찰서류에 명확히 드러나 있었다는 점이다. 그런데 현대상선 프랑스법인은 그 자산규모 등에 비추어 볼 때 거액의 대출금에 대한 이자를 감당하기 어려울 것이므로 이를 대체하는 추가 자금조달이 불가피할 것으로 추측되는데, 그 방법 여하에 따라서는 현대그룹 컨소시엄 자체의 자금조달능력 내지는 인수 후의 재무건전성 및 지배구조에 커다란 영향을 미치게 된다는 것이다.

이런 점에 비추어 보면, 비록 이 사건 자금이 이미 대출이 실현되었다는 점에서 '자기자금'이라고 할 수 있겠지만, '대출에 의한 자금 형성이라는 실질을 가지는 한 차입을 통한 자금의 조달의 경우에 준하여' 자금조달에 관한 상세한 사항을 밝힐 필요가 있다고 판시하였다. 따라서 피신청인들이 대출에 의하여 형성된 이 사건 자금에 관한 구체적인 대출조건 및 상환조건이나 향후 자금조달방안에 의문을 가지고 그에 대하여 해명을 요구하는 것은 해명의무의 범주에 속하는 것으로서 불합리하다고 할 수 없다고 판시하였다.

(4) 해명의무가 부수적 의무인지 여부

신청인들은 해명의무가 있다고 하여도 이는 부수적 의무에 불과하여, 그 위반을 해지사유로 삼을 수 없다고 주장하였다. 그러나 법원은 자금출처의 해명은 '이 사건 입찰과 관련한 제반 규정의 준수 여부를 확인하는 데에 필수불가결한 것'이고, '적절한 시기에 곧바로 해명을 받지 않으면 신속히 후속 절차를 진행할 수 없게' 되므로, 이 사건 양해각서에서 정한 이 사건 자금에 관한 해명의무는 양해각서 본래의 목적 달성에 영향을 미칠 수 있는 중대한 의무이고, 당연히 그 위반을 해지사유로 삼을 수 있다고 판시했다.

(5) 해명의무가 이행되었는지 여부

1) 앞에서 보았듯이 주주협의회는 자금인출 제한 여부, 자금조달의 위법성 여부, 현대그룹 계열사의 담보 제공·보증 여부, 현대건설의 담보 제공·보증 여부 등을 판단하기 위해 대출계약서를 제공해 줄 것을 요구하였고, 그것이 불가능하다면 주요 대출조건 등 대체 증빙자료를 요구하였다. 이에 현대그룹 컨소시엄 측은 문제의 자금이 유치된 프랑스 나티시스은행의 담당자가 작성하였다는 '대출확인서'를 제출하였고, 이것으로 해명의무가 이행되었다고 주장하였다. 특히 이들은 나티시스은행과의 비밀유지약정에 따라 대출계약서 자체는 제공해 줄 수 없다고 일관되게 주장하였다.

2) 법원은 이러한 대출확인서만으로 해명의무가 이행되었다고 보기 어렵다고 판단했다. 다양한 논점이 다투어졌는데, 그중 몇 가지 주목할 판시사항을 들면 다음과 같다.

첫째, 대출확인서에 기재된 문구가 이 자금을 이 사건 주식의 인수자 금으로 사용하는 데에 어떠한 부대조건이나 제한도 없다는 취지로 단정할 수 없고, 현대건설 주식에 대해 장래에도 담보가 설정되지 않을 것임을 확인하는 취지로 보기에는 표현이 다소 불명확하다고 보았다. 법원은 이 대출확인서만으로는 충분한 해명이 이루어진 것으로 볼 수 없다고 본 것이다.

둘째, 대출계약서 등에 대해 설령 비밀유지의무가 있다고 하여도 그러한 사정은 현대그룹 컨소시엄 측과 대출은행 사이의 내부적인 사정에 불과하고, 이를 이유로 현대그룹 컨소시엄이 대출계약서를 비롯한 관련 서류의 제출 내지는 이와 관련된 사항에 대한 해명을 거절할 수 없다고 보았다.

셋째, 양해각서 해지 이후 현대그룹 컨소시엄 측이 추가로 법원에 제출한 서류들(보완된 대출확인서)은 양해각서 해지의 적법성을 따지는 데 있어 고려할 수 없다고 하였다.

넷째, 근본적으로 법원은 해명이 충분한지 여부를 판단함에 있어 입찰 시행 주체에 광범위한 재량권이 부여되어 있다고 보았고, 이에 비추어 보면 신의성실의 원칙에 위배되거나 권리 남용에 해당하지 않는 한 해지 사유에 관한 입찰 시행 주체의 판단을 존중함이 상당하다고 판시했다.

(6) 소결

이와 같은 판단하에 법원은 '양해각서를 위반하여 주관기관으로부터 그 시정을 요구받고서도 5영업일 이내에 이를 시정하지 아니한 경우'에 이 사건 양해각서를 해지할 수 있도록 한 양해각서 규정에 따라 이 사건 양해각서는 적법하게 해지되었다고 보았다.

5. 주주협의회의 안건 부결의 적법성 여부

(1) 쟁점

이 사건 양해각서에서는 '주식매매계약서 체결을 위해 주주협의회의 결의가 필요'하다고 규정하고, 주주협의회의 결의로 인하여 주식매매계 약서를 체결할 수 없는 경우 주관기관은 이행보증금을 반환하고 양해각 서는 실효되는 것으로 하고 있다. 실제로 주주협의회 구성원들이 체결한 주주협의회 약정서에서는 '주식매각 관련 본계약 체결에 관한 사항' 및 '기타 운영위원회 또는 주관기관이 매각대상 주식의 매각 또는 현대건설 의 경영에 중대한 영향을 미칠 수 있다고 판단하여 부의한 사항'을 주주 협의회에서 심의 및 의결하도록 규정하고 있다. 이에 따라 이 사건에서 도 주주협의회에 '현대그룹 컨소시엄과의 주식매매계약 체결의 건'과 '현 대그룹 컨소시엄과 양해각서 해지의 건'을 상정하여, 전자는 부결되고 후자는 가결되었던 것이다.

이에 대해 신청인들은, 자신들이 우선협상대상자로서 이 사건 주식의 매각절차가 안정적이고 공정하게 진행될 것이라는 신뢰이익을 가지고 있으므로, 주주협의회는 유효하게 체결된 이 사건 양해각서에 반하는 결 의를 할 수 없다고 주장하였다.

요컨대 양해각서를 체결한 일방 당사자인 주주협의회 구성원들이, 스 스로 본계약(주식매매계약)을 체결하지 않겠다고 결의함으로써 양해각서의 구속에서 벗어나는 것이 과연 정당하고 적법한가라는 쟁점이다. 계약 일방 당사자가 임의로 그 계약에서 벗어날 수 있도록 한 합의가 유효한가라는 문제와도 유사하다.

(2) 법원의 판단

법원은 주주협의회가 유효하게 체결된 양해각서에 반하는 결의를 할수 없다는 신청인들의 주장을 받아들이지 않았다. 다시 한 번 법원은, 입찰 시행 주체인 주주협의회는 기본적으로 사인 간의 매매에 해당하는이 사건 주식의 매각절차에 있어서 우선협상대상자와의 주식매매계약체결을 거절할 수 있는 폭넓은 권한을 가진다는 점을 강조했다.

양해각서에서도 (i) 현대그룹 컨소시엄은 주식매매계약서 체결을 위해 주주협의회의 결의가 필요하다는 점을 이해한다고 명시하고 있고, (ii) 주주협의회의 결의로 인하여 주식매매계약을 체결할 수 없게 되어 이행보증금을 반환하면 현대그룹 컨소시엄은 더 이상 이의를 제기할 수 없게 하고 있다. 따라서 이 사건 자금과 관련한 중요한 사항에 대하여 해명이 제대로 이루어지지 아니하였다면, 주주협의회는 이를 이유로 주식매매계약의 체결을 거절하는 결의를 할 수 있다고 판시했다.

(3) 검토

이는 당연한 판시라고 본다. 양해각서는 본계약의 본격적인 협상과 체결에 앞서 배타적 협상권 유무, 본계약의 목적과 대략적인 원칙, 실사의 절차와 방식, 정보 제공 및 비밀유지의무 등에 관한 예비적 합의를 문서화한 것이다. 양해각서 체결 시점에서는 본계약이 아직 체결되어 있

지 않음은 물론, 그 내용과 조건도 아직 확정되어 있지 않은 것이 원칙이
다. 이를 고려하면 양해각서 체결 이후에도 당사자들이 본계약 체결 여
부를 결정할 자유를 여전히 갖는 것은 매우 당연하다.

　물론 약정을 통해 그러한 자유를 제한할 수는 있다. 예컨대 본계약에
서 정할 계약조건들을 미리 상세하게 양해각서에서 규정하면서 일정한
예외사유에 해당하지 않는 한 그와 같은 내용으로 본계약을 체결할 의무
를 부담한다고 규정하거나,[32] 본계약금액은 양해각서에서 정한 예정금
액에서 일정 비율 이상 감액하지 못한다고 규정하는 것이 그러한 예이
다. 최근 구조조정기업 매각에 있어 매각 성공의 확실성(closing certainty)
에 대한 매도인들의 우려 때문에 이처럼 양해각서단계부터 본계약에 준
하는 수준의 상세한 거래조건을 규정하고 본계약에 준하는 구속력을 부
여하는 경우가 자주 있다.

　그러나 이 사건에서와 같이 양해각서의 일방 당사자가 "양해각서 체
결 후에도 본계약 체결 여부를 임의로 결정할 수 있다"고 양해각서에서
재차 확인한 경우, 이를 위법하다고 할 근거는 없다. 별다른 해지사유 없
이 일방 당사자의 의사에 따라 임의로 계약을 해지할 수 있는 임의해지
권(termination for convenience)을 두는 합의도 강행법규에 위반하거나 공
서양속 등에 반하지 않는 한 유효하다고 보아야 한다는 점에 비추어 보
더라도 그러하다.

　다만 이 사건에서는 양해각서상 매도인 측은 본계약 체결 여부를 자
유로이 결정할 수 있는 데 반해 매수인 측의 자유는 심히 제한되어 있다
는 점 때문에, 매수희망자였던 신청인 측의 위 주장이 일리 있게 들리는

---

32) 이 경우 그러한 예외사유를 좁게 인정할수록 양해각서는 본계약의 예약과 비슷한 의
　미를 갖게 될 것이다.

측면이 있다. 그러나 무지·궁박·경솔·무경험 등에 해당하지 않는 대기업인 매수인이 매도인에게만 본계약 체결 여부 결정의 자유를 부여하는 계약 문언에 동의하였다면, 단순히 그 약정이 매도인에게 일방적으로 유리하다는 이유만으로 그 효력을 부인할 수는 없을 것이다.

법원은 "이 사건 자금과 관련한 중요한 사항에 대하여 해명이 제대로 이루어지지 아니하였다면 주주협의회는 이를 이유로 주식매매계약의 체결을 거절하는 결의를 할 수 있다"고 하여, 신청인들에게 귀책사유가 있다는 점을 지적하였다. 그러나 매수인 측에 귀책사유가 없다고 하더라도, 예컨대 더 높은 가격과 더 유리한 조건을 제시하는 제3자가 나타났기 때문에 매도인 측이 본계약 체결을 거절하고 양해각서를 해지하고자 하는 경우에도, 양해각서에서 주주협의회에 그러한 재량을 부여하고 있다면 주주협의회의 결의는 존중되어야 할 것이다. 이런 결과가 부당하다고 생각한다면, 매수인으로서는 양해각서 체결 시에 미리 상대방의 양해각서 해지사유 및 본계약 체결 거절사유를 제한하는 방향으로 협상했어야 한다.

6. 소결

요컨대 (i) 이 사건 양해각서는 현대그룹 컨소시엄 측의 채무불이행(해명의무 불이행 및 시정 요구 불이행)을 이유로 적법하게 해지되었을 뿐 아니라, (ii) 설령 이 사건 양해각서의 해지가 부적법하다 하더라도 본계약(주식매매계약) 체결에 관해 최종 권한을 가지는 주주협의회가 본계약을 체결하지 않기로 결의한 이상 어차피 양해각서가 실효했다는 것이 법원의 판단이다. 따라서 위 양해각서를 체결한 당사자로서의 지위가 유지됨을 전제로 하는 이 사건 신청에 있어 피보전권리가 인정되지 않는다는 것이 법원의 결론이다.

IV. 맺는말에 갈음하여 : M&A계약의 해석 문제

이처럼 세인의 관심을 모았던 현대건설 인수전은 (i) 현대그룹 컨소시엄과의 양해각서 해지, (ii) 그러한 해지가 적법하다는 법원의 결정, (iii) 그에 이은 현대차 컨소시엄의 인수 성공으로 일단 막을 내렸다. 그 일지와 법적 쟁점의 요약을 마치면서 드는 생각을 사족처럼 덧붙이고자 한다.

(1) 위 가처분 사건을 다음과 같이 아주 거칠게 요약해 볼 수도 있을 것이다.

매수인들이 치열하게 경합하여 매도인의 협상력이 더 큰 상황이었기 때문에 입찰절차 및 양해각서조항이 매도인의 재량과 이익을 극대화하는 방향으로 작성되었다. 매수인은 이러한 사정을 잘 알고 있음에도 매도인 측이 제시한 조건을 받아들이지 않을 경우, 인수에 성공하지 못할 것을 우려하여 이를 그대로 받아들이고 양해각서에 서명했다. 그후 매도인이 양해각서조항에 근거하여 양해각서를 해지하자, 매수인은 양해각서의 일부 조항이 매수인에게 과도하게 불리하다고 지적하며 제한적 해석 또는 무효를 주장하였으나, 법원은 부제소특약을 무효라고 본 것 외에는 이를 받아들이지 않고 계약 문언대로의 효력을 인정했다.

(2) 사실 국내의 대형 M&A, 특히 구조조정기업을 대상으로 한 매각절차에서는 최근 들어 매도인에게 상당히 유리한 입찰관행과 계약이 일반화되는 추세이다. 우선협상대상자 선정 및 본계약 체결 여부에 관한 매도인의 광범위한 재량(예컨대 매도인이 제시한 계약서 초안에 대해 매수인이 수정 의견을 제출하면 입찰심사 점수에서 대폭 감점), 광범위한 부제소특약, 매수인만이 부담하는 본계약 체결의무, 실사 후 가격조정범위 제

한, 선 계약 후 실사, 매도인의 진술 및 보증 미제공, 매수인의 손해배상 청구권 불인정 또는 제한적 인정, 자금조달계획 및 인수 후 지배구조 등에 관한 매도인 측의 관여와 심사 등이 그러한 예이다.

이에 대해서는 크게 두 가지 입장이 있을 수 있다. 첫째는 불합리할 정도로 매도인에게 유리한 관행과 계약조항들은 합리적인 매수인의 인수에 장애요인이 되고, 오히려 부주의하거나 비합리적인 매수인의 인수를 촉진함으로써 사회 전체적으로도 바람직하지 못한 결과를 초래한다는 부정적 입장이다. 둘째는 매도인에게 유리한 관행이나 계약조항도 결국 가격과 같이 계약조건의 일부를 구성하는 것이므로, 그 기업을 인수할 때 가장 큰 가치를 실현할 수 있는 기업이 매도인에게 가장 유리한 조건을 제시하게 될 것이고, 따라서 이런 조건들에 동의하는 매수인에게 인수 기회가 돌아가는 것은 사회적으로도 최적의 결과를 달성한다는 긍정적 내지 중립적 입장이다.

이는 여기에서 성급히 답을 내릴 수 있는 문제가 아니다. 오히려 실제 사례에서는 위 두 측면이 혼재되어 있으므로, 위 두 측면을 모두 고려하여 최적의 결과를 달성해야 한다고 보는 것이 진실에 가까울 것이다.

(3) 다만 둘 중 어느 입장에 따르든 당사자들이 합의한 계약조건은 가능한 한 그대로 효력을 인정해야 한다고 본다.

기업 인수에 참여하는 대부분의 당사자는 일반인과 달리 내외부 전문가의 도움을 받아 계약조항을 면밀히 검토하고 그 의미를 이해한 상태에서 수용 여부를 결정한다.[33] 부당하게 불리한 조항을 그대로 수용함으로

---

33) 설령 시간적·인적 제약으로 그렇게 하지 못한다고 하여도 그렇게 해야 한다는 당위와 그렇게 하지 못했을 경우 불이익이 있을 수 있다는 점은 인식하고 있다.

써 일견 불합리해 보이는 선택을 하는 경우에도 그 조항으로 인해 실제 불리한 결과가 발생할 가능성과 불리한 결과의 규모(즉 기댓값)를 어느 정도 가늠해 보고 그 조항을 다툴 경우의 기댓값과 대비하여 의사결정을 했다고 보아야 한다. 물론 그런 의사결정이 늘 합리적인 것은 아니다. 기업 인수에 성공했을 경우의 명예·자긍심 등 주관적 만족을 비합리적으로 높게 평가했을 수도 있고, 불리한 계약조항에 따를 경우의 위험(제소 금지·손해배상청구권 박탈 등)을 비합리적으로 경시했을 수도 있다. 그러나 어쨌든 당사자들은 이러한 점에 대한 나름대로의 판단을 거치는 것이고, 그런 점에서 이들이 서명한 양해각서나 계약서 등은 타산적 판단의 결과인 것이다.

　법원이 '당사자의 보호'를 위해 또는 '구체적 타당성'을 실현하기 위해 계약서 문언의 의미를 넘어 지나친 후견적 개입을 하면, 이러한 각 당사자의 의사결정에 교란을 일으켜 사회적으로 바람직한 결과의 달성을 저해할 수 있다. 예컨대 인수희망자 A는 인수 시의 시너지효과 등을 감안한 기업가치를 1,000으로 평가하지만, 매도인이 강력히 요구하는 손해배상청구 금지조항을 받아들임으로써 100만큼의 마이너스 요인이 발생했다고 생각하여 인수금액으로 900을 제시하였다. 반면 인수희망자 B는 기업가치를 970으로 평가하지만, 손해배상청구 금지조항은 법원에서 무효로 해석해 주거나 또는 조정에 부쳐서 웬만큼 받게 해줄 것이라 기대하고 50만큼만 마이너스 요인이 된다고 생각하여 920을 제시하였다. 이 경우 원래는 이 기업의 가치를 가장 높게 평가하는 A가 이를 인수하여 사회적 효용을 극대화할 것이었으나, 법원의 후견적 개입 가능성 때문에 당사자들의 가치평가에 교란이 발생하여 B가 인수하게 된다. 이는 거칠고 가상적인 예에 불과하지만, 필자의 경험으로는 현실적으로도 투자자의 이런 성향 차이가 매수자 선정에 영향을 미치는 경우가 있는 것으로 보인다.

(4) 이러한 점을 고려하면, 이 사건에서 법원이 기본적으로 계약서 문언에 따라 권리·의무를 인정하는 모습을 보인 것은 구체적 결론의 당부를 떠나 타당하다고 생각된다. 적어도 인력·정보력·판단력을 갖춘 대기업 간 계약에 있어서는 과도한 보충적 해석, 문언과 다른 해석 등을 통한 법원의 후견적 개입은 자제하는 것이 옳다고 본다. 그것이 당사자들의 신중한 의사결정을 촉진하고, 전문가에 의한 꼼꼼하고 합리적인 계약 협상 및 작성을 유도할 것이다. 그 과정에서 당사자들의 진정한 관심, 선호와 위험요소가 공개됨으로써 당사자들의 이해관계를 가장 효율적으로 조정하는 계약 내용이 구성될 수 있고, 사회경제적으로도 더 효율적인 인수인에 의한 인수를 촉진할 것이다.

제2부

M&A거래구조 설계 시
고려할 법적 쟁점

06

인수금융에서의 후순위금융과 리파이낸싱[*]

우동석^{**} · 김혜원^{***}

I. 국내 인수금융¹⁾의 최근 추세

수 개의 대출항목(tranche)으로 나뉜 선순위대출뿐 아니라 2순위 담보금융, 후순위 고수익채(high yield bond)와 구조화금융 등 다층화된 방식

---

* 이 논문은 BFL 제73호(2015. 9)에 게재된 글을 수정·보완한 것이다.
** 법무법인(유한) 광장 변호사
*** 하버드 로스쿨 박사과정. 변호사
1) 인수금융(acquisition finance)에 대하여 통일적인 정의가 있는 것은 아니다. 따라서 문언상으로는 재무적 인수인(financial buyer)이 특수목적회사를 설립하여 대상기업을 매수하는 거래[소위 바이아웃(buyout)거래]뿐 아니라, 동종 기업이나 그 밖에 M&A(Mergers & Acquisitions)를 통하여 시너지를 기대할 수 있는 전략적 인수인(strategic buyer)의 M&A거래에서 인수자금을 조달하기 위한 금융 역시 인수금융에 포함된다 할 것이다. 하지만 후자의 경우, 일반적인 운전자본 목적의 기업대출과 구별되지 않는 경우도 많을뿐더러 국내시장에서 대규모 차입이 발생하는 기업 인수거래는 대부분 재무적 인수인이 대상회사의 현금흐름이나 자산을 기초로 인수자금의 상당 부분을 조달하는 차입매수거래이다. 이에 이 글에서도 차입매수에서의 타인자본조달(debt financing)을 위주

의 타인자본조달(debt financing)이 이루어지는 미국이나 유럽의 인수금융과 비교할 때, 우리나라의 인수금융은 선순위대출이 주를 이루어 왔다. 그러나 최근에는 국내에서도 선순위대출뿐 아니라 후순위대출 내지 후순위사채 등의 후순위금융을 활용하는 예가 증가하고 있으며, 특히 사모펀드(private equity)가 인수인(sponsor)으로서 참여하는 대규모 거래에서 이러한 현상이 두드러진다. 이 글에서는 인수금융에서 후순위금융을 사용하는 이유와 그 기능, 국내 인수금융시장에서 후순위금융이 보이는 특성과 관련 법적 쟁점들을 다룬다.

그 밖에 최근 국내 인수금융시장의 두드러진 추세로서 대규모 리파이낸싱(refinancing)거래가 활발하게 이루어지고 있다는 점도 눈여겨볼 만하다. 이는 은행과 증권회사뿐 아니라 대출펀드까지 가세하여 경쟁이 심화되고 있는 시장 상황 및 유례없는 저금리 현상과 무관하지 않은데, 이러한 리파이낸싱거래의 유인과 관련하여 고려해야 할 다양한 법적 쟁점도 살펴보기로 한다.

II. 인수금융에서의 후순위금융

1. 순위 구분의 유인

프로젝트 파이낸스나 부동산금융과 같은 분야의 금융에서와 마찬가지

로 논의하기로 하며, 그중에서도 자산양수도(asset transfer)방식이 아니라 차입매수거래의 대부분을 차지하는 주식인수(share acquisition)방식을 전제로 한다. 인수금융이라는 용어를 사용할 때 관행적으로 차입매수에 초점을 두고 있다는 취지로는, 이창원 / 이상현 / 박진석, "LBO의 기본구조 및 사례분석," BFL 제24호(2007. 7), 서울대학교 금융법센터, 6면.

로 인수금융에 있어 후순위금융을 이용하는 이유는, 선순위대출만으로
는 조달할 수 있는 금액에 한계가 있고 거액의 자금조달이 필요한 거래
일수록 다양한 투자자를 유치할 필요가 있기 때문이다.[2] 이에 더하여
차입매수(Levereged Buyout. 이하 'LBO')거래에서는 (조달 가능한 절대금액뿐
아니라) 레버리지비율(leverage ratio)을 극대화하기 위해서도 후순위금융
을 사용할 유인이 있다.

이는 국내보다도 LBO의 본산지인 미국시장의 동향에 비추어 보면 더
명확하다. 1980년대 후반 이래로 사모펀드의 기업 인수거래가 최고조에
달하였던, 2008년 금융위기 직전 몇 년간 미국 인수금융시장에서는 상업
은행과 같은 제1금융권뿐 아니라 더 넓은 범위의 금융기관과 펀드들까
지 자금공급자로 참여하면서 인수금융에서 자금조달의 방식이 다변화되
었다. 특히나 대규모 거래에서는 대출을 통한 자금조달에 추가하여 고수
익채를 발행하는 등 다양한 형태의 타인자본조달기법을 이용하는 것이
일반적이 되었다. 이후 금융위기와 이어진 타인자본시장(debt market)의
침체로 인하여 인수금융기법에도 변화가 있었으나, 2013년을 기점으로
사모펀드의 LBO거래가 거의 금융위기 이전 수준에 육박할 만큼 회복되
고 레버리지비율도 다시 높아지면서[3] 기업인수인들의 자금조달방식에
서의 선택권은 다시금 다양해지고 있다.

---

2) 투자자별로 투자 성향, 즉 투자 위험(risk)과 기대수익에 대한 선호도에 차이가 있기
   때문이다. (잠재적) 투자자들이 결정된 뒤에는 각 투자자의 구체적인 내부심의 및 투자
   기준을 고려하게 되는데, 이 역시 순위 구분 등 자금조달구조와 방식을 다양화하는
   한 가지 요인이 된다.
3) 매년 미국시장에서 일어난 LBO에 의한 기업인수거래 중 최초의 부채 / EBITDA(법인세
   이자 감가상각비 차감 전 영업이익 · Earnings before Interest, Taxes, Depreciation and
   Amortization)비율이 가장 높은 거래 5개의 부채 / EBITDA비율 평균치를 보여 주는 자
   료로는, Forbes 인터넷기사 2013. 9. 20.자, "Recent LBO Loans Push Leverage to Levels
   Not Seen Since 2008."

2. 계약적 후순위화와 구조적 후순위화

(1) 개념

후순위금융은 계약적 후순위화(contractual subordination)만을 통하여 이루어지는 경우와 구조적 후순위화(structural subordination)를 동반하는 경우가 있다. LBO거래에서 인수인은 일반적으로 특수목적회사(Special Purpose Company. 이하 'SPC')를 설립하여 대상회사의 지분을 취득하게 되는데, 전자의 경우에는 하나의 SPC가 선순위와 후순위금융을 한꺼번에 조달하되 선후순위대주 간 약정을 통해서 순위를 정하게 된다. 반면 후자의 경우에는 인수인이 SPC를 둘 이상 설립하여 SPC별로 금융을 조달함으로써, 대상회사를 직접 취득하는 가장 밑단의 SPC에 대한 채권이 가장 선순위가 되고 윗단으로 갈수록 후순위화되는 구조이다.[4] 이를 도식화하면 다음과 같다.

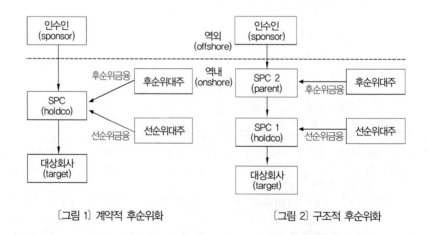

〔그림 1〕 계약적 후순위화   〔그림 2〕 구조적 후순위화

---

4) 회사에 주주와는 별개의 법인격이 인정되는 결과, 회사에 대한 채권자는 회사재산에 대하여 주주의 채권자에 우선하는 권리를 가지기 때문이다.

계약적 후순위화는 다시 (i) 선순위부채가 완전히 변제될 때까지 후순위
대주에 대한 일체의 지급이 금지되는 채무의 후순위화(debt subordination)[5]
와 (ii) 담보의 후순위화(lien subordination)로 구분할 수 있다. 1990년대
후반 미국 인수금융시장에서 등장하기 시작하여 금융위기 이전까지 영
미에서 사용되었던 2순위 담보부금융(second lien debt)이 (ii)의 예이다.[6]

(2) 인수금융에서의 거래구조와 관련한 쟁점

인수금융의 측면에서 구조적 후순위화를 사용할 것인지 여부의 결정
에 있어 실무상 고려해야 하는 점들은 다음과 같다.[7]

1) 도산절차에서의 후순위화 보장
당사자 간 후순위약정의 효력이 대체로 인정되기는 하나 채권자 간
약정(intercreditor agreement)의 다양한 조항의 유효성에 대해 법적 불확실
성이 잔존하므로,[8] 선순위대주의 입장에서는 구조적 후순위화를 통하여

---

5) 단 이러한 경우에도 일정 한도 내의 이자와 수수료는 지급할 수 있도록 하는 것이 일반
적이며, 선순위대출계약서와 채권자 간 약정에서 이는 인정된 지급(permitted payment)
으로 명시된다.
6) Louise Gullifer / Jennifer Payne, Corporate Finance Law : Principles and Policy, 1st
Ed., Hart Publishing Ltd., 14.4.3.2 (2011). 이에 대한 보다 상세한 설명은 이 글 II.
3. (2) 참조.
7) 거래구조를 실제로 설계[몇 개의 SPC를 어느 법역(jurisdiction)에 설립할 것인지 여부
등]함에 있어서는 본문에 나열된 쟁점뿐 아니라 인수거래 전반에 걸친 과세 목적(tax
purpose) 최적화, 적용 가능한 법령과 규제 준수, 기타 거래비용 최소화를 종합적으로
고려하게 된다. 법령 준수의 측면에서 보자면, 2015년 7월 24일 개정된 자본시장과
금융투자업에 관한 법률에 따라 사모펀드가 복층의 SPC를 설립할 수 있게 됨으로써
국내 사모펀드 역시 구조적 후순위화를 통한 메자닌금융을 이용한 인수금융이 가능해
졌다(자본시장과 금융투자업에 관한 법률 제249조의13 제1항 제3호 가목).
8) 이 글 II. 5. (1) 참조.

도산절차에서 후순위대주에 대한 선순위를 더욱 확실히 보장받을 수 있다. 반면 후순위대주의 입장에서는 〔그림 2〕와 같이 구조적 후순위화가 이루어지는 경우 선순위대주뿐 아니라 SPC 1의 일반 채권자에 비해서도 후순위가 된다. 그러나 SPC 1은 대상회사의 주식 보유 외에 실질적인 영업활동을 하지 않는 특수목적법인이므로 우발채무가 발생할 가능성이 거의 없고, SPC 1의 차입·보증·기타 채무 부담은 대출계약의 준수사항(covenant)에 따라 제한되기 때문에 이 점은 거래구조 채택에 있어서 결정적 고려사항은 아니다.

2) 지주회사의 행위 제한

SPC가 보유한 대상회사 주식가액은 SPC 자산총액의 50퍼센트 이상일 것이므로, SPC의 자산총액이 1,000억 원 이상인 경우에는 독점규제 및 공정거래에 관한 법률상 '지주회사'에 해당한다. 그런데 지주회사는 자본총액의 2배를 초과하는 부채를 보유할 수 없는 제한을 받으므로,[9] 〔그림 1〕과 같이 선후순위금융이 모두 하나의 SPC에게 이루어지는 계약적 후순위화의 경우에는 해당 제한을 위반할 가능성이 높다. 반면 〔그림 2〕와 같은 구조적 후순위화의 경우, SPC 2 단계에서 인수인 출자금액의 2배 이하의 후순위금융을 조달하고, SPC 1 단계에서 인수인 출자금액과 후순위금융을 합한 금액(즉 SPC 1의 자본총액)의 2배 이하 선순위금융을 조달함으로써, 지주회사의 부채비율 제한을 준수할 수 있다.

물론 독점규제 및 공정거래에 관한 법률상 지주회사 설립 또는 전환 일로부터 2년 동안은 자본총액 2배를 초과하는 부채 보유가 허용되므로, 계약적 후순위화의 경우에도 SPC는 대상회사의 인수 이후 위와 같

---

9) 독점규제 및 공정거래에 관한 법률 제8조의2 제2항 제1호.

은 유예기간 중에 대상회사의 주주로서 대상회사로부터 배당이나 감자를 통해 지급받은 금액으로 부채를 (일부) 상환하여 부채비율을 낮출 수 있을 것이다. 나아가 SPC로서는 (i) 대상회사로 하여금 직접 자금을 차입하여 배당이나 감자를 하도록 하거나 (ii) 대상회사와 합병하여 지주회사 지위를 해소하는 보다 적극적인 방안[소위 합병 내지 감자를 통한 부채 이전(debt pushdown)]을 모색할 수도 있다. 그렇지만 이러한 부채 이전이 이루어질 것을 전제로 하여 계약적 후순위화구조([그림 1])를 채택하기 위해서는 부채 이전의 허용 내지 가능 여부를 미리 면밀히 검토할 필요가 있다.[10]

부채비율 외에도 독점규제 및 공정거래에 관한 법률상 지주회사에 대한 여러 행위 제한은 LBO구조 결정에 있어 중요한 고려사항이 되는데, 예를 들어 구조적 후순위화구조([그림 2])에서 SPC 2 역시 지주회사에 해당되는 결과 대상회사의 자회사가 있는 경우 지주회사의 증손회사에 대한

---

10) 대상회사의 인수 이후 SPC와 대상회사가 합병함으로써 존속법인이 인수자금을 상환하도록 하는 합병형 LBO나 대상회사의 유상감자 · 이익배당을 통하여 SPC의 인수자금을 상환하는 감자 · 배당형 LBO의 경우, 동양메이저의 한일합섬 인수(합병형)와 코너스톤에쿼티파트너스의 대선주조 인수(감자 · 배당형)에서 대상회사 이사의 배임죄 성부가 문제 되었으나 모두 무죄 선고되었다(대법원 2010. 4. 15. 선고 2009도6634 판결 ; 대법원 2013. 6. 13. 선고 2011도524 판결). 그렇지만 LBO에 관하여 따로 규율하는 법률이 없는 이상 기업 인수를 주도한 관련자들에게 배임죄가 성립하는지 여부를 일괄적으로 단정할 수 없고, 해당 LBO가 이루어지는 과정에서의 행위가 배임죄 구성요건에 해당하는지 여부에 따라 개별적으로 판단되어야 한다는 것이 대법원의 입장이다. 특히 합병형 LBO의 경우 한일합섬을 흡수 · 합병한 동양메이저(주)가 상당 규모의 자본금을 보유하고 실체가 있는 영업법인이었다는 점에서 전형적인 LBO와는 차이가 있었기 때문에, 재무적 인수인의 일반적인 합병형 LBO에서도 당연히 배임죄의 성립이 부정된다고는 볼 수 없다는 견해도 존재한다. 이러한 법률 리스크 때문에 과거와는 달리 대상회사의 인수 이후 일정 기간 내에 차주인 SPC와 대상회사 간 합병을 강제하거나 대상회사의 현금흐름 또는 유보현금을 무조건 SPC에 배당 내지 유상감자할 의무를 부담시키는 인수금융계약은 실무상 찾아보기 어렵다.

제한이 적용된다는 점 등이 현실적인 제한으로 작용할 수 있다.[11]

3) 과소자본세제

인수인이 국내 회사가 아닌 경우에는 과소자본세제(thin capitalization rule)의 적용 여부를 고려해야 한다. 과소자본세제란 회사가 자기자본(equity)에 비하여 과다한 타인자본(차입금)을 조달한 경우 차입금의 이자 중 일정 부분의 손금산입을 불허하는 제도를 의미하며, 특히 특수관계인이나 해외의 모회사에게 지급하는 이자에 대해서는 더 엄격하게 취급하기도 한다. 우리나라도 국제조세조정에 관한 법률상 내국 법인이 국외 지배주주로부터 차입한 금액과 국외 지배주주의 지급보증 내지 담보 제공하에 제3자로부터 차입한 금액이 해당 국외 지배주주가 출자한 금액의 2배를 초과하는 경우, 해당 초과분에 대한 지급이자는 내국 법인의 손금에 산입되지 아니하도록 정하고 있다.[12]

특히 대상회사의 자산 및 현금흐름에 대하여 선순위 권리를 가지지 못하는 후순위대주들을 위해 SPC 주식에 대한 담보(질권)를 설정하는 경우가 있는데, 〔그림 1〕의 경우 국외 지배주주인 해외 인수인의 담보 제공(즉 SPC지분에 대한 질권 설정)하에 조달한 후순위 차입금이 해외 인수인이 출자한 SPC 자본금의 2배를 초과할 때, 초과분에 대한 이자는 손금산입되지 않을 것이다.[13]

---

11) 이 경우 (지주회사인 SPC 2의) 손자회사인 대상회사는 증손회사의 발행주식총수를 소유해야 하며, 증손회사는 원칙적으로 국내 계열회사의 주식을 소유할 수 없다. 독점규제 및 공정거래에 관한 법률 제8조의2 제4항 및 제5항.

12) 국제조세조정에 관한 법률 제14조. 대상회사의 인수 이후 대상회사와 SPC가 합병을 하는 경우에는 본문 〔그림 1〕에서 과소자본세제가 문제 될 가능성이 더욱 높아진다. 해외 인수인이 보유하는 합병 후 존속법인의 주식에 대해서 후순위대주뿐 아니라 선순위대주 역시 담보 설정을 요구할 것이기 때문이다.

13) 인수금융 대상회사의 SPC에의 배당금에 대한 원천징수도 고려해야 한다. 법인세법상

4) 관리비용

인수인의 입장에서는 둘 이상의 SPC를 설립할 경우, 배당·감자 등의 절차도 두 번 이상 거쳐야 하고 그 밖의 관리·운영상 부담이 발생할 것이다. 따라서 나머지 조건이 모두 동일하고 특별한 제약이 없는 경우에는 위와 같은 부담 내지 비용이 적은 계약적 후순위화가 선호된다.

3. 순위 구분의 방법과 다양한 금융기법

이하에서 영국이나 미국 LBO시장에서 유래한 다양한 금융기법에 대하여 간략히 소개하고, 국내시장의 특성은 어떠한지 살펴보도록 한다.

(1) 선순위금융

선순위금융(senior debt)은 인수금융의 가장 핵심적인 부분을 담당하게

지주회사 또는 기타 내국 법인이 자회사로부터 받은 수입배당금액은 일정 한도에서 익금불산입 처리된다(법인세법 제18조의2 및 제18조의3). 그런데 지난 2013년 국세청은, 앞의 〔그림 1〕과 동일한 구조로 오비맥주㈜를 인수하였던 SPC는 사무실도 종업원도 없는 페이퍼컴퍼니에 불과하고 조세 회피 목적이 있는 경우에는 원천지국의 실질과세원칙에 근거해야 한다는 이유로 SPC의 해외 주주가 직접 대상회사로부터 배당을 받은 것으로 보고 법인세를 부과한 바 있다. LBO거래에서 대상회사로부터 발생한 현금흐름 중 일부 또는 전부를 배당의 방식으로 SPC에 올려 대출금을 (조기)상환하는 것은 매우 일반적이므로, 국세청의 위와 같은 해석은 해외 인수인들에게 커다란 의미를 가진다. 만일 국세청이 이러한 입장을 유지한다면, 〔그림 2〕와 같이 다수의 SPC를 세운 경우에도 배당소득의 원천징수와 관련해서는 국내 SPC들이 전부 도관(conduit)으로 취급될 것인지 문제 될 수 있을 것이다(머니투데이 인터넷기사 2013. 12. 30.자, "오비맥주 1,500억 세금 추징, 국세청 과세근거는?"). 본건에 대해서는 조세심판원에 심판청구가 제기되었고, 결국 인용 결정이 내려짐으로써 추징당한 세금이 환급되었다(비즈니스워치 인터넷기사 2015. 12. 29.자, "오비맥주 전 대주주, 1600억대 세금 돌려받는다").

되며 대주단대출(syndicated loan)의 형태로 이루어진다. 선순위대출은 다시 기간부대출(term loan facility)인지 회전대출(revolving facility)인지 여부, 분할상환인지 일시상환인지 여부, 대출금의 사용 목적이 무엇인지 등에 따라서 수 개의 대출항목으로 구분된다. 인수자금을 위한 대출(acquisition facility)이나 인수 이후 대상회사의 자본적 지출을 위한 대출(capex facility), 대상회사의 기존 대출을 리파이낸싱하기 위한 대출 등은 기간부대출로, 선후순위대출금의 금융비용을 포함한 대상회사의 일반 운전자금조달을 위한 대출(working capital facility), 주식양수도계약상 거래 종결(closing) 이후 양수도대금의 조정이 이루어지는 경우 이를 지급하기 위한 대출 등은 회전대출로 이루어지는 것이 일반적이다.

(2) 2순위 담보부금융

2순위 담보부금융은 전통적인 후순위금융에 참여하는 것은 선호하지 않지만 선순위대출보다는 고수익의 투자처를 원하는 투자자들을 대상으로 미국시장에서 먼저 발전한 기법으로, 사채(second lien note) 발행의 형태도 일부 있으나 대부분은 대출의 형태로 이루어진다.[14] 미국의 전통적인 2순위 담보부금융은 선순위대출과 동일한 차주를 상대방으로 하여 구조적 후순위화 없이 이루어지며, 주로 담보권의 측면에서만 후순위화된다. 따라서 담보실행대금이 선순위부채를 변제하기에도 부족하면 미상환 선순위부채와 미상환 2순위 담보부부채는 차주의 일반 재산으로부터 동순위로 변제받으며, 채권자 간 약정에 선순위부채의 상환이 완료될

---

14) Tom Speechley, Acquisition Finance, 2nd Ed., Bloomsbury Professional Ltd., 7.6. (2015).

때까지 2순위 담보부부채의 지급을 막는 지급제한약정이 포함되지 않는
다.[15]·[16]

(3) 메자닌금융

메자닌금융(mezzanine debt)은 후순위금융기법 중에서 가장 오랫동안
빈번히 사용되어 왔으며, 선순위대출보다 만기가 6개월에서 1년가량 긴
기간부대출(term loan)이 가장 기본적인 형태이다.[17] 메자닌대주들은 선순

---

15) Speechley, 앞의 책(주 14), 7.2. 반면 담보권의 실행권한에 대해서는 담보실행 제한기
간을 두는 등 선순위대주에 비하여 제한을 두기도 한다(소위 quiet second). 지급제한
약정 및 담보실행 제한기간에 대해서는 이 글 II. 5. (2) 및 (3) 참조.

16) 위와 같은 전통적 2순위 담보부금융은 영국에 도입되면서 선순위 및 메자닌과 구분되
는 독립적 대출항목이라기보다는 메자닌의 일부에 가까운 성질을 가지도록 변모하였
다. 따라서 채권자 간 약정을 통하여 지급제한약정과 담보권의 실행권한을 제한하는
약정을 두는 경우가 대부분이고, 나아가 도산 상황에서의 후순위화약정(즉 채무의 후
순위화)까지 포함하는 경우도 있다. 영국시장에서는 2순위 담보부금융의 사용이 미국
에 비하여 흔하지 않고 특히 2008년 금융위기 이후에는 찾아보기 어려워졌다. 이처럼
시장 상황에 따라서 그 구체적인 모습이 변화하거나 사용 빈도가 증감하기는 하나,
그럼에도 불구하고 선순위 및 메자닌금융과 구별되는 2순위 담보부금융의 성격을 정
리하자면, (i) 선순위대출보다는 금리가 높지만 전통적인 준자본(quasi equity)에 비해
서는 싸고, (ii) 준자본에 비해 조기상환이 자유로운 경우가 많으며, (iii) 일상적인 상황
에서 대상회사가 창출하는 현금흐름으로부터는 선순위대주와 동일한 권리를 가지지
만, 도산 상황에서 문제 될 대상회사의 자산가치로부터는 후순위화된 권리를 가진다
는 특성이 있다고 한다. Speechley, 앞의 책(주 14), 7.1.−7.15. 참조.

17) Speechley, 앞의 책(주 14), 3.17. 한편 메자닌금융의 범위가 어디까지인지에 대해 명
확한 기준이 있는 것은 아니다. 선순위대출과 보통주 사이의 다양한 자금조달방법〔후
순위대출·전환사채나 상환(전환)우선주·고수익채 등〕을 포괄하는 넓은 의미로 사
용되기도 하고, 고수익채나 현물지급(Payment in Kind. 이하 'PIK')채권과 구별하여
대주단대출형태의 후순위대출이나, 사모로 발행되는 후순위사채만 지칭하는 좁은 의
미로 사용되기도 한다. 이 글에서의 '메자닌금융'은 좁은 의미로 쓰이며, 넓은 의미의
전자는 '후순위금융'으로 지칭하기로 한다. 메자닌금융의 용어에 대한 유사한 취지의
설명으로는, 이창원 / 이상현 / 박진석, 앞의 논문(주 1), 10면 참조.

위대주에 비하여 높은 위험을 부담하는 대신 높은 이자율을 보장받는다. 과거에는 메자닌대주가 SPC에 대한 신주인수권이나 주식전환권 등 투자 수익에 연동된 보상을 받는 경우도 더러 있었으나(소위 equity kicker), 타 인자본시장의 유동성이 풍부해지고 기관투자자들이 메자닌금융에 본격 적으로 참여하면서 2000년대 이후에는 소규모 거래가 아닌 한 위와 같은 형태의 메자닌금융을 찾아보기 어려워졌다(unwarranted mezzanine debt, institutional mezzanine debt). 메자닌대출계약은 선순위대출계약과 거의 동일한 내용으로 작성되는 것이 대부분이며, 차주의 협상력에 따라서 준 수사항이나 기한의 이익 상실사유(events of default)가 선순위대출에 비하 여 느슨하게 규정되기도 한다.

(4) 고수익채

고수익채(high yield debt. 소위 정크본드)는 공개시장에서 발행되는 후 순위사채로서 1980년대 미국에서 그 시장이 형성되기 시작하였다. 전통 적인 메자닌금융과 비교하였을 때 고수익채가 가지는 특징으로는, (i) 선 순위 및 메자닌대출은 변동금리를 사용하는 경우가 많지만 고수익채는 고정금리로 발행되는 경우가 많다는 점, (ii) 일반적으로 고수익채의 금 융비용이 메자닌금융에 비해 싸다는 점,[18] (iii) 고수익채의 조기상환은 메자닌금융의 조기상환보다 제한적이라는 점, (iv) 메자닌금융에 비하 여 고수익채의 준수사항이 상대적으로 덜 제한적이라는 점, (v) 고수익채 의 경우 잠재적인 투자자군이 더 넓고 대출채권담보부증권(Collateralized

---

[18] 메자닌금융의 이자율이 고수익채의 이자율보다 높은 것이 일반적이고, 다만 고수익채 의 경우 일회성 발행비용이 상대적으로 높은 편이라 한다. 이는 고수익채의 사용이 대규모 거래에 제한되는 한 가지 요인으로 작용한다.

Loan Obligation, CLO)의 발행을 통한 유동화가 더 빈번하며 결과적으로 레버리지비율을 높일 수 있다는 점 등이 일반적으로 언급된다.[19] 이러한 특성으로 인하여 고수익채는 그 발행시장의 형성이 가능하고 또 필요한 대규모 거래에서 주로 사용된다.

(5) PIK채권

PIK채권은 이자지급일에 이자를 현금으로 지급할 의무가 없고 대신 6개월 또는 12개월의 이자기간마다 산정된 이자를 원금에 산입하여(또는 해당 이자만큼의 별도 채권 발행) 복리로 누적된 이자를 만기에 한꺼번에 지급하는 형태의 채권을 의미하며, 메자닌대출·메자닌사채와 공모로 발행되는 고수익채에서 모두 사용된다.

PIK채권의 가장 큰 장점은 대상회사로부터 발생하는 현금흐름에 의존하지 않으면서 레버리지를 늘릴 수 있다는 데에 있다. 금융위기 직전 레버리지비율이 가장 높았던 영미의 대형 LBO거래에서 전통적인 메자닌금융 또는 고수익채 대출항목에 추가하여 발행되는 PIK채권 대출항목을 쉽게 찾아볼 수 있었다. 금융위기 이후 PIK채권의 발행은 급감하였으나, 최근 들어서는 일부 조건이 변형된 형태의 PIK채권들이 다시 발행되고 있다.

PIK채권은 (i) 일부 또는 전부의 이자가 무조건 원금에 산입되는 의무적 PIK(mandatory PIK), (ii) 발행인의 선택에 따라 일부 또는 전부의 이자를 원금에 산입할 수 있는 PIK[소위 PIK선택권(PIK toggle)],[20] (iii) 일정

---

19) Luc Nijs, Mezzanine Financing : Tools, Applications and Total Performance, The Wiley Finance Series, 8.2.3. (2014) 이하 ; Speechley, 앞의 책(주 14), 3.60.-3.74. 각 참조.
20) PIK선택권을 행사 가능한 시기(발행일로부터 일정 기간 경과 후)나 횟수를 제한하기도 한다.

상황이 발생하는 경우에만 원금산입이 가능한 PIK(pay if you can) 등 다양한 형태로 발행된다. 우리나라에서도 메자닌사채에 PIK선택권을 부가한 사례가 있다.

(6) 국내의 경우

국내 인수금융에서는 영미에서만큼 여러 층으로 구조화된(multi-layered) 구조와 다양한 인수금융기법을 찾아보기는 어렵다. 이는 시장규모와 개별 거래의 규모가 상대적으로 작을 뿐 아니라 아직까지 후순위금융에 투자하는 국내 투자자들이 한정되어 있고, 그 투자 성향도 영미처럼 뚜렷하게 나뉘어 있지 않고 비교적 동질적인 편이기 때문이라 판단된다. 그 결과 우리나라의 인수금융시장에서는 아직까지 선순위대출이 압도적인 비중을 차지하고 있으나, 근래에는 재무적 인수인의 LBO거래에서 후순위금융이 사용되는 예가 증가하고 있다.[21)]

다만 아직까지는 국내 인수금융에서 후순위금융이 사용되는 경우에도 메자닌대출이나 사모사채의 형태를 취하는 것이 대부분이다. 특히 메자

---

21) 2006년 이랜드가 한국까르푸를 인수하는 과정에서 1조 6,000억 원의 30퍼센트 수준인 약 5,000억 원을 후순위채와 배당우선주를 활용해 후순위금융에 사용한 사례가 있기는 하나, 최근 들어 본격화되었다. 대표적으로 2014년 칼라일그룹이 (주)에이디티캡스를 60퍼센트 이상의 레버리지로 인수하는 거래에서 총인수금융 약 1조 3,000억여 원 중에서 3,000억 원 이상을, 2015년 한앤컴퍼니가 운용하는 사모펀드와 한국타이어 컨소시엄이 한라비스테온공조를 70퍼센트에 가까운 레버리지비율로 인수하는 거래에서 총인수금융 약 1조 9,000억 원 중 약 3,600억 원을 후순위금융으로 조달한 것으로 알려졌으며, 그 밖에도 대규모 거래의 잠재적 인수인들이 입찰단계부터 후순위금융의 사용을 고려하는 사례가 적지 않다. 아시아경제 인터넷기사 2015. 1. 28.자, "쩐 없어도 M&A… 인수금융, 네 비밀은 뭐냐" ; 인베스트조선 인터넷기사 2015. 4. 8.자, "1.2조 ADT캡스 인수금융 주선 경쟁 맞대결" ; 한국경제 인터넷기사 2015. 7. 1.자, "NH투자증권, 대어 한라비스테온공조 잡아 인수금융 선두" 각 참조.

닌금융과 구분되는 별도의 대출항목으로서 2순위 담보부금융은 국내에서는 사용되지 않고 있는데, 이는 전통적으로 담보대출을 선호하는 국내 금융기관들의 특성상 일반적인 메자닌금융의 경우에도 2순위 담보를 요구하는 경우가 많기 때문으로 생각된다. 이처럼 국내 투자자들은 위험회피 성향이 강한 편이어서, 후순위금융이 사용되는 경우에도 선순위금융에 대하여 전면적으로 후순위화(deeply subordinated)되기보다는 선순위 금융계약과 거의 동일한 내용으로 체결되되 지급순위만 후순위화되는 경향을 보인다. [22)]

4. 후순위사채 발행 시 실무상 쟁점

국내 인수금융에서는 사채 발행보다 대출의 형태가 압도적으로 선호되나, 후순위금융의 경우 시장 상황에 따라서는 폭넓은 투자자 유치를 위해서 국내외에서 후순위사채를 발행하기도 한다. 예를 들어 대규모 거래에서 선순위대출은 국내 금융기관들로부터 조달하더라도 후순위금융은 국외에서 조달하는 경우가 있는데, 이때 내국 법인이 국외에서 발행하는 외화표시채권의 이자 및 수수료에 대해서는 법인세 원천징수가 면제된다는 장점이 있다. [23)] 이처럼 후순위사채를 발행하는 거래에서 특히 고려해야 할 사항을 살펴본다.

---

22) 후순위대주의 선순위대주 및 / 또는 차주에 대한 협상력이 낮고 후순위화의 정도가 심할수록, (i) 진술 및 보증, 준수사항, 기한의 이익 상실사유, 강제적 조기상환사유 등의 내용이 선순위대출과 비교할 때 차주에 대해 덜 제한적인 내용으로 규정되고, (ii) 채무불이행(default) 상황에서 후순위대주가 채권의 가치 보전을 위한 조치를 취할 수 있는 권한(대표적으로 후순위담보의 실행권한)이 제한되며, (iii) 후순위대주의 독자적 권리를 보호하기 위한 장치나 후순위대주의 의결권이 더 제한된다.

23) 조세특례제한법 제21조 제1항 제1호.

(1) 계약서 작성과 인출의 적시성 문제

후순위금융이 대출의 형태로 이루어지는 경우에는 이를 위한 계약서
가 선순위대출과 기본적으로 동일한 반면, 사채 발행의 형태로 이루어지
는 경우에는 상이한 계약서들을 작성해야 한다.[24] 또한 통상 대상회사
주식양수도거래의 종결일에 맞추어 이루어지는 인출일을 보더라도 후순
위대출은 선순위대출의 인출일과 일치되도록 하는 것이 실무상 비교적
용이한 반면, 후순위사채는 그 발행일을 주식양수도계약상 종결일 및 선
순위대출의 인출일에 맞추기 위해 증권법상 규제 측면에서 고려해야 할
사항이 더 많다.[25]

(2) 계약조건의 유연성

인수금융에서 주식양수도대금의 지급일에 (최초) 인출이 이루어지도
록 하는 것이 무엇보다 중요하기는 하지만, 그후에도 주식양수도대금 조
정액 지급, 인수 이후 대상회사의 기존 부채 리파이낸싱, 대상회사의 자
본적 지출 등을 위하여 수회에 걸친 자금조달이 필요할 수도 있다. 그런
데 당사자 간 약정에 따라 인출가능기간 동안 수회의 인출이 가능하도록

---

24) 사채의 준거법에 따라 구체적인 계약서 묶음에 차이는 있으나, 일반적으로 사채권에
첨부되는 사채조건, 사채인수계약서 외에도 재무대리인(fiscal agent)·지급대리인
(paying agent)·계산대리인(calculation agent) 등과의 대리계약서가 체결되며, 필요
시에는 수탁·등록기관과의 계약서도 체결된다.
25) 증권신고절차를 거쳐야 하는 공모사채는 물론이고 사모사채라 하더라도 해외 발행의
경우, 사채인수인들로부터 발행일에서 1년 이내 국내 거주자에게 사채권을 양도하지
않는다는 동의서를 징구해야만 증권신고서 제출의무 등이 면제되는바(자본시장과 금
융투자업에 관한 법률 제119조, 동법 시행령 제11조 제3항 및 증권의 발행 및 공시
등에 관한 규정 제2-2조의2), 모두 거래 종결 이전에 이루어져야 할 사항들이다.

하는 대출은 흔히 이루어지지만, 발행일을 특정하지 않은 채 여러 회차에 걸쳐 발행되는 사채에 관한 인수약정의 예는 찾아보기 힘들다. 나아가 조기상환의 허용 여부, 조기상환 통지기간, 조기상환의 조건 등에 있어 사채가 대출보다 더 제한적인 경우가 많은바, 대상회사 인수 이후 운용계획상 사채 일부 또는 전부의 조기상환을 예정하고 있다면 사채조건 협상에 있어서 특히 고려해야 할 것이다.

(3) 계약 내용 수정 및 의사결정

사채권자 전원에게 효력이 미치는 사채조건의 변경 또는 사채권자의 권리 행사를 위하여 사채권자들의 의사결정이 필요한 경우, 일반적으로 대출계약상 대주단의 의사결정에 비해 더 많은 시간과 비용이 소요된다. 공개시장에서 불특정 다수를 대상으로 발행 및 양도되는 공모사채는 물론이고, 사모사채도 유가증권의 특성상 (대출에 비하여) 사채권자의 변경이 잦고 그 수도 많을 것이기 때문이다. 나아가 상법은 사채권자의 집단적인 의사를 결정하기 위한 회의체기구인 사채권자집회를 두어 사채권자집회의 소집, 결의방법, 결의의 효력 발생, 결의의 집행에 대하여 폭넓게 규정하고 있으며, 사채권자집회의 결의는 그 자체로 바로 효력을 발생하는 것이 아니라 사채권자 전원의 동의가 없는 한 법원의 인가를 받아야만 그 효력이 발생한다는 절차적 제한이 있다.[26] 상법이 정하는 일정한 사항에 대해서는 사채권자집회의 결의가 필요하며,[27] 그 밖에도 사

---

26) 상법 제498조.
27) 상법상 자본금 감소에 대한 이의(제439조), 사채관리회사의 사임에 대한 동의(제481조), 사채관리회사의 해임청구(제482조), 사채관리회사의 사무승계자 지정(제483조), 사채관리회사가 해당 사채 전부에 대한 지급 유예, 책임 면제, 소송행위 등을 하는 경우(제484조) 등이 이에 해당한다.

채권자 전원에게 효력이 미치는 사항(사채조건의 변경, 기한의 이익 상실 내지 면제 등)에 대해서는 사채권자집회의 결의를 거치도록 규정하는 것이 실무이다.[28]

(4) 담보 제공의 방법

사채를 담보부로 발행하기 위해서 담보부사채신탁법에 따라 신탁업자 간 신탁계약에 의하여 사채를 발행할 수 있다. 그런데 담보부사채신탁법 상 사채에 붙일 수 있는 물상담보는 그 종류가 제한되어 있어, 채권질의 경우 증서가 있을 때에만 가능하고 무체재산권에 대한 질권 설정은 허용되지 않으며, 특히 주식의 경우 금융위원회의 인가를 받아야만 담보로 할 수 있다.[29] 이러한 제한 때문에 실무상 담보부사채신탁법에 따른 사채 발행 사례는 드물고, 사채권자와의 개별 담보계약을 통해 담보를 제

---

28) 상법 제490조는 "사채권자는 이 법에서 규정하고 있는 사항 및 사채권자의 이해관계가 있는 사항에 관하여 결의를 할 수 있다"라고 규정하여, 상법상 사채권자집회 결의사항으로 명시되지 않은 사항에 대해서도 사채권자 전원에게 효력을 가지는 사항인 이상 사채권자집회의 결의가 필요한 것인지 여부가 반드시 명확하지 않다. 예를 들어 사채 조건에 상법상 사채권자집회와는 별개로 사채권자의 의사결정기구를 두고 그에 따라 사채권자들의 의사를 결정하도록 하는 경우, 그러한 약정의 유효성과 해당 의사결정 기구에 대해서는 상법상 사채권자집회에 관한 규정의 적용을 배제할 수 있는지 여부 가 문제 된다. 실무상으로는 상법의 해당 조항을 엄격히 해석하여 공모·사모 여부를 불문하고 준거법이 한국법인 사채 발행의 경우에는 상법상의 사채권자집회만을 예정 하고, 이에 따라 사채인수계약서나 사채조건에 삽입되는 사채권자집회에 대한 규정이 상법상 사채권자집회에 대한 조항에 위배되지 않도록 계약서를 작성하는 것으로 보인 다. 단 사채권자집회에 대한 상법상 규정이 국제적 강행규정은 아니며 사채권자집회 에 대한 사항은 채권의 준거법에 따를 사항이라는 데에 실무가 거의 일치되어 있다. 국제적 강행규정 여부와 관련하여 같은 취지로는, 석광현, "우리 기업의 해외증권 발 행과 관련한 법적인 미비점과 개선방안," 국제사법과 국제소송 3, 박영사, 2004, 596-597면 참조.
29) 담보부사채신탁법 제4조.

공하는 경우가 많다. 담보부사채신탁법의 적용범위에 대하여 논의가 있기는 하나,[30] 실무상으로는 개별 담보계약을 통해 담보가 제공된 사채와 해당 담보계약의 유효성을 인정하고 있으며,[31] 다만 사채권이 양도된 경우 담보계약 및 그에 따라 설정된 담보의 이전절차를 따로 거치도록 하고 있다.

(5) 기타

그 밖에도 공개매수나 입찰절차에 의한 기업 인수 등 비밀유지(confidentiality)가 특히 중요한 기업 인수거래에서는 사채의 발행(특히 거래 관계자가 많고 증권신고서 제출의무를 부담하는 공모사채)이 적합하지 않을 수 있다.

5. 채권자 간 약정의 제 문제

후순위금융이 사용되는 경우, 이해관계가 다른 집단이 추가되는 것이므로 이를 규율하기 위한 이른바 채권자 간 약정이 필요하다. 영미의 경우 다양한 이해관계가 여러 가지 국면에서 충돌할 것을 예정한 복잡하고 긴 채권자 간 약정이 체결되며, 순위별 대주들이 별도의 법률자문을 선

---

30) 담보부사채신탁법 위반의 효력에 대해서는 김용호 / 선용승, "국제금융을 위한 담보수단," BFL 제10호(2005. 3), 서울대학교 금융법센터, 115면을, 담보부사채신탁법의 국제적 적용범위에 대해서는 석광현, "국제금융에서의 신탁과 국제사법," BFL 제17호(2006. 5), 서울대학교 금융법센터, 77면을 각 참조.

31) 사적 자치의 원칙상 당사자 간 개별적 교섭을 통하여 이루어지는 거래를 과도하게 제한할 이유가 없으므로 사채와 담보계약이 모두 유효하다는 견해로 김용호 / 선용승, 앞의 논문(주 30), 115면.

임하여 채권자 간 약정이 본격적으로 협상된다. 반면 국내에서는 비교적 단순하고 간단한 채권자 간 약정이 사용되고 있으며,[32] 선후순위대출을 위하여 동일한 주선기관 및 대리기관이 선임되는 경우 후순위대주들을 위한 별도의 법률자문을 선임하지 않기도 한다. 그러나 이는 앞으로 후순위금융의 사용이 잦아짐에 따라 변화할 것으로 예상된다. 채권자 간 약정의 가장 대표적인 내용을 소개하면 다음과 같다.

(1) 도산절차와 후순위화

채권자 간 약정에서 가장 중요한 내용은 도산절차에서 후순위부채의 선순위부채에 대한 후순위화이다. 영미의 경우 후순위약정이 도산법상 채권자 평등의 원칙(pari passu)이나 법이 정한 절차에 따라 자원분배의 효율성을 도모하는 도산절차에서의 공서양속(public policy)에 비추어 그 효력이 인정되는지 여부에 대한 오랜 논의가 있어 왔으며, 오늘날에는 후순위약정의 효력이 일반적으로 인정된다.[33] 그러나 도산절차에서의 후순위화를 채권자 간 약정을 통해 구체적으로 구현하는 방식으로서 후순위대주의 도산절차상 다양한 신청권과 의결권을 박탈하는 약정에 대

---

32) 국내 대규모 인수금융에서 사용되는 국문 대출약정서와 채권자 간 약정서는 주로 영국에서 사용되는 계약서를 바탕으로 하여 이를 간략하게 한 것들인데, 그중에서도 채권자 간 약정서는 대폭 간소화된 경우가 많다. 그러나 인수인이 외국계 사모펀드이거나 외국 회사인 경우 국내 대주로부터 금융을 조달하고 한국법을 준거법으로 한다 하더라도 관련 계약서는 모두 영문으로 체결되는데, 이때 사용되는 영문 계약서들은 국제금융 실무에서 일반적으로 사용되는 영국식 계약서들이다.

33) 영미에서 후순위약정의 일반적 효력에 대한 국문 문헌으로는 정순섭, "후순위약정의 법적 문제," BFL 제35호(2009. 5), 서울대학교 금융법센터, 47면 이하 ; 남유선, "기업금융에 있어서의 후순위채(Subordinated Debt)에 관한 연구 : 우리나라의 최근 발행 현황과 관련한 비교법적 검토," 비교사법 제13권 제1호(2006), 한국비교사법학회, 278면 이하 참조.

해서는 논의가 완전히 정리되지 않은 것으로 보인다.[34]

국내의 경우 채무자회생 및 파산에 관한 법률 제446조 제2항이 "채무자와 채권자가 파산절차에서 다른 채권보다 후순위로 하기로 정한 채권은 그 정한 바에 따라 다른 채권보다 후순위로 한다"라고 규정하여 파산절차에서의 후순위약정의 효력을 인정하고 있다.[35] 회생절차의 경우 명시적인 규정은 없으며, 후순위채권자를 대리하여 선순위대주나 담보대리기관이 채권신고하도록 하는 약정의 경우 그 유효를 전제로 실무가 이루어지고 있는 것으로 보이나, 후순위대주의 채권신고, 기타 도산절차에서의 권리를 박탈하는 약정이 유효한지 여부가 전면적으로 다루어진 예는 찾아보기 어렵다.[36]

---

34) 영국은 선순위채권이 지급될 때까지 후순위대주의 채권 신고(proof of claim)를 금지하는 약정의 효력에 대하여 과거에는 다양한 견해 대립이 존재하였으나 1994년 이래 법원이 그 효력을 인정하고 있다고 한다[Speechely, 앞의 책(주 14), 11.13]. 반면 미국은 지급 불능 상태의 채무자의 구조조정을 위한 자금조달(debtor-in-possession)에 반대할 권한, 연방도산법 제363조에 따른 공동담보매각에 반대할 권한, 구조조정계획(reorganization)과 관련하여 선순위대주와 다른 의결권을 행사할 권한 등 도산절차에서 채권자가 가지는 다양한 권한에 대한 포기(waiver)약정이 유효한지 여부에 대해 도산법원의 결정이 엇갈리고 있으며, 후순위약정에 대한 일반 조항인 연방도산법 제510(a)조의 구체적 해석과 관련해서 다양한 논의가 존재하는 것으로 보인다.
35) 실무상 채권자 간 약정에 차주가 직접 당사자가 됨으로써 동의가 이루어지도록 한다.
36) 채권자 간 약정에 따라 선순위대주가 후순위대주의 회생채권까지 한꺼번에 신고한 사건에서 후순위대주가 선순위대주의 채권신고가 제대로 이루어졌음을 알 수 없다는 이유로 조사확정 재판을 신청하자, 선순위대주가 후순위채권에 대해서까지 채권신고하였음을 이유로 법원이 신청 취하를 유도한 사례(2014), 국내 금융기관이 다른 국내 대주들을 위한 영국법상의 담보수탁기관(security trustee)으로서 채권신고하고 이에 대하여 조사확정 결정까지 있었던 사례(2011) 등이 존재하는바, 적어도 후순위채권자를 대리하여 선순위대주나 담보대리인이 채권신고하도록 하는 약정의 유효를 전제로 실무가 이루어지고 있는 것으로 보인다. 그러나 후순위대주의 채권신고, 기타 도산절차에서의 권리를 박탈하는 약정이 유효한지 여부가 직접 문제 된 예는 찾아보기 어렵다.

(2) 지급제한약정과 반환약정

선순위부채가 상환될 때까지 후순위대주가 차주 및 그 계열사로부터 계약상 허용된 이외의 지급을 받지 못하도록 하는 지급제한약정(payment blockage provision)과, 지급제한약정에 위반하여 지급받은 경우에는 이를 대리기관에 반환하여 계약에 따라 선순위대주들에게 배분되도록 하는 반환약정(turn-over provision)[37]이다.

대출기간 동안 후순위대주에게 지급하는 이자 및 수수료는 일정 조건의 충족을 전제로 하여 지급제한약정의 예외로서 허용되는 것이 일반적이다.

(3) 기한의 이익 상실과 담보 실행의 권한

후순위금융계약상 기한의 이익 상실사유가 발생하였다 하더라도 해당 사유가 발생한 이후(또는 해당 사유 발생에 대하여 선순위대주에 통지한 이후) 일정 기간 동안은 후순위대주가 기한의 이익을 상실시키고 담보를 실행할 수 없도록 제한하는 것이 일반적인데, 이를 담보실행 제한기간(standstill period)이라 한다.

나아가 선순위대주가 기한의 이익 상실사유에 대하여 권리를 포기(waiver)한 경우, 후순위대주 역시 해당 사유에 대하여 권리를 포기한 것으로 간주하는 조항이 삽입되기도 한다.

---

37) 후순위대주가 지급받은 금원을 선순위대주에게 반환할 채권적 의무를 부담하는 것이 아니라, 선순위대주를 위하여 신탁적으로 보관하도록 약정하기도 한다. 정순섭, 앞의 논문(주 33), 40면 참조.

(4) 지급 및 충당 순서

채권자 간 약정은 또한 대리기관이 수령한 담보실행대금, 반환약정에 따라 반환받은 금원 및 그 밖의 금원이 어떠한 순서로 무슨 부채의 지급에 사용되어야 하는지를 정한다.

(5) 그 밖의 내용

그 밖에도 채권자 간 약정은 (i) 선후순위대주들의 의결권에 관한 사항, (ii) 선후순위금융계약서의 변경이나 수정의 제한,[38] (iii) 선후순위금융의 리파이낸싱에 관한 사항,[39] (iv) 대주의 선후순위금융계약상 권리양도에 대한 제한을 일반적으로 포함하며,[40] 그 밖에 (v) 기한의 이익상실사유가 발생한 상황에서는 후순위대주가 선순위대주의 채권의 매수를 청구할 수 있는 권한을 포함하는 경우도 있다.

III. 인수금융의 리파이낸싱

1. 인수금융 리파이낸싱의 유인

대상회사의 인수를 위하여 이루어졌던 인수금융의 만기가 도래하기

---

38) 선순위금융계약의 변경은 후순위대주들의 권리에 중대한 영향을 미치는 경우(예를 들어 이자율이나 상환스케줄의 변경)에 한하여 제한되는 것이 일반적이다.
39) 이에 대해서는 이 글 III. 2. (3) 참조.
40) 양수인이 해당 채권자 간 약정의 당사자로 가입하지 않는 이상 대주의 대출계약상 권리양도를 제한하는 것이 최소한이다.

이전에 리파이낸싱을 촉진하는 요인으로는 크게 금융비용을 절감하고 보다 유리한 조건으로 재차입하기 위한 목적과 투자자금의 (조기)회수 (exit) 목적이 있다. 이하에서 구체적으로 살펴보도록 한다.[41)]

(1) 금융비용 절감 및 유리한 조건으로의 차입

인수인이 대상회사를 인수하여 경영한 결과 대상회사의 영업이익이 크게 상승하거나 기타 대상회사의 재무 상태 안정화 내지 레버리지비율 감소, 기업가치 증가 등으로 기존에 비하여 유리한 조건으로 새로운 자금을 조달할 수 있는 경우, 대상회사로서는 리파이낸싱의 유인을 가지게 된다.

구체적으로는 기존 인수금융의 조기상환수수료와 리파이낸싱의 거래비용을 상쇄하고도 남을 정도로 이자율 인하로 인한 금융비용 절감 효과와 준수사항의 완화 등 차입조건 변경에 따른 이익이 큰 경우에 리파이낸싱을 결정하게 될 것이다. 이때 리파이낸싱의 거래비용으로는 대주단 대출의 주선, 대리기관과 대주단, 후순위금융의 인수·주선, 대리기관에 지급하는 각종 수수료와 기타 법률비용 외에도 기존 담보의 해지와 신규 담보의 설정비용,[42)] 신용평가비용 등을 고려하게 된다. 그런데 대상회사

---

41) 본문에서는 인수금융이 리파이낸싱되는 경우만을 다루고 있으나, 인수금융의 일환으로서 리파이낸싱이 이루어지는 경우도 있다. SPC에 대하여 인수대금을 제공하는 동일한 대주들이 대상회사의 인수와 동시에 또는 대상회사의 인수로부터 일정한 기간 내에 대상회사에도 금융을 제공하여 대상회사의 기존 부채를 리파이낸싱하도록 하는 경우(소위 two-tier loan)가 이에 해당한다. 이와 같은 리파이낸싱의 이유로는, 윤여균/우동석, "해외인수금융의 사례와 법적 쟁점," 국제거래법연구 제20집 제2호(2011. 12), 국제거래법학회, 122면 참조.

42) 리파이낸싱에 따라 기존의 부채는 변제로 소멸하고 신규부채가 발생하는 것이어서 기존 부채를 피담보채무로 하여 설정된 담보는 담보물권의 소멸상의 부종성에 따라 소멸하므로 담보의 해지 및 재설정 작업이 이루어지게 된다. 특히 국외에 존재하는

가 직접 차주가 되지 않고 SPC단계에서만 이루어지는 리파이낸싱에서는 담보로서 차주가 보유하고 있는 대상회사의 주식과 차주 명의의 계좌(예금채권)만이 제공되는 것이 일반적이고, 주식 및 계좌에 대한 담보(질권) 설정에는 많은 비용이 소요되지 않으므로 추가적으로 발생하는 거래비용이 리파이낸싱의 저해요소가 되지 않는 측면이 있다. 반면에 합병형 LBO에서 대상회사와 SPC의 합병 이후 존속회사인 대상회사가 직접 차주로서 리파이낸싱을 하는 경우에는 대상회사의 주요 자산이 모두 담보로 제공될 것이므로 그렇지 않은 경우에 비하여 리파이낸싱의 거래비용이 증가할 수는 있으나, 대상회사의 주식만 담보로 제공되는 경우에 비하여 높은 담보가치를 인정받아 더 낮은 금리로 더 많은 금액의 리파이낸싱이 가능하다. 최근에는 국내 인수금융시장에서의 경쟁 심화와 유례없이 낮은 기준금리로 인하여 리파이낸싱이 더욱 활발하게 이루어지는 양상으로,[43] 이는 높은 레버리지비율로 인하여 이자비용의 절감이 수익 확대로 직결되는 사모펀드의 기업 인수거래에서 두드러진다.[44]

대상회사의 자산, 대상회사의 해외 자회사에 대한 주식 및 해외 자회사의 자산에까지 모두 담보를 설정하는 경우에는 각 자회사 설립의 준거법이나 담보목적물의 소재지법 등 외국법에 따라서 담보 해지 및 재설정이 이루어져야 하므로 그 비용이 크게 증가할 수 있다.

43) 2013년 국내 투자은행들이 M&A시장에 공급한 인수금융 리파이낸싱거래는 총 1조 8,244억 원 규모였으나, 2014년에는 2조 8,331억 원, 그리고 2015년에는 3조 428억 원 규모이다. The Bell 인터넷기사 2014. 1. 2.자, "하나대투證, 인수금융시장 평정" ; The Bell 인터넷기사 2015. 1. 2.자, "[League Table] 하나대투證, 1위 수성… 우리銀 약진" ; The Bell 인터넷기사 2016. 1. 4.자, "[League Table] NH투자, 다크호스에서 제왕으로" 각 참조.

44) 실제로 칼라일그룹의 경우 (주)약진통상 인수금융 리파이낸싱에서 기존보다 0.7퍼센트포인트 낮은 금리로, 베어링 프라이빗 에쿼티 아시아(Baring Private Equity Asia)는 로젠(주) 인수금융 리파이낸싱에서 기존보다 연 1.0퍼센트가량 낮은 금리로, 어피너티 에쿼티 파트너스(Affinity Equity Partners)는 (주)로엔엔터테인먼트의 인수금융 리파이낸싱에서 약 연 0.5퍼센트 낮은 금리로, 하림그룹은 팬오션 인수금융 리파이낸싱에서 연 5퍼센트대 이자를 3퍼센트 초반으로 낮추어 거래를 종결한 것으로 알려졌다.

마지막으로 기존 인수금융이나 그 리파이낸싱에 외화 차입이 포함된
경우, 환변동 리스크 역시 금융비용 산정에 고려될 것이다. 외국계 인수
인이 국내 기업 인수 당시 조달하였던 외화를 원화로 리파이낸싱하여 환
리스크 헤지비용을 절감하는 경우, 반대로 외화 대비 원화 환율이 하락
하는 시장 상황이나 수출기업인 대상회사의 외화매출채권으로 외화채무
의 환리스크를 헤지할 수 있는 상황 등을 고려하여 리파이낸싱에서 원화
채무를 외화채무로 전환하거나 기존 외화채무를 유지하는 경우가 그 예
이다.

(2) 투자금회수의 방편

투자금의 회수는 기업 인수에 참여한 모든 투자자에게 공통되는 문제
이나, 전략적 인수인보다 재무적 인수인인 경우에 더 중요한 문제가 된
다. 전략적 인수인은 대상회사의 경영에 참여하여 그 영업을 지속적·장
기적으로 운영하고 기업가치를 최대화하고자 하는 것이 일반적인 데에
비하여, 재무적 인수인은 일정한 수익을 달성하는 것을 목적으로 통상
투자 후 3~5년 이내에 투자자금을 회수하고자 하기 때문이다. 사모펀드
와 같은 기업 인수거래의 재무적 인수인들은 전통적으로 대상회사 주식
을 일반적인 전략적 매수인 또는 다른 재무적 인수인에게 다시 매각하거
나(trade sale 및 secondary buy-out) 기업공개(Initial Public Offering, IPO)를
통하여 투자금을 궁극적으로 회수하여 왔으며, 그 밖에도 대상회사 영업

The Bell 인터넷기사 2015. 4. 9.자, "칼라일, 약진통상 인수금융 차환 완료" ; The Bell
2014. 10. 22.자, "우리銀·한국證, 로젠택배 인수금융 리파이낸싱 주관" ; The Bell
2015. 3. 4.자, "로엔엔터 인수금융 리파이낸싱 약정 체결" ; 인베스트조선 인터넷기사
2016. 8. 17.자, "팬오션 인수금융 리파이낸싱 완료, 제일홀딩스 IPO 본격화" 각 참조.

또는 자산의 처분, 대상회사가 보유한 현금을 이용한 배당이나 유상감자 등을 통하여 투자자금의 일부 또는 전부를 회수하게 된다. 그뿐만 아니라 대상회사가 별개의 차입을 통해 조달한 자금으로 자기주식매수·유상감자 또는 배당을 하도록 하여 투자자금을 회수하기도 하는데, 이를 '부채를 통한 자본구조 재조정(leveraged recapitalization 또는 recaps)'이라 일컫는다.

재무적 인수인들이 부채를 통한 자본구조 재조정을 실행하는 경우는 주로 당시 시장 상황에 비추어 기업공개나 주식매각을 통한 투자금회수가 적절하지 않거나, 투자금을 일부 회수한 이후에도 대상회사에 대한 지분비율을 유지하고 추후 주식매각을 통한 더 큰 이익 실현을 기대할 수 있는 때이다. 최근 국내에서도 부채를 통한 자본구조 재조정이 종종 이루어지고 있는바, 이 경우 최초 인수금융보다 더 큰 금액의 리파이낸싱을 통하여 대상회사의 레버리지비율을 더욱 높이게 된다.[45] 배당·자기주식 취득 또는 유상감자 중 어떤 형태로 인수자금을 회수할 것인지 여부는, (i) 감자와는 달리 배당이나 자기주식 취득의 경우 상법이 정한

---

45) 일례로 어피너티 에쿼티 파트너스는 2013년 (주)로엔엔터테인먼트의 지분 61.4퍼센트를 2,972억 원에 인수하면서 인수자금 중 950억 원을 국내 금융기관으로부터 차입하였다. 이후 (주)로엔엔터테인먼트의 지분가치가 상승하자, 어피너티 에쿼티 파트너스는 기존 인수금융규모의 2배 이상인 2,300억 원 규모의 리파이낸싱을 2015년에 추진, 인수 당시 에쿼티 출자금 2,200억 원 중 절반 이상을 회수한 것으로 알려졌다. 물론 대상회사의 기업가치가 상승하거나 대상회사의 현금흐름으로 최초 인수금융의 상당 부분을 이미 상환한 경우, 부채를 통한 자본구조 재조정에도 불구하고 레버리지비율이 더 높아지지 않을 것이다. 예를 들어 칼라일그룹은 2013년 (주)약진통상을 인수하면서 인수대금의 44퍼센트가량인 900억 원을 인수금융으로 조달하였는데, 인수 후 1년 동안 (주)약진통상의 영업이익(EBITDA)이 증가하자 2015년까지 내부 유보현금과 영업이익으로 600억 원 이상을 조기상환하고, 다시 850억 원 규모의 리파이낸싱을 통하여 인수 당시 에쿼티 출자금 중 절반가량을 회수한 것으로 알려졌다. The Bell, 앞의 기사(2015. 3. 4.자, 주 44) ; The Bell, 앞의 기사(2015. 4. 9.자, 주 44) 참조.

배당가능이익의 범위에서만 가능하다는 점,[46] (ii) 배당이나 자기주식 취득의 경우 정관 규정에 따라 이사회결의로도 가능하나 감자는 주주총회 특별결의 및 채권자보호절차를 거쳐야 한다는 점,[47] (iii) 세무상의 취급 등을 종합적으로 고려하여 결정하게 된다.[48]

2. 인수금융의 리파이낸싱에서 고려할 법적 쟁점

변호사의 입장에서 인수금융의 리파이낸싱거래는 본 인수금융과 비교하여 기술적으로 더 간단한 경우가 대부분이며, 리파이낸싱거래 고유의 법적 쟁점이 많지는 않다. 리파이낸싱거래에서 종종 등장하는 실무적 쟁점들을 다음에서 살펴보기로 한다.

(1) 기존 인수금융의 조기상환조건

1) 조기상환수수료

리파이낸싱에 따른 손익을 예상하기 위해 기존 인수금융의 조기상환

---

46) 상법 제341조 제1항 및 제462조 제1항. 단 개정상법상 준비금 중 자본금의 1.5배를 초과하는 부분은 주주총회결의에 따라 배당가능이익으로 전환할 수 있게 되었다(상법 제461조의2).

47) 상법 제341조 제2항, 제438조 제1항, 제439조 제2항 및 제462조 제2항.

48) 그 밖에도 부채를 통한 자본구조 재조정은 기본적으로 배당·감자·자기주식매각 등의 출자 환급을 위하여 차입을 하는 것이나 마찬가지이므로, 배임 이슈를 고려하지 않을 수 없다. 최초 인수자금 차입 시와는 달리 리파이낸싱의 경우 기업 인수 목적의 자금조달이라는 측면보다 출자 환급으로서의 경제적 실질이 더 뚜렷하며, 이사의 배임죄 해당 여부나 그 밖의 규제 방향도 이러한 관점에서 결정되어야 할 것이다. 이 글에서는 더 이상의 논의는 생략하며, 출자 환급 관점에서 바라본 LBO의 위험성과 규제방안에 대해서는 이상훈, "LBO에 대한 개정상법의 영향과 바람직한 규제의 방향," 증권법연구 제13권 제2호(2012. 9), 한국증권법학회, 60면 이하 참조.

수수료를 고려하는 것이 필수적이라는 점은 이미 기술하였다. 이상에서 언급한 인수금융시장의 경쟁 심화와 차주가 주도권을 가지는 시장 상황(borrower's market)은 조기상환수수료조건에도 반영되어 특히 리파이낸싱의 경우 수수료 부과기간이 짧아지고 수수료율 역시 낮아지는 경향이다. 최근에는 기존 인수금융대주 중에서 리파이낸싱거래에 참여하는 대주에게는 조기상환수수료를 면제하는 예도 있었다.

2) 조기상환의 조건

국내에서 이루어지는 대주단대출에서 자발적 조기상환(voluntary prepayment)은 대리기관에 대한 일정 기간 이상의 조기상환 통지(prepayment notice) 후 이자지급일에만 이루어질 수 있으며, 조기상환 통지는 철회 불가능하고 해당일에 조기상환되어야만 하는 것으로 정하는 것이 일반적이다. 리파이낸싱대주단의 입장에서는 리파이낸싱대출금의 인출 당일 기존 대출금이 전액 상환되어야 하므로 기존 대출상의 조기상환통지와 조기상환일은 리파이낸싱 일정에서 가장 우선적으로 고려해야 할 요소 중 하나이다. 만일 리파이낸싱금융계약의 협상 일정 등으로 인하여 이자지급일이 아닌 날 조기상환하고자 하는 경우에는 기존 대출계약의 조건에 따라 대주단의 동의(waiver)를 구해야 한다.

만일 기존 대출계약을 위반하여 대주단의 동의가 없음에도 불구하고 이자지급일이 아닌 날 조기상환하였다면, 대주단으로서는 다음 이자지급일까지의 기한의 이익을 상실한 것이므로 차주에게 그에 따른 손해배상을 청구할 수 있다.[49] 손해 산정에 대해서는 (i) 약정이자와 법정이자

---

49) 민법 제153조 제2항. 한편 대출계약상 이자지급일에만 조기상환이 가능하도록 정한 경우 이자지급일 이외의 날에는 (손해배상 여부를 불문하고) 아예 조기상환을 할 수 없는 것인지 문제 된다. 관련하여 학설은 민법 제153조 제2항은 쌍방이 기한의 이익을

의 차액을 지급해야 한다는 견해, (ii) 해당 기간 동안의 약정이자 전액을 지급해야 한다는 견해가 존재하나,[50] (iii) 손해액 산정에서의 차액설과 국제금융 실무[51]를 고려하여 약정이자와 조달금리의 차액을 적용하는 것이 합리적이라 본다.

(2) 리파이낸싱금융계약서의 협상과 작성

인수금융·LBO거래의 리파이낸싱 역시 대상회사의 자산 또는 현금흐름을 담보로 하는 자금조달이라는 점에는 변함이 없으므로, 그러한 담보 내지 재원을 보전하고 그로부터의 상환을 담보하는 각종 진술 및 보증 (representations and warranties)과 준수사항·의무적 조기상환(mandatory prepayment) 및 기한의 이익 상실사유는 대체로 유사할 수밖에 없다. 다

갖는다 하더라도 상대방의 손해를 배상하면 일반적으로 (상대방의 동의 없이) 기한의 이익을 포기할 수 있다는 의미일 뿐, 기한의 포기 자체가 허용되지 않는다는 의미는 아니라는 데에 일치한다고 한다[김용담(편) / 문용호(집필), 주석 민법[민법총칙(3)], 한국사법행정학회, 2010, 453면].

그러나 민법 제468조는 "당사자의 특별한 의사표시가 없으면 변제기 전이라도 채무자는 변제할 수 있다. 그러나 상대방의 손해는 배상하여야 한다"라고 정하고 있는바, 이를 반대해석하면 당사자의 특별한 의사표시가 있는 경우에는 상대방의 손해를 배상하더라도 변제기 전에 변제할 수 없다는 의미로 볼 수도 있다. 대부분의 대출계약에서는 해당 계약이 정한 조건대로 변제하지 아니하는 한 조기상환이 금지된다는 명문규정을 두고 있는바, 민법 제468조에 따라서 이자지급일 이전의 조기상환은 대주단의 손해를 배상하는 경우에도 불가능하다고 해석되어야 하는지 여부의 문제가 남는다. 실제로는 대주단의 입장에서도 손해를 배상받을 수 있다면 조기상환을 거부할 동기는 없기 때문에, 조기상환 자체가 불가능한 것인지 여부에 대한 논의의 실익이 크지는 않아 보인다.

50) 김용담(편) / 문용호(집필), 앞의 책(주 49), 458면.

51) 영미 계약서에서는 이자지급일 아닌 날 조기상환한 경우에는 해당 지급일이 속하는 이자기간의 마지막 날까지 그와 같이 조기상환되는 금액에 대하여 부과되었을 이자에서 대주의 조달금리를 뺀 금액(소위 break cost)을 보전하도록 하는 명시적인 규정을 두는 경우가 대부분이다.

만 대상회사의 인수가 완료된 이후에 체결된다는 점, 기존 인수금융의
존재를 전제로 한다는 점 때문에 다음과 같은 차이점이 존재한다.[52]

1) 대상회사의 원활한 인수를 보장하기 위한 조건의 삭제

대상회사의 인수 이전에 체결되는 기존 금융계약에는 주식양수도계약
이 유효·적법하게 체결되었으며 양수도거래 종결을 위한 일체의 선행
조건이 충족되었을 것, 주식양수도계약과 관련한 인허가의 충족이 인출
의 선행조건(conditions precedent)으로 반영된다. 또한 차주가 최초 인출
일에 수령한 대출금으로 주식양수도대금을 납입하고 대상회사의 주식을
유효하게 취득할 것이 인출의 후행조건(conditions subsequent)으로 반영
되며, 그 밖에도 주식양수도계약의 유효성·적법성, 관련 인허가의 충족
및 유지에 대한 진술 및 보증이 포함된다. 모두 리파이낸싱금융계약에는
불필요한 내용이다.

2) 리파이낸싱 특유의 조건 삽입

리파이낸싱금융계약에서는 기존 금융계약에 따라 조기상환 통지, 기
타 조기상환을 위하여 필요한 조치가 완료되었을 것이 인출의 선행조건
으로, 차주가 최초 인출일에 수령한 대출금으로 기존 금융계약상 부채를
완전히 상환하였을 것이 인출의 후행조건으로 각 반영된다.

그 밖에도 리파이낸싱금융계약의 체결일로부터 기존 금융계약의 상환
일(즉 리파이낸싱금융계약의 최초 인출일)까지의 기간에는 리파이낸싱금융

---

52) 사채의 경우에도 유사한 논의가 적용될 것이나, 지면의 한계상 대출로 한정하여 논의
한다. 인수금융대출계약의 기본구조는 일반 대출계약과 동일하지만 일반 대출계약의
항목마다 인수금융의 성격을 반영하는 사항들이 있다. 이에 대한 정리는 윤여균 / 곽명철,
"인수금융의 주요 법적 쟁점 : 우리나라에서의 실무를 중심으로," BFL 제47호(2011.
5), 서울대학교 금융법센터, 58면 이하 참조.

계약과 기존 금융계약의 효력이 모두 존속하는데, 이 기간 동안 두 계약의 상호 위반 문제가 발생하지 않도록 할 필요가 있다. 먼저 기존 금융계약의 효력 존속으로 인하여 리파이낸싱 금융계약의 위반이 발생하지 않도록 하기 위해, 기존 금융계약에 따른 부채와 담보는 리파이낸싱금융계약상 차입금지약정이나 담보제공금지약정(negative pledge)의 예외로서 허용되도록 한다.[53) 반대로 리파이낸싱금융계약에 따른 차입과 담보 제공이 기존 금융계약의 조건을 위반하지 않도록 하는 조치도 필요하다. 기존 금융계약상 차입금지약정의 경우 리파이낸싱금융계약에 따른 차입(인출)과 동시에 기존 부채가 전부 상환되고 기존 금융계약의 효력이 종료하므로 그 위반이 문제 되지 않지만, 담보제공금지약정의 경우에는 리파이낸싱금융계약상 담보제공의무를 모두 인출의 선행조건이 아니라 후행조건으로 규정하여 인출 이후 일정 기간 내에 담보가 제공되도록 함으로써 위반의 소지를 제거해야 한다.[54)

3) 그 밖의 차이점

그 밖에도 인수자금의 조달을 확실히 하기 위한 certain funds 조항[55)이나 대상회사에 대한 실사가 미비할 수 있음을 고려한 clean-up

---

53) 이는 물론 리파이낸싱금융계약의 인출일에 해당 부채 및 담보가 모두 상환 내지 해지될 것을 전제로만 허용된다.

54) 기존 금융계약이, 차주가 차입 또는 담보 제공을 위한 계약을 체결하거나 계약 체결을 위한 내부 결의를 하는 것만으로도 준수사항의 위반이 발생하도록 규정하는 경우가 있다. 리파이낸싱금융계약의 체결일을 공란으로 하여 체결한 뒤 최초 인출일에 체결일을 기입하는 방법을 동원하기도 하나, 이로 인하여 기존 금융계약상 준수사항의 위반이 전혀 발생하지 않았다고 보기는 어려워 보인다. 다만 실제로는 조기상환 통지 등을 통하여 기존 대주들에게 리파이낸싱계획을 알리고 협의하는 경우가 대부분이어서 이러한 위반이 분쟁화되는 경우는 잘 발생하지 않는다.

55) certain funds 조항은 영국 회사로서 영국에 상장된 회사에 적용되는 M&A 규정(City Code on Takeovers and Mergers)에서 유래하였으며, 유럽시장에서의 입찰절차에 의한

period 조항56)은 리파이낸싱거래에서는 사용되지 않는다. 기존 금융계약과 리파이낸싱금융계약의 대출금의 사용 목적이 달리 기재됨은 물론이다.

그 밖에도 최초 인수금융과 비교하여 볼 때, 리파이낸싱거래에서는 인수인의 투자회수계획(exit plan)을 고려하여 일정한 한도 내에서 (i) 대상회사 주식의 처분, (ii) 대상회사의 제3자 앞 신주 발행, (iii) 대상회사의 상장, (iv) 인수인에 대한 배당 내지 감자를 허용하는 조건이 포함되는 경우가 많다. 이는 타인자본이 자기자본에 우선한다는 일반 원칙에 대한 예외에 해당하므로, 그 구체적 내용 및 조건에 관하여 대주와 인수인 간에 첨예한 협상이 이루어지곤 한다.

인수거래에서 주로 사용된다. 일반적인 금융계약에서는 차주가 진술 및 보증, 준수사항을 위반한 바 없고 기한의 이익 상실사유가 발생하여 계속 중이지 않아야 하는 등의 선행조건이 모두 충족된 경우에만 대주들이 대출금의 인출의무를 부담하는 반면, certain funds 조항이 포함된 경우 인출선행조건의 일부가 충족되지 아니하였다 하더라도 일정 기간(certain fund period) 동안은 대주들이 대출금의 인출의무를 부담하게 된다. 이때 대출금의 인출의무가 면제되는 사유(draw-stops)는 협의에 따라 결정되나, 일반적으로 해당 대출이 위법하게 되는 경우(illegality) 금융계약의 효력 등 중요한(major) 진술 및 보증 위반·도산사유 등 중요한 기한의 이익 상실사유 발생 등이 포함된다. certain funds 조항이 국내시장에서 통용되고 있지는 않지만 일부 거래에서 사용된 예가 있다. 해당 조항의 유래와 내용에 대해서는 Gwendoline Griffiths, International Acquisition Finance : Law and Practice, 2nd Ed., Oxford University Press, 5.4. (2010) 이하 참조.

56) clean-up period 조항 역시 영국에서 유래한 조항으로, 대상회사의 인수 이후 일정 기간이 경과할 때까지는 대상회사와 관련하여 일부 기한의 이익 상실사유에 해당하는 위반이 있더라도 기한의 이익 상실사유가 아닌 것으로 간주하여 이를 치유할 수 있도록 하는 조항이다. 비공개회사의 인수거래와는 달리 공개회사의 인수 시 대상회사에 대한 완전한 실사가 어려울 수 있다는 점에서 유래한 조항이나, 2000년대 중반 이후 비공개회사의 인수거래에서도 clean-up period 조항을 요구하는 인수인들이 늘어났다고 한다. 역시 국내시장에서 통용되는 조항은 아니나, certain funds 조항과 함께 사용된 예가 없지 않다. 해당 조항에 대한 설명으로는 Speechley, 앞의 책(주 14), 5.76. 참조.

(3) 후순위금융과 리파이낸싱

1) 채권자 간 약정과 리파이낸싱

후순위금융이 사용되는 거래에서 선후순위금융 중 어느 하나가 리파이낸싱되는 경우, 다른 순위 대주의 권리에 영향을 미칠 수 있으므로 리파이낸싱의 허용 여부와 조건에 대해서 채권자 간 약정을 통하여 미리 합의한다. 허용되는 리파이낸싱〔소위 적격 리파이낸싱(qualifying refinancing)〕의 조건으로는, (i) 리파이낸싱으로 인하여 기존 선순위(후순위)부채 전부가 상환될 것, (ii) 리파이낸싱으로 인하여 발생하는 부채가 기존 부채와 동순위일 것, (iii) 기존 금융계약에 비하여 증가된 원금 또는 이자로 리파이낸싱하는 경우 그 제한 폭을 준수할 것(또는 기존 금융계약상 원금과 이자의 범위 내에서 리파이낸싱할 것), (iv) 기존에 담보로 제공된 바 없는 자산이나 권리를 리파이낸싱금융계약에 따라 담보로 제공하지 않을 것, (v) 준수사항, 진술 및 보증, 기한의 이익 상실사유 등 기타 리파이낸싱 금융계약의 조건이 기존 금융계약의 조건과 비교할 때 차주에게 더 제한적이지 않을 것, (vi) 선순위금융의 경우 만기가 일정 기간 내일 것 등이 고려된다. 나아가 리파이낸싱에 따른 새로운 대주가 기존 채권자 간 약정의 당사자로 가입하거나 기존 채권자 간 약정과 실질적으로 동일한 내용의 새로운 채권자 간 약정이 체결되도록 정하는 것이 일반적이다.

2) 선순위금융의 리파이낸싱과 담보 재설정

담보물권 소멸상의 부종성원칙상 기존 부채를 피담보채무로 하여 설정된 담보는 리파이낸싱에 따라 소멸한다는 점은 이미 설명하였다.[57] 그

---

57) 주 43 참조.

런데 후순위금융이 존재하는 거래에서 선순위금융만이 리파이낸싱되는 경우, 민법상 후순위담보권의 순위 유지가 인정되지 않는 결과 리파이낸싱금융계약에 따라 새로이 설정되는 담보권은 기존 후순위담보권에 대하여 후순위가 된다.[58] 이 때문에 후순위금융이 존재하는 거래에서는 선순위금융만이 리파이낸싱된다 하더라도 후순위담보까지 전부 해지 후 재설정하게 된다. 차주로서는 이를 리파이낸싱의 거래비용으로 고려해야 할 것이고, 선순위대주로서는 선순위금융의 적격 리파이낸싱이 이루어질 경우 후순위대주가 후순위담보 해지 및 재설정 등 필요한 조치를 취하고 협력할 의무가 있다는 점을 채권자 간 약정에 적절히 반영할 필요가 있다.

---

58) 민법 제333조 및 제370조.

07

차입매수의 주요 쟁점[*]

안보용[**] · 이영민[***] · 김태오[****]

I. 서설

차입매수(Leveraged Buyout, 이하 'LBO')는 일의적인 법적 개념이 아니라 일반적으로 기업 인수를 위한 자금의 상당 부분에 관하여 피인수회사의 자산을 담보로 제공하거나 그 상당 부분을 피인수기업의 자산으로 변제하기로 하여 차입한 자금으로 충당하는 방식의 기업 인수기법을 일괄하여 부르는 경영학상의 용어이다.[1] LBO는 인수자금의 상당 부분이 차입금으로 충당되고 동 차입금의 상환의무를 피인수회사가 부담하거나

---

* 이 논문은 BFL 제73호(2015. 9)에 게재된 글을 수정 · 보완한 것이다.
** 김 · 장법률사무소 변호사
*** 김 · 장법률사무소 변호사
**** 김 · 장법률사무소 변호사
1) 대법원 2010. 4. 15. 선고 2009도6634 판결 참조.

피인수회사의 자산이 차입금에 대한 담보로 제공된다는 점에서 일반적인 M&A(Mergers & Acquisitions)와 다른 특성이 있는데,[2] 이러한 특성으로 인해 피인수회사의 자산을 인수회사의 인수를 위해 제공하는 피인수회사 이사의 행위가 피인수회사에 대한 형사상 배임행위에 해당하는지에 관해 지속적인 논쟁이 있어 왔다.

국내 LBO의 유형은 크게 (i) 피인수회사로 하여금 인수회사의 인수대금 관련 채무를 보증하게 하거나 인수자를 위하여 담보를 제공하게 하는 '담보제공형 LBO', (ii) 피인수회사와 인수회사를 합병함으로써 피인수회사의 자산을 인수대금채무의 책임재산으로 활용하는 '합병형 LBO', (iii) 피인수회사의 자산을 유상감자·배당·자사주매입 등의 방법으로 인수회사에게 분배함으로써 인수대금채무의 변제에 활용하는 '유상감자·배당형 LBO'로 구분해 볼 수 있다.[3]

최근 각 LBO유형에 대한 배임죄 적용과 관련하여, (i) 담보제공형 LBO에 관하여 유죄를 선고해 온 기존의 주류적인 판례들과 달리 무죄를 선고한 온세통신 사건 대법원 판결과, (ii) 특수목적회사(Special Purpose Company. 이하 'SPC')와 피인수회사의 합병이 문제 된 합병형 LBO 사례에서 무죄를 선고한 하이마트 사건 제1심 및 항소심 판결이 나왔으며, (iii) 유상감자·배당형 LBO가 문제 된 대선주조 사건에서 무죄를 확정한 대법원의 판결이 나와 주목을 받고 있다.

다음에서는 최근 주요 판결을 기초로 각 LBO 유형별 배임죄 판단기준을 분석하고 이를 토대로 실무적 관점에서 LBO 진행 시 고려해야 할

---

2) 박태현, "LBO의 효과 및 허용범위에 대한 미국회사법상의 논의," BFL 제24호(2007. 7), 서울대학교 금융법센터, 197면.

3) 천경훈, "LBO 판결의 회사법적 의미," 저스티스 제127호(2011. 12), 한국법학원, 213면 참조. 다만 위 논문에서는 유상감자·배당형 LBO라는 표현 대신 분배형 LBO라는 표현을 사용한다.

사항들을 살펴본 다음, LBO에 대한 합리적 규제방안에 관해 의견을 제시하고자 한다.

II. 담보제공형 LBO와 배임죄

1. 개관

최근 나온 온세통신 사건 판결을 살펴보기에 앞서 담보제공형 LBO에 대한 배임죄 적용 관련 논의를 촉발시킨 계기가 된 신한 사건[4]에 관해 간략히 살펴본다. 신한 사건에서는, 피고인이 금융기관으로부터 전체 인수자금[5]차입을 통해 신한을 인수한 후 대표이사에 취임하여 SPC의 인수 관련 채무담보를 위해 신한 자산을 담보로 제공하였는데, 이러한 담보 제공이 신한에 재산상 손해를 가하는 배임행위에 해당하는지 여부가 문제 되었다.

이에 대해 대법원은 주식회사 상호 간 및 주주는 별개의 법인격을 가진 존재로서 동일인이라 할 수 없으므로 1인주주나 대주주라 하여도 그 본인인 주식회사에 손해를 주는 임무 위배행위가 있는 경우에는 배임죄가 성립한다는 기존의 법리를 재확인하면서, 피인수회사의 재산을 담보로 제공하는 것은 인수자가 피인수회사의 담보 제공으로 인한 위험 부담에 상응하는 대가를 지급하는 등의 반대급부를 제공하는 경우에 한하여 허용될 수 있다고 판시하였다. 특히 피고인의 인수 이후 신한의 경영이 크게 개선되었다는 점은 이미 기수에 이른 배임죄의 성립에는 영향이 없

---

4) 대법원 2006. 11. 9. 선고 2004도7027 판결.
5) 신한 사건의 경우 인수자금 중 타인자본 대 자기자본 비율은 220대 1이었다.

고 양형사유에 불과하다고 보았다.

신한 사건 대법원 판결은 피인수회사로 하여금 인수자를 위하여 담보
를 제공하게 하는 것이 본질적 특성인 담보제공형 LBO를 사실상 부인하
는 판결로 평가되었고[6] 그후 신한 사건의 판시 내용이 담보제공형 LBO에
관한 여러 판결에서 반복되면서 그동안 담보제공형 LBO는 금지되는 것
으로 이해되어 왔다. 그런데 최근 온세통신 사건에서 대법원은 담보제공
형 LBO에 대해 배임죄 성립을 부정하는 판결을 하였는바, 온세통신 판결
에서 나타난 법원의 배임죄 판단기준을 구체적으로 살펴보도록 하겠다.

2. 온세통신 사건

(1) 사안의 개요

(i) 수원지방법원(이하 '수원지법')은 회사정리절차 중이던 온세통신에
대한 매각결정을 하였고, 피고인이 대표이사로 있던 유비스타가 우선협
상대상자로 선정되었다.

(ii) 유비스타는 M&A계약을 체결하면서 온세통신 구주 전량을 유상
소각한 후, 유상증자에 따른 신주 100퍼센트 및 신주인수권부사채(Bond
with Warrant. 이하 'BW')를 인수하기로 하였다. 유비스타는 인수자금 마련
을 위해 전환사채 발행, 유상증자, 대출, 내부자금조달 등 다양한 방법으
로 자금을 조달하여 인수대금을 납입하였다.

---

6) 설민수, "M&A의 한 방법으로서의 LBO에 대한 규제, 그 필요성과 방법, 그리고 문제점,"
   사법논집 제45집(2007. 11), 법원도서관, 24면. 천경훈, 앞의 논문(주 3), 216면은 신한
   사건은 인수 후 경영 실적이 대폭 호전된 성공한 LBO로서, 채권자·소액주주·근로
   자·시민단체 그 누구도 불만을 제기하지 않았는데도 검찰의 주도하에 유죄 판결에
   이르게 되었다는 점에서 국내 M&A시장 및 실무계에 큰 충격을 주었다고 한다.

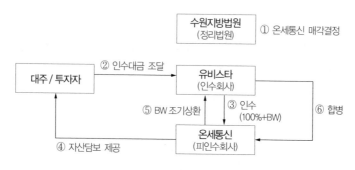

〔그림 1〕 온세통신 사건 개요도

(iii) 수원지법의 회사정리계획 변경계획안[7] 승인이 있은 후 유비스타는 온세통신 신주 전부를 인수하여 지분 100퍼센트를 취득하고, 온세통신이 발행하는 BW를 인수하였다.

(iv) 온세통신은 피고인이 대표이사에 취임한 이후 유비스타의 인수 관련 차입금채무를 담보하기 위하여 온세통신의 자산에 담보를 설정하여 주었다.

(v) 온세통신은 사옥을 담보로 장기대출을 받아 유비스타가 인수한 BW를 만기 전에 전액 상환하였고, 유비스타는 위 BW 상환대금으로 인수자금 중 단기차입금을 변제하였다.

(vi) 유비스타는 2007년 11월 9일 온세통신을 흡수·합병하고 주식회사 온세텔레콤이라는 상호로 합병등기를 하였다.

---

7) 회사정리계획 변경계획안의 주된 내용은 M&A계약의 내용에 더해 유비스타는 인수하는 신주의 50퍼센트를 1년간 처분할 수 없고, 온세통신은 만기 전에 BW를 상환할 수 없다는 것이었다.

(2) 법원의 판단

제1심 법원[8]은 기존 신한 사건 대법원 판결과 같은 입장을 취하여, 온세통신의 자산을 담보로 제공한 것은 이에 상응하는 반대급부의 제공이 없는 한 온세통신에게 재산상 손해를 가하는 행위에 해당한다고 판단하였다. 그러나 항소심[9]과 대법원[10]은 제1심과 달리 피고인에 대한 배임죄 성립을 부정하였다. 대법원은 항소심이 판시한 아래의 사정을 인용하면서,[11] 피고인에게 온세통신의 자산을 담보로 제공하거나 BW를 조기상환함에 있어 '배임의 고의'가 있었다고 볼 수 없다고 판시하였다.

(i) 신주 인수대금의 상당 부분(약 46퍼센트)[12]을 자체자금으로 조달하였으므로, 인수자가 피인수회사에 아무런 반대급부를 제공하지 않고 임의로 피인수회사의 재산을 담보로 제공하게 한 경우와는 근본적으로 차이가 있는 점.

(ii) 유비스타가 온세통신의 구주를 전부 소각하고 신주를 100퍼센트 취득하여 유비스타와 온세통신의 경제적 이해관계가 일치하게 된 점.

---

8) 서울중앙지방법원 2012. 1. 5. 선고 2011고합680, 1368(병합) 판결.
9) 서울고등법원 2012. 7. 5. 선고 2012노268 판결.
10) 대법원 2015. 3. 12. 선고 2012도9148 판결.
11) 항소심이 설시한 사정 중 인수대금을 이용한 정리채권 변제 등으로 온세통신의 재무구조가 개선된 점, 합병을 통해 온세통신이 코스닥시장에 우회상장된 점, 회사정리절차와 관련하여 담보 제공을 정리법원에 알리지 않거나 외부에 공시하지 않았다고 하여 그에 대한 법적 책임까지 져야 한다고 볼 수 없는 점 등은 대법원 판결에서는 언급되지 않았다.
12) 대법원 판결에는 구체적 비율의 기재가 없으나, 항소심의 사실인정을 그대로 인용한 것으로 보인다. 항소심은 신주 인수대금 710억 원을 분모로 삼아 유비스타의 자체조달자금이 약 330억 원이므로 자체조달비율이 약 46퍼센트에 해당한다고 평가하였다. 반면 제1심은 유비스타 인수와 관련한 총조달자금 1,903억 원을 분모로 삼아 그중 자체조달자금은 27퍼센트에 불과하다고 평가하여, 자체조달비율 산정방식과 그에 따른 결론에 차이를 보였다.

(iii) 유비스타는 M&A계약 체결 당시부터 합병을 전제로 인수를 논의하였고, 이후 합병함으로써 법률적으로 합일하여 동일한 인격체가 되어 합병 전 온세통신 자산담보 제공으로 인한 부담 내지 손해는 유비스타에 귀결된 점.

(iv) M&A의 실질이나 절차에 하자가 없는 점.

(v) 인수 당시 유비스타의 자산규모는 작지만 부채비율은 193퍼센트로 온세통신의 363퍼센트에 비해 낮아 양호한 상태였고, 재무적 투자자로부터 150억 원을 투자받아 무선인터넷전화 등 새로운 사업을 계획하고 있어 온세통신을 인수할 경영상 필요가 있었으며, 실제 온세통신 인수 후 200억 원 상당의 설비투자를 한 점.

(vi) M&A계약 체결 시 온세통신 근로자들의 고용보장을 약정하고 실제로 고용보장을 한 점.

(vii) BW 조기상환으로 인해 재무구조가 개선되고 이자비용이 절감되는 등 BW 조기상환이 전체적으로 온세통신에게 손해가 되지 않았으며, 조기상환은 자율적 경영판단의 영역에 속하는 점.

대법원은 항소심과 무죄라는 결론은 같이하였으나, 항소심이 배임죄의 구성요건 중 배임의 고의뿐 아니라 인수회사의 재산상 이익의 취득 및 피인수회사의 손해의 발생까지 부정한 것과 달리, 대법원에서는 배임의 고의만을 부정하여 재산상 이익의 취득 및 손해의 발생은 인정된다는 취지로 판시하였다는 점에서는 차이를 보였다.

3. 배임죄 판단기준 분석

온세통신 사건 대법원 판결은 피인수회사의 지분 100퍼센트를 인수한 경우에도 법인격의 형식적 독립성을 강조하여 재산상 손해의 발생을 인정하는 태도나 담보 제공에 상응한 반대급부가 제공되지 않는 한 담보 제공 자체로 피인수회사에 재산상 손해가 인정된다는 기존 배임죄 판례의 입장을 근본적으로 변경하지는 않은 것으로 보인다.

그러면서도 신한 사건이나 이를 따른 그후의 판결에서와 달리 온세통신 사건 대법원 판결은 담보 제공행위에 대한 배임의 고의를 판단함에 있어 담보 제공행위 자체의 대가성에 관한 사정을 넘어 인수의 경영상 필요나 경제적 사정, 설비투자나 근로자의 고용보장 등 인수과정 전반에 관한 사정을 고려하였는데, 이를 통해 담보제공형 LBO라 하더라도 인수과정 전반을 보아 인수자에게 피인수회사에 손해를 가한다는 인식이 있었다고 보기 어려운 경우에는 배임의 고의가 부정될 수 있는 가능성을 열어 주었다는 데에 이 판결의 의미가 있다고 하겠다.[13]

온세통신 사건을 포함하여 그동안의 대법원 판결들의 내용을 종합하면, 대법원은 LBO에서 배임의 고의를 판단함에 있어 인수자의 자체자금 조달비율,[14] 인수회사 및 피인수회사의 경제적 상황, 인수의 경영상 필요성, 이해관계자 보호,[15] 인수 이후 피인수회사의 경영 형태 및 피인수회사와의 합병 여부 등을 종합적으로 고려하여 판단하였다고 볼 수 있다.

---

[13] 다만 온세통신 사건은 신주인수를 통한 M&A로서 인수자가 차입을 통해 조달한 자금이 피인수회사로 유입되었다는 점에서 온세통신 사건 대법원 판결의 취지가 구주의 매매를 통한 담보제공형 LBO에도 적용될 것인지에 의문이 제기될 소지는 있을 것으로 보인다. 그러나 온세통신 사건 대법원 판결에서 신주 인수라는 점을 특별히 언급하지는 아니하였다.

[14] 설민수, 앞의 논문(주 6), 30면은 자본출자의 비중이 낮아질수록 피인수회사의 인수 목적이 피인수회사의 인수를 통한 장기적인 성공보다는 피인수회사의 자산 약탈과 횡령을 통한 부채 변제에 있을 가능성이 높다고 한다.

[15] 피인수회사의 이해관계자로는 대표적으로 소수주주·채권자·근로자를 들 수 있는데, 온세통신 사건에서는 구주가 전부 유상소각되고 신주 100퍼센트를 취득하여 소수주주 보호는 문제 되지 않았고, 채권자에 대한 보호의 필요성 내지 기준도 제시되지 않았다. 다만 대법원은 피인수회사 근로자들의 고용보장을 한 점을 배임 고의 판단의 제반 사정으로 삼았다.

III. 합병형 LBO와 배임죄

1. 개관

최근 선고된 하이마트 사건 판결을 살펴보기 전에 합병형 LBO에 대한
배임죄 적용기준과 관련하여 중요하게 논의되어 온 한일합섬 사건16)을
간략히 살펴본다.

대법원은 다음의 개요도와 같이 동양메이저가 먼저 SPC를 흡수 · 합
병한 뒤 피인수회사인 한일합섬과 합병하는 방식으로 진행된 한일합섬
사건에서, 합병형 LBO는 피인수회사의 자산을 직접담보로 제공하고 기
업을 인수하는 방식과 다르고, 위 합병의 실질이나 절차에 하자가 없다
는 사정 등을 들어 피인수회사인 한일합섬이 위 합병으로 인하여 손해를
입었다고 볼 수 없다고 판단하였다.

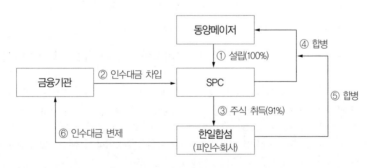

〔그림 2〕 한일합섬 사건 개요도

위 판결은 회사법에 정해진 절차에 따라 취해진 행위는 섣불리 배임
으로 인정할 수 없다고 판시하였다는 점에서 합병형 LBO의 적법성을 제

---

16) 대법원 2010. 4. 15. 선고 2009도6634 판결.

한적으로나마 인정했으나, 한일합섬 사건에서는 피인수회사가 독자적인 영업활동의 실질을 갖춘 인수자(모기업)와 합병하였다는 사정이 고려된 판결이므로, 실무에서 통상 이용되는 합병형 LBO에서와 같이 영업활동의 실질을 갖추지 아니한 SPC와의 합병도 적법한 것으로 인정될지는 여전히 의문의 영역으로 남아 있는 것으로 평가되었다.[17] 이러한 상황에서 최근 SPC와 피인수회사의 합병형태로 이루어진 합병형 LBO 사안인 하이마트 사건에 대한 제1심 판결[18] 및 항소심 판결(이하 '하이마트 사건 판결'이라 한다)[19]이 나와 주목을 받고 있는데, 이에 관하여 살펴보도록 하겠다.

2. 하이마트 사건[20]

(1) 사안의 개요

하이마트의 대표이사이자 지분 약 14퍼센트를 보유한 최대주주였던 피고인과 홍콩계 사모펀드인 어피너티는 협상을 통해 어피너티가 하이마트 발행주식 100퍼센트를 매수하는 데 합의하였다. 하이마트 매입을

---

17) 천경훈, 앞의 논문(주 3), 220면.
18) 서울중앙지방법원 2015. 1. 22. 선고 2012고합450, 2013고합319(병합) 판결.
19) 서울고등법원 2016. 6. 24. 선고 2015노478 판결.
20) 하이마트 사건이 합병형 LBO인지 담보제공형 LBO인지에 의문이 제기될 소지가 있다. 검찰은 형식적으로는 하이마트의 자산이 하이마트홀딩스와의 합병 이후 인수금융에 대한 담보로 제공되었으나, 실질적으로는 합병 이전부터 하이마트의 자산이 인수금융에 대한 담보로 제공되었다는 점을 문제 삼아, 본 사안은 대법원이 금지하는 담보제공형 LBO에 해당한다는 점을 배임죄 성립의 주된 논거로 주장하였고, 하이마트홀딩스의 인수금융부채가 합병을 통해 하이마트에 전가되었다는 점을 주로 문제 삼았던 것은 아니기 때문이다. 다만 하이마트 사건의 인수구조는 합병형 LBO의 전형적인 형태를 띠고 있고 법원도 SPC와 피인수회사의 합병이 배임죄에 해당하는지 여부와 관련하여 참고할 만한 기준을 제시하였기 때문에, 본 판결을 합병형 LBO에 관한 판결로 분류하더라도 무리는 없어 보인다.

위해 어피너티는 SPC인 하이마트홀딩스를 설립하였고, 그후 아래와 같
이 본격적인 거래가 이루어졌다.

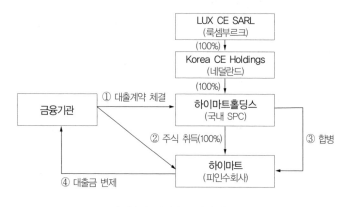

〔그림 3〕 하이마트 사건 개요도

  (i) 하이마트의 인수과정에서 대주단은 총 4,720억 원 상당의 대출계
약을 체결하였는데, 대출금 중 2,550억 원은 하이마트홀딩스가 차주가
되고, 나머지 2,170억 원은 리파이낸싱(refinancing) 목적의 대출금으로 하
이마트가 차주가 되는 내용이었다. 하이마트는 대주단과 하이마트 소유
부동산에 관하여 근저당권설정계약을 체결하면서 합병 전에는 하이마트
의 채무만을, 합병 후에는 합병법인의 채무(즉 하이마트와 하이마트홀딩스
모두의 채무)를 담보하도록 정하였고 채권최고액 6,136억 원, 채무자 하
이마트로 근저당권설정등기가 마쳐졌다.[21]

  (ii) 하이마트홀딩스는 하이마트 주식을 매수하여 99.78퍼센트를 보유

---

21) 검사는 이러한 합병 전 담보 제공과 관련하여, 하이마트의 근저당권 설정은 실질이
    담보제공형 LBO에 해당하여 판례상 배임죄에 해당한다고 주장하였으나, 재판부는 등
    기부 기재에 의하면 합병 전 근저당권의 채무자는 하이마트일 뿐이므로 하이마트홀딩
    스의 채무불이행 시 하이마트가 근저당권이 설정된 부동산 자산을 잃을 염려가 없어
    배임성이 없다고 판단하였다.

하게 된 후 하이마트와의 포괄적 주식교환을 통해 하이마트 주식 100퍼센트를 소유하는 완전모회사가 되었다.

(iii) 하이마트와 하이마트홀딩스는 2007년 5월 31일 하이마트를 합병 후 존속회사로 하는 흡수·합병을 하였다.

(2) 제1심 법원의 판단

재판부는 SPC와 피인수회사의 합병이 배임죄에 해당하는지 여부와 관련하여 다음과 같은 사정들을 들어 배임죄가 성립하지 않는다고 판단하였다.

(i) 자체조달자금비율이 인수자금 중 상당 부분(약 56퍼센트)[22]을 차지하고 있어 하이마트로서도 합병을 통해 아무런 자산의 증가가 없었다고 보기 어렵고,

(ii) 하이마트홀딩스는 부채비율이 약 57퍼센트에 불과하고 주식을 액면가 이상으로 발행함으로써 적립된 자본잉여금만 2,328억여 원에 해당하는 등 그 재무구조가 상당히 우수하다고 보이는 점에 비추어 보면, 이 사건 인수금융은 배임적 LBO와는 근본적인 차이가 있다.

(iii) 국내 유수의 법무법인의 조력을 받아 합법적인 인수금융구조를 설계하기 위해 노력한 점에 비추어 볼 때, 피고인이 배임의 의사가 있었는지 의문이다.

그러나 재판부는 만약 (i) 하이마트홀딩스가 사실상 자본금이 거의 없는 형식적인 회사에 불과하여 하이마트로서는 실질적인 자산의 증가 없

---

22) 동 사건의 제1심 판결문에 따르면, 하이마트 주식 100퍼센트를 금 4,880억 원에 취득하였으며 이 중 금 2,781억 원을 자체적으로 조달하였다고 한다.

이 오직 하이마트홀딩스의 대출금채무만을 부담하는 결과가 초래되거나, (ii) 하이마트홀딩스의 재무구조가 매우 열악하여 합병을 하게 되면 그로 인해 하이마트의 재산잠식이 명백히 예상되는 경우라면 배임죄가 성립할 여지가 전혀 없는 것은 아니라고 판시하여, 합병형 LBO가 모두 배임죄로부터 자유로운 것은 아니라는 입장을 보였다.

한편 재판부는 합병 이후 피인수회사의 자산을 인수금융에 대한 담보로 제공한 것이 배임죄에 해당하는지와 관련하여, "합병이 관계 법령에 의해 적법·유효한 이상 소멸된 회사의 채무는 당연히 합병 후 존속한 회사에 승계되어 존속한 회사로서는 그 채무는 자신의 채무인 것이지 타인의 채무라고 할 수는 없다"고 판시하여, 원래 SPC가 부담했으나 합병 이후 존속법인에 승계된 채무를 위해 대상회사의 재산이 담보로 제공된다 해도 배임죄에 있어 '재산상 손해'가 있다고 할 수 없다는 태도를 취하였다.

(3) 항소심 법원의 판단[23)]

재판부는 아래와 같은 점들을 고려하면 하이마트 인수거래에 배임죄가 성립하지 않는다고 판단한 원심 판결이 정당하다고 판시하였다.

(i) 등기부 기재에 의하면 하이마트의 부동산에 설정된 근저당권이 SPC의 채무까지 담보하지 않는 것이 명백하다. 따라서 이 사건에서는 하이마트의 자산이 타인, 즉 SPC의 채무(하이마트 인수를 위한 인수금융자금)를 담보하기 위하여 제공되었다고 보기 어렵다.

(ii) 근저당권의 채권최고액을 합병 후 SPC의 채무까지 담보할 수 있는

---

23) 하이마트 사건은 현재 상고심 진행 중에 있다.

한도로 미리 설정했다는 사실만으로 하이마트의 자산을 SPC 채무의 담보로 제공하였다거나 하이마트에 손해가 발생하였다고 보기 어렵다.

(iii) 하이마트가 SPC를 합병하면 SPC의 채무뿐만 아니라 자산까지 인수하게 되는데, 본건의 경우 SPC가 지분투자 또는 장기 차입 명목으로 지급받은 금액이 상당하다는 사정을 감안하면 하이마트가 SPC를 흡수·합병함으로써 인수하는 SPC의 채무만큼 손해를 입게 된다고 보기는 어렵다.

(iv) 합병 전에 합병 후 증가할 채무액을 염두에 두고 근저당권의 채권최고액을 설정하게 되면 하이마트 자산의 담보가치 활용에 제한이 있을 것이나, 이러한 담보가치 사용 제한으로 인해 손해가 발생하였다고 보기 어렵다.

항소심은 무죄를 선고한 제1심 법원의 판단을 동일하게 유지하기는 하였으나, 항소심 법원의 판단이 합병형 LBO의 법률적인 위험성을 낮추었다고 평가하기는 부족해 보인다. 제1심 재판부가 SPC와 피인수회사의 합병이 배임죄에 해당하는지 여부를 주된 쟁점 중 하나로 삼아 일응의 판단기준을 제시한 반면, 항소심 법원은 판시의 대부분을 '하이마트의 자산이 실질적으로 SPC 채무에 대한 담보로 제공되었다고 보아야 하는지'를 분석하는 데에 할애하고 있기 때문이다.

이는 검사가 항소를 제기하면서 하이마트 인수거래가 실질적으로는 담보제공형 LBO에 해당한다는 점을 주된 항소이유로 주장하였기 때문인 것으로 보이나, 그동안 하이마트 판결이 합병형 LBO거래에 대한 가이드라인을 제시해 줄 것으로 기대되어 왔다는 점을 고려하면 다소 아쉬움이 남는 측면이 있다.

한편 재판부는 "배임죄 성립 여부는 담보제공형 LBO에 해당하는지 여부가 아니라 하이마트에 대한 손해 발생의 위험성이 있는지 여부에 따라 판단해야 하며, 하이마트에 손해 발생 위험성이 발생하였다고 인정할 만한 사정이 없는 이상 담보제공형 LBO에 해당하는지 여부가 배임죄 성립의 기준이 된다고 볼 수는 없다"고 판시하여, LBO거래의 위법성 여부는 LBO거래의 유형에 따라 판단해야 하는 것이 아니라 M&A거래로 인해 피인수회사에 '손해 발생의 위험성'이 발생하였는지 여부에 따라 판단해야 한다고 판시하였다.

3. 배임죄 판단기준 분석

한일합섬 사건과 하이마트 사건의 판결을 종합하면, 합병형 LBO에 관한 배임죄 판단기준은, ① 합병이 상법 등 관계법령에 의해 적법·유효한지 여부, ② 합병이 적법·유효하더라도 (i) 인수회사가 자본금이 없는 형식적인 회사에 불과하여 피인수회사가 실질적 자산 증가 없이 대출금 채무만 부담하게 되거나 (ii) 인수회사의 재무구조가 매우 열악하여 피인수회사의 재산잠식[24]이 명확히 예상되는 경우인지 여부가 가장 중요한 요소로 정리될 수 있다.

하이마트 사건 제1심 판결은 구체적으로 위 ②의 기준 해당 여부를 판단함에 있어, (i) 피인수회사의 실질적 자산 증가의 유무와 관련하여서는 자체자금조달비율을, (ii) 인수회사 재무구조의 우수성과 관련하여서는 인수회사의 부채비율과 자본잉여금[25]을 고려요소로 삼았다. 제2심 판

---

24) 한일합섬 사건과 하이마트 판결에서는 '재산잠식'을 합병형 LBO의 판단기준 중 하나로 들면서도 '재산잠식'의 구체적인 의미나 판단기준에 대해서는 제시하고 있지 않으나, 아래에서 보는 바와 같이 인수회사의 부채비율이나 자본잉여금을 고려요소로 한 것으로 볼 때 합병으로 인해 피인수회사의 부채비율이나 자기자본(순자산액)금액이 상당히 악화되는 경우 '재산잠식'이 있었다고 평가될 수 있을 것으로 보인다.

25) 인수회사 재무구조의 우수성을 검토하는 데 있어 자본잉여금의 대소를 고려한 것이

결은 피인수회사가 인수회사와 합병하면 인수회사의 채무뿐만 아니라 자산까지 인수하게 되는데, 인수회사의 자산이 상당하다면 합병으로 인해 피인수회사에 손해가 발생하였다고 볼 수 없다고 판시하였다. 이는 제1심 판결이 적용한 기준과 동일하게 인수회사가 상당한 금액을 자체 자금으로 조달하였다면 합병으로 인해 피인수회사에 손해가 발생하였다고 보기 어렵다는 점을 고려하였다고 평가할 수 있겠다.

한편 기존에 실무적으로 합병형 LBO가 배임죄로 문제 될 수 있다고 본 주된 이유 중 하나는, 피인수회사 입장에서 SPC와 합병해야 하는 경영상 필요성을 설명하기가 쉽지 않다는 점이었다. SPC는 인수금융조달 등을 위해 설립된 회사로서 실질적인 영업을 하지 않으며 피인수회사의 주식 외에 다른 자산 없이 차입부채만 부담하고 있기 때문에, SPC와의 합병을 통한 경영상 시너지효과 등 영업활동의 측면에서 합병의 경영상 필요성을 설명하기가 어려운 측면이 있는 것은 사실이다. 다만 경영상 필요성을 너무 엄격하게 해석하면, 실질적인 영업을 하지 않는 SPC와의 합병은 모두 불가능하다는 결론에 이르는데, 합병에 관한 경영상 필요성을 검토하는 데 있어서는 영업적인 측면만을 고려할 것이 아니고, SPC의 재무구조가 안정적이어서 합병을 통해 재무구조가 개선되거나 또는 악화되지 않는다면 합병에 관한 경영상 필요성이 인정된다고 볼 수 있을 것이다. 이러한 점에서 SPC의 재무구조가 안정적이라면 합병의 정당성이 인정될 수 있다고 판단한 법원의 입장은 타당하다고 생각된다.

적정한지 여부에서는 의문이 제기될 수 있다. SPC의 경우 세무상의 이유 등으로 신주를 할증발행을 하는 것이 통상적이고, 영업의 실질이 없는 SPC가 높은 주당 가격으로 신주를 발행했다고 하여 SPC 주식의 가치가 높다고 보기도 어렵다는 점이 지적될 수 있다.

IV. 유상감자 · 배당형 LBO와 배임죄

1. 대선주조 사건

(1) 사안의 개요

유상감자 · 배당형 LBO에 관한 주요 사례로 대선주조 사건을 들 수 있다. 대선주조 LBO는 본래 합병형으로 계획되었으나, 한일합섬 사건에 관해 수사가 시작되자 합병을 미루면서 다음의 개요도와 같이 대선주조의 유상감자 · 배당을 실시하였다. 유상감자와 배당은 합계 614억 원에 달하는 규모로 이루어졌는데,[26] 상법상 배당가능이익의 범위 내에서 이루어졌고 소수주주들에게 유리하게 감자대가가 차등지급되었으며, 유상감자나 배당 후 대선주조가 부도 내지 도산의 위험에 처하지도 않았다.

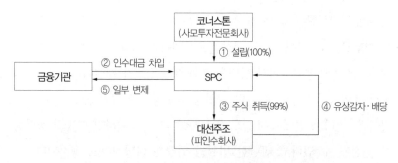

〔그림 4〕 대선주조 사건 개요도

---

26) 유상감자 비율은 50대 1로 책정되었는데, 대주주는 1주당 3만 5,000원으로 소수주주는 1주당 45만 4,694원으로 유상감자대금을 산정하여 소수주주에게 더 높은 유상감자대가가 지급되었다.

(2) 법원의 판단

대선주조 사건의 제1심,[27] 항소심,[28] 대법원[29]은 모두 배임죄의 성립을 부정하였는데 그 근거사유들은 판결별로 크게 차이가 나지 않는다. 대법원이 배임죄 성립을 부정하면서 근거로 든 사정들은 다음과 같다.

(i) 피고인들이 대선주조의 이사로서 수행한 유상감자 및 이익배당으로 인하여 대선주조의 적극재산이 감소하였다고 하더라도 이는 우리 헌법 및 상법 등 법률이 보장하는 사유재산제도, 사적 자치의 원리에 따라 주주가 가지는 권리의 행사에 따르는 결과에 불과하다.

(ii) 유상감자 당시 대선주조의 영업이익이나 자산규모 등에 비추어 볼 때, 유상감자의 절차에 있어서 절차상의 일부 하자로 대선주조의 채권자들에게 손해를 입혔다고 볼 수 없다.

(iii) 1주당 감자환급금액과 대선주조의 배당가능이익을 감안하면 결국 이 사건 유상감자 및 이익배당으로 인하여 대선주조의 주주들에게 부당한 이익을 취득하게 함으로써 대선주조에 손해를 입혔다고 볼 수 없다.

2. 배임죄 판단기준 분석

대선주조 사건 제1심 법원과 항소심 법원 판결은 대법원 판결보다 구체적으로 유상감자·배당형 LBO에 대한 배임죄 판단기준을 제시하였다.

유상감자에 관하여, 제1심 법원과 항소심 법원은 공통적으로 (i) 유상감자 관련 상법 규정을 심각하게 위반하여 유상감자의 효력을 인정할 수

---

27) 부산지방법원 2010. 8. 10. 선고 2010고합73 판결.
28) 부산고등법원 2010. 12. 29. 선고 2010노669 판결.
29) 대법원 2013. 6. 13. 선고 2011도524 판결.

없거나, (ii) 유상소각되는 주식의 가치가 실질보다 높게 평가되어 주주에게 부당한 이익을 취득하게 함으로써 회사에도 손해를 입히는 특별한 사정이 있는 경우에만 재산상 손해 발생이 인정될 수 있다고 보았다.[30]

다음으로 이익배당과 관련하여 제1심 법원은 배당가능이익의 범위 내에서 상법이 정한 절차에 따라 이익배당이 이루어진 이상 주주가 이익배당으로 회수한 투하자본을 어디에 사용하는지에 관하여는 법령상 아무런 제한이 없으므로 인수회사의 차입금 상환을 위하여 대규모의 이익배당을 실시하였다고 하여 위법이 있다고 할 수 없다고 판시하였다.

대선주조 사건 판결을 통해 제시된 유상감자·배당형 LBO에 대한 배임죄 판단기준을 정리하면, (i) 유상감자·이익배당 관련 상법규정에 대한 중대한 위반이 있는지 여부, (ii) 감자에 있어서는 유상소각되는 주식의 가치가 적정하게 평가되었는지 여부로 요약할 수 있다.

V. LBO에 대한 합리적 규제 방향

1. LBO의 효용

신한 사건 이후 LBO는 일반적으로 '자기 돈 한 푼 안 들이는' '봉이 김선달식 기업 인수'라는 평가가 따라다닌다.[31] 그러나 온세통신 사건이나

---

30) 이러한 법원의 판단은, 유상감자의 목적에는 특별한 제한이 없다는 점, 이를 통해 회사재산이 감소하더라도 동시에 주주에 대한 회사의 투하자본 환급의무도 감소한다는 점, 상법이 주주와 회사채권자를 보호하는 절차를 거치도록 규정하고 있으므로 상법상 절차에 대한 중대한 위반이 없다면 이해관계자 보호는 이루어진 것으로 볼 수 있다는 점 등을 고려한 것으로 보인다.

31) 매일경제 2008. 7. 22.자, "봉이 김선달식 기업 인수 또 도마에" ; 한국경제 2008. 7.

하이마트 사건에서 보듯이 자체자금조달비율이 50퍼센트 전후에 이르는
많은 LBO거래에 이러한 단순한 접근은 타당하지 않다. 실제로 LBO는
인수자에게 중요한 인수금융방식을 제공하면서 M&A시장을 활성화하는
역할을 하고 있다.

또한 LBO가 사회적·경제적 효용을 가지는지, 가진다면 그 효용의 내
용은 무엇인지에 대해 논의가 이루어지고 있다. LBO의 경제적 효용과
관련하여 LBO는 (i) 재무 레버리지 효과(financial leverage effect)를 통해
피인수회사의 세후 자본수익률(after tax return on equity)을 높이고, (ii) 차
입금이자에 대한 손비 인정을 통해 피인수기업이 법인세 절세 효과(tax shield-
ing effect)를 가질 수 있을 뿐 아니라, (iii) 회사지배권 이전을 통해 소유
와 경영이 분리되었을 때 발생하는 대리인비용(agency cost)을 감소시켜
피인수회사의 효율성을 증대시키는 효율성 증대 효과(efficiency gain) 등
의 경제적 효과를 가진다고 평가된다.[32]

해외에서는 이러한 LBO의 경제적 효과에 관해 실증연구가 활발히 이
루어지고 있다.[33] 미국에서는 1980년대부터 LBO가 피인수회사의 경영
성과(operating performance)에 미치는 영향에 대해 다양한 실증연구가 진
행되어 왔으며, 그 결과 LBO는 대체로 피인수회사의 경영 성과에 긍정적
인 영향을 미치는 것으로 평가되고 있다.[34] 미국에서의 조사 결과와 마

23.자, "법원·검찰 '자기 돈 한 푼 안 쓰는 LBO는 업무상 배임'" 등.

32) 박태현, 앞의 논문(주 2), 204-208면 참조.

33) Joacim Tag, The Real Effects of Private Equity Buyouts, IFN Working Paper, 851,
23 (2010)의 표 1은 LBO가 고용, 생산성, 혁신성에 미치는 영향에 관한 각국의 연구
내용을 표로 정리해 두고 있어 LBO의 사회적·경제적 효과에 관한 연구를 개관하는
데 유용할 것으로 보인다.

34) Steven N. Kaplan / Per Strömberg, Leveraged Buyouts and Private Equity, 23 (1)
Journal of Economic Perspectives 121, 132-133 (2009).

찬가지로 영국,[35] 프랑스[36] 등 유럽 각국에서의 조사 결과 역시 LBO가
피인수회사의 경영 성과와 생산성을 향상시키는 것으로 보고되고 있다.
이러한 다양한 실증연구 결과들로 인해 LBO가 피인수회사의 경영 성과
를 높이는 긍정적인 역할을 하고 있다는 점에 대해서는 연구자들 사이에
일반적인 합의(general consensus)가 있다고 평가된다고 한다.[37]·[38]

한편 사모펀드에 의해 LBO가 이루어질 경우 부채 부담으로 인해 연구
개발비 등 투자를 감소시켜 피인수회사의 장기적 가치를 훼손하고 고용
을 감소시키며, 법인세 절세 효과로 인해 국가의 조세수입을 감소시키
는 등 사회적·경제적으로 부정적인 영향을 미칠 수 있다는 비판적인
견해도 제기되고 있다. 그러나 2000~2007년 사이에 있었던 62건의 사
모펀드에 의한 기업 인수(LBO 포함)의 영향에 관한 일본의 최근 실증연
구 결과를 살펴보면, 기업 인수 후 피인수회사의 연구개발비, 자본투자,
임금 및 고용 삭감이 있었다고 볼 실증적 근거는 없다는 내용이 보고되

---

35) 영국에서는 경영자매수(Management Buyout. 이하 'MBO')형식으로 인수된 공장의 인
수 전후 생산성 변화를 분석한 결과 MBO 후 생산성이 상당히 증대되었다는 실증조사
결과를 바탕으로, MBO는 대리인비용 감소와 경제적 효율성 증대에 효과적인 방안이
라는 결론이 제시되었다고 한다. Richard Harris / Donald Siegel / Mike Wright, 87 (1)
Assessing the Impact of Management Buyouts on Economic Efficiency : Plant-Level
Evidence from the United Kingdom, The Review of Economics and Statistics 148
(2005) 참조.
36) 프랑스에서는 1994~2004년 사이에 발생한 839건의 프랑스 내 LBO거래를 분석한 결
과, LBO 후 피인수회사의 수익성이 향상되고 비교 그룹에 비해 매출 및 자산이 더 빠르
게 증가하며, 특히 고용 역시 더욱 빠르게 증가했다고 한다. Quentin Boucly / David
Sraer / David Thesmar, Growth LBOs, 102 (2) Journal of Financial Economics 432
(2011) 참조.
37) Douglas Cumming / Donald Siege / Mike Wright, Private Equity, 13 (4) Leveraged
Buyouts and Governance, Journal of Corporate Finance 439 (2007) 참조.
38) 다만 Eileen Appelbaum / Rosemary Batt, Private Equity at Work : When Wall Street
Manages Main Street, Russell Sage Foundation (2014)와 같이 LBO로 인수된 회사가
과도한 부채 부담으로 악화되는 부분에 대한 비판이 없는 것은 아니다.

고 있다.[39] 또한 LBO가 조세수입에 미치는 영향에 관한 미국의 연구에 따르면, LBO로 인해 법인세 및 배당소득세는 감소하나 (i) 주주들의 양도차익에 대한 소득세(capital gains tax), (ii) 증가된 영업이익에 대한 세금, (iii) 회사채권자들이 수령한 이자소득에 대한 소득세, (iv) 자산매각에 대한 세금, (v) 효율적 자본운용으로 인한 추가 과세요인 발생 등이 이러한 절세 효과를 상쇄시켜 전체 조세수입은 증가하였다고 한다.[40]

2. 경제적 실질이 충실히 고려되는 절차적 규제

앞에서 소개된 바와 같이 LBO는 경제적 효용을 가지는 반면 피인수회사의 기업가치를 이용하여 인수자금을 조달하는 본질적 특성상 피인수회사에 재무적 부담을 지우기도 하는데, 이러한 부담이 피인수회사의 영업에 심각한 장애를 초래하거나 파산위험성을 현저히 높이는 경우 또는 피인수회사 이해관계자 사이의 공정성을 해치는 방식으로 작용할 경우, 피인수회사에게는 물론 사회적으로도 악영향을 미칠 우려가 있을 것이다. 이러한 LBO규제를 과연 형사적인 배임죄의 추궁을 통해 달성하는 것이 옳은지 여부는 별론으로 하더라도, LBO를 아무런 제한 없이 허용하는 것이 사회적 · 경제적으로 바람직하다고 주장하기는 어려울 것으로 보이고 따라서 합리적인 규제방안을 설정할 필요성은 있을 것이다.[41]

---

39) Tsung-ming Yeh, Do Private Equity Funds Increase Firm Value? Evidence from Japanese Leveraged Buyouts, 24 (4) Journal of Applied Corporate Finance 112 (2012) 참조.

40) Robert F. Bruner, Applied Mergers & Acquisitions, Hoboken, N.J. : J Wiley, pp.397-398 (2004) 참조.

41) 유상감자 · 배당형 LBO의 경우에는 상법의 명시적 규정에 의해 주주에게 인정된 자본의 수익배분 및 환급절차를 따른 것이기 때문에 담보제공형 LBO나 합병형 LBO와 동일선상에서 검토하는 것이 적절한지 의문이 있다. 실제로 대선주조 사건에서 대법

LBO에 있어 피인수회사 및 그 이해관계자 보호를 위해 가장 중요한 것은 LBO로 인해 피인수회사의 파산위험성이 적정 수준 이상으로 증가되지 않도록 하는 것이다. 파산위험성을 하나의 기준으로 일률적으로 판단하는 것은 쉽지 않고 회사별로 굉장히 다양하게 평가될 수밖에 없다. 우리나라 판결들에서 보는 바와 같이 인수자의 자체자금조달비율이나 인수자(SPC)의 재무구조 등을 고려하는 것은 결국 피인수회사의 재무적인 부담이나 파산위험성 증가에 대한 판단이 내재되어 있다고 볼 수 있다.

절차적 측면에서 2006년 EU 회사법 제2지침[42]이 참고가 될 수 있을 것으로 보인다. 위 2006년 지침은 제3자를 위한 회사의 금융 지원(financial assistance)을 엄격히 금지한 1976년 EU 회사법 제2지침[43] 제23조 제1항을 개정하면서 적법하게 금융 지원을 하기 위한 요건으로 경영진은 금융 지원의 이유, 그에 따른 회사의 이익, 거래의 조건, 회사의 유동성 및 지급능력과 관련한 위험, 제3자의 주식 취득가격 등을 기재한 보고서를 주주총회에 사전에 제출하고 금융 지원에 대하여 주주총회에서 사전승인을 얻을 것 등을 규정하여, 경영진으로 하여금 금융 지원으로 인한 경제적 효과를 실질적으로 고려하도록 하면서 이를 절차적으로 담보하기 위

원 판결도 담보제공형 LBO나 합병형 LBO와는 달리 인수자가 자기자금을 얼마나 투입하였는지, 유상감자·배당의 대가로 회사가 무엇을 얻었는지 또는 유상감자·배당 후 회사의 재무구조가 얼마나 악화되었는지 여부 등은 고려하지 아니하였고, 단지 상법상의 절차를 지켜서 적정가격으로 자본을 환급받았으면 적법하다고 판단하였다. 따라서 유상감자·배당형 LBO에 대한 제한은 결국 현행 상법상의 제도가 회사의 장기적인 운영을 위해 주주의 자본적 권리에 적절한 제한을 두고 있는지에 대한 입법정책적 논의로 이어지게 되는데, 이 부분은 이 글에서 다룰 범위를 넘는 것이므로 따로 언급하지 않기로 한다. 이하 LBO에 대한 규제 방향 논의는 담보제공형 LBO와 합병형 LBO에 한정된 것으로 볼 수 있다.

42) Directive 2006 / 68 / EC of the European Parliament and of the Council of 6 September 2006 amending Council Directive 77 / 91 / EEC (OJ L 264, 25. 9. 2006, 3236).

43) Second Council Directive 77 / 91 / EEC of 13 December 1976 (OJ L 26, 31. 1. 1977, 113).

해 주주총회 사전승인절차를 규정하고 있다. 우리나라 판례상으로도 배임죄 여부를 판단함에 있어서 합병형 LBO는 주주총회의 승인을 거치고 채권자보호절차 등 회사법상의 적법한 절차를 거쳤는지 여부를 고려하고 있는데, 이는 EU 회사법상 금융 지원의 판단기준과 부합하는 것이라고 할 수 있다.

신한 사건과 온세통신 판결이나 하이마트 판결 등을 비교해 보면 법원이 LBO의 적법성을 판단함에 있어 형식적인 대가의 존부라는 경직된 기준에서 벗어나 LBO과정 전반의 경제적 실질을 중시하는 방향으로 가고 있는 것으로 보이며, 그 점에서 배임죄의 성립에 대한 판단이 유연해진 점은 환영할 점으로 보인다. 그러나 LBO나 더 나아가 M&A는 다양한 경영상의 의도를 갖고 행해지는 고도의 경영판단이기 때문에 법원이 그 경제적 실질을 개별 건마다 일일이 파악해서 배임죄의 성부를 판단하는 것은 거래의 안정성이나 시장에서의 예측 가능성을 해칠 우려가 있다. 따라서 LBO에 대한 규제는 경제적 실질이 충실히 고려될 수 있는 절차를 규정함으로써 이루어지는 것이 보다 합리적이다. 예컨대 담보제공형 LBO에서 인수자의 자체자금비율이 일정 기준 이상이 되거나 LBO를 위한 담보제공 등을 함에 있어 피인수회사 기존 채권자들의 일정 비율 이상의 동의가 있는 경우에는 LBO가 경제적으로 피인수회사에 불리하지 않고 특히 파산위험성을 적정 수준 이상 높이지도 않는다는 점이 절차적으로 충분히 고려되었다고 할 수 있을 것이다.[44] 또한 합병형 LBO에서 소수주주의 일정 비율 이상이 합병에 찬성하거나 소수주주들에게 주식매수청구

---

44) 서울대학교 금융법센터, "국제적 기준에 부합하는 합리적 LBO 가이드라인 제정방안," 법무부 연구용역과제 보고서, 2011, 84면은 채권자 잔여채권액 3분의 2 이상의 동의를 받아 선정한 전문가의 공정성 의견서 제출을 채권자보호방법의 하나로 들고 있는데, 채권자 이익의 관점은 결국 파산위험성 감소 관점과 일맥상통하므로 이러한 절차 역시 파산위험성에 대한 절차적 규제의 한 방법으로 고려해 볼 수 있을 것으로 생각된다.

권 행사 기회가 부여되었다면 소수주주보호가 이루어졌다고 보아야 할 것이고, 상법상 채권자보호절차가 적법하게 이행되었다면 채권자들에 대한 보호조치 또한 이행되었다고 보아야 할 것이다. 이처럼 LBO 진행 과정에서 절차적으로 그 경제적 실질이 이미 충분히 고려되었다고 할 수 있다면, 이에 따른 거래는 최소한 형사상 배임행위가 되지는 않는다고 보아야 한다.[45]

위와 같은 점을 염두에 두고 우리나라 판례 태도를 기초로 실제 LBO거래에서 배임죄의 위험을 감소시키기 위한 고려사항을 논의하기로 한다.

VI. LBO와 관련한 실무적 고려사항

1. 서설

앞에서 살펴본 바와 같이 법원은 최근 LBO가 문제 된 사례에서 무죄 판결을 선고하는 경우에도 차입매수에 관하여는 이를 따로 규율하는 법률이 없는 이상 일률적으로 차입매수방식에 의한 기업 인수를 주도한 관련자들에게 배임죄가 성립한다거나 성립하지 아니한다고 단정할 수 없는 것이고, 배임죄의 성립 여부는 차입매수가 이루어지는 과정에서의 행위가 배임죄의 구성요건에 해당하는지 여부에 따라 개별적으로 판단되어야 한다고 하여,[46] LBO에 대해 배임죄가 성립하는지 여부는 사안별로

---

45) 배임죄가 존재하는 독일에서도, 관련 판단의 권한 및 절차적 투명성 등 형식적 기준을 준수하는 경우에는 배임죄에 해당하지 않는 것으로 관대하게 취급을 하고 있다고 한다. 최문희, "독일에서의 이사의 의무 위반과 배임죄," BFL 제36호(2009. 7), 서울대학교 금융법센터, 102면 참조.

46) 대법원 2010. 4. 15. 선고 2009도6634 판결 등.

구체적인 사실관계에 따라 판단되어야 한다는 입장을 고수한다.

법원은 구체적인 사실관계를 검토하여 LBO가 문제 된 사안에 무죄를 선고하면서도, 이러한 무죄 판결이 모든 LBO거래의 적법성을 일반적으로 인정한 것으로 비추어지는 데에는 조심스러운 입장을 보이고 있는 것이다.

이러한 상황에서 실무적으로는 거래구조를 설계하거나 실행하면서 배임죄 위험을 줄일 수 있는 다양한 요소를 반영함으로써 최대한 안전한 거래구조를 이용하는 방향으로 접근하는 것이 필요할 것이다. 다음에서는 거래구조 설계 시 또는 실행 시 배임죄 리스크를 줄이기 위해 실무적으로 고려해 볼 수 있는 요소들을 구체적으로 살펴보기로 한다.

2. 거래구조 설계 및 실행 시의 고려사항

(1) LBO유형의 선택

앞에서 살펴본 바와 같이 LBO의 유형으로는 담보제공형, 합병형, 유상감자·배당형의 세 가지가 있을 수 있는바, LBO거래구조를 고려하는 투자자로서는 위 세 유형 중 어떤 유형의 거래구조를 선택해야 할지를 가장 먼저 고민하게 될 것이다.

먼저 배임죄의 위험 측면에서 살펴보면, 근래의 실무적인 분위기는 일반적으로 담보제공형이 가장 위험하고 유상감자·배당형은 상대적으로 안전하며, 합병형 LBO는 하이마트 제1심 판결 이후 보다 적극적으로 활용 가능하다고 받아들여지고 있는 것으로 보인다. 온세통신 사건에서 담보제공형 LBO에 대해 대법원의 무죄 판결이 선고되기는 하였으나, 실무에서 신한 사건 이래 누적된 담보제공형 LBO에 대한 많은 유죄 판결의 부담을 떨쳐 낼 수 있을지는 두고 보아야 할 것이다.

인수금융을 제공하는 대주단 입장에서는 물적 담보를 가장 빨리 확보할 수 있다는 장점을 지닌 담보제공형 LBO가 가장 간편하고 확실한 구조일 것이지만, 그동안은 담보제공형 LBO에 대한 유죄 판결로 인해 대주단 입장에서도 선호하지는 않았던 것으로 보인다. 이에 따라 대주단이 피인수회사자산에 대한 물적 담보를 신속하게 확보하기를 원하는 때에는 담보제공형 LBO 대신 합병형 LBO를 요구하는 경우가 많았다.

피인수회사의 자산 및 재무 상황 측면에서 살펴보면, 피인수회사가 충분한 배당가능이익이나 자기자본을 보유하고 있는 경우에는 유상감자 · 배당형 LBO의 활용이 가능하고 대주단 입장에서도 수용할 수 있을 것이나, 피인수회사의 배당가능이익이나 자기자본이 미약한 경우에는 인수자나 대주단 모두에게 유상감자 · 배당형 LBO는 옵션이 되기 어려울 것이다.

결국 LBO유형은 위와 같은 법률 위험, 당사자들의 경제적인 이해관계, 피인수회사의 자산 및 재무 상황 등을 종합적으로 검토하여 결정하게 될 것이나,[47] 실제로 거래구조를 설계하거나 실행함에 있어서 그동안 대법원 판결에서 설시된 여러 요소를 고려하여 하는 것이 바람직하다고 생각된다. 다음에서 논의하는 요소들은 주로 합병형 LBO와 담보제공형 LBO의 맥락에서 의미가 있을 것으로 본다.[48]

---

47) LBO거래구조는 세 유형 전부 또는 일부를 결합하여 구성할 수도 있다. 예컨대 피인수회사의 배당가능이익이나 현금을 활용하여 유상감자 · 배당을 받아서 인수금융을 일부 상환한 다음, SPC와 피인수회사를 합병하여 피인수회사의 자산에 대해 잔여 인수금융에 대한 담보권을 설정하는 방식(유상감자 · 배당형과 합병형의 결합)도 가능할 것이다.

48) 뒤에서 논의하는 요소들은 담보제공형 LBO와 합병형 LBO에 모두 적용될 수 있는 것으로 생각된다. 다만 각 항목에서 논의하는 바와 같이 (5) 적법절차의 준수, (7) 소수주주이익 보호조치, (8) 채권자이익 보호조치 등의 경우 합병형 LBO에서는 법령에

(2) 자체자금조달비율(인수회사의 재무구조)

판례는 담보제공형과 합병형 LBO에서 자체자금조달비율을 배임죄 고의를 판단하는 중요한 요소로 고려하고 있다. 자체자금조달비율이 높을수록 배임 고의의 인정 가능성이 낮아지겠으나,[49] 최근의 판결들을 고려할 때 온세통신 판결(약 46퍼센트) 및 하이마트 판결(약 56퍼센트)과 유사하게 50퍼센트가량의 자체자금조달비율이 확보된다면 배임 고의의 인정 가능성은 크게 감소될 수 있을 것으로 보인다. 법무부의 연구용역에 따라 2011년에 작성된 「국제적 기준에 부합하는 합리적 LBO 가이드라인 제정방안」[50](이하 '법무부 연구보고서') 역시 "현재 우리나라에서 기소가 되지 않았던 일부 LBO의 경우 인수자의 자기자본비율이 50퍼센트 정도로 알려져 있음. 본 가이드라인에서는 이 정도를 갖추면 충분하다고 판단함"이라고 하고 있다. 법무부 연구보고서는 현재까지 정식 LBO 가이드라인으로 채택되지 않고 있으나, 배임죄 판단기준에 관한 중요한 참고자료가 될 수 있을 것으로 보인다. 실무적으로도 인수금융대주단에서는 인수자가 차입하는 금액과 동액 이상의 출자금을 제공할 것(즉 자체자금이 50퍼센트 이상이 될 것)을 요구하는 경우가 많아서 최근의 대법원 무죄

합병을 위한 명확한 회사법적 절차와 반대주주의 주식매수청구권·채권자보호절차가 정해져 있으므로 합병 당사자들이 이러한 절차를 충실하게 밟은 경우에는 일단 이러한 고려요소들이 충족된 것으로 볼 수 있다는 접근이 가능하다. 이에 비해 담보제공형 LBO에서는 이러한 고려요소들이 어떻게 충족된 것인지 판단기준을 따로 설정할 필요가 있을 것이다.

49) 이창원 / 이상현 / 박진석, "LBO의 기본구조 및 사례 분석," BFL 제24호(2007. 7), 서울 대학교 금융법센터, 19면은 인수자가 SPC에 투입한 자금이 많을수록 그리고 인수자가 인수자금의 차입과 관련하여 제공한 담보재산의 가치가 클수록 배임의 고의가 인정될 가능성은 낮아질 것으로 생각된다고 한다.

50) 서울대학교 금융법센터, 앞의 보고서(주 44).

판결들이나 법무부 연구보고서와 부합하는 것으로 보인다.

한편 합병형 LBO에서 합병의 정당성을 판단함에 있어 판례는 SPC의 재무구조를 중요한 고려요소로 보고 있는바, 자체자금조달비율이 높을수록 SPC의 재무구조가 좋아진다. SPC의 재무구조가 안정적인 경우에는 그만큼 피인수회사의 손해가 없다는 측면에서도 의미가 있다.

(3) 피인수회사 주식 취득비율

피인수회사의 주식을 100퍼센트 취득하는 경우 인수회사와 피인수회사의 '경제적 이해관계가 일치'되었다고 평가되어 배임 고의의 인정 가능성이 감소할 뿐 아니라 담보 제공과 관련한 소수주주와의 이해상충 가능성도 제거할 수 있으므로, 피인수회사 주식을 100퍼센트 취득하면 배임죄의 위험성이 상당히 낮아지는 것으로 평가할 수 있다. 담보제공형 LBO가 문제 된 온세통신 사건에서 법원은 유비스타가 온세통신지분을 100퍼센트 취득하여 두 회사의 경제적 이해관계가 일치하게 된 점을 무죄 판결의 이유 중 하나로 판시한 바 있다.

한편 법원은 합병형 LBO가 문제 된 하이마트 사건에서는 피인수회사의 주식 취득비율을 명시적으로 언급하지 않았으나, 합병형 LBO에서도 피인수회사 주식 취득비율이 높을수록 배임 인정 가능성은 낮아진다고 볼 수 있을 것이다. 법무부 연구보고서도 피인수회사 주식을 100퍼센트 취득하는 경우, 소수주주에 대한 보호조치가 완료된 것으로 볼 것을 제안하고 있다.

한편 피인수회사의 주식을 100퍼센트 취득하는 것은 합병형 LBO에서 세무적 관점에서 합병 시점을 앞당길 수 있는 요소로도 작용할 수 있다. 인수회사가 피인수회사 주식을 취득한 다음 두 회사가 합병을 하고자 하는 때, 세무상 적격합병요건을 충족시키기 위해서는 순합병의 경우 거래실행일로부터 2년, 역합병의 경우 거래실행일로부터 1년이 경과한 후에야 합병을 실행할 수 있는 제약이 있다. 하지만 인수회사가 피인수회사의 지분 100퍼센트를 취득한 경우 적격합병이 의제되므로(법인세법 제44조 제3항), 위와 같은 시간을 기다리지 않고 곧바로 합병을 실행할 수 있는 장점이 있다.

(4) 피인수회사의 기업가치 증대 가능성

LBO구조를 통한 인수거래가 전체적으로 피인수회사에게도 이익이 되는 것으로 평가된다면, LBO거래의 위법성을 감소시키는 요소가 될 수 있다. 과거 신한 사건에서는 대법원이 기업가치가 증대된 이른바 성공한 LBO를 배임죄로 처벌하여 거래계에 충격을 안겨 주었으나, LBO거래를 배임죄로 처벌해야 한다는 주요 논거가 LBO거래를 통해 피인수회사의 기업가치가 손상되는 것을 막아야 한다는 것이라는 점을 고려하면, LBO거래가 전체적인 관점에서 피인수회사에게 이익이 되는 경우에는 굳이 이를 처벌할 필요성이 없다. 배임죄의 구성요소 측면에서 말하자면 LBO 이후 기업의 가치가 증대되었다면 피인수회사의 손해가 없었다는 주장이 가능하고 또한 인수자에게 배임의 고의가 없었다는 점에 대한 간접적인 증빙이 될 수 있을 것이다. 따라서 법원이 온세통신 사건에서 LBO거래를 통한 피인수회사의 기업가치 증대 가능성을 배임죄의 판단요소 중 하나로 고려한 것은 타당하다고 하겠다.

인수자 입장에서는 M&A를 하기 전에 인수의 경제적 필요성, 인수 이후 사업계획, 인수로 인해 피인수회사가 받을 이익(투자 유치, 새로운 사업영역 진출, 인수회사와의 시너지효과 등) 등에 관한 분석자료를 충실하게 준비해 둘 필요가 있고 M&A 이후에 실제로 이러한 계획을 최선을 다해 실행하도록 노력해야 할 것이다. 거래구조에 따라서는 인수자가 피인수회사의 구주뿐 아니라 신주도 함께 인수하는 경우에는 인수거래를 통해 피인수회사에 신규자금이 유입되게 되므로, LBO거래가 피인수회사에 이익이 되는 것으로 평가하는 요소가 될 수 있을 것이다.

(5) 적법절차의 준수

LBO거래과정에서 회사법 등 관련 법령의 위반이 있으면 전반적으로 위법한 거래로 낙인이 찍히게 되므로, 적법절차의 준수는 LBO거래의 합법성을 확보할 수 있는 가장 기본적이고 중요한 요소라고 할 수 있다. 법원도 합병형 LBO가 문제 된 하이마트 사건에서 상법상의 적법절차가 준수되었다는 점을 무죄 판결의 주된 사유 중 하나로 들고 있으며, 담보제공형 LBO가 문제 된 온세통신 사건에서도 인수·합병의 절차에 하자가 없다는 점을 무죄사유 중 하나로 들고 있다.

합병형 LBO의 경우, 합병을 위한 상법상 절차와 요건(이사회결의·주주총회결의·반대주주 주식매수청구권·채권자보호절차 등)을 엄격하게 준수함으로써 합병이 적법·유효하다고 평가받도록 하는 것이 가장 기본적인 배임죄 성립 가능성 감소방안이 된다. 특히 합병 무효사유로 평가될 정도의 중대한 하자의 발생은 반드시 피해야 할 것이다.[51]

---

51) 유상감자·배당형 LBO인 대선주조 사건에서 일부 소액채권자에 대한 통지가 누락되고 법원의 허가 없이 단주를 처리한 것이 유상감자의 중대한 하자가 되는지가 쟁점이 되었으나, 법원은 당시 대선주조가 채권자가 이의를 제기하는 경우 충분한 변제능력을 가지고 있었던 점, 실제 이의를 제기한 채권자가 없는 점, 실제 자본 감소 무효의 소가 제기되지 않았다는 점 등을 고려하여 위와 같은 하자는 중대한 절차적 하자는 아니라고 판단한 바 있다.

(6) 외부 전문가의 조력

법원은 하이마트 사건에서 인수인이 법무법인의 조력을 받아 합법적인 인수금융구조를 설계하기 위해 노력한 점을 배임죄의 고의를 부인하는 요소로 고려한 바 있다. 따라서 거래구조 설계단계부터 법률 전문가의 조력을 받고 거래의 적법성에 대한 법률의견서 등을 구비해 놓는다면 배임 고의의 인정 가능성을 낮추는 요소가 될 수 있다.

또한 합병 등 회사법상의 절차 준수에 대해서도 전문가의 조력을 받는다면 절차 위반이 문제 될 소지를 줄일 수 있을 것이다.

(7) 소수주주이익 보호조치

인수자가 피인수회사지분을 100퍼센트 취득하지 않은 상태에서 피인수회사 이사에 취임하여 인수회사를 위해 피인수회사자산을 담보로 제공하는 등의 금융 지원을 하고자 할 경우, 피인수회사 소수주주와의 이해상충이 문제 될 수 있다. 이때 어떠한 요건하에서 소수주주 이익이 충분히 보호되었다고 인정될 수 있는지를 살펴보아야 하는데, LBO에 관한 국내 법원의 판결에서는 소수주주의 이익보호와 관련한 기준을 명시적으로 제시하고 있지는 않다.

다만 외국에서는 LBO거래에서의 소액주주의 보호조치에 대한 논의가 많은데, 미국에서는 LBO와 같은 이해상충거래(related transaction)에 있어서는 단순한 경영판단원칙(business judgment rule)보다 강화된 '전반적 공정성원칙'(entire fairness doctrine)을 적용하여 이사의 주주에 대한 손해배상책임을 판단해야 한다고 본다. 전반적 공정성원칙이 적용되는 경우에는 해당 이사는 해당 거래와 이해관계 없는 이사(disinterested directors) 과반수

의 승인, 이해관계 없는 주주 과반수의 승인, 거래와 이해관계 없는 이사
들로 구성되는 독립위원회(independent special committee)의 승인이 있었
음을 입증하거나 독립위원회의 위임을 받은 전문가 등이 제출한 공정의
견서(fairness opinion)를 제출함으로써 공정절차에 대한 입증책임을 전환
시킬 수 있다고 한다.[52]

법무부 연구보고서는 (i) 피인수회사 주주 전원의 동의가 있는 경우
또는 (ii) 소수주주의 3분의 2 이상의 동의를 받아 선정한 전문가가 주주
의 이익의 관점에서 공정한 내용이라는 의견을 제시한 경우 등에는 인수
회사를 위한 금융 지원이 피인수회사의 주주의 이익을 부당하게 침해하
지 않는 것으로 볼 수 있다는 기준을 제시하고 있다.[53]

위와 같은 논의들을 참고하여 실무적으로도 예컨대 담보 제공이나 합
병을 결의하는 피인수회사의 이사회에서 인수회사 측 임원을 겸하고 있
는 이사는, 이해관계의 상충이 있는 것으로 보아 이사회결의에서 빠지는
것을 고려할 수 있을 것으로 생각된다. 나아가 합병을 위한 주주총회에
서 가능한 많은 소수주주로부터 승인을 받도록 노력할 필요가 있을 것이
며, 법령에 정해진 반대주주의 주식매수청구권 행사를 충실하게 보장해
주어야 할 것이다. 이러한 소수주주의 구제수단이 따로 정해져 있지 않은
담보제공형 LBO의 경우, 소수주주에 의해 선임된 전문가가 공정의견서를
제출한 때에는 소수주주의 보호가 충실하게 이루어졌다고 평가되어 배
임 고의 인정 가능성을 감소시키는 요소로 볼 수 있을 것이다.

---

52) 박태현, 앞의 논문(주 2), 73면 참조.
53) 서울대학교 금융법센터, 앞의 보고서(주 44), 84면. 다만 법무부 연구보고서는 주주
   및 채권자의 이익을 침해할 위험성이 현저히 낮은 경우에는 주주 및 채권자의 보호를
   위한 절차를 거칠 필요가 없다는 견해를 밝히고 있다[이에 관해 자세한 내용은 서울대
   학교 금융법센터, 앞의 보고서(주 44), 84-85면 참조].

(8) 채권자이익 보호조치

채권자에 대한 보호가 충실히 이루어졌는지 여부를 LBO거래의 적법
성을 판단하는 요소로 볼 수 있는지가 문제 된다. 미국에서는 채권자는
회사와 협상을 통해 권리·의무를 정하는 동등한 계약 당사자일 뿐이므
로 신인의무와 같은 특수하고 예외적인 의무를 인정할 이유가 없다고 한
다.[54] 이러한 원칙은 LBO의 경우에도 마찬가지여서 RJR 나비스코의 채
권자가 LBO로 인해 회사채가치가 급감하였음을 이유로 제기한 소송에
서, 법원은 이사들이 채권자들의 이익을 위해 임무를 수행할 신인의무를
부담하지 아니하므로 채권자들은 회사가 채권자들과의 계약을 위반하거
나 기망행위 등에 의하여 법률을 위반한 경우에만 보호받을 수 있다고
판시하였다.[55] 다만 예외적으로 회사가 지급 불능 또는 이에 근접한 상
태에 있거나 어떠한 거래로 인하여 회사가 지급 불능 또는 이에 근접한
상태가 되거나 불합리하게 적은 자본만을 가지게 되는 경우, 이사의 회
사에 대한 신인의무는 주주들의 이익이 아닌 회사채권자들의 이익을 보
호할 의무로 바뀐다고 한다.[56]

법원은 주식회사의 이사는 주식회사와는 별개의 법인격인 주주나 회
사채권자들에 대한 관계에서 직접 그들의 사무를 처리하는 자의 지위로
볼 수 없다는 입장을 보이면서(대법원 2009. 5. 29. 선고 2007도4949 판결

---

54) Revlon, Inc. v. MacAndrews & Forbes Holdings, Inc. 506 A.2d 173. (Del. Supr.
1985).

55) Metropolitan Life Ins. Co. v. RJR Nabisco. Inc., 716 F. Supp. 1504 (SDNY 1989).

56) Credit Lyonnais Bank Netherland, N.V. v. Pathe Communication Corp., 1991WL
277613 (Del. Ch. 1991). 한편 지급 불능에 접근하고 있는 경우에도 채권자에 대한
충실의무를 인정하는 논리에 대해서는 언제 이사의 의무가 채권자에 대한 것으로 전
환되는지가 불분명하다는 지적이 나오고 있다. In re Healthco Int'l, Inc., 208 B.R.
200 (Bankr. D. Mass. 1997) 참조.

등), LBO거래과정에서 채권자이익 보호조치를 취하였는지 여부를 배임죄에 대한 유무죄 판단의 명시적 요소로 고려하고 있지는 않은 것으로 보인다. 다만 법원은 합병 등의 과정에서 적법절차의 준수를 확인하는 차원에서 채권자보호절차가 충실히 이행되었는지 여부를 검토하고 있는 것으로 보인다.

한편 법무부 연구보고서는 (i) 채권자 전원의 동의가 있는 경우, (ii) 상법 제232조에 따라 담보 제공 등 채권자보호절차를 거친 경우, (iii) 채권자가 보유한 잔여 채권액의 3분의 2 이상의 동의를 받아 선정한 전문가가 공정한 내용이라는 의견을 제시한 경우 중 하나의 요건을 충족한 때에는 채권자보호절차를 거친 것으로 볼 수 있다는 견해를 제시하고 있다.[57]

합병형과 유상감자형의 경우 상법상 채권자보호절차가 요구되므로, 상법상 채권자보호절차를 충실히 이행한다면 별도의 채권자보호조치를 취하지 않더라도 무방하다고 생각된다. 다만 담보제공형의 경우, 상법상 채권자보호절차가 요구되지 않으므로 담보 제공에 대한 채권자의 동의를 구하고 동의하지 않는 채권자들에 대한 변제·담보 제공 등 보호절차를 취하는 것을 고려해 볼 수 있을 것이며, 이러한 조치를 취해 놓으면 배임죄의 인정 가능성을 감소시키는 요소가 될 수 있을 것으로 보인다.

VII. 결론

이상에서는 최근 주요 판결의 내용을 주된 토대로 하여 LBO거래의

---

57) 서울대학교 금융법센터, 앞의 보고서(주 44), 84-85면 참조. 다만 법무부 연구보고서는 주주 및 채권자의 이익을 침해할 위험성이 현저히 낮은 경우에는 주주 및 채권자의 보호를 위한 절차를 거칠 필요가 없다는 견해를 밝히고 있다.

법적 위험성을 감소시키기 위해 실무적으로 고려해 볼 수 있는 사항들을 살펴보았다. 그럼에도 여전히 LBO에 대한 배임죄 성립 여부 판단함에 있어서는 불명확한 부분이 많다. 예컨대 법원은 '상당한 자체자금조달'을 할 것을 요구하면서도 그 명확한 기준은 제시하지 않고 있다. 따라서 자체자금조달비율이 50퍼센트가 넘는 경우 배임죄가 성립할 가능성이 낮다는 분석이 타당하다고 하더라도, 온세통신 사건이나 하이마트 사건과 동일한 사실관계에서 자체자금조달비율이 40퍼센트 또는 30퍼센트인 경우에는 배임죄가 성립할지 여부에 명확하게 답변하는 것은 현재로서는 가능하지 않을 것이다.

실무에서 불확실성(uncertainty)은 위험(risk)과 같은 것으로 이해되고, 그 위험이 형사처벌과 관련된 것이라면 더욱 보수적으로 접근하는 경향을 띠게 된다. 특히 LBO거래의 경우 배임죄로 인정되면 그 범죄금액이 매우 클 수밖에 없는데, 양형기준표에 근거하여 범죄금액에 따라 형을 선고하는 최근 법원의 실무를 고려할 때, LBO거래가 유죄로 인정되는 경우 그로 인한 처벌은 당사자들이 감내하기 어려운 수준이 될 수 있으며, 그러다 보면 사회적·경제적으로 바람직한 M&A 활동까지 위축되는 부작용이 발생하게 된다.

이와 같이 고도의 경영판단을 수반하는 M&A거래의 특성을 고려할 때, 형사법보다는 민사법의 영역에서 LBO를 절차적으로 규제하는 방안이 이상적이겠으나,[58] 현재 검찰에서 LBO에 배임죄를 적극적으로 적용

---

58) 구경철, "기업의 차입매수(LBO)에 따른 업무상배임죄 적용에 대한 대응방안 : LBO유형별 기업경영의 관점에서," 경희법학 제47권 제2호(2012. 6), 경희법학연구소, 110-115면은 미국·영국·독일·일본의 LBO규제 현황을 소개하면서, "주요 국가에서는 LBO거래를 형사적으로 접근하는 입법례를 찾기 어려우며, 대부분 LBO거래를 완전히 금지하기보다는 LBO가 야기하는 문제에 적절히 대응하기 위한 방향을 제시하고 있다"고 한다(115면). 이수진, "LBO유형별 법적 문제에 관한 연구," 고려대학교 법학석사

하기 시작하면서 합리적인 민사적 규제에 대한 논의가 오히려 지연되고 있는 상황이다.[59] 따라서 빠른 시일 내에 민사적 규제로 전환하기가 어렵다면, 이미 제출된 법무부 연구용역보고서 등을 토대로 'LBO에 대한 배임죄 적용 가이드라인'을 마련하는 방안을 고려할 필요가 있을 것이다. 이를 통해 LBO에 적정한 규제를 함과 동시에 그러한 기준을 준수한 경우, 형사처벌에 대한 두려움 없이 최대한의 창의성을 발휘할 수 있도록 하여 LBO가 가지는 사회적·경제적 효용이 극대화될 수 있도록 하는 것이 필요하다고 생각된다.

학위논문, 2013, 21-36면도 LBO규제에 관한 미국·유럽·일본의 입법례를 소개하면서 "일본은 우리나라 마찬가지로 배임죄(형법 제247조)가 형법상 존재한다. …다만 일본에서는 LBO를 우리와 달리 배임죄로 규제한 사례는 발견하지 못했다"고 한다(36면).

59) 구길모, "차입매수(LBO)에 대한 배임죄 처벌의 타당성 : 대선주조 사안(부산고등법원 2010. 12. 29. 선고 2010노669판결)을 중심으로," 형사법연구 제25권 제2호(2013 여름), 한국형사법학회, 188면은 현재의 LBO에 대한 배임죄 처벌은 민사적 규제의 발전을 억제하여 민사적 영역의 형사적 규율 의존성을 높이고 있고, M&A 관련 다양한 자금조달구조와 방식을 획일화하는 방향으로 작동하고 있다. 그리고 이러한 배임죄 처벌은 형법의 보충성원칙을 고려할 때에도 옳지 못한 것으로 판단된다고 한다.

08

M&A와 근로관계 승계[*]

I. 들어가며

'M&A'(Mergers & Acquisitions)라는 사회적 현상은 기업이 일정한 경영상 목적을 위하여 기업에 속한 인적·물적 조직, 설비에 변화를 가하는 것이라고 할 수 있고, 이러한 M&A가 논의되는 국면에서 노동조합이나 근로자 측이 인수자 측에 고용 승계와 고용조건 유지를 주장하면서 파업과 같은 수단을 동원하는 것을 종종 목격한다. 비근한 예로 2015년 M&A시장에서 큰 관심을 불러일으킨 홈플러스 매각 경우에도 그러하였고, 2016년 M&A시장에 매물로 나와 있는 피인수대상 기업들의 경우에도 사정은 동일할 것으로 예상된다.

---

* 이 논문은 BFL 제70호(2015. 3)에 게재된 글을 수정·보완한 것이다.
** 김·장법률사무소 변호사

이처럼 M&A라는 '기업구조조정' 내지 '기업변동' 상황에서 회사나 주주 측에서는 기업변동이 경영권에 관한 사항이라는 이유로 경영권 행사의 자유를 주장하는 반면, 근로자 측에서는 근로자의 생존권보장 등을 이유로 경영진에 의한 일방적인 기업구조조정에 반대하면서 고용관계 보장과 고용조건 유지를 주장하는 등, 노사 간에 기업구조조정 국면에서로 대립되는 이해관계가 존재하는 상황을 흔하게 접한다.

이하에서는 M&A라는 기업구조조정 내지 기업변동 상황에서 회사 측의 경영권 행사의 자유와 근로자 측의 고용관계보장이라는 문제가 근로관계의 승계라는 측면에서 어떻게 다루어지는지 살펴보고자 한다.

II. M&A에 있어 근로관계의 승계 문제를 둘러싼 쟁점

1. M&A의 의미 및 범위

M&A는 실정법상의 용어는 아니고 좁은 의미로는 기본적으로 주식확보를 통해 이루어지는 기업의 전부 또는 일부의 인수 혹은 합병을 의미하는 것으로 보고 있으나, 넓은 의미로는 주식을 매개로 한 기업의 인수·합병뿐만 아니라 기업이 경제 환경의 변화에 대처하기 위하여 취하는 일련의 기업구조조정으로서 사업구조의 변경을 가지고 오는 영업양수도·회사분할·자산인수(자산매매방식에 의한 기업 이전) 등도 포함되는 것으로 이해되고 있으며, 나아가 기술제휴나 금융적 관련을 맺는 합작관계 또는 전략적 제휴까지 개념적으로 확대되고 있다.

이러한 M&A와 같은 기업변동은 기업의 효율성과 이윤 추구가 동기가 되어 기업을 운영하는 과정에서 기업가치와 경쟁력을 제고하고 운영의 효율성을 도모하기 위한 조치로서, 그 요건·절차 및 법적 효과에 관하여는 주로 상법의 영역에서 규율되어 왔다.

사실 기업변동에 있어 많은 경우, 근로관계의 일방 당사자인 사용자로서의 지위가 변경되거나 소멸되는 결과를 가져오기 때문에 근로관계에 다양한 영향을 미친다. 이러한 측면에서 본고에서는 좁은 의미의 기업의 인수·합병에 추가하여 사업구조의 변경과 함께 사업주(사용자)의 변경을 초래할 수 있는 영업양수도, 회사분할, 자산 인수도 M&A의 범위에 포함하여 살펴보고자 한다.

2. 관련 법의 현황과 상충되는 가치의 조화 문제

고용관계는 노무자와 사용자 사이의 인적 신뢰관계를 바탕으로 이루어지고 노무 제공은 노무자 자신의 인신과 분리될 수 없는 전속성을 가진다.[1] 이러한 일신전속성에 기하여 민법 제657조 제1항은 사용자가 노무자의 동의 없이 그 권리를 제3자에게 양도할 수 없음을 규정하고 있다. 그리고 이러한 금지에 위반한 경우 노무자가 고용관계를 해지할 수 있다 (민법 제657조 제2항).

위 민법 제657조 제1항에 대하여는 만약 사용자가 바뀌면 그로 인하여 노무자가 특히 사용자의 지불능력과 관련하여 불측의 불이익을 당할 수 있다는 점을 근거로 일반적으로 승인되고 있는 채권양도원칙의 예외에 해당한다고 설명되고 있다.[2] 위와 같이 사용자의 지불능력과 관련한 불측의 불이익에 대한 고려는 순수하게 민사적인 측면만 반영된 것이라

---

1) 박준서(편) / 하경효(집필), 주석민법〔채권각칙(4)〕, 한국사법행정학회, 1999, 93면.
2) 박준서(편) / 하경효(집필), 앞의 책(주 1), 94-95면.

고 생각된다. 민법이 이러한 금지 위반의 효과로서 노무자에 의한 고용관계해지권을 규정하고 있다는 점에서도 그러하다. 그러나 근로자의 입장에서 기업변동으로 노무를 제공할 상대방이 바뀌는 경우 위 민법 조항에 따르면 고용관계를 스스로 해지할 수 있는 자유가 인정되겠지만, 그때 근로자로서는 직장을 상실하게 될 것인데 이러한 직장 상실의 위험으로부터 근로자를 보호할 필요성에 관하여는 민법에서 규율되고 있는 바가 없다. 한편 합병이나 분할 등 회사의 조직 개편에 관하여 규정하고 있는 상법은 기본적으로 기업의 존속과 주주나 회사채권자 등 이해관계자의 보호를 주된 목적으로 하므로 M&A와 같은 기업변동과 관련된 근로 관계법상의 문제점, 특히 근로자의 보호에 대한 내용은 규정하고 있지 않다고 할 수 있다.

그리고 이 문제에 관한 근로관계 법령에서의 관련된 규율을 살펴보면, 예를 들어 근로기준법에서 경영상 이유에 의한 해고를 제한하고(제24조), 근로자 참여 및 협력 증진에 관한 법률에서 '경영상 또는 기술상의 사정으로 인한 인력의 배치전환·재훈련·해고 등 고용 조정의 일반원칙'을 노사협의회의 협의사항으로 규정하고 있으며(제20조 제1항 제6호), 고용정책기본법에서 국내외 경제 사정의 변화 등으로 고용 사정이 급격히 악화되거나 악화될 우려가 있는 업종 또는 지역에 대하여 사업주의 고용 조정과 근로자의 실업 예방 및 고용 안정을 위하여 필요한 지원을 할 수 있도록 규정하고 있으나(제32조 제1항), 막상 기업변동과 관련된 노동법적 쟁점 즉 근로자의 보호 및 생존권 보장의 문제에 관하여는 직접 규율하고 있는 내용을 찾을 수 없다. 따라서 현재까지는 이 문제에 관하여 판례와 학설의 해석론에 주로 의존하고 있는 실정이며, 이 부분은 향후 판례와 학설의 발전을 통하여 형성되는 이론에 따라 입법을 통하여 해결될 필요가 있다고 생각된다.

　이러한 법형성의 필요성 측면에서 기업변동과정에서의 노동법상 쟁점에 관한 지금까지의 판례는 근로자보호라는 노동법의 기본 이념에 충실한 것으로서 긍정적 평가의 측면이 있지만, 한편으로는 노동법적으로 '법의 흠결' 상황에서 이루어지는 이러한 판례에 의한 '법의 흠결'의 보완은 예측 가능성이나 법적 안정성의 측면에서 문제점이 지적될 수도 있다. 근로자보호를 두텁게 하여야 한다는 입장에 서게 되면 헌법상 직업선택의 자유와 직장 상실의 위험에 대한 보호의 필요성에서 고용관계 승계와 고용조건 유지를 폭넓게 인정하여야 한다는 결론에도 이를 수 있다. 반면 사업주는 헌법상 보장된 경제활동의 자유의 일환으로서 그리고 자신이 영위하는 사업의 경영권 행사의 자유 차원에서 인수한 기업의 고용관계 및 고용조건의 조정을 필요로 하는데, 이는 근로자 측의 이해와는 상충되는 가치라고 할 수 있다.

　결국 이 문제는 서로 충돌하는 사업주의 가치와 근로자 측의 가치를 어떻게 조화롭게 해석하고 규율할 것인가의 문제로 귀결된다고 볼 수 있다.

III. 개별적 기업변동 형태에 따른 검토

1. 주식 인수와 근로관계의 승계

　주식양수도가 이루어지는 경우, 이는 해당 회사의 소유주가 변동되는 것에 불과하고 회사의 법인격에는 변경이 없으므로 회사와 근로자 사이의 근로관계에는 아무런 변동이 없다. 이처럼 주식양수도의 경우 근로관계나 근로조건, 노동조합과의 관계나 단체협약 관계에 있어 아무런 변동이 없으므로, 통상적으로 주식매매계약에서 회사의 고용관계에서 발생

하는 우발채무나 고용관계의 유지 등에 대하여 양도인이 양수인에게 일
정한 진술 및 보증(representations & warranties)을 하도록 하거나 일정한
준수사항(covenant)을 약정하고 그에 위반한 경우 손해배상이나 면책
(indemnification)조항을 통하여 주식양수도거래의 당사자의 이해관계를
조정하는 것이 일반적이다.

나아가 상법에서 기업결합(기업 소유·지배구조의 재편성)의 수단 중 하나
로 인정되고 있는 주식의 포괄적 교환·이전(상법 제360조의2에서 제360조의
23조)3)도 회사 간 계약(주식의 포괄적 교환의 경우) 또는 회사의 일방적
계획(주식의 포괄적 이전의 경우)에 의하여 일방 회사의 주주들이 소유하
는 주식을 타 회사로 강제 이전시켜 완전모자회사 관계를 만드는 방법이
므로 역시 당사회사와 근로자 사이의 근로관계에는 아무런 변동이 없다.

따라서 주식양수도거래나 주식의 포괄적 교환·이전거래에 있어서는
민법 제657조 제1항이 문제 될 여지가 없고 근로관계나 근로조건은 그대
로 유지된다.

2. 합병과 근로관계의 승계

합병의 경우 합명회사에 관한 상법 제235조에서 "합병 후 존속한 회사
또는 합병으로 인하여 설립된 회사는 합병으로 인하여 소멸된 회사의 권

---

3) 주식의 포괄적 교환은, 회사 간 주식교환계약을 통해 자회사가 되는 회사의 발행주식
총수를 완전모회사가 되는 회사로 전부 이전하고 자회사가 되는 회사의 주주들은 완전
모회사가 되는 회사가 발행하는 신주를 배정받아 완전모자회사 관계로 전환할 수 있는
상법상의 제도이다(상법 제360조의2 및 제360조의3). 반면 주식의 포괄적 이전은, 자회
사의 주식이전계획에 의해 자회사가 되는 회사의 발행주식총수를 신설되는 완전모회사
로 이전하고 자회사가 되는 회사의 주주들은 신설되는 완전모회사가 발행하는 신주를
배정받음으로써 완전모회사를 설립하는 상법상의 제도이다(상법 제360조의15 및 제
360조의16).

리·의무를 승계한다"고 하여 포괄승계의 법리를 규정하고 있으며, 이를
합자회사(제269조)·주식회사(제530조) 및 유한회사(제603조)에 준용하고
있다. 학설은 대체로 동 조항을 근거로 합병의 효과로 소멸 또는 흡수되
는 회사의 근로관계가 다른 권리·의무와 마찬가지로 존속 또는 신설되
는 회사에 포괄적으로 승계된다는 점을 인정하는 것으로 보인다. 이는
합병의 본질에 관하여 통설인 소위 인격합일설의 입장에 따른 것으로 이
해된다. 한편 이러한 학설의 대체적 입장에 대하여는 회사 합병의 효과
로 포괄승계되는 채권·채무에 근로관계를 포함시켜 기존의 근로관계가
당연히 이전되는 것으로 보기보다는 인격적 결합관계라는 근로관계의
특성, 합병계약 당사자 사이의 의사, 노동법상 해고 제한 법리를 함께 고
려하는 것이 타당하다는 비판론이 개진되고 있다.[4]

판례는 "복수의 회사가 합병되더라도 피합병회사와 그 근로자 사이의
집단적인 근로관계나 근로조건 등은 합병회사와 합병 후 전체 근로자를
대표하는 노동조합과 사이에 단체협약의 체결 등을 통하여 합병 후 근로
자들의 근로관계 내용을 단일화하기로 변경·조정하는 새로운 합의가
있을 때까지는 피합병회사의 근로자들과 합병회사 사이에 그대로 승계
되는 것"[5]이라거나 "회사의 합병에 의하여 근로관계가 승계되는 경우에
는 종전의 근로계약상의 지위가 그대로 포괄적으로 승계되는 것이므로
합병 당시 취업규칙의 개정이나 단체협약의 체결 등을 통하여 합병 후
근로자들의 근로관계의 내용을 단일화하기로 변경·조정하는 새로운 합
의가 없는 한 합병 후 존속회사나 신설회사는 소멸회사에 근무하던 근로

4) 류재율, "회사 분할 시 근로관계의 승계와 근로자의 거부권," 법조 제694호(2014. 7),
법조협회, 265-268면.
5) 대법원 2004. 5. 14. 선고 2002다23185 판결 ; 대법원 2001. 10. 30. 선고 2001다24051
판결.

자에 대한 퇴직금관계에 관하여 종전과 같은 내용으로 승계하는 것이라고 보아야 한다"[6]고 하여 합병으로 인한 근로관계의 포괄승계를 인정하고 있다고 보아도 무방할 것으로 보인다.

위와 같이 학설의 일반적 입장이나 판례가 합병의 경우 근로관계 역시 포괄승계를 인정하고 있다고 하더라도, 민법 제657조 제1항과의 관계에서 포괄승계가 되는 합병에도 위 조항이 적용되어 근로자의 동의가 있어야 하는지 문제 될 수 있다. 실제로 근로자가 기간의 약정이 있는 근로계약하에서도 계약 불이행으로 인한 아무런 손해배상책임을 부담하지 아니하고 근로를 제공하지 아니할 사직의 자유가 보장되어야 한다는 이유로 근로자의 동의를 필요로 한다는 견해도 있다.[7]

그러나 합병의 경우 피합병회사가 소멸되는 것이어서 합병에 있어 근로자보호는 기업으로부터의 이탈의 자유를 보장하는 것보다는 근로관계를 유지시키는 것에 오히려 초점이 있다고 할 수 있고, 판례상으로도 합병으로 종전의 근로계약상의 지위가 그대로 포괄승계됨이 인정되고 있어 합병 자체로 근로자에게 어떤 불이익이 있다고 보기 어렵다. 물론 합병 이후 통합과정에서 감원이나 배치전환 등의 후속 인사를 통하여 불이익을 받을 것으로 예상되는 경우를 상정할 수 있을 것이나, 이는 합병과는 별개의 절차로서 해당 절차에서 그 적법성을 다투는 것은 별론으로 하고 이러한 예상이나 우려 때문에 현행법의 해석상 합병 자체에 대한 근로자의 동의가 인정되어야 한다고 보기는 어려울 것으로 생각된다.

또한 이러한 포괄승계를 원하지 않는 근로자로서는 개별적으로 민법 제660조 및 제661조의 해지 통고 내지 해지권조항을 통하여 고용관계를

---

6) 대법원 1994. 3. 8. 선고 93다1589 판결 ; 대법원 2001. 4. 24. 선고 99다9370 판결.
7) 이상윤, 노동법, 법문사, 2013, 444면.

해소할 수 있다는 점에 비추어 포괄승계의 원칙에도 불구하고 근로자의 동의가 필요하다고 보는 것에는 의문이 있다. 민법 제661조에서 고용기간의 약정이 있는 경우, 부득이한 사유가 있을 때에는 고용계약을 해지할 수 있도록 하되 단서에서 그 사유가 당사자 일방의 과실로 인하여 생긴 때에는 상대방에 대하여 손해를 배상하여야 하는 것으로 규정하여, 이러한 손해배상책임 부담의 위험도 고려하면 민법 제657조 제1항으로 해결하려는 견해가 일단 타당한 측면이 있으나, 합병에 있어 달리 특별한 사정이 없다면 부득이한 사유는 오히려 사업주(사용자) 측에 있다고 인정될 것이므로 근로자가 자신의 과실로 인하여 손해를 배상할 경우를 상정하기는 어렵다고 생각된다.

판례는 이에 관하여 명시적으로 판단한 예를 찾을 수 없으나, 기본적으로 승계 자체에 관하여는 근로자의 동의가 필요하지 않다고 보는 입장인 것으로 이해된다.[8] · [9]

---

8) 대법원 2001. 4. 24. 선고 99다9370 판결에서는 합병에 의하여 종전의 근로계약상 지위가 그대로 포괄적으로 승계된다는 전제하에서 승계 후의 흡수회사 퇴직금 규정이 승계 전의 해산회사의 퇴직금 규정보다 근로자에게 불리하다면 근로기준법상 취업규칙의 불이익한 변경으로서, 해당 근로자집단의 집단적인 의사결정방법에 의한 동의 없이는 승계 후 흡수회사의 퇴직금 규정을 적용할 수 없다고 판시하였는바, 승계 후 통합을 위한 근로조건의 불이익한 변경에 대하여는 근로자의 집단적 동의가 필요하지만 승계 자체에는 근로자의 동의가 필요하지 않다는 입장인 것으로 이해된다.

9) 대법원 1999. 1. 26. 선고 98다46198 판결에서는 "회사가 합병되면서 소속 근로자들에게 합병 취지를 설명하고 퇴직금의 지급을 청구하는 자에 한하여 합병 전날까지의 퇴직금을 지급하되, 이는 근속연수의 기산점은 그대로 두고 중간정산하는 퇴직금의 지급이 아니라 회사에서의 근로관계가 완전히 단절되는 의미에서의 청산퇴직금의 지급이며, 이를 청구하지 않는 자에 대하여는 청구의사가 없는 것으로 보아 합병 후의 회사에 자동으로 근속관계가 승계되어 나중에 퇴직할 때 합병 전 회사에서의 근로기간까지 합산된 근속연수에 상응하는 퇴직금을 수령하게 된다는 취지의 공고를 하여 그중 어느 것을 자유로이 선택하도록 기회를 부여하였고, 이에 따라 근로자가 사직서를 제출함과 함께 현 시점에서 퇴직금을 수령하는 것이 본인에게 유리하다고 판단하여 퇴직금을 청구하면서 퇴직하고 그다음 날 합병 후 회사에 신규입사한 경우, 이는 합병 전 회사와

따라서 현재로서는 합병 자체에 관하여 근로자 측에서 동의권 행사를
통해 관여할 수 있는 제도적 장치는 없다고 할 수 있고, 만일 합병으로
인하여 근로자 측이 불이익을 입을 수 있는 부분이 있다면 이는 입법적
으로 해결될 필요가 있을 것이다.

3. 회사분할과 근로관계의 승계

상법 제530조의10은 "분할 또는 분할합병으로 인하여 설립되는 회사
또는 존속하는 회사는 분할하는 회사의 권리와 의무를 분할계획서 또는
분할합병계약서가 정하는 바에 따라서 승계한다"고 규정하고 있다.

이처럼 회사분할의 경우에는 포괄승계의 법리를 규정하고 있는 합병
과는 달리 "분할계획서 또는 분할합병계약서가 정하는 바에 따라서 승계
한다"고 규정하고 있는 관계로, 분할계획서 등에 기재되지 않으면 근로
관계가 승계되지 않고 분할계획서 등에 기재되어 있으면 그에 따라 승계
가 된다는 해석이 가능할 것이다.[10]

회사분할제도는 1998년 상법 개정을 통하여 도입되었는바, 위와 같이
상법상 회사분할의 방법을 기본적으로 분할계획서 등으로 자유롭게 결
정할 수 있도록 되어 있고 회사분할이 규모의 경제를 추구하는 합병과는
정반대의 조직법적 현상이기 때문에 노동법상 근로자보호의 이념과 충

의 근로관계를 종료시키려는 위 근로자 스스로의 진정한 의사에 터 잡은 것이라 할
것이므로 위 사직의 의사표시는 비진의 의사표시에 해당한다고 볼 수 없다"고 판시하
였는바, 위와 같이 개별 사안에서 회사가 근로자 측에 선택의 기회를 부여하는 것은
별론으로 하고 기본적으로 판례의 입장은 승계 자체에 관하여는 근로자의 동의가 필
요하지 않다고 보는 입장인 것으로 이해된다.
10) 상법 제530조의5나 제530조의6에서 분할계획서나 분할합병계약서의 기재사항에 관하
여 규정하고 있지만, 여기에 근로관계의 승계에 관한 사항은 명시되어 있지 아니하다.

돌될 여지도 있고 회사분할과정에서 회사의 인적 자원의 재배치 등과 같은 고용 조정이 야기될 수도 있다. 이처럼 회사분할은 근로자의 지위에 변동을 초래할 수 있는 중대한 사안임에도 불구하고 현행 실정법에 명확하게 관련된 규정이 없다 보니 결과적으로 그동안 잠재적인 법적 불안정과 분쟁의 대상이 되는 제도로 평가되었다.[11] 이에 따라 학설은 상법상 회사분할제도의 특성을 중시하는지, 노동법상 근로자보호의 필요성을 중시하는지, 근로관계 존속과 근로자의 자기결정권을 중시하는지에 따라 당연승계설(동의불요설)·동의필요설·거부권설(절충설) 등 여러 견해가 제시되어 왔다.[12] 판례 역시 대법원 2013. 12. 12. 선고 2011두4282 판결이 나오기 전까지는 근로자의 동의가 있는 경우에만 근로관계가 승계된다는 취지로 판결하기도 하고(소위 한국전력공사 사건[13]), 회사분할 시 근로관계가 원칙적으로 승계되나 근로자에게 이를 거부할 권리가 인정되며 이러한 거부권 행사를 위한 상당한 기간을 부여하여야 한다는 취지로 판결하기도 하였다(소위 대우자동차판매주식회사 사건[14]).

그런데 위 2011두4282 판결에서 대법원은 분할하는 회사의 근로관계 또한 위 규정에 따른 승계의 대상에 포함될 수 있음을 전제로 하면서도 "회사분할에 따른 근로관계의 승계는 근로자의 이해와 협력을 구하는 절차를 거치는 등 절차적 정당성을 갖춘 경우에 한하여 허용되고, 해고

---

11) 장주형, "회사분할 시 근로관계의 승계," BFL 제49호(2011. 9), 서울대학교 금융법센터, 111면.
12) 이 여러 견해에 대한 상세한 소개는 생략하기로 한다.
13) 이 사건은 서울중앙지방법원 2006. 2. 9. 선고 2004가합84103 판결 및 서울고등법원 2006. 9. 22. 선고 2006나33021 판결을 거쳐 상고되었으나, 대법원에서 대법원 2007. 1. 25. 선고 2006다66968 판결로 심리불속행 기각됨으로써 확정되었다.
14) 이 사건은 서울행정법원 2008. 9. 11. 선고 2007구합45583 판결 및 서울고등법원 2009. 5. 22. 선고 2008누28648 판결을 거쳐 상고되었으나, 대법원에서 대법원 2009. 9. 24. 선고 2009두9796 판결로 심리불속행 기각됨으로써 확정되었다.

의 제한 등 근로자보호를 위한 법령 규정을 잠탈하기 위한 방편으로 이용되는 경우라면 그 효력이 부정될 수 있어야 한다"고 판시하였다. 위와 같은 입장하에서 "둘 이상의 사업을 영위하던 회사의 분할에 따라 일부 사업 부문이 신설회사에 승계되는 경우, 분할하는 회사가 분할계획서에 대한 주주총회의 승인을 얻기 전에 미리 노동조합과 근로자들에게 회사 분할의 배경·목적 및 시기, 승계되는 근로관계의 범위와 내용, 신설회사의 개요 및 업무 내용 등을 설명하고 이해와 협력을 구하는 절차를 거쳤다면 그 승계되는 사업에 관한 근로관계는 해당 근로자의 동의를 받지 못한 경우라도 신설회사에 승계되는 것이 원칙"이라고 판시하여 위와 같은 절차적 정당성을 갖춘 경우에는 근로자의 동의권을 부정하였다. 위 판결은 나아가 "회사의 분할이 근로기준법상 해고의 제한을 회피하면서 해당 근로자를 해고하기 위한 방편으로 이용되는 등의 특별한 사정이 있는 경우에는, 해당 근로자는 근로관계의 승계를 통지받거나 이를 알게 된 때부터 사회통념상 상당한 기간 내에 반대의사를 표시함으로써 근로관계의 승계를 거부하고 분할하는 회사에 잔류할 수 있다"고 판시하였다.

위 판결에 대하여는 비판적 견해도 제기되고 있고 그 결론에는 동의하면서 보완이 필요하다는 견해도 제기되고 있다. 즉 우리 상법 제530조의10이 일본의 관련 규정[15]과는 다르다는 점 등을 근거로 근로관계의 승계에 관하여 특별한 의미를 가진다고 보기 어려우며, 동 조항은 합병에서의 포괄승계와는 달리 분할계획서에 이전대상으로 정해진 권리·의

---

15) 일본은 분할계획서의 기재사항으로 '고용계약을 명시하고 있고 근로계약승계법을 별도로 제정하여 분할계약서 작성 전 사전협의의무, 협의 종료 후 서면통지의무 등 절차적 사항과 함께 분할대상 사업에 종사하는 근로자인지, 분할계획서에 기재되어 있는지 여부 등에 따라 법적 효과를 규정한다.

무에 대하여는 개별적인 이전행위를 요하지 않고 회사분할로 일괄하여
이전된다는 의미로 파악하여야 한다는 전제하에서, 회사분할에 대하여
근로자의 거부권을 인정하는 것보다는 별도의 입법적 조치가 이루어지
기 전까지 영업의 일부 양도 시 근로관계의 승계와 관련하여 축적된 판
례법리를 회사분할에 대하여도 유추하여 해결하는 것이 적절하다는 비
판론이 제기되고 있다.[16] 또한 위 판결이 회사분할 시 근로관계가 원칙
적으로 승계되는 것으로 보고 근로자의 거부권을 인정하였다는 점에서
는 의미가 있으나, 특별한 사정이 있는 경우에만 거부권을 행사할 수 있
다고 판시한 것은 근로자의 거부권의 본질과 법적 성격을 간과하고 근로
자의 권리를 지나치게 제한하는 것이라는 점에서 노동법적 관점은 단순
히 절차의 문제에서만 고려하고, 본질적인 문제에서는 상법적 관점만을
고려하여 판단한 것이라는 비판론도 제기되고 있다.[17] 한편 일본의 근로
계약승계법과 같은 법제도가 없는 현행법하에서 회사분할로 고용관계의
승계를 인정하여도 이를 원하지 않는 근로자에게는 거부권을 인정하여
존속회사(분할회사)에서 근무할 수 있도록 하는 것이 양자의 가치에 대한
균형 있는 해석이라는 입장에서 위 판결의 의미를 인정하면서, 다만 거
부권을 제한 없이 인정하면 실제로 동의를 얻어 승계되는 것과 동일하므
로 거부권을 인정할 합리적 기준이 필요하다는 견해도 있다.[18]

위 판결이 전원합의체 판결은 아니라는 점에서 앞으로도 동일한 취지
의 판례가 나올 것인지는 지켜볼 필요가 있을 것으로 생각된다. 특히 실
정법에 명시적인 근거가 없음에도 해석만으로 위 판시와 같은 근로자의

---

16) 권오성, "회사분할과 근로관계의 승계," 노동리뷰(노동판례리뷰) 제107호(2014. 2), 한
    국노동연구원, 82-83면.
17) 류재율, 앞의 논문(주 4), 289면.
18) 박수근, "회사분할과 고용계약관계의 승계," 변호사 제47집(2015. 1), 서울지방변호사
    협회, 203면.

이해·협력을 구하는 절차라는 요건을 도출해 낼 수 있을 것인지는 의문이다. 그러나 한편으로는 위 판결이 충분한 협의절차를 거친 경우에는 근로자의 동의 여부와는 관계없이 근로관계의 승계를 인정함으로써 급변하는 경영 환경에서 기업구조조정의 활성화를 위한 의미를 일정 정도 가질 수 있다고 생각된다. 아울러 위 판결에서 판시한 '회사의 분할이 근로기준법상 해고의 제한을 회피하면서 해당 근로자를 해고하기 위한 방편으로 이용되는 등의 특별한 사정'이 어떤 경우에 인정될 것인지의 문제는 추후 회사분할 시 근로관계 승계가 문제 된 사안에서 판례의 축적을 통해 가늠해 볼 수 있을 것으로 기대된다.[19]

4. 영업양수도와 근로관계의 승계

판례는 상법상의 영업양도의 의미를 "일정한 영업 목적에 의하여 조직화된 업체, 즉 인적·물적 조직을 그 동일성은 유지하면서 일체로서 이전하는 것을 의미"한다고 보았다.[20] 노동법적 측면에서의 영업양도

---

19) 위 판결 이후 선고된 판결로서 예를 들면 서울고등법원 2014. 10. 23. 선고 2014누1033 판결에서는 "근로자가 회사분할로 인하여 통상 예상할 수 있는 범위를 벗어나는 현저한 근로조건의 저하 등의 불이익을 입게 되는 경우에는 분할로 인한 근로관계의 승계에 대하여 거부권을 행사할 수 있다고 할 것이나, 회사분할에 따른 적법한 근로관계의 승계가 있은 지 상당한 기간이 경과한 후에 분할한 회사 또는 신설회사의 급여체계나 인사평가방식에 변화가 생겨 결과적으로 분할한 회사에 잔류하였다고 가정하는 경우와 비교하여 신설회사에서 그보다 적은 급여를 받게 되었다고 하더라도, 위 급여체계 등의 변경이 법령이나 협약에 따라 적법하게 이루어진 이상, 위와 같은 사정만을 들어 분할에 따른 고용승계가 무효가 된다거나 근로자가 근로관계의 승계에 대하여 거부권을 행사할 수는 없다고 보아야 한다'고 판시한 예가 있다(동 판결은 대법원에 상고되었으나 대법원 2015. 3. 12. 선고 2014두14716 판결로 심리불속행 기각됨으로써 확정되었다).
20) 대법원 2013. 2. 15. 선고 2012다102247 판결 등.

개념에 관하여 판례는 상법상의 개념과 특별히 구별하고 있지는 아니한 것으로 이해된다.[21] 한편 근로기준법에서 '사업의 양도'라는 표현을 사용하고 있지만(제24조 제1항), 특별히 상법상의 영업양도와 이를 구별할 실익은 없을 것으로 보인다.

이러한 영업양도에 있어 근로관계의 승계 여부에 관하여 종래 당연승계설·특약필요설·원칙승계설 등이 있어 왔으나, 판례는 "영업 일부만의 양도도 가능하고, 이러한 영업양도가 이루어진 경우에는 원칙적으로 해당 근로자들의 근로관계가 양수하는 기업에 포괄적으로 승계되지만 근로자가 반대의사를 표시함으로써 양수기업에 승계되는 대신 양도기업에 잔류하거나 양도기업과 양수기업 모두에서 퇴직할 수도 있다"고 하여 원칙승계설의 입장을 취하고 있다고 볼 수 있다.[22]

특히 위의 대법원 2012. 5. 10. 선고 2011다45217 판결에서는, 영업의 일부 양도의 경우 근로자가 자의에 의하여 계속근로관계를 단절할 의사로 양도기업에서 퇴직하고 양수기업에 새로이 입사할 수도 있음을 전제로, 근로관계 승계에 반대하는 의사는 근로자가 영업양도가 이루어진 사실을 안 날부터 상당한 기간 내에 양도기업 또는 양수기업에 표시하여야 한다고 판시하였다.

위 2011다45217 판결의 사실관계를 살펴보면, 이 사안에서 근로자인 원고들이 소송을 제기한 배경에는 양도기업과 양수기업 중 어느 기업의 고용이 근로자에게 유리한 것인가라는 문제가 아니라, 장기근속으로 형성된 퇴직금채권의 안전이 확보되는 경우에만 고용승계가 근로자에 대한 보호로서 의미를 가질 수 있다는 시사점을 주고 있다. 위 판결은 영업

---

21) 예를 들면 퇴직금청구에 관한 대법원 1995. 7. 14. 선고 94다20198 판결.
22) 대법원 2012. 5. 10. 선고 2011다45217 판결.

양도로 퇴직금채권이 불안한 상태에 놓이게 되면 근로자가 고용승계의 거부로서 퇴직금채권을 보호하고자 양도기업에서 퇴직할 수 있음을 인정하고 있다. 나아가 위 판결은 양수기업에 새로이 입사할 수 있음을 인정함으로써 이러한 신규입사가 승계 거부의 의사표시와 모순되는 것이 아니라고 판단한 것으로 이해된다.

위 판결에 대하여는 퇴직금채권을 보호하기 위한 근로자의 승계거부권을 인정하였다는 점에서 의의를 갖는다고 평가하는 입장도 있고,[23] 위 판결이 해당 근로자들이 양수기업에 계속 근무하면서도 퇴직금을 지급받기 위해 양도기업을 퇴직하는 것이어서 승계거부권 행사의 남용이 아닌지 의문을 제기하는 입장도 있는 것으로 보인다.[24]

한편 위 판결은 근로자퇴직급여보장법이 법률 제10967호로 2012년 7월 26일 전부개정·시행되기 이전에 선고된 판결인바, 위 개정 법률은 이전에는 중간정산이 제한 없이 허용되던 것을 제8조 제2항에서 예외적인 사유로 근로자가 요구하는 경우를 제외하고는 중간정산을 금지하고 위 시행일 이후 근로자가 요구하는 중간정산부터 적용되는 것으로 하였다(위 개정 법률 부칙 제3조). 그런데 영업양도로 근로관계가 승계되는 경우에는 위 개정 법률상 중간정산사유에 해당하지 않는다(근로자퇴직급여보장법 시행령 제3조 제1항 참조). 따라서 현재와 같이 중간정산이 원칙적으로 금지되는 상황에서 양도기업과 양수기업 및 근로자 삼자 간의 합의로 퇴직·퇴직금 지급·신규입사의 형식을 통해 사실상 중간정산과 동일한 효과를 달성할 수도 있어, 근로자의 안정적인 노후생활보장과 노후자금

---

23) 김홍영, "영업양도에서 퇴직금을 지급받기 위한 근로자의 승계거부권," 노동법학 제45호 (2013. 3), 한국노동법학회, 438면.
24) 김상호, "영업양도에 따른 고용승계와 근로자의 승계거부권," 노동법률(2013. 3), 중앙경제, 70면.

확보를 위하여 중간정산을 원칙적으로 금지한 개정 법률의 취지상 의문이 제기될 수도 있고 추후 근로자가 양수기업을 퇴직하는 시점에서 중간정산의 무효를 주장하는 등 분쟁이 발생할 가능성도 있을 수 있다. 이 부분은 근로관계가 승계되는 경우에도 법에서 양도기업이 일정한 경우, 퇴직금지급채무를 연대하여 부담하도록 한다거나 영업양도를 중간정산의 사유로 인정하는 등 입법적 보완을 통하여 해결될 필요도 있을 것으로 생각된다.

나아가 회사분할에 있어 근로관계에 대한 앞의 2011두4282 판결과의 관계에서 굳이 회사분할 경우의 승계법리와 영업양도 경우의 승계법리를 구별할 필요가 있을지 의문이 제기된다. 기업 입장에서는 기업구조조정에 있어 영업양도 대신 사업분할의 형식을 취할 수도 있고 이러한 영업 내지 사업을 이전한다는 측면에서는 회사분할이나 영업양도나 유사하다고 할 수 있다.[25] 물론 소멸분할의 경우에는 영업의 일부 양도와는 다를 수 있으나, 실질적으로 사업분할이나 영업양도가 기본 목적이나 구조에 있어 유사하기 때문에 영업양도의 경우에도 회사분할과 같이 근로관계의 승계 문제를 근로자 측과의 성실한 협의를 가진 경우에 원칙적으로 근로자 측의 동의 여부와는 관계없이 근로관계가 이전되는 것으로 보는 것도 가능할 것이고, 양자가 본질적으로 구별될 필요는 없을 것이다.

---

25) 회사분할은 영업양도에 의한 현물출자와 흡사하고, 예를 들어 A·B 두 개의 사업부문을 영위하는 회사가 A 사업부문은 자신이 수행하고 B 사업부문은 회사분할방식으로 신설회사를 설립하여 이전하거나 타 회사와 합병시킬 수도 있고 자회사를 설립하여 B 사업부문의 영업을 양도할 수도 있을 것이다.

5. 자산 인수와 근로관계의 승계

자산 인수는 자산과 부채를 선별적으로 인수하는 방식으로서 정형화된 법률 개념이 아니고, 그 처리방식은 다양한 모습으로 나타날 수 있기 때문에 경우에 따라서는 영업양수에 해당하는 때가 있을 수 있으며, 실제 판례에서도 그와 같이 판단한 사례가 상당히 있다.

자산 인수와 영업양수의 구분이 쉽지는 않지만 영업양수에 해당하지 않음을 전제로 할 때, 자산 인수의 경우 근로관계 승계가 문제 될 여지가 없고 승계배제특약의 정당성도 문제 될 여지가 없다. 판례 역시 기업의 일부 자산만을 떼어서 선별 인수하는 자산분할매각방식의 경우, 인수회사가 피인수회사 근로자의 고용을 승계할 의무가 없다는 입장이다.[26] 따라서 자산 인수 자체에 대한 근로자의 동의가 문제 될 여지가 없고 근로관계의 승계나 근로조건 유지가 문제 될 여지가 없다. 다만 근로자 입장에서는 자산이 이전되는 회사로 근로관계가 이전되는 것이 오히려 고용안정 등의 측면에서 유리한 경우에는 영업양도라는 주장을 통해 고용관계의 승계를 주장할 수는 있을 것이다.

IV. 마치며

위에서 살펴본 바와 같이 M&A라는 기업변동 상황은 상법적 관점과 노동법적 관점이 상충될 수 있는 접목 지점이므로, 상법이나 경제법에 따른 기업변동의 취지와 효용성을 살리는 동시에 노동법상 근로자보호

---

26) 대법원 2001. 7. 27. 선고 99두2680 판결 등.

라는 측면도 충분히 고려될 필요가 있다. 이처럼 기업변동에 따른 상법적 관점과 노동법적 관점은 재산권과 직업 선택의 자유, 자본주의 시장경제질서하 사용자의 경영권과 근로자의 생존권이라는 가치가 서로 충돌될 수 있는 영역이다. 위와 같이 상충되는 가치 중 어느 것을 우선적 고려의 대상으로 할 것인지의 문제는 단기간 내에 그에 관한 조화로운 해결방법을 찾기가 어려울 수 있고, 기업변동 현상에 대한 사회적 인식과 현행법 규정하에서의 관련 쟁점에 대한 최선의 해석론 도출을 통해 바람직한 입법의 방향을 형성해 갈 필요가 있는 영역이라고 생각된다.

특히 앞으로 기업변동이 경제 상황의 진전과 다양한 M&A기법 및 금융기법의 개발로 그 유형을 달리하면서 활발하게 진행될 것이라는 예측을 고려하면, '법의 흠결' 상황이 자칫하면 이를 둘러싼 노사 간의 갈등과 대립을 가져올 수도 있다고 생각된다. 이러한 상황은 기업의 성장·발전 그리고 고용 창출 등을 위해서는 M&A가 더욱 활성화되어야 하는 사회적·경제적 필요성을 고려할 때, 한편으로는 M&A와 같은 기업변동의 저해요인이 될 수도 있어 입법을 통한 해결이 더욱 필요한 상황이라고 볼 수 있다.

09

M&A와 관련한 그 밖의 노동법적 쟁점[*]

기영석[**]

I. 들어가며

기업 인수의 개념은 법률적으로 명확하게 정의된 것은 아니고 다양한 의미로 실무에서 사용되고 있다. 다만 기업 인수의 가장 전형적인 형태는 주식양수도에 의한 경영권 이전, 회사의 합병, 회사분할, 영업양수도, 자산양수도로 볼 수 있다. 이와 같은 기업 인수에 관한 법적 문제는 대부분 상법·민법·자본시장과 금융투자업에 관한 법률에 의하여 규율되지만, 기업 인수에 따른 개별 근로자의 근로관계, 노동조합의 존속과 조합원의 지위, 단체협약의 승계 등의 문제는 기업 인수를 규율하는 이 법률들에서는 다루어지지 않고 주로 노동법 영역에서 논의된다. 그러나 근로기준법이나 노동조합 및 노동관계조정법(이하 '노동조합법')에서 기업 인

---

* 이 논문은 BFL 제73호(2015. 9)에 게재된 글을 수정·보완한 것이다.
** 법무법인(유한) 세종 파트너 변호사

수와 관련한 근로관계에 대하여 명확하게 규정하고 있지 않기 때문에 이에 관한 논란이 끊이지 않고 있다.

기업 인수와 관련하여 주로 논의되는 쟁점을 살펴보면, 먼저 종래 근로자들을 고용하고 있는 사업주의 변동이 초래되므로 그 결과 근로자와 종전 사업주 사이에 형성되어 있던 근로자의 개별적인 근로관계(예를 들어 임금·보너스·퇴직금·휴가·고용계약기간 등)가 새로운 사업주 사이에서도 유지되는지 여부가 문제 된다. 좀 더 구체적으로 살펴보면, 개별 근로자의 근로관계 승계와 관련하여 그 요건으로 해당 근로자의 개별적 동의가 필요한지, 원칙적으로 근로관계 승계가 수반되는 영업양수도와 그 승계가 부정되는 자산양수도를 구별하는 구체적 기준은 무엇인지 등이 문제 된다. 또한 개별 근로관계 승계의 효과와 관련하여 승계되는 근로조건의 범위와 내용은 무엇인지, 기업 인수 전의 근로관계에서 종전 사업주와의 사이에 발생한 채무에 대하여 새로운 사업주가 책임을 승계하는지 여부, 취업규칙이 승계되는지 등이 논의되고 있다.

한편 위와 같은 개별적 근로관계에서 발생하는 쟁점과는 별도로, 집단적 근로관계에 있어서 종전 사업장에 결성되어 있던 노동조합은 기업 인수 후에도 존속하는지, 존속하는 경우 그 조직의 형태는 어떠한지, 기업 인수로 인해 사업주 또는 사업장이 변경된 근로자의 노조원 지위는 유지되는지, 노동조합과 종전 사업주 사이에 체결된 단체협약은 새로운 사업주에 대해서도 효력이 유지되는지 등의 쟁점이 논의되고 있다.

한편 우리나라 M&A(Mergers & Acquisitions)의 특성 중 다른 나라와 구별되는 독특한 현상 중 하나는 대상회사에 조직화된 노동조합이 있는 경우, M&A절차 전반에 노동조합이 관여하는 경우가 있다는 점이다.[1] 특

---

1) 천경훈, "한국 M&A의 특성과 그 법적 시사점에 관한 시론," 선진상사법률연구 통권

히 경영권 분쟁이 발생하는 경우 노동조합이 우리사주를 통해 영향력을 발휘할 수 있고, 나아가 시위나 성명서 발표 등을 통해 특정 인수자를 반대하거나 위임장 쟁탈전에서 적극적으로 특정 세력을 지지하기도 한다. 또한 기업 인수과정에서 대상회사 또는 인수자에게 고용보장 · 단체협약 승계 · 위로금 지급 · 일정 기간 매각 금지 등을 요구하고, 그 요구사항을 관철하기 위하여 대상회사에 대한 실사를 물리적으로 저지하거나 시위를 벌이고 파업을 하는 등 쟁의행위를 하는 경우가 적지 않게 발생하고 있는바, 그 적법성이 문제 되고 있다.

이러한 문제 중에서 기업 인수로 인한 근로관계 승계 여부에 관하여는 제8장에서 다루었으므로 이 장에서는 그 밖에 실무적으로 자주 대두되는 몇 가지 쟁점을 선별하여 고찰하고자 한다.

II. 단체협약의 승계

단체협약이란 노동조합 등 근로자단체가 사용자 또는 사용자단체에 대한 단체교섭권을 행사하여 교섭을 하고 그 결과 교섭의 대상으로 삼은 근로조건에 관한 사항, 기타 노동관계에 관한 사항에 대하여 당사자 사이에 합의한 내용을 협약의 형식으로 체결한 것을 말한다.[2]

그러므로 기업 인수를 통해 근로자들의 소속이 변경되고 이로 인해 사용자가 바뀌는 경우, 종전 사용자와 체결한 단체협약이 새로운 사용자 사이에서도 효력이 인정되는지 여부가 문제 된다.[3] 이는 단체협약의 법

제56호(2011. 10), 법무부 상사법무과, 153면.

2) 사법연수원, 노동조합 및 노동관계조정법, 사법연수원 출판부, 2014, 194면.

3) 주식양수도의 경우에는 대주주 및 경영권만 변동이 발생하고 기업의 법인격과 조직에

적 성격, 노동조합의 존속 여부, 노조원의 지위 유지 여부, 기업 인수와 관련한 상법 등 관련 법령의 규정과 연관된다. 다만 여기에서는 논의의 범위를 한정하여 종전 노동조합이 존속하고 새로운 사업주로 승계되는 근로자들의 노조원 지위가 유지된다는 전제하에 기업 인수의 경우 종전 단체협약의 효력이 존속하는지 여부를 살펴본다.

이에 대하여 학설은 회사 합병의 경우에는 "합병 후 존속하는 회사 또는 합병으로 인하여 설립되는 회사가 합병으로 인하여 소멸하는 회사의 권리·의무를 승계한다"는 상법 규정(제235조, 제269조, 제287조의41, 제530조 제2항 및 제603조)에 따라 소멸회사와 근로자 사이의 종전 근로계약상의 지위가 그대로 존속회사 또는 신설회사에 법률상 당연히 포괄적으로 승계되고 종전 단체협약도 그대로 적용된다는 승계긍정설이 일반적인 견해로 보인다.[4]

한편 영업양도의 경우에는 견해가 대립되고 있는바, 영업이 양도되면 반대의 특약이 없는 한 양도인과 근로자 사이의 근로관계는 원칙적으로 양수인에게 포괄적으로 승계되므로 회사합병의 경우와 마찬가지로 양도인과 체결한 단체협약이 영업양도 이후에도 그대로 양수인과 사이에 효력이 있다는 견해,[5] 단체협약의 내용 가운데 사업주와 노동조합 사이의 권리·의무관계를 정한 채무적 부분은 소멸되지만 근로조건에 관한 규범적 부분은 단체협약의 효력 발생과 함께 근로관계의 내용으로 화체되어 영업양도 후에도 그대로 존속한다고 보는 견해,[6] 기업변동 이후에는 기존 사용자와의 관계가 소멸되므로 별도의 약정이 없는 한 별개의 당사

는 변동이 없으므로 단체협약의 승계는 원칙적으로 문제가 되지 아니한다.

4) 사법연수원, 앞의 책(주 2), 242-243면.
5) 사법연수원, 앞의 책(주 2), 243면.
6) 김형배, 노동법, 박영사, 1999, 413면.

자인 양수인에게는 단체협약이 승계되지 않는다는 견해가 있다.[7]

대법원은 "복수의 회사가 합병되더라도 피합병회사와 그 근로자 사이의 집단적인 근로관계나 근로조건 등은 합병회사와 합병 후 전체 근로자들을 대표하는 노동조합과 사이에 단체협약의 체결 등을 통하여 합병 후 근로자들의 근로관계 내용을 단일화하기로 변경·조정하는 새로운 합의가 있을 때까지는 피합병회사의 근로자들과 합병회사 사이에 그대로 승계되는 것"이라고 판시하여 합병의 경우에는 단체협약의 효력이 승계된다는 입장으로 보인다.[8] 나아가 위 판결에서는 "서로 다른 종류의 사업을 운영하던 회사들이 합병한 이후 근로자들의 근로관계 내용을 단일화하기로 변경·조정하는 새로운 합의가 있기 전에 그중 한 사업 부문의 근로자들로 구성된 노동조합이 회사와 체결한 단체협약은 그 사업 부문의 근로자들에 대하여만 적용될 것이 예상되는 것이라 할 것이어서 다른 사업 부문의 근로자들에게는 적용될 수 없다'고 판시하여 그 단체협약의 효력범위를 명확히 밝혔다.

또한 대법원은 "일반적으로 근로자를 그대로 승계하는 영업양도의 경우에 있어서도 특별한 사정이 없는 한 종전의 단체협약도 잠정적으로 승계되어 존속하는 것이라고 보아야 할 것"이라고 판시하여 영업양도의 경우에도 단체협약의 승계를 인정하는 입장을 밝혔다.[9] 나아가 대법원은 양수사업자는 양도사업자와 노동조합 사이에 체결된 단체협약상의 권리·의무를 승계하였고, 이에 따라 채무적 부분에 해당하는 노동조합의 사무실 사용에 관한 조항의 효력도 승계되는 것으로 판시하였다.[10]

---

7) 영업의 일부 양도와 회사분할의 경우에도 대체적으로 위와 동일하게 논란이 될 것으로 보인다.
8) 대법원 2004. 5. 14. 선고 2002다23185 판결.
9) 대법원 1989. 5. 23. 선고 88누4508 판결.
10) 대법원 2002. 3. 26. 선고 2000다3347 판결.

III. 기업 인수에 대한 단체협약상 합의조항의 효력

1. 서설

단체협약에 회사의 합병, 분할, 영업양도, 매각 등의 경우에 노동조합의 동의를 얻거나 노동조합과 합의하여야 한다는 조항을 두는 때가 적지않다. 또한 위와 같은 기업변동이 발생하는 경우에 직원의 근로 승계, 근로조건 등에 관하여 노동조합과 합의하여야 한다는 조항을 두기도 한다. 드물기는 하지만 기업 인수 후 일정 기간 동안 사업 분할, 사업 폐지, 구조조정을 금지하거나 이에 대하여 노동조합의 동의를 요구하기도 한다. 이러한 단체협약조항의 효력이 어느 범위에서 인정될 것인지, 그리고 만일 사용자가 위 합의조항을 무시하고 기업 인수를 추진할 때 노동조합이 이를 저지할 목적으로 벌이는 쟁의행위의 정당성이 인정될 수있는지 등의 문제가 실무적으로 자주 대두되고 있다. 이는 사용자의 경영권 행사에 대하여 노동조합과 사전에 합의하여야 한다는 단체협약조항의 효력과 관련하여 논의되고 있으며, 종래에는 주로 해고 등의 인사처분에 대하여 노동조합과 합의하도록 규정한 경우(이른바 해고합의조항또는 해고동의조항) 이에 위반되는 해고 등의 인사조치의 효력이 문제가되었고, 한편으로는 주로 정리해고 등 기업의 구조조정에 대하여 노동조합의 동의를 얻도록 하는 조항(이른바 고용안정조항)의 효력에 대하여논의가 집중되어 있었다. 다음에서는 그 논의의 전개과정을 살펴보고, 이에 기초하여 기업 인수에 관한 합의조항의 효력을 검토한다.

2. 해고합의조항에 대한 판례의 검토

대법원은 원칙적으로 사적 자치의 원칙에 기초하여 노사 합의의 취지에 따라 해고에 대한 노동조합의 동의 또는 합의를 요구하는 조항의 효력을 인정하고, 나아가 사용자가 단체협약에서 규정한 해고합의조항에 위반하여 노동조합의 동의나 합의절차를 거치지 않고 단행한 해고는 무효라고 판단하고 있다.

구체적으로 살펴보면, 대법원은 "인사권이 원칙적으로 사용자의 권한에 속한다고 하더라도 사용자는 스스로의 의사에 따라 그 권한에 제약을 가할 수 있는 것이므로, 사용자가 노동조합과 사이에 체결한 단체협약에 의하여 조합원의 인사에 대한 조합의 관여를 인정하였다면 그 효력은 협약 규정의 취지에 따라 결정된다"라고 전제한 후, "징계 회부는 노사 합의하에 결정한다고 규정한 피고 회사 단체협약조항이 인사권의 본질을 침해한 것으로서 무효라고 할 수는 없다"고 판단하였다.[11]

또한 대법원은 "단체협약 등에 규정된 인사협의(합의)조항의 구체적 내용이 사용자가 인사 처분을 함에 있어서 신중을 기할 수 있도록 노동조합이 의견을 제시할 수 있는 기회를 주어야 하도록 규정된 경우에는 그 절차를 거치지 아니하였다고 하더라도 인사 처분의 효력에는 영향이 없다고 보아야 할 것이지만, 사용자가 인사 처분을 함에 있어 노동조합의 사전 동의나 승낙을 얻어야 한다거나 노동조합과 인사 처분에 관한 논의를 하여 의견의 합치를 보아 인사 처분을 하도록 규정된 경우에는 그 절차를 거치지 아니한 인사 처분은 원칙적으로 무효라고 보아야 할 것"이라고 판시하였다.[12]

---

11) 대법원 1994. 9. 13. 선고 93다50017 판결.
12) 대법원 1993. 7. 13. 선고 92다50263 판결 ; 대법원 1993. 7. 13. 선고 92다45735 판

위와 같은 대법원의 판결은, 단체협약상 해고합의조항은 근로조건 및 근로자의 대우에 관한 기준을 정한 것으로서 규범적 부분에 해당하고 이에 대해서는 규범적 효력이 인정된다는 견해에 입각한 것으로 보인다.[13)

다만 대법원은 "이처럼 사전합의조항을 두고 있다고 하더라도 사용자의 인사권이 어떠한 경우라도 노동조합의 동의나 합의가 있어야만 행사할 수 있는 것은 아니고 노동조합이 사전합의권을 남용하거나 스스로 사전합의권의 행사를 포기하였다고 인정되는 경우에는 사용자가 이러한 합의 없이 한 인사 처분도 유효하다"는 이른바 동의권 남용의 법리를 적용하여 해고합의조항의 효력을 제한하고 있다. 그리고 "여기에서 노동조합이 사전합의권을 남용한 경우라 함은 노동조합 측에 중대한 배신행위가 있고 이로 인하여 사용자 측의 절차의 흠결이 초래되었다거나 인사처분의 필요성과 합리성이 객관적으로 명백하며, 사용자가 노동조합 측과 사전 합의를 위하여 성실하고 진지한 노력을 다하였음에도 불구하고 노동조합 측이 합리적 근거나 이유 제시도 없이 무작정 인사 처분에 반대함으로써 사전 합의에 이르지 못하였다는 등의 사정이 있는 경우에 인

결 ; 대법원 1992. 4. 14. 선고 91다4775 판결 ; 대법원 1992. 5. 22. 선고 91다22100 판결 ; 대법원 1992. 12. 8. 선고 92다32074 판결 ; 대법원 1993. 4. 23. 선고 92다34940 판결.

13) 단체협약조항은 일반적으로 근로조건, 기타 근로자의 대우에 관한 기준을 정한 규범적 부분과 그 외에 사용자와 노동조합 사이에서 양 당사자 상호 간의 권리·의무에 관한 사항을 정한 채무적 부분으로 구분된다. 예를 들어 임금·근로시간·상여금·휴가·징계 등에 관한 사항은 규범적 부분에 해당하고, 조합원의 범위·유니언 숍(union shop)·조합사무실 등 노동조합에 대한 편의 제공 등은 채무적 부분에 해당한다. 규범적 부분은 조합원과 사용자 사이의 개별적인 근로관계를 직접 규율하고, 이에 위반하는 취업규칙 또는 근로계약의 부분은 무효가 되며(강행적 효력), 이와 같이 무효가 된 부분 및 근로계약에 규정되지 아니한 사항은 단체협약에 정한 기준에 의한다(보충적 효력). 반면 채무적 부분은 노동조합과 사용자 사이의 계약으로서의 성질을 가지므로 이에 위반하는 경우에는 손해배상청구 등 일반적인 계약 위반에 따른 법적 효과가 발생한다.

정된다"고 하여 그 판단기준을 구체적으로 제시하였다.[14]

3. 고용안정조항에 대한 판례의 검토

단체협약에 정리해고 등 인력 감축을 일정 기간 금지하거나 노동조합의 합의 또는 동의를 거칠 것을 규정하는 경우가 있다(고용안정조항).

이에 관하여 대법원은 2002. 2. 26. 선고 99도5380 판결에서 "정리해고나 사업장조직 통폐합에 따른 직원의 해고 시 노조와 사전에 합의한다"고 규정되어 있는 단체협약조항의 해석과 관련하여, '합의'로 기재된 문언에도 불구하고 '협의'의 의미로 축소 해석하여 그 효력을 제한적으로 인정하였다.

구체적으로 살펴보면, 대법원은 위 사건에서 "사용자가 경영권의 본질에 속하여 단체교섭의 대상이 될 수 없는 사항에 관하여 노동조합과 '합의'하여 결정 혹은 시행하기로 하는 단체협약의 일부 조항이 있는 경우, 그 조항 하나만을 주목하여 쉽게 사용자의 경영권의 일부 포기나 중대한 제한을 인정하여서는 아니 되고, 그와 같은 단체협약을 체결하게 된 경위와 당시의 상황, 단체협약의 다른 조항과의 관계, 권한에는 책임이 따른다는 원칙에 입각하여 노동조합이 경영에 대한 책임까지도 분담하고 있는지 여부 등을 종합적으로 검토하여 그 조항에 기재된 '합의'의 의미를 해석"하여야 한다는 해석기준을 제시하여 경영권의 본질에 관한 사항을 규정한 단체협약조항의 효력을 제한적으로 인정하는 입장을 나타냈다. 그리고 그 기준을 적용하여 "위 단체협약의 체결 경위와 당시의 상

---

14) 대법원 2012. 6. 28. 선고 2010다38007 판결 ; 대법원 2007. 9. 6. 선고 2005두8788 판결 ; 대법원 2010. 7. 15. 선고 2007두15797 판결.

황, 단체협약의 전체적인 체계 및 내용 등에 비추어 보면,[15] 위 단체협약조항은 공사가 정리해고 등 경영상 결단을 하기 위하여는 반드시 노조의 사전 동의를 요건으로 한다는 취지가 아니라 사전에 노조에게 해고의 기준 등에 관하여 필요한 의견을 제시할 기회를 주고 공사는 노조의 의견을 성실히 참고하게 함으로써 구조조정의 합리성과 공정성을 담보하고자 하는 '협의'의 취지로 해석함이 상당하다 할 것"이라고 판시하였다.[16]

그런데 대법원은 2012. 6. 28. 선고 2010다38007 판결에서 "정리해고는 근로자에게 귀책사유가 없는데도 사용자의 경영상의 필요에 의하여 단행되는 것으로서, 정리해고의 대상과 범위, 해고 회피방안 등에 관하여 노동조합의 합리적인 의사를 적절히 반영할 필요가 있고, 노사 쌍방 간의 협상에 의한 최종 합의 결과 단체협약에 정리해고에 관하여 사전 '협의'와 의도적으로 구분되는 용어를 사용하여 노사 간 사전 '합의'를 요하도록 규정하였다면, 이는 노사 간에 사전 '합의'를 하도록 규정한 것이라고 해석함이 상당하고, 다른 특별한 사정 없이 단지 정리해고의 실시 여부가 경영 주체에 의한 고도의 경영상 결단에 속하는 사항이라는 사정

---

15) 위 사안에서 법원은 쟁의행위 당시 시행되던 해당 공사의 단체협약 제28조 제3호에는 "정리해고나 사업장조직 통폐합에 따른 직원의 해고 시 노조와 사전에 합의한다"라고 규정되어 있지만, 한편 단체협약 제21조에는 "공사의 조직 개편 및 정원 변경 시 조합과 사전에 성실히 협의한다"라고, 제22조 제1항에는 "공사는 합리적이며 공정한 인사 제도를 확립·운영함으로써 직원의 인사 관리에 공정성이 보장되도록 하여야 한다. 다만 인사 결과에 대하여 조합이 이의가 있을 때에는 의견을 제출할 수 있다"라고 각 규정되어 있는 점, 위 단체협약 체결 당시 공사는 정부가 100퍼센트 출자한 공기업으로서 노동조합에게 경영에 대한 책임까지 분담시켜 노사가 공사를 공동경영하기로 방침을 정할 상황이 아니었던 점 등을 그 판단의 근거로 삼았다.

16) 이러한 대법원의 해석기준은 대법원 2003. 7. 22. 선고 2002도7225 판결, 대법원 2010. 11. 11. 선고 2009도4558 판결 및 대법원 2011. 1. 27. 선고 2010도11030 판결 등을 통해 계속 유지되어 왔다.

을 들어 이를 사전 '협의'를 하도록 규정한 것이라고 해석할 수는 없다"고 판시하여 정리해고에 대한 노동조합의 합의조항의 효력이 원칙적으로 인정되는 취지로 종전의 입장을 일부 수정한 듯한 입장을 보였다.

나아가 대법원 2014. 3. 27. 선고 2011두20406 판결에서는 정리해고나 사업 조직의 통폐합 등 기업의 구조조정의 실시 여부는 경영 주체에 의한 고도의 경영상 결단에 속하는 사항으로서 이는 원칙적으로 단체교섭의 대상이 될 수 없다고 하면서도, "사용자의 경영권에 속하는 사항이라 하더라도 그에 관하여 노사는 임의로 단체교섭을 진행하여 단체협약을 체결할 수 있고, 그 내용이 강행법규나 사회질서에 위배되지 아니하는 이상 단체협약으로서의 효력이 인정된다"고 전제하고, "따라서 사용자가 노동조합과의 협상에 따라 정리해고를 제한하기로 하는 내용의 단체협약을 체결하였다면 특별한 사정이 없는 한 그 단체협약이 강행법규나 사회질서에 위배된다고 볼 수 없고, 나아가 이는 근로조건, 기타 근로자에 대한 대우에 관하여 정한 것으로서 그에 반하여 이루어지는 정리해고는 원칙적으로 정당한 해고라고 볼 수 없다"고 판시하여 정리해고를 제한하는 내용의 단체협약도 근로조건, 기타 근로자의 대우에 관한 기준을 정한 것으로서 규범적 효력이 인정된다는 입장을 나타냈다.

다만 대법원은, 이와 같이 정리해고의 실시를 제한하는 단체협약조항을 두고 있더라도 그 단체협약을 체결할 당시의 사정이 현저하게 변경되어 사용자에게 그와 같은 단체협약의 이행을 강요한다면 객관적으로 명백하게 부당한 결과에 이르는 경우에는 사용자가 단체협약에 의한 제한에서 벗어나 정리해고를 할 수 있다고 판시하여, 사정 변경의 법리를 통하여 고용안정조항의 효력이 제한되거나 배제될 수 있다는 견해를 밝혔다.

4. 기업 인수에 관한 단체협약상 합의조항의 검토

위와 같이 대법원은 종래에는 경영권의 본질적인 내용을 제한하는 단체협약조항의 효력을 제한적으로 인정하였지만, 최근에는 정리해고에 관하여 노동조합의 합의를 요구하는 단체협약의 효력을 원칙적으로 인정하는 입장으로 선회하는 듯한 인상을 주고 있다. 그러나 위 대법원 판결은 모두 정리해고에 관한 사건으로, 정리해고도 근로기준법상 해고에 해당하고 해고에 관한 사항은 일반적으로 근로조건에 해당하여 의무적 교섭사항으로 볼 수 있으므로 이에 관한 노사합의의 효력이 인정되어야 한다는 점을 고려한 것으로 보인다. 그러므로 정리해고 이외 회사의 합병, 분할, 영업양도와 같은 고도의 경영상 결정사항에 관한 합의조항에 대해서도 위와 같은 대법원의 입장이 확대될 것인지는 의문이 남아 있다. 다만 기업 인수에 관한 사항에 대하여 노동조합의 합의를 얻도록 하는 조항의 효력이 인정되더라도 이는 근로조건, 기타 근로자의 대우에 관한 기준을 정한 것으로 보기는 어려울 것이므로, 사용자와 노동조합 사이의 권리·의무에 관한 사항을 정한 채무적 부분에 불과하고 이에 대해서는 채무적 효력만이 인정된다고 생각한다.

이와 관련하여 최근 서울중앙지방법원은 한국외환은행 노동조합[17]이 사용자인 한국외환은행과 그 1인 주주인 하나금융지주와 사이에서 체결한 합의서에 5년간 한국외환은행과 하나은행과의 합병을 금지하는 조항[18]에 대하여 효력을 인정하여 일정 기간 동안 합병절차의 진행을 중

---

17) 전국금융산업노동조합 한국외환은행지부이다.
18) 위 합의서조항은 다음과 같다.
   제1조 독립법인의 유지
   ① (주)한국외한은행이 (주)하나금융지주의 자회사로 편입된 이후에도 별도의 독립법인으로 존속하기로 하며, (주)한국외환은행의 법인 명칭을 유지 및 사용하기로 한다.

단하는 취지의 가처분결정을 내렸다.[19]

위 결정에서 법원은 사용자의 경영권에 속하는 사항이라도 노사는 임의로 단체교섭을 진행하여 단체협약을 체결할 수 있고, 그 내용이 강행법규나 사회질서에 반하지 않는 이상 단체협약으로서의 효력이 인정된다고 설시하면서 대법원 2014. 3. 27. 선고 2011두20406 판결을 인용하였다. 더 나아가 위 결정에서는, 이와 같은 법리는 사용자의 경영권에 속하는 사항에 대하여 단체협약이 체결됨과 동시에 회사의 1인 주주가 노동조합과 사이에 단체협약과 같은 내용으로 주주권의 행사에 관한 합의를 체결한 경우, 그 합의에도 적용된다고 하여 노동조합과 사용자의 주주 사이에 체결한 합의서의 효력도 인정하였다.

특히 위 결정에서는 위 합의서 제1조는 합병에 관한 사용자의 경영권을 전면적으로 박탈하는 내용이 아니라 일정 기간 합병에 관한 사용자의 경영권 행사를 제한하는 내용일 뿐이어서 경영권의 본질적인 부분을 침해하는 것으로 보기 어렵다는 점, 위 합의서는 노사가 장기간 대립하여 오다가 금융위원회의 중재 아래 오랜 시간 논의와 절충을 걸쳐 작성된 것이라는 점을, 5년간 합병을 제한하는 내용의 합의서 효력을 인정하는 논거로 적시하였다.

---

② 제①항에도 불구하고, 5년 경과 후 상호 합의를 통하여 (주)하나은행과의 합병 등을 협의할 수 있으며, 합병은 대등합병으로 하고 양사 중 경쟁력 있는 조직체계를 도입하기로 한다.

19) 서울중앙지방법원 2015. 2. 4.자 2015카합80051 결정. 다만 위 가처분결정에 대한 이의신청이 제기되어 서울중앙지방법원 2015. 6. 26.자 2015카합80225 결정에서 보전의 필요성이 인정되지 않는다는 이유로 위 가처분결정이 취소되었다.

5. 소결

이상에서 살펴본 바와 같이 노동조합이 대상회사 또는 그 주주와 사이에서 이루어지는 합병·회사분할·영업양도·매각 등의 기업 인수에 대하여 노동조합의 합의 또는 동의를 받아야 하거나 일정 기간 이와 같은 기업 인수를 금지하는 조항을 단체협약에 두는 경우, 전적으로 그 효력이 인정된다고 볼 것인지는 의문이 있다. 특히 대상회사가 주식양수도 및 경영권변동을 금지하는 내용의 단체협약을 체결하는 경우, 대상회사는 원칙적으로 주식이나 경영권의 처분권한이 없으므로 그러한 합의는 효력이 인정되기 더욱 어려울 것이다.

다만 경영권에 속하는 사항이라 하더라도 대상회사가 임의로 단체교섭을 진행하여 합의하였다면 그 효력이 인정될 수 있다는 대법원의 입장에 대해서는, 그러한 조항은 원칙적으로 노동조합과 대상회사 사이의 권리·의무에 관한 채무적 부분에 불과하고 이러한 채무적 부분에는 민사법리가 폭넓게 적용된다는 점을 고려할 때 법리적으로는 어느 정도 수긍되는 측면이 있어 보인다. 그러나 기업 인수는 자본주의적 시장질서에 있어서 대표적인 기업의 자유 및 재산권 행사이고, 실제 이러한 합의는 노동조합의 집단적인 교섭력을 배경으로 이루어지는 경우가 많다는 점에서 일반 민사상의 합의조항과 동일하게 보기는 어려운 부분이 있다. 이러한 관점에서 노동조합이 기업 인수에 대한 동의를 거부하는 경우, 동의(합의)권 남용의 법리나 사정 변경에 의한 효력 제한의 법리를 확대하여 적용할 필요가 있을 것이다.

IV. 기업 인수를 저지하기 위한 쟁의행위의 정당성

회사의 합병, 분할, 영업양도에 대해 노동조합의 동의를 요하는 단체
협약조항의 효력에 대한 논의와 별도로 노동조합이 기업 인수에 관련한
주장을 관철하기 위하여 쟁의행위를 하는 경우 정당성이 문제 된다. 쟁의
행위는 근로조건의 향상을 위한 노사 간의 자치적 교섭을 조성하기 위한
것으로서 그 쟁의행위에 의하여 달성하려는 요구사항이 의무적 단체교
섭사항에 해당하여야 하므로,[20] 결국 이는 경영권에 관한 사항이 단체교
섭의 대상(의무적 교섭사항)이 될 수 있는지에 대한 문제 내지 쟁의행위
목적의 정당성과 관련이 있다.

이에 대하여 경영이나 생산에 관련된 사항 또한 근로조건의 유지·개
선이나 근로자의 지위와 관련이 있는 경우에는 단체교섭의 대상이 된다
고 보아야 하므로 쟁의행위가 가능하고 쟁의행위 목적의 정당성이 별도
로 문제 될 여지는 없다는 견해,[21] 경영에 관한 사항은 사용자의 경영권
에 속하기 때문에 단체교섭의 대상이 아니라는 입장에서 쟁의행위의 정
당성을 부정하는 견해가 있다.[22]

판례는 정리해고나 사업 조직의 통폐합 등 기업의 구조조정 실시 여
부는 경영 주체에 의한 고도의 경영상 결단에 속하는 사항으로서 이는
원칙적으로 단체교섭의 대상이 될 수 없고, 그것이 긴박한 경영상의 필
요나 합리적 이유 없이 불순한 의도로 추진되는 등의 특별한 사정이 없
는 한, 노동조합이 실질적으로 그 실시 자체를 반대하기 위하여 쟁의행

---

20) 사법연수원, 앞의 책(주 2), 265-266면.
21) 김용덕·김지형(편) / 김민기(집필), 노동조합 및 노동관계조정법 주해 II, 박영사, 2015, 282-283면.
22) 김형배, "단체교섭권과 경영권," 노동법학 제18호(2004. 6), 한국노동법학회, 186-189면.

위에 나아간다면, 비록 그 실시로 인하여 근로자들의 지위나 근로조건의 변경이 필연적으로 수반된다 하더라도 그 쟁의행위는 목적의 정당성을 인정할 수 없다는 입장을 확고하게 유지한다.[23)]

특히 대법원 2003. 7. 22. 선고 2002도7225 판결과 대법원 2003. 11. 13. 선고 2003도687 판결에서는 헌법상 사유재산제도에 관한 제23조 제1항, 자본주의 시장경제에 관한 제119조 제1항, 직업 선택의 자유에 관한 제15조 규정들을 근거로 하여 모든 기업은 그가 선택한 사업 또는 영업을 자유롭게 경영하고 이를 위한 의사결정의 자유를 가지며, 사업 또는 영업을 변경(확장·축소·전환)하거나 처분(폐지·양도)할 수 있는 자유를 가지고 있고, 이러한 경영권이 노동삼권과 서로 충돌하는 경우 이를 조화시키는 한계를 설정함에 있어서는 기업의 경제상의 창의와 투자 의욕을 훼손시키지 않고 오히려 이를 증진시키며 기업의 경쟁력을 강화하는 방향으로 해결책을 찾아야 한다는 관점에서, 구조조정이나 합병 등 기업의 경쟁력을 강화하기 위한 경영 주체의 경영상 조치는 원칙적으로 노동쟁의의 대상이 될 수 없고, 그것이 긴박한 경영상의 필요나 합리적 이유 없이 불순한 의도로 추진되는 등의 특별한 사정이 없는 한 노동조합이 그 실시를 반대하기 위하여 벌이는 쟁의행위에는 목적의 정당성을 인정할 수 없다고 판시하였다.

위와 같은 대법원의 입장에 의할 때, 회사의 합병·분할, 영업양도는 경영권에 관한 사항으로서 의무적 단체교섭사항에 해당하지 않고, 또한 이로 인하여 근로자들의 근로조건이 직접 변경되는 것은 아니므로 노동조합이 이를 반대하기 위하여 벌이는 쟁의행위는 정당성이 인정되기 어

---

23) 대법원 2002. 2. 26. 선고 99도5380 판결 ; 대법원 2003. 7. 22. 선고 2002도7225 판결 ; 대법원 2010. 11. 11. 선고 2009도4558 판결.

려울 것이다.

특히 주식양수도에 의한 경영권 이전은 그 자체로 대상회사의 법인격과 조직구조에 직접적으로 영향을 주는 것이 전혀 없으므로 이를 저지하거나 관여할 목적으로 이루어지는 쟁의행위의 정당성은 더더욱 인정되기 어려울 것이다.

V. M&A보너스

1. M&A보너스의 지급 양태

M&A는 기업의 조직과 구조를 변경하거나 경영권변동을 목적으로 하는 것으로서 그에 관련한 법률관계는 경영권의 본질에 관한 사항이라고 할 수 있다. 그러므로 노동조합이나 근로자는 대상회사의 지분을 보유하고 있다는 등의 특별한 사정이 없는 한 기업 인수과정에 개입할 수 있는 법적 근거가 없다고 할 수 있다. 그런데 실제로는 노동조합이 대상회사나 대주주에게 기업 인수의 진행경과 및 계약조건 등의 내용을 공개할 것을 요구하거나 나아가 고용 안정의 보장이나 M&A보너스의 지급을 요구하고, 이를 관철하기 위하여 쟁의행위를 하는 경우가 더러 있다.

M&A보너스에 대해서는 M&A상여금·특별위로금·보로금 등의 다양한 명칭이 사용되지만, 그 용어의 명칭이 법적으로 의미가 있는 것은 아니다. 이와 같은 M&A보너스의 지급은 미국을 비롯한 대부분의 외국에서는 유례를 찾기 어렵고 일반화되어 있지 않으며, 실제 시행되는 경우에도 구체적인 내역의 공개를 꺼려서 충분한 자료를 입수하는 것이 쉽지 않고, 그러한 연유로 그에 대한 법적 분석이 충분히 이루어지지 않고

있다.[24]

다만 언론 기사 등 공개된 자료를 통해 알려진 내용을 보면 그 지급규모가 1~2개월분의 급여에 불과한 경우도 있지만 수천만 원에 이르는 거액인 경우도 있다. 이와 같은 금액의 차이는 근본적으로 대상회사의 경영상 판단과 노동조합과의 협상 결과에 따라 발생하는데, 이는 노동조합의 협상력, 기업 인수의 구조, 대상회사 및 대주주의 재무 상황 및 경영정책 등에 따라 달라질 것이고, 또한 M&A보너스의 지급 근거 내지 명분에도 영향을 받을 것이다.

M&A보너스가 지급되는 이유 또는 명분은 다양한 것으로 보이는데, 다음과 같이 나누어 볼 수 있을 것이다.

(i) 대상회사의 임직원들이 대상회사의 가치 증대에 기여하였으므로 매도인이 기업 인수거래를 통해 얻는 이익의 일부를 임직원에게 분배한다는 것이다. 이러한 논거는 특히 주식양수도거래에서 매도인 주주가 얻는 거래차익이 크거나 영업양도로 인하여 얻는 회사의 이익이 클 때 노동조합이 이러한 주장을 근거로 M&A보너스 지급을 요구하는 경우가 많다.

(ii) 대상회사 근로자들에 대한 보상 차원에서 이루어지는 경우가 있다. 원칙적으로 기업 인수로 인하여 대상회사 근로자들의 근로조건에 변동이 생기는 것은 아니므로 기업 인수로 해당 근로자들에게 금전적인 손실이 발생한다고 보기는 어렵다. 다만 기업 인수로 인해 사용자 및 경영진이 바뀌고, 기업 인수 후 경영정책이 변경되거나 인력 감축을 수반하는 기업구조조정이 이루어지는 경우가 적지 않고, 이러한 위험에 노출되는 임직원들의 입장에서는 외형적인 근로조건의 변경이 없더라도 근무 환

---

24) 천경훈, 앞의 논문(주 1), 154면.

경의 변동으로 인한 무형적·정신적 손해를 입는다고 볼 여지가 있다.

한편 영업양도나 합병 이후에 양수회사 또는 존속회사로 승계되는 근로자들의 근로조건을 양수회사 또는 존속회사 근로자들과 통일시키면서 그에 대한 보상으로 특별보너스를 지급하는 경우가 있다. 예를 들어 영업양도 또는 합병 이전에 시행되던 퇴직금누진제를 폐지하면서 그로 인한 손실을 일정 부분 보상하는 차원에서 보너스를 지급하는 경우이다.

(iii) 승계대상 임직원들의 사기 진작을 위한 것이다. 기업 인수로 인하여 승계대상 직원들은 이질적인 근로자 집단과 상이한 기업문화 속에서 근무하게 되는데, 인수자 및 새로운 경영진 입장에서는 인수 후 통합을 통한 시너지효과를 극대화하기 위하여 대상회사 임직원의 사기 진작이 필요한 시점에서 상당한 규모의 보너스 지급은 M&A에 대한 저지 방지라는 소극적 효과를 넘어 극적이고 상징적인 통합 이벤트가 될 수 있다는 것이다.[25]

(iv) M&A의 거래 종결을 위하여 지급하는 것이다. 예를 들면 영업양수도거래 종결의 선행조건으로 근로자의 전부 또는 일정 비율 이상의 승계동의가 규정되어 있는데, 근로자들이 M&A보너스의 지급을 주장하면서 승계동의를 거부한다면 그 거래는 선행조건이 충족되지 않아 종결될 수 없을 것이다.

한편 M&A보너스의 지급방식은 다양한 것으로 보인다. 구체적으로는 (i) 대상회사가 대상회사의 재원으로 M&A보너스를 지급하는 경우,[26] (ii) 매도인이 대상회사에 M&A보너스 지급액을 출연하고 대상회사가 이

---

25) 천경훈, 앞의 논문(주 1), 155면.
26) 이 경우에는 대상회사의 자산총액이 감소하는 결과가 발생하므로 인수대금의 조정이 수반될 수 있다. 만일 인수대금이 삭감되면 매도인이 실질적으로 그 비용의 전부 또는 일부를 부담하는 결과가 될 것이다.

를 재원으로 하여 임직원들에게 지급하는 경우, (iii) 양수인이 대상회사에 M&A보너스 지급액을 출연하고 대상회사가 이를 재원으로 하여 임직원들에게 지급하는 경우, (iv) 매도인이 직접 대상회사의 임직원들에게 M&A보너스를 지급하는 경우, (v) 위의 방안을 혼용하여 비용 부담을 분산하는 경우 등이 있다. 구체적으로 어떠한 방법으로 M&A보너스가 지급되는지는 지급비용의 부담 주체, 대상회사의 재무 상황, 세무 처리 방법 등을 고려하여 결정될 것이다.[27)]

2. M&A보너스 지급 요구에 대한 사용자의 교섭 응낙의무

기업 인수가 진행되는 과정에서 노동조합이 M&A보너스의 지급 등을 요구하면서 대상회사 또는 대주주에 대하여 교섭을 요구하고, 요구사항을 관철하기 위하여 쟁의행위에 나가는 경우가 있다. 이러한 교섭요구에 대하여 대주주는 원칙적으로 사용자가 아니므로 교섭에 응할 의무가 없을 것이다.

반면 대상회사가 노동조합의 M&A보너스 지급에 관한 교섭 요구에 응할 의무가 있는지, 또한 대상회사가 교섭을 거부하거나 교섭이 결렬되어 노동조합이 쟁의행위를 하는 경우에 그 쟁의행위의 정당성에는 논란의 여지가 있다. 이에 대해서는 경영권의 행사인 기업 인수와 관련한 것이므로 의무적 교섭사항에 해당하지 아니하여 교섭의무가 없고 이를 관철하기 위한 쟁의행위는 허용되지 않는다는 견해, M&A보너스도 근로조건의 결정에 관한 사항으로서 사용자의 교섭의무가 발생하고 쟁의행위

---

27) 위 지급방법과 관련하여 대상회사가 그 보유자산을 재원으로 하여 자신의 부담으로 M&A보너스를 지급하는 경우에는 그 지급금액과 방법을 결정함에 있어서 이에 관여한 이사의 선관주의의무와 관련한 책임도 검토되어야 할 것이다.

도 허용된다는 견해를 생각해 볼 수 있다. 필자의 소견으로는 노동조합의 M&A보너스의 지급 요구가 기업 인수에 기인한 것이라 하더라도 M&A보너스는 1회적으로 지급되는 특별상여금의 성격을 가지는 것이고, 1회적으로 지급되는 상여금이라 할지라도 조합원 전체에 대하여 집단적으로 적용되는 사항은 의무적 교섭사항에 포함될 수 있다고 생각한다. 다만 이미 체결된 단체교섭의 유효기간 중에는 원칙적으로 대상회사가 단체교섭에 응할 의무가 없을 것이므로 이러한 범위에서는 사용자의 교섭의무는 제한적으로 인정될 것이다. 반면 단체협약의 유효기간 중에라도 보충교섭이 허용되는 경우 또는 단체협약의 유효기간이 만료하는 경우[28] 노동조합은 교섭 요구를 할 수 있으므로 이러한 때에는 교섭에 응하여야 할 것이다.

VI. 맺음말

기업 인수와 관련된 기업에 잘 조직된 노동조합이 있는 때, 그 정도는 다르지만 노동조합이 기업 인수절차에 직접 또는 간접적으로 관여하고 그 와중에 분쟁이 발생하는 경우가 많다. 그러나 기업 인수과정에서 발생하는 노사분규는 장래의 기업가치에 부정적인 영향을 미치게 되므로, 거래를 성사시키려는 매도인과 매수인의 이해가 맞아떨어져 비교적 우

---

28) 노동조합은 단체협약의 유효기간 만료일 이전 3개월이 되는 날부터 사용자에게 교섭을 요구할 수 있다(노동조합법 제14조의2 제1항). 또한 단체협약은 노동조합과 사용자 또는 사용자단체가 근로조건, 기타 노동관계에서 발생하는 사항에 관하여 체결하는 협정으로서, 통상적으로 '단체협약'이라는 명칭으로 체결되는 것뿐만 아니라 임금협약·노사합의서 등의 명칭으로 체결되는 것도 법률상 단체협약에 포함될 수 있다.

호적으로 해결되는 경우가 많다. 그러한 연유로 기업 인수과정에서 다양한 노동법적 쟁점이 현출됨에도 불구하고 실제 소송 사건으로 비화되는 경우는 상대적으로 적은 것으로 보인다.

그러나 실제 법적 분쟁이 발생할 때에는 한국외환은행의 가처분사건에서 볼 수 있듯이 기업의 경영에 심대한 영향을 미치게 된다. 그럼에도 불구하고 기업 인수와 관련한 여러 노동법적 쟁점을 규율하는 노동법의 규정은 미비하여 법적 예측 가능성이 떨어지고 있다. 그렇다고 복잡다기한 노동관계 현실을 몇 개의 법률 규정으로 획일적으로 규율하는 것도 현실에 적합하지 않을 수 있다. 이에 관한 법적 논의가 더 활발해지기를 기대한다.

10

법인세법상 합병 및 분할세제의 최근 쟁점[*]

김동수[**] · 이준엽[***]

I. 서론

기업의 합병·분할 시에는 여러 당사자에 대한 여러 세목의 세금이 종합적으로 문제가 된다. 기본적으로 합병 시에는 피합병법인의 자산양도에 따른 법인세·증권거래세·부가가치세, 합병법인의 자산 취득에 따른 취득세, 피합병법인의 주주들의 소득세가 문제 되고,[1] 분할 시에는 분할법인의 자산양도에 따른 법인세·증권거래세·부가가치세, 분할신설법인의 자산 취득에 따른 취득세, 분할법인 주주들의 소득세가 문제 된다.

위와 같은 복잡한 세무 문제를 한 번에 해결할 수 있는 제도가 바로

---

[*]   이 논문은 BFL 제73호(2015. 9)에 게재된 글을 수정·보완한 것이다.
[**] 법무법인(유한) 율촌 변호사
[***] 대법원 재판연구관
1) 합병으로 주주간에 이익 분여가 있다면 그러한 부의 이전에 따른 법인세 또는 증여세가 문제 될 수 있음은 물론이다.

법인세법상의 '적격합병' 및 '적격분할'제도이다. 합병·분할에 대한 과세이연제도는 외환위기 직후인 1998년 법인세법에 기업구조조정에 대한지원세제의 일환으로 도입되었고,[2] 이후 2009년 말 전면 재정비되었다. 2009년 말의 법인세법 개정에 따라 2010년 7월 1일부터 시행된 현행 구조조정세제는 법에서 정한 과세특례요건을 갖춘 합병과 분할을 각각 '적격합병'과 '적격분할'이라 부르고, 그 '적격'요건을 갖춘 경우 합병·분할과정에서 발생하는 다양한 세금을 이연 내지 면제받을 수 있도록 규정한다.[3]

합병·분할 시 회사 전체 또는 사업 부문 전체가 이전되는 효과가 발생하므로 '적격'요건을 갖추지 못한 합병·분할을 할 때, 그 과정에서 막대한 조세 부담이 발생하는 것이 일반적이다. 따라서 현실에서 회사가 처음부터 '비적격'을 의도하고 합병·분할을 하는 경우란 거의 찾아보기 어렵고,[4] 어떤 합병·분할이 법인세법상 '적격'요건을 갖추었는지는 구조조정을 준비하는 기업들의 가장 중요한 관심사가 될 수밖에 없다.[5]·[6]

---

2) 장태평, 기업구조조정과 세제 지원, 광교아카데미, 1999, 9면은 세제 지원의 원칙으로 구조조정의 걸림돌 제거를 가장 먼저 들면서, 구조조정을 위한 세제 지원은 기업의 구조조정과정에서 불가피하게 발생하는 조세 문제를 사전적으로 해결하여 세제가 구조조정에 걸림돌이 되지 않도록 하려는 것이라고 설명한다.

3) 2010년의 합병 및 분할세제의 개편 역시 그 취지는 기업의 구조조정 촉진 및 경쟁력 제고를 위하여 합병, 분할 등에 대한 지원세제를 전반적으로 개선함에 있다(2009년 12월 30일자로 제안된 법인세법 일부개정법률안(의안번호 제1807248호)에 관한 기획재정위원회 심의자료).

4) 최근에는 메리츠종합금융증권과 아이엠투자증권 간 비적격합병 사례와 한진해운과 한진해운홀딩스 간 비적격분할·합병 사례 등이 있다.

5) 특히 상장회사에는 다수의 소액주주가 존재하는데, '비적격'합병·분할로 인하여 이들에게 배당소득세가 과세될 경우 회사 입장에서는 원천징수 등의 복잡한 문제가 생긴다. 합병이나 분할이 비적격으로 판정될 경우, 현실적으로 '현금'배당을 받은 바 없이 배당소득세를 납부하여야 하는 주주들의 반발 역시 실무상 큰 문제가 됨은 물론이다.

6) 뒤에서 자세히 살펴보겠지만, 최근 OCI의 물적 분할과 SK이노베이션의 물적 분할 및

합병·분할이 일단 적격요건을 갖추었다고 하여 마음을 놓을 수 있는 것은 아니다. 적격요건을 갖춘 합병·분할의 경우에도 일정 기간[7] 동안 법에서 정한 일정한 사유가 발생하는 때에는 기존에 부여되던 세법상의 혜택을 박탈당하게 되어, 처음부터 비적격합병·분할을 한 것과 유사한 취급을 받게 되기 때문이다.[8] 본고에서는 합병과 분할에 대하여 각각 적격요건과 사후관리요건을 간단히 살펴보고, 요건별로 실무상 문제가 되는 쟁점들에 대하여 차례로 살펴보도록 한다.[9]

II. 적격합병에 관한 최근의 쟁점

1. 적격합병의 요건

적격합병의 요건은 법인세법 제44조 제2항 각 호에 규정되어 있으며,

SK에너지의 인적 분할이 적격분할에 해당하는지를 둘러싸고 조세 소송과 과세 전 적부 심사가 진행된 것처럼, 특히 분할의 경우 세금 리스크가 점점 커지고 있다.

7) 합병등기일이 속하는 사업연도의 다음 사업연도의 개시일로부터 2년(법인세법 시행령 제80조의4 제3항), 분할등기일이 속하는 사업연도의 다음 사업연도의 개시일로부터 2년 (법인세법 시행령 제82조의4 제3항).

8) 일반적으로는 사후관리요건 위반 시 비적격합병·분할과 유사한 취급을 받게 되지만, 이월결손금의 승계 측면에 있어서는 사후관리요건을 위반한 경우에는 처음부터 '비적격합병'을 한 경우보다 오히려 불리한 세무상 취급을 받을 수도 있다. 사후관리요건 위반 시에는 피합병법인으로부터 승계받은 자산의 양도차익을 피합병법인으로부터 승계받은 이월결손금에서 공제받을 수 없기 때문이다.

9) 합병·분할 시에는 적격요건 충족 여부 외에도 실무상 발생할 수 있는 다양한 세무 문제를 함께 고려하여야 한다. 자산의 양도와 취득에 따라 부차적으로 발생하는 세무 문제, 주주간 이익 분여에 따른 세무 문제, 주주에 대한 신주 교부에 따른 문제, 적격합병·분할에 따른 과세특례의 적용범위 문제, 과세특례 신청절차 등에 대한 문제 등이 발생할 수 있기 때문이다. 다만 본고에서는 다루지 않는다.

이를 세분화하면 다음의 다섯 가지 요건으로 구분할 수 있다.

(i) 합병등기일 현재 1년 이상 사업을 계속하던 내국 법인 간의 합병일 것(이하 '**사업영위기간요건**'이라 한다).[10]

(ii) 피합병법인의 주주 등이 합병으로 인하여 받은 합병대가의 총합계액 중 합병법인 주식 등의 가액이 100분의 80 이상이거나 합병법인 모회사 주식 등의 가액이 100분의 80 이상일 것(이하 '**80퍼센트 주식교부요건**'이라 한다).

(iii) 피합병법인의 지배주주에 대하여 전체 합병교부주식 가액 중 해당 주주의 피합병법인의 지분비율을 곱한 가액 이상의 주식을 배분할 것(이하 '**지배주주배정요건**'이라 한다).[11]

(iv) 지배주주가 합병등기일이 속하는 사업연도의 종료일까지 그 주식 등을 보유할 것(이하 '**주식보유요건**'이라 한다).[12]

(v) 합병법인이 합병등기일이 속하는 사업연도의 종료일까지 피합병법인으로부터 승계받은 사업을 계속할 것(이하 '**사업계속요건**'이라 한다).

다만 위의 요건 중 주식보유요건과 사업계속요건과 관련하여서는 해당 요건들이 충족되지 않더라도 대통령령에서 정한 부득이한 사유가 있는 경우에는 과세이연이 가능하다.[13]

주식보유요건에 대한 부득이한 사유에는 지배주주들이 합병으로 교부받은 전체 주식 중 2분의 1 미만을 처분한 경우, 지배주주 등이 사망하거나 파산하여 주식을 처분한 경우, 적격합병·적격분할·적격물적 분할·적

---

10) 다만 자본시장과 금융투자업에 관한 법률 시행령 제6조 제4항 제14호에 따른 기업인수목적회사는 제외한다(법인세법 제44조 제2항 제1호 단서 및 동 시행령 제80조의2 제2항).
11) 법인세법 시행령 제80조의2 제4항.
12) 법인세법 시행령 제80조의2 제5항.
13) 법인세법 제44조 제2항 각 호 외의 부분 단서 및 동법 시행령 제80조의2 제1항.

격현물출자에 따라 주식을 처분한 경우 등이 있고,[14] 사업계속요건에 대한 부득이한 사유로는 합병법인이 파산함에 따라 자산을 처분한 경우, 합병법인이 적격합병·적격분할·적격물적 분할 또는 적격현물출자에 따라 사업을 폐지한 경우 등이 있다.[15]

또한 하나의 법인이 다른 법인의 발행주식 전부를 가지고 있는 때, 즉 완전모자회사 간 합병의 경우에는 위 각 호의 요건을 전혀 갖추지 않아도 적격합병요건을 갖춘 것으로 할 수 있다.[16] 이 경우에는 뒤에서 설명할 사후관리요건 역시 적용되지 않는다.[17] 완전모자회사 간 합병에 대하여는 적격요건 및 사후관리요건과 관련하여 특별히 문제가 될 만한 사항이 없으므로 별도로 다루지 않는다.[18]

합병의 경우, 적격요건의 충족 자체는 큰 문제가 되지 않는 때가 많고 실제 적격합병 위반을 이유로 과세 처분이 나온 사례 역시 거의 찾아보기 어렵다.

2. 사후관리요건

적격합병에 따른 사후관리요건은 법인세법 제44조의3 제3항 각 호에 규정되어 있으며, 그 내용은 다음과 같다.

(i) 합병법인이 피합병법인으로부터 승계받은 사업을 폐지하지 아니하여야 한다(이하 '사업폐지금지요건'이라 한다). 단 합병법인이 피합병법

---

14) 법인세법 시행령 제80조의2 제1항 제1호 각 목.
15) 법인세법 시행령 제80조의2 제1항 제2호 각 목.
16) 법인세법 제44조 제3항.
17) 법인세법 제44조의3 제5항.
18) 이 논문의 작성 이후 완전자회사 간 합병의 경우에도 별도 요건 없이 적격합병요건이 충족된 것으로 보도록 법인세법이 개정되었다. 개정 규정은 2017년 1월 1일 이후 합병하는 분부터 적용된다.

인으로부터 승계한 고정자산가액의 2분의 1 이상을 처분하거나 사업에 사용하지 아니하는 경우에는 피합병법인으로부터 승계받은 사업을 폐지한 것으로 본다.[19)

(ii) 지배주주가 합병법인으로부터 받은 주식 등을 처분하지 아니하여야 한다(이하 '**주식처분금지요건**'이라 한다).

적격합병요건에서의 주식보유요건과 사업계속요건의 경우와 유사하게 대통령령에서 정한 부득이한 사유가 있는 때에는 사후관리요건이 위반되어도 위반된 것으로 보지 않는다.[20) 사후관리요건 위반에 대한 예외로 인정되는 '부득이한 사유'는 앞에서 살펴본 적격합병요건 위반의 예외에서의 '부득이한 사유'와 같다.[21)

사후관리요건 중 사업폐지금지요건은 적격요건 중 사업계속요건과 유사하고, 사후관리요건 중 주식처분금지요건은 적격요건 중 주식보유요건과 유사하다는 점에서, 다음에서는 두 요건을 구분하지 않고 관련 쟁점에서 함께 다루기로 한다.

3. 요건별 실무상 쟁점

(1) 사업영위기간요건

사업영위기간요건의 판단에 있어 과세관청의 유권해석은 '사업'은 법인

---

19) 다만 피합병법인이 보유하던 합병법인의 주식을 승계받아 자기주식을 소각하는 경우에는 해당 합병법인의 주식을 제외하고 피합병법인으로부터 승계받은 고정자산을 기준으로 사업을 계속하는지 여부를 판정하되, 승계받은 고정자산이 합병법인의 주식만 있는 경우에는 사업을 계속하는 것으로 본다(법인세법 시행령 제80조의4 제8항).
20) 법인세법 제44조의3 제3항 각 호 외의 부분 단서 및 동법 시행령 제80조의2 제1항.
21) 법인세법 시행령 제80조의4 제7항.

등기부상의 목적사업을 의미한다고 해석하고 있다.[22] 과세관청의 유권해석은 해당 사업에서 매출이 전혀 발생하지 않았더라도 종업원을 고용하여 실제 사업을 영위한 경우에는 요건을 충족한 것으로 본다.[23]

일반 기업 간 합병에서 사업영위기간요건이 실무상 문제가 되는 경우는 드물고, 주로 문제가 되는 것은 주식 보유를 목적으로 하는 법인들이 합병 당사법인이 되는 경우이다. 유권해석의 입장은 지주회사사업을 영위하는 회사의 경우라고 하여 일률적으로 1년 이상 사업을 영위하지 않았다고 보는 것은 아니나,[24] 서류상으로만 존재하는 투자목적회사(Special Purpose Company, SPC) 등의 경우에는 사업영위기간요건을 충족하지 않는다고 볼 가능성이 있다. 다만 자본시장과 금융투자업에 관한 법률 시행령 제6조 제4항 제14호에 따른 기업인수목적회사에 대하여는 사업영위기간요건을 요구하지 않는다.[25]

(2) 80퍼센트 주식교부요건

80퍼센트 주식교부요건은 '피합병법인의 주주 등이 합병으로 인하여 받은 합병대가의 총합계액'과 '합병대가로 지급된 합병법인의 주식가액'의 비율을 비교하여 그 충족 여부를 판단하도록 되어 있다. 불공정합병의 경우에는, 피합병법인의 주주들이 받아야 할 '정당한 합병대가'와 실제 '지급된 합병대가'가 다를 수 있는데, 여기에서의 '합병대가의 총합계액'이 '정당한 합병대가'를 의미하는 것인지, '지급된 합병대가'를 의미하

---

22) 법인세과-666, 2012. 10. 26 ; 법인세과-626, 2009. 5. 28. 등.
23) 서면인터넷방문상담2팀-216, 2008. 1. 31.
24) 재법인-100, 2006. 1. 27.
25) 법인세법 제44조 제2항 제1호 단서 및 동 시행령 제80조의2 제2항.

는 것인지 논란이 있다.

법문에는 단순히 '합병으로 인하여 받은 합병대가'라고만 규정되어 있으므로 문리해석상으로는 실제 지급된 합병대가를 의미하여야 할 것으로 보이나, 일부 과세관청 유권해석 중에는 '정당한 합병대가'를 의미한다고 해석한 사례가 있으므로,[26] 불공정합병의 경우에는 유의할 필요가 있다.

합병등기일 전 2년 내에 합병법인이 피합병법인 주주들로부터 취득하여 보유하는 주식(포합주식)이 있는 경우에는 합병대가를 '금전'으로 지급한 것으로 본다. 합병법인이 피합병법인의 지배주주에 해당하는 경우에는 2년 이내 취득한 주식 전부에 대하여 실제 교부하였거나 교부하였다고 가정하여 계산한[27] 합병신주의 가액을 금전으로 지급하였다고 보게 되고, 합병법인이 피합병법인의 지배주주에 해당하지 않는 경우에는 20퍼센트를 초과하는 주식에 대하여 실제 교부하였거나 교부하였다고 보아 계산한 합병신주의 가액을 금전으로 지급하였다고 보게 된다.

피합병법인의 주주 중 일부가 합병에 반대하는 등의 이유로 상법상 '주식매수청구권'을 행사한 경우에는 해당 주주들에 대하여 금전으로 주식양도대가가 지급되므로, 이를 합병교부금으로 볼 것인지 논란이 있다. 그에 대하여는 (i) 상법상 주식매수청구권의 행사 시 그 대가는 원칙적으로 '피합병법인'이 지급하는 것이므로, 이는 '합병법인'이 지급하는 합병대가와는 달리 보아야 한다는 견해[28]와, (ii) 합병 후 주식매수청구권의 행사대가 지급의무는 어차피 합병법인에게 승계될 것이고, 실무적으로 주식매수청구권 행사대가를 합병 후 합병법인이 지급하는 경우가 많으

---

26) 법인세과-695, 2011. 9. 21.
27) 법인세법 시행령 제80조 제1항 제2호 가목 단서.
28) 서면인터넷방문상담2팀-1307, 2005. 8. 16.

며, 피합병법인의 주주 중 20퍼센트 이상이 금전으로 대가를 받고 주식을 양도하는 경우에는 합병을 전후하여 주주구성의 본질적 변화가 있었기에 과세이연 혜택을 부여하는 것이 목적에 맞지 않는다는 이유로, 이는 합병대가가 금전으로 지급된 경우와 같이 보아야 한다는 견해[29])가 서로 대립하고 있다.

(3) 지배주주배정요건

지배주주배정요건은, 피합병법인의 지배주주가 적어도 자신의 지분비율 이상의 합병교부주식을 배정받아야 한다는 취지에서 만들어진 규정이다. 실무적으로 문제가 되는 것은 지배주주 중 '합병법인' 또는 '피합병법인'에 대하여 '자기주식'을 교부하여야 하는지와, 지배주주 중 일부가 주식매수청구권을 행사하는 것이 가능한지의 문제이다.

합병법인이 보유한 피합병법인 주식에 대하여는 법인세법 시행령 제80조 제1항 제2호 가목 단서를 근거로 자기주식을 교부하지 않더라도 적격합병요건을 충족한 것이라는 유권해석이 있으나,[30]) 피합병법인이 보유한 자기주식에 대하여도 자기주식을 교부하지 않아도 되는지는 분명하지 않다.[31])

지배주주 중 일부가 주식매수청구권을 행사하는 것이 가능한지 여부는 앞에서 80퍼센트 주식교부요건과 관련하여 살펴보았던 논의가 그대

---

29) 이창희, 세법강의(제12판), 박영사, 2014, 605면.
30) 서면법규과-564, 2013. 5. 16.
31) 피합병법인이 보유한 자기주식에 대하여 합병신주를 미교부하여도 지배주주배정요건이 충족된 것이라는 취지의 유권해석(법인세과-1039, 2011. 12. 28)과 자기주식에 대하여 합병신주를 교부한 경우 피합병법인 역시 지배주주에 해당한다는 유권해석(법인세과-710, 2011. 9. 28)이 논리적으로 서로 모순되는 것처럼 보인다.

로 적용될 수 있을 것이다. (i) 주식매수청구권의 행사로 인하여 지급하는 대가가 합병대가에 해당하지 않는다고 보면, 지배주주가 주식매수청구권을 행사하는 경우에는 지배주주배정요건 역시 위반되지 않는다고 볼 수 있겠으나, (ii) 이를 합병대가의 일부로 보면, 피합병법인의 지배주주가 자신의 주식에 대하여 주식매수청구권을 행사하는 것은 지배주주배정요건에 위반되므로 적격합병요건을 충족하지 못한 것으로 보게 될 것이다.

피합병법인의 주주가 여러 지배주주로 구성되어 있는 경우, 합병으로 인하여 단주가 발생하면서 부득이하게 일부 지배주주에 대하여 현금이 합병대가로 지급되는 일이 발생할 수 있는데, 이때에도 적격합병요건을 충족한 것으로 본다는 것이 유권해석의 입장이다.[32]

(4) 주식보유요건(적격요건)과 주식처분금지요건(사후관리요건)

2012년 2월 2일 법인세법 시행령 개정 이전에는 지배주주 중 1인이 합병으로 교부받은 주식을 2분의 1 이상 처분한 경우에는 적격합병요건을 위반한 것으로 보는 문제가 있었으나, 현재는 전체 지배주주가 교부받은 주식을 기준으로 2분의 1 이상 처분 여부를 판단하도록 개정되었다.[33]

합병법인이 보유한 피합병법인 주식 또는 피합병법인이 보유한 자기주식에 대하여 합병법인이 자기주식을 교부한 경우, 그러한 자기주식 역시 주식보유요건의 적용대상이 되는지가 쟁점이 될 수 있다. 과세관청의 유권해석은 두 경우 모두 자기주식을 교부한 때에는 주식보유요건의 적

---

32) 법인세과-749, 2011. 10. 12.
33) 법인세법 시행령 제80조의2 제1항 제1호 가목.

용대상이라는 입장이다.[34]

(5) 사업계속요건(적격요건)과 사업폐지금지요건(사후관리요건)

법인세법 제44조 제2항 제3호는 승계받은 사업의 계속요건을 규정하고 있고, 제4항은 그 판정기준을 대통령령으로 정하도록 규정하고 있다. 법인세법 시행령 제80조의2 제6항은 피합병법인으로부터 승계한 고정자산가액의 2분의 1 이상을 처분하거나 사업에 사용하지 아니하는 경우에는 사업계속요건을 충족하지 못한 것으로 보도록 규정하고 있다.

현행 조문체계를 보면, 사업의 계속 / 폐지 여부를 어떻게 판단하여야 하는지와 관련하여 두 가지 해석이 있을 수 있다. (i) 하나는 사업의 폐지 여부는 '고정자산가액의 2분의 1 이상을 처분하거나 사업에 사용하지 아니하는지' 여부만을 기초로 판단하여야 한다는 견해이고, (ii) 다른 하나는 '사업의 계속 / 폐지' 여부는 그 자체로 독립된 요건이고, '고정자산가액의 2분의 1 이상의 처분 등이 있던 경우'는 사업이 폐지된 것으로 간주하는 별도의 요건이라는 견해이다.

2010년 구조조정세제 개편 전에는 사업의 계속 / 폐지 여부는 원칙적으로 한국표준산업분류에 의한 세분류에 따른 사업 구분을 기준으로 하여 별도로 판단하고, 보충적으로 고정자산 처분 등의 요소가 고려되었는데, 개정 이후에는 사업 구분에 관한 규정이 삭제됨에 따라 고정자산의 처분 등에 관한 규정만이 남아 해석상의 어려움을 가져오고 있다.

현재 이 문제에 관한 과세관청의 명시적 유권해석은 없는 것으로 보이는데, 사견으로는 2010년 이전의 규정과 달리 현행 규정에는 승계받은

---

34) 법인세과-710, 2011. 9. 28 ; 법규과-1211, 2011. 9. 14.

사업을 개별 사업으로 나누어 과세특례 적용의 계속 / 중단을 판단하도록 하는 규정이 없는 것을 볼 때, 사업 계속 / 폐지 여부는 전체 고정자산 가액만을 기준으로 판단하여야 할 것으로 보인다. 만약 그와 같이 해석하지 않으면 일부 소규모 사업이 폐지된 경우에도 전체 사업이 폐지된 것으로 보는 이상한 결과가 발생하기 때문이다.[35]

하나의 생산단계하에 있던 기업 간에 합병이 이루어지면서 합병법인과 피합병법인 간에 이루어지던 거래가 내부화되는 경우가 있다. 이 경우 국세청의 유권해석은 당초 수행되던 활동이 계속 유지되는 경우에는 사업계속요건이 충족되는 것이라고 해석한 바 있다.[36]

또한 실무적으로 문제가 되는 것 중 하나는 승계받은 고정자산가액의 계산에 관한 것이다. 우선 고정자산의 범위에 포함되는 자산에 어떤 것들이 있는지가 문제 되고, 다시 자산의 가액은 어떻게 산정할 것인지가 문제 될 수 있다.

고정자산의 범위와 관련하여 관련 법령에는 전혀 정함이 없다. 사업에 사용되는 유형자산이나 무형자산의 경우에는 당연히 그 범위에 포함될 것으로 보이나, 문제가 되는 것은 장기금융상품이나 투자자산 등이다. 유권해석은 장기금융상품·보증금·장기미수금 등이나[37] 주택신축판매업 및 임대주택사업을 영위하는 법인이 재고로서 보유하는 부동산 또는 임대주택채권[38] 등은 고정자산의 범위에 해당하지 않는다는 입장

---

35) 합병에서 사업계속요건에 관한 사안은 아니나, 분할 관련 사업계속요건에 관하여는 과세 전 적부심사결정에서 관련 쟁점이 문제가 된 바 있다. 자세한 설명은 해당 부분 참조.

36) 임차인이던 제조법인이 임대법인을 합병하여 임대법인의 토지 위에서 계속하여 제조활동을 행한 경우(법규법인 2012-445, 2012. 11. 30), 제조법인이 하청업체를 합병하여 하청업체의 제조 또는 임가공 활동이 내부거래가 된 경우(법인세과-457, 2011. 7. 11 ; 법인세과-1146, 2010. 12. 9).

37) 법규법인 2013-28, 2013. 8. 1.

38) 서면-2014-법령해석법인-20878, 2015. 6. 17.

이나, 승계받은 투자주식 등은 그에 해당한다는 입장으로 보인다.[39] 피합병법인이 보유하던 합병법인의 주식에 자기주식을 발행한 때, 이를 소각하는 경우에는 해당 자기주식을 제외하고 나머지 고정자산을 기준으로 사업 계속 여부를 판정하라는 규정(법인세법 시행령 제80조의2 제6항)의 반대해석상, 자기주식 역시 처분이나 소각되기 전까지는 사업계속요건의 판정 시 고정자산가액 계산 시 고려되어야 하는 것으로 보인다. 그러나 자기주식의 경우, 상법에 따라 의결권 등이 휴지(休止)되는데 과연 이를 여전히 사업에 사용되고 있다고 볼 수 있는지는 의문이다.

승계받은 고정자산가액의 가액과 관련하여는, (i) 합병 당시의 장부가액을 의미한다는 견해와 (ii) 합병 당시의 시가를 의미한다는 견해가 있을 수 있는데, 과세관청의 유권해석은 세무상 장부가액을 의미한다는 입장으로 보인다.[40] 다만 이러한 해석에는 법령상 근거가 없고 장부가액은 높으나, 실제 가치가 없는 자산은 계속 보유하면서 시가가 높은 자산을 선택적으로 양도하는 방법으로 과세특례를 악용할 가능성이 있다는 점에서 그 당부에는 의문이 있다.

III. 적격분할에 관한 최근의 쟁점

1. 적격분할의 요건

적격분할의 요건은 법인세법 제46조 제2항 각 호에 규정되어 있으며,

---

39) 서면-2015-법령해석법인-0138, 2015. 5. 14.
40) 법규법인 2013-28, 2013. 8. 1.

이를 세분화하면 다음의 여덟 가지 요건으로 구분할 수 있다.

(i) 분할등기일 현재 5년 이상 사업을 계속하던 내국 법인이 분할하는 경우일 것(이하 '**사업영위기간요건**'이라 한다).

(ii) 분리하여 사업이 가능한 독립된 사업 부문을 분할하는 것일 것(이하 '**독립사업가능성요건**'이라 한다).

(iii) 분할하는 사업 부문의 자산 및 부채가 포괄적으로 승계될 것(이하 '**포괄승계요건**'이라 한다).[41]

(iv) 분할법인 등만의 출자에 의하여 분할하는 것일 것(이하 '**출자법인 요건**'이라 한다).[42]

(v) 분할법인 등의 주주가 분할신설법인 등으로부터 받은 분할대가의 전액(분할합병의 경우에는 100분의 80 이상)이 주식일 것(이하 '**주식교부요 건**'이라 한다).[43]

(vi) 주식이 분할법인 등의 주주가 소유하던 주식의 비율에 따라 배정 (분할합병의 경우에는 지배주주의 지분비율 이상으로 주식이 배정될 것)될 것 (이하 '**주식배정요건**'이라 한다).[44]

(vii) 지배주주가 분할등기일이 속하는 사업연도의 종료일까지 그 주식을 보유할 것(이하 '**주식보유요건**'이라 한다).[45]

---

41) 다만 공동으로 사용하던 자산, 채무자의 변경이 불가능한 부채 등 분할하기 어려운 자산과 부채 등으로 법인세법 시행령 제82조의2 제4항에서 정하는 것은 제외한다.

42) 법인세법 시행령 제80조의2 제5항.

43) 2016년 3월 2일 상법 개정에 따라 삼각분할합병이 허용되었으나, 세법에는 그에 대한 과세이연 규정이 존재하지 않아 현실적으로 실행에 어려움이 있었다. 이 논문의 작성 이후 분할합병의 대가로 분할합병의 상대방 법인의 모회사 주식을 80퍼센트 이상 배정받는 경우에도 적격분할합병으로 인정되도록 법이 개정되었다. 개정 규정은 2017년 1월 1일 이후 분할합병하는 분부터 적용된다.

44) 법인세법 시행령 제82조의2 제7항.

45) 법인세법 시행령 제82조의2 제8항.

(viii) 분할신설법인이 분할등기일이 속하는 사업연도의 종료일까지 분할법인으로부터 승계받은 사업을 계속할 것(이하 '**사업계속요건**'이라 한다).

다만 위의 요건 중 주식보유요건과 사업계속요건과 관련하여서는 해당 요건들이 충족되지 않더라도 대통령령에서 정한 '부득이한 사유'가 있는 경우에는 과세이연이 가능하다. '부득이한 사유'는 적격합병 관련 규정에서의 '부득이한 사유'를 준용하도록 되어 있다.[46]

2. 사후관리요건

적격분할에 따른 사후관리요건은 법인세법 제46조의3 제3항 각 호에 규정되어 있으며, 그 내용은 다음과 같다.

(i) 분할신설법인이 분할법인으로부터 승계받은 사업을 폐지하지 아니하여야 한다(이하 '**사업폐지금지요건**'이라 한다). 단 분할신설법인이 분할법인으로부터 승계한 고정자산가액의 2분의 1 이상을 처분하거나 사업에 사용하지 아니하는 경우에는 분할법인으로부터 승계받은 사업을 폐지한 것으로 본다.[47]

(ii) 지배주주가 분할신설법인으로부터 받은 주식 등을 처분하지 아니하여야 한다(이하 '**주식처분금지요건**'이라 한다).

사후관리요건의 경우에도 해당 요건들이 충족되지 않더라도 대통령령에서 정한 부득이한 사유가 있는 경우에는 사후관리요건이 위반된 것으로 보지 않는다.[48] 사후관리요건 위반에 대한 예외로 인정되는 '부득이한 사유'는 앞에서 살펴본 적격합병요건 위반의 예외인 '부득이한 사유'

---

46) 법인세법 시행령 제82조의2 제1항.
47) 법인세법 시행령 제82조의4 제7항 ; 법인세법 시행령 제80조의4 제8항.
48) 법인세법 제44조의3 제3항 각 호 외의 부분 단서 ; 법인세법 시행령 제80조의2 제1항.

와 같다.[49)]

적격물적 분할에 대한 사후관리요건은 법인세법 제47조 제3항 각 호에 별도로 규정되어 있다. 사업폐지금지요건은 적격분할의 경우와 동일하나, 주식 보유에 대한 사후관리요건 부분은 달리 규정되어 있다. 적격물적 분할에 대하여는 사후관리요건이 '분할법인이 분할신설법인의 발행주식총수 또는 출자총액의 100분의 50 미만으로 주식 등을 보유하게 되는 경우'로 규정되어 있어, 분할법인이 분할신설법인 주식을 양도하지 않더라도 분할신설법인의 증자 등에 따라 분할법인의 분할신설법인에 대한 지분율이 50퍼센트 미만이 되는 경우에는 사후관리요건 위반이된다.[50)]

적격분할의 사후관리요건에 관하여도 합병의 경우와 마찬가지로 적격분할의 각 요건을 논의하면서 관련 내용을 함께 다루기로 한다.

3. 요건별 실무상 쟁점

(1) 사업영위기간요건

사업영위기간요건과 관련하여 우선 문제 되는 것은 '사업영위기간'을 '분할법인'을 기준으로 판단하는지, 아니면 '분할대상 사업 부문'을 기준으로 판단하는지 여부이다. 법문은 분할등기일 현재 5년 이상 사업을 계속하던 내국 법인의 분할을 요건으로 하고 있지 분할대상 사업 부문이

---

49) 법인세법 시행령 제80조의4 제7항.
50) 이 논문의 작성 이후 분할법인의 분할신설법인에 대한 지분율에 대한 사후관리요건을 3년 이내의 기간에 대하여만 적용하도록 법이 개정되었다. 개정 규정은 2017년 1월 1일 이후 개시하는 사업연도부터 적용된다.

5년 이상 사업을 영위하였을 것을 요하고 있지 않으므로, '법인'을 기준으로 5년 이상 사업을 영위하였다면 족하고 분할대상 사업 부문이 5년 이상 사업을 영위하였을 것을 요하는 것은 아니다. 과세관청의 유권해석 역시 같은 입장이다.[51)·52)]

인적 분할로 설립된 법인이 재차 분할하는 경우와 같이 법인 단위로는 5년 이상 사업을 영위하지 않았지만, 사업 부문 단위로는 분할 전 사업기간을 통산하였을 때 실제 5년 이상 사업을 영위한 경우에는 어떻게 될까? 유권해석의 입장은 분할법인이 설립되기 전에 해당 사업 부문에서 사업을 영위하던 기간을 통산하여 사업영위기간을 계산하도록 하고 있다.[53)] 다만 분할 후 새로이 추가된 사업 부문을 분할하는 경우에는 분할 전 사업기간을 통산할 수 없다.[54)]

(2) 독립사업가능성요건

법인세법은 독립사업가능성요건과 관련하여 그 판단기준을 구체화하는 규정을 별도로 두고 있지 않다. 법인세법이 2014년 개정되면서 독립사업 가능성에 대한 일부 판정기준이 들어왔지만, 명시적인 개념 정의 규정은 여전히 존재하지 않으며, 다만 독립사업가능성요건을 갖추지 못한 경우를 열거하고 있을 뿐이다. 개정 규정은 부동산 임대업을 주업으로 하는 사업 부문, 부동산이 자산의 고정자산 대부분을 차지하는 사업

---

51) 법인세과-539, 2013. 9. 30 ; 법인세과-57, 2011. 8. 5. 등.
52) 이에 대하여는 분할대상 사업 부문 역시 5년 이상 계속한 사업에 해당하여야 한다는 반론이 있을 수 있으나, 이러한 해석론은 사업영위기간의 적용대상을 '사업 부문'이 아닌 '법인'으로 규정한 법문의 의미를 넘어선 것으로 보인다.
53) 법인세과-904, 2010. 10. 1.
54) 서면인터넷방문상담2팀-1103, 2006. 6. 14.

부문, 주식 등과 그와 관련된 자산·부채만으로 구성된 사업 부문 등을 분할하는 경우에는 일정한 예외를 제외하고는 독립사업가능성요건을 충족하지 못한 것으로 보도록 하고 있는데,[55] 이러한 개정 취지는 개별 부동산 또는 주식을 양도하면서 그 양도차익을 이연하려는 의도로 분할을 이용하는 것을 막기 위한 것으로 이해된다.

독립사업 가능성에 대한 명시적 정의 규정이 없으므로, 과연 어떠한 경우를 '분리하여 사업이 가능한 독립된 사업 부문'으로 인정할 것인지에는 논란이 있다. 비교법적으로는 독일 세법에서의 과세특례요건에서의 '일정한 독립성을 갖춘, 사업 전체 중 조직적으로 완결된 일부'라는 개념을 참고할 수 있다고 보는 견해가 있고,[56] 유럽연합의 「합병 등 공통과세지침」에서 사업 부문을 정의할 때 사용되는 '조직적 관점에서 보았을 때 독자적으로 기능하는 단위를 구성하는 모든 자산과 부채'라는 개념도 참고할 만하다.[57]

하나의 법인에 분할 이전부터 여러 개의 구분된 사업 부문이 존재하고, 각 사업 부문이 외부로부터 수익을 얻고 있어 독자적 생존이 가능한 경우, 그러한 여러 사업 부문 중 하나 이상을 분할하는 것이 '독립사업가능성요건'을 충족한다는 점에는 별다른 의문이 없다.[58] 주로 문제가 되

---

55) 법인세법 시행령 제82조의2 제2항.

56) 양인준 / 박 훈, "세법상 물적 분할 적격요건에 관한 연구," 조세법연구 제20집 제2호 (2014. 8), 한국세법학회, 331면.

57) 황남석, "적격물적 분할의 포괄승계요건 : 대법원 2012. 5. 24. 선고 2012두 2726 판결," 조세법연구 제19집 제3호(2013. 12), 한국세법학회, 267면.

58) 2010년 개정 이전 법인세법에서는 한국표준산업분류표상 세분류를 기준으로 사업의 계속 / 폐지 여부를 결정했으므로(동법 시행령 제82조 제4항 및 제80조 제3항), 이를 유추하여 분할 당시에도 한국표준산업분류표상 세분류를 기준으로 분할이 이루어져야 한다는 해석이 있을 수 있겠으나, 이는 적격분할요건과 사후관리요건을 구분하여 규정한 법문에 반하는 해석이고, 현재는 관련 규정이 삭제되어 그러한 해석에는 아무런 근거를 찾을 수 없다. 다만 한국표준산업분류표상 세분류기준에 따를 때 별도의

는 것은 두 개 이상의 연결된 공정이 존재하여 전 단계의 공정에서 나온 제품이 이후 단계의 원재료가 되는 사업에서 공정별로 회사를 분할하는 경우와, 동일한 업종을 영위하는 여러 사업장 중 장소별로 구분하여 일부 사업장을 분할하는 경우를 독립사업가능성요건을 충족한 것으로 볼 수 있는지 여부이다.

공정별로 분할이 이루어지면, 분할법인(또는 분할신설법인)이 생산한 제품 대부분이 분할신설법인(또는 분할법인)에 판매되는 결과가 발생하게 되므로 이를 독립된 사업 부문에 해당하지 않는다고 보는 견해가 있을 수 있다. 유권해석은 그러한 분할의 경우에도 독립사업가능성요건을 충족한 것이라는 입장이다.[59)]

사업장별 분할에 대하여는 엄격해석의 원칙상 '사업'이 분리되어야 하는 것이고, 사업장이 분리되는 것은 그 결과에 불과하므로 적격분할에 해당하지 않는다는 일부 견해가 존재하나, 다수 학자들은 이를 긍정하고 있다.[60)] 과세관청의 유권해석 역시 사업장별 분할이 가능하다는 입장을 취하고 있다.[61) · 62)]

업종으로 구분되어 있는 사업들의 경우, 서로 독립하여 사업이 가능하다는 점이 객관적으로 확인된 것으로 볼 수 있겠다. 비슷한 취지의 유권해석으로 법인세과-14, 2014. 1. 8.

59) 서면법규과-924, 2014. 8. 25.

60) 양인준 / 박 훈, 앞의 논문(주 56), 334면 등.

61) 서면법규과-86, 2014. 1. 29 ; 법규법인 2014-21, 2014. 1. 29 ; 서면법규과-67, 2014. 1. 23.

62) 32개 사업장 부지 중 29개 사업장 부지가 이전되지 않은 경우, 적격분할요건 중 포괄승계요건을 갖추지 못하였다는 취지의 쌍용양회 판결(대법원 2012. 5. 24. 선고 2012두2726 판결)을 들어, 대법원이 사업장별 분할을 인정하지 않았다고 보는 견해가 있을 수 있으나, 동 판결에서는 '승계된 사업장' 내 주요 자산이 이전되지 않은 점을 들어 포괄승계요건이 미충족되었다고 판단한 것이지, '사업장 단위'의 분할이 가능한지 여부에 관한 독립사업가능성요건을 판단한 것이 아니므로 그러한 견해는 판례의 취지를 오해한 것이다.

한편 독립사업가능성요건을 갖추기 위하여는 해당 사업에 필요한 주된 사업조직만을 갖추면 되는 것인지, 아니면 사업지원조직(인사·총무·경리 등) 역시 함께 갖추어야 이를 독립하여 사업이 가능하다고 볼 것인지에 대하여 논란이 있을 수 있다. 유권해석은 사업지원조직을 승계하지 않고 아웃소싱하더라도 무방하다는 입장으로 이해된다.[63]

최근 화제가 되었던 OCI 사건에서도 독립사업가능성요건이 문제가 되었다.[64] 이 사건은 OCI가 2008년 5월 6일 인천공장의 화학제품제조사업 부문과 도시개발사업 부문을 물적 분할하여 주식회사 DCRE를 설립한 건에 대하여, 과세관청이 적격분할요건을 갖추지 못하였다는 이유로 법인세·취득세 등을 과세한 사건이다.

이 사건에서 피고는 우선 적격분할은 '사업장'이 아닌 '사업 부문'을 단위로 이루어져야 하고, 그러한 사업 부문은 한국표준산업분류표상 세분류를 기준으로 구분하는 것을 전제로 OCI는 타 공장에서도 화학제품제조사업을 영위하고 있으므로 독립사업가능성요건을 충족하지 못하였다고 주장하였다. 다음으로 '분리 사업 가능성'은 타인에 의존하지 않고 분할되는 사업 부문의 인적·물적 시설만으로 독립하여 사업을 영위할 수 있는 경우를 의미하는데, (i) DCRE가 OCI의 직원 중 일부만 승계하였다는 점, (ii) DCRE가 OCI에 용역위탁계약을 체결하여 제품생산 및 도시개발사업을 위탁하였다는 점, (iii) DCRE가 OCI로부터 원재료를 구매하고 이를 다시 OCI에 판매하여 매출 대부분이 OCI로부터 발생한다는

---

63) 법인세과-25, 2012. 1. 9 ; 법규과-1178, 2011. 9. 5.
64) 적격분할요건 미충족을 이유로 법인세를 과세한 사건(서울고등법원 2016. 5. 12. 선고 2015누38414 판결)과 취득세 등을 과세한 사건(서울고등법원 2016. 6. 15. 선고 2015누38292 판결)이 있고, 취득세 면제 관련 요건은 법인세법상 적격분할요건과 같게 되어 있어, 두 사건의 쟁점은 같고 판시사항도 거의 유사하다. 두 사건 모두 피고가 상고하여 현재 대법원에 계류 중이다.

점 등을 들어, 그러한 요건을 충족하지 못하였다고 주장하였다.

법원은 독립사업가능성요건은 해당 사업 부문이 분리하여 사업이 가능할 것을 요하고 있을 뿐, 분할대상이 분할법인에 존재하던 동종의 사업 부문 전체일 것을 요하고 있지 않으므로 '사업장' 단위의 분할이 가능하다고 보았고, 실무적으로 다른 기업들도 한국표준산업분류표상 동일 세분류에 속하는 사업 부문을 분할하고 있는 점을 들어 피고의 관련 주장을 배척하였다. 또한 법원은 직원의 승계 여부는 적격분할요건으로 규정되어 있지 않고 승계되지 않은 인력에 대하여 업무를 위탁하여 수행하는 것은 허용되며, 거래의 의존성이 적격요건의 하나라고 볼 법인세법상 아무런 근거가 없어 이는 적격분할요건과는 무관하다고 판단하였다.

또한 이 쟁점은 SK이노베이션이 2011년 1월 1일 석유사업 부문인 인천공장과 울산공장을 물적 분할하여 SK에너지를 설립한 사안과, SK에너지가 2013년 7월 1일 다시 인천공장을 인적 분할하여 SK인천석유화학을 설립한 사안에 대한 과세 전 적부심사에서도 문제가 된 바 있다.[65] 통지기관(인천시)는 (i) 인천공장의 분할은 사업 부문과 사업장 분할을 혼용한 분할이며, (ii) 분할신설법인은 재무·회계·자금·원유 구매·제품 판매 등의 업무를 분할법인에 위탁하였고, (iii) 생산한 제품 전부(99.8퍼센트)를 모회사와 계열회사 등에 매출하는 점을 들어, 독립사업 가능성을 충족하지 못하였다고 주장하였다. 그에 대하여 과세 전 적부심사결정은 위 OCI 사건에 대한 제1심 판결 내용을 인용하면서 특정 사업장만의 분할의 경우에도 분할신설법인이 독립하여 사업이 가능하다는 요건을

---

65) SK에너지에 대한 취득세 등 과세예고 통지 건(제2015-1호)과, SK인천석유화학에 대한 취득세 등 과세예고 통지 건(제2015-2호)이 있는데, 두 사건의 쟁점은 거의 같다. 이하에서는 구분하지 않고 'SK 사건'이라고 한다.

만족하면 적격분할에 해당한다고 하여, 청구법인의 청구를 채택하는 결정을 내려 과세예고 통지를 취소하였다.

생각건대 독립사업가능성요건은 다시 그 문언을 '분리하여 사업이 가능할 것'이라는 부분과 '독립된 사업 부문'이라는 부분으로 나누어 볼 수 있는데, 법문은 분명히 분리하여 사업이 '가능'한 경우를 대상으로 하고 있지, 현재 분리하여 사업이 영위되고 있는 경우를 대상으로 규정하고 있는 것이 아니다. 즉 향후 분리하여 사업이 '가능'한 경우라면 적격분할이 가능한 것이지 법문에 없는 다른 요건들을 들어 '분야별'·'종류별' 분할만 가능하고 '장소(사업장)별' 분할은 불가능하다고 볼 것이 아니다.

또한 독립된 사업 부문이라는 부분 역시 분할 이후 분할신설법인이 다른 일반적인 회사들과 동일한 기준에 비추어 운영 가능한 경우라면 요건을 충족한다고 해석되어야 하는 것이지, 법문에 없는 다른 요건들(가령 용역의 위탁 금지, 외부 매출의 존재 등)을 추가로 들어 적격분할이 불가능하다고 볼 것이 아니다. 일반적으로 하나의 법인이 다른 법인에 대하여 용역을 주거나 업무를 위탁하였거나 매출의 대부분을 의존하고 있다고 하여, 두 법인이 독립되어 있지 않다고 보는 것은 아니기 때문이다.[66] 법문상 인력의 승계는 적격분할요건으로 되어 있지 않다. 분할신설법인이라고 하여 일반적인 법인과 달리 엄격한 잣대를 들이대어 독립성을 판단할 까닭은 없고, 그러한 기준을 들이대고자 하더라도 관련 법령상 아무런 구체적인 판단기준이 존재하지 않는 마당에 법원이 이를 독립사업가능성이 없는 분할이라고 단정할 근거는 없어 보인다.

---

66) 서면법규과-67, 2014. 1. 23.도 같은 취지.

(3) 포괄승계요건

1) 개관

법인세법 제46조 제2항 제1호는 적격분할요건의 하나로 가목에서 '분리하여 사업이 가능한 독립된 사업 부문을 분할하는 것일 것'을 먼저 규정하고, 이어서 나목에서 '분할하는 사업 부문의 자산 및 부채가 포괄적으로 승계될 것'을 다음 요건으로 규정하고 있다. 이러한 조문체계상 나목의 '분할하는 사업 부문'의 개념은 가목의 '분리하여 사업이 가능한 독립된 사업 부문'을 의미하는 것으로 해석되어야 한다. 즉 포괄승계요건은 독립사업가능성요건을 충족하는 사업 부문이 분할됨을 전제로, 그러한 사업 부문 내에 속하는 자산 및 부채를 이전할 것을 요구하는 규정이지, 독립사업가능성요건과 무관하게 어떠한 사업 부문에 대한 객관적 범위가 먼저 확정된 뒤 그에 속하는 자산 및 부채라면 모두 이전되어야 한다는 '당위'를 의미하는 규정이 아닌 것이다.

그러한 논의의 실익은 '독립사업가능성요건'과 '포괄승계요건'의 개념을 서로 구분하는 데에 있다. 포괄승계요건은 독립사업 가능성에 따른 '사업 부문 확정'을 전제로 한 것이므로, 특정 사업 부문에 속하지 않는 자산 및 부채는 처음부터 포괄승계 여부를 살펴볼 대상이 아닌 것이다. 가령 하나의 사업장 내에 세 가지 사업 부문이 있는데 그중 두 가지 사업 부문만을 승계하기로 정한 경우나, 하나의 사업 부문에 대하여 세 개의 공장이 있는데 그중 두 개의 공장만을 승계한 경우, 나머지 사업 부문 또는 나머지 공장을 승계하지 않았다는 이유로 적격분할요건을 갖추지 못하였다고 주장하는 것은 '독립사업가능성요건'의 위반을 다투는 것이지, '포괄승계요건'의 위반을 다투는 것이 아닌 것이다.

포괄승계요건의 의미에 대하여는 많은 논란이 있으며 실무상 가장 뜨

거운 쟁점이므로, 요건을 다시 각각의 구성요소로 나누어 분석할 필요가 있다. 우선 포괄승계의 대상으로 규정되어 있는 '자산 및 부채'의 개념이 무엇인지를 검토할 필요가 있고, 다음으로는 '자산 및 부채가 특정 '사업부문'에 속하는 것임을 어떻게 구분할 것인지를 살펴보겠다. 이후 사업부문에 속한 '자산 및 부채'는 모두 승계되어야 하는 것인지, 이에 대한 예외 규정은 '열거적 규정'인지 '예시적 규정'인지에 대한 논의를 살펴보고, 마지막으로 실무상 종종 문제 되는 '초과승계의 문제'를 덧붙여 검토하기로 하자.

2) 포괄승계의 대상이 되는 '자산 및 부채'의 개념

포괄승계요건에 대한 논의의 시발점이 되는 것은, 그 대상이 되는 '자산 및 부채'의 개념이 무엇인지에 대한 것이다. 논의의 주된 쟁점은 자산 및 부채가 사법상의 '권리와 의무'와 유사한 개념인지, 아니면 회계상의 '자산 및 부채'를 의미하는 것인지 여부다. 만약 자산 및 부채가 권리와 의무와 다른 개념이라고 본다면, 이를 '재무제표'에 계상된 자산 및 부채로 파악하여야 하는지 아니면 '기업회계기준'의 자산 및 부채로 파악하여야 하는 것인지가 다음 쟁점이 된다. 이때 '재무제표'와 '기업회계기준' 간 차이에 대한 논의의 실익은 재무제표상에 나타나지 않고 주석으로 공시되는 '우발부채' 등을 포괄승계대상 채무로 보아야 하는지의 문제를 판단하는 데에 존재한다.

법인세법은 따로 '자산 및 부채'에 대한 개념 정의 규정을 두고 있지 않다. 이는 법인세법에서의 자산 및 부채가 독자적인 의미를 가지고 있는 개념이라기보다는 법인의 소득금액을 계산하는 데 필요한 도구적 성격의 개념이기 때문이다. 따라서 그 개념은 다른 상법이나 세법의 규정을 종합적으로 보아 파악할 수밖에 없다.

우선 '자산 및 부채'가 사법상의 '권리와 의무'와 동일한 개념이라고 보는 견해는 상법 제530조의10의 "분할하는 회사의 권리와 의무를 분할계획서에서 정하는 바에 따라 승계한다"라는 규정을 바탕으로 하는 것이다.[67] 그러한 견해를 취한다면 '자산'은 '권리'에 대응하는 개념에 해당하고, '부채'는 '의무'에 대응하는 개념이며, 포괄적으로 승계될 것의 의미는 자산·부채의 개별적 이전방법이 아닌 상법상의 포괄적 승계방법에 따라 이전하는 것을 의미한다는 논리적 귀결로 이어진다.

반면 자산 및 부채가 사법상의 권리와 의무가 아닌 회계상의 '자산 및 부채'를 의미한다고 보는 견해는 자산 및 부채의 개념을 기업회계기준이나 그에 따라 작성된 재무제표에서 찾으려고 할 것이다. 그러한 견해는 국세기본법 제20조의 '기업회계의 존중'이나 법인세법 제43조의 '기업회계기준과 관행의 적용' 등을 근거로 들 터인데, 이 견해에 따르면 포괄승계에서의 '포괄'의 의미는 분할대상 사업 부문에 속한 회계상의 자산 및 부채를 이전하는 것을 의미하게 된다. 그러나 자산 및 부채의 개념을 기업회계기준이나 재무제표에서 찾는 데에는 의문이 있다. 포괄승계라는 개념은 세법에서 창설된 개념이 아니며, 어떠한 자산이나 부채를 개별적 이전방식이 아닌 일거에 이전되도록 하는 방식을 말할 뿐이다. 이는 회사법의 고유한 개념을 차용하여 사용하는 것이지 세법상의 고유한 의미를 가진다고 보기 어려우므로, 그 대상이 되는 자산 및 부채 역시 그에 대응하는 권리와 의무 일반을 의미한다고 해석하여야 할 것이다.[68]

---

67) 양인준 / 박 훈, 앞의 논문(주 56), 337면 ; 황남석, 앞의 논문(주 57), 270면.
68) 양인준 / 박 훈, 앞의 논문(주 56), 337면 및 황남석, 앞의 논문(주 57), 270면 등에 '포괄승계 개념에 대한 오해'에 대한 논의가 잘 정리되어 있다.

3) 자산 및 부채의 사업 부문 구분방법

자산 및 부채가 어떠한 사업 부문에 속하는지를 구분하는 것은 실무적으로 매우 중요한 쟁점이나, 학계에서는 거의 논의되지 않고 있는 부분이다. 독립된 여러 사업 부문을 가지고 있는 기업이라고 하더라도 기업의 모든 인적·물적 조직이 사업 부문별로 완전히 구분되어 있는 기업은 찾아보기 어렵기 때문이다. 분할을 준비하는 기업들은 보통 수개월 이상의 준비 작업을 거쳐 사업 부문의 경계를 확정하고 그에 속하는 자산 및 부채를 구분하며, 관련 인적·물적 자원들을 분할에 대비하여 재배치하는 작업을 거치기 마련이다. 그러나 그러한 충분한 사전 준비 작업을 거치더라도 사업 부문의 구분이 불분명한 여러 공통 자산·부채가 존재할 수밖에 없고, 그러한 경우에는 이 자산·부채들을 어떠한 기준에 따라 배분하여야 하는지가 쟁점이 될 수밖에 없다.

〈표 1〉 분할 시 주요 자산 및 부채의 실무상 배분기준

자산 및 부채	기준
현금 등을 포함한 금융자산, 투자자산	사업 부문별로 구분 관리 시에는 관리 부문별로 구분하나, 구분이 명확하지 않은 경우 자금소요계획 등에 따라 구분
유무형자산 중 직접 관련성 약한 자산	해당 자산의 사용부서기준
비업무용 부동산	(현재의) 해당 부동산의 관리부서, (과거의) 취득 경위 또는 (장래의) 사업계획기준
차입금	특정 차입금의 경우 차입 목적에 따라 구분, 나머지 일반 차입금의 경우 목표 부채비율 등을 고려하여 배분
기타 채권·채무	해당 채권·채무의 발생 원천, 관리부서 등

실무적으로 주로 문제가 되는 자산 및 부채는 '금융자산, 비업무용 부동산, 투자자산, 유무형자산 중 사업 부문과 직접적 관련성이 약한 자산,

차입금, 기타 채권·채무 등'이다. 명확한 기준은 없으나 실무상으로는
자산별로 다음과 같은 기준에 따라 분할하는 것이 일반적이다.

다만 개별 구체적 자산·부채가 어떠한 사업 부문에 속하는지는 대부
분 사실 판단의 문제로서, 개별 기업마다 고유한 특성을 가지고 있어서
이 부분에 대하여 명확한 지침이 될 수 있는 선례나 유권해석 등은 존재
하지 않는다.

참고로 독일의 논의에서는 자산을 (i) 본질적 사업 기초(사업 목적 달성
에 필요하고 사업 영위에 있어 특별한 경제적 중요성을 지닌 것으로 반드시
해당 사업 부문에 귀속되어야 하는 것), (ii) 중립적 경제재(보조적 기능만 담
당하여 독자적인 사업활동에 기여하지 못하는 경제재로 어느 사업 부문에 속
하여도 무방한 것), (iii) 분할 저해 경제재(복수의 독립사업 단위에 공통되는
본질적 사업 기초로 분할하지 않으면 과세특례를 적용받을 수 없는 것)로 나
누고 있다.[69] 이러한 논의에 따르면, 위 공통자산·부채의 대부분은 중
립적 경제재에 해당하여 그 사업 부문 귀속은 적격분할에 영향을 주지
않아야 할 것이다.

다만 위와 같은 외국의 논의가 우리 세법의 해석에 직접적인 기준이
되기에는 한계가 있다. 우리 법인세법은 포괄승계의 예외를 법인세법
시행령 제82조의2 제4항에서 별도로 규정하고 있는데, 그 예외의 범위
와 독일의 논의에서의 자산 구분은 서로 들어맞지 않기 때문이다. 대표
적으로 (i) 독일의 논의상 중립적 경제재에 해당한다고 하여 우리 법에
포괄승계 예외대상으로 명시적으로 규정되어 있지 않은 것(현금, 재취득
이 용이한 비품 등 고정자산, 유동성이 있는 채권·채무 등)이 존재하고,[70]

---

69) 황남석, 회사분할과세론, 한국학술정보, 2011, 389-394면.
70) 대법원 2012. 4. 12. 선고 2011두30502 판결은 받을 어음과 매출채권에 대하여, 그
    발생 원천을 따져 화학약품 공급대가로 발생하였기 때문에 합성수지사업 관련 자산에

(ii) 반대로 외국법상 분할 저해 경제재라고 하여도 우리 법에 포괄승계 예외대상으로 규정된 것(대표적으로 변전시설·전력시설·용수시설 등)이 존재한다.

그러나 사업 부문에 속한 자산 및 부채를 '모두' 승계하여야 하는지, 아니면 '주요' 자산 및 부채를 승계하면 되는지에 대한 해석론과 관련해서는 위와 같은 외국법상의 논의를 참고로 할 필요가 있을 것이다.

4) 모든 자산 및 부채가 승계되어야 하는지

앞에서 살펴본 것과 같이 '자산 및 부채'가 사법상의 '권리와 의무'와 동일한 개념이라고 보고 포괄승계의 의미를 상법상의 개념이라고 이해하면, 사업 부문에 속한 '모든' 자산 및 부채를 분할신설법인에 승계시켜야 한다고 볼 논리적 필연성은 없다.[71] 법문에는 단순히 포괄승계라는 권리 이전의 방법을 거치도록 규정하고 있을 뿐, 그 대상이 사업 부문에 속한 '모든' 자산 및 부채일 것을 규정하고 있지 않기 때문이다.

그럼에도 불구하고 포괄승계의 개념은 모든 자산 및 부채의 승계를 의미하는 것이라고 해석하는 견해가 있다. 이 견해들은 (i) '적격분할의 대상은 분할대상 사업 부문과 관련된 모든 자산 및 부채를 포괄적으로 승계하여 기존 사업의 계속성 및 동일성이 유지되는 분할로 한정함으로써 승계대상 자산 및 부채를 임의적으로 조정하여 조세를 회피하는 것을

해당하는데 이를 승계하지 않았으므로 비적격분할에 해당한다는 결론을 냈다. 받을 어음과 매출채권은 그 상대방과 원인관계가 특정되어 있고, 원인관계의 변화(가령 취소·해제·해지·변경 등)에 따라 변경·소멸될 수 있으므로 발생 원천과의 견련성이 남아 있다고 보아 이러한 결론이 타당하다고 볼 수 있다. 다만 뒤에서 살펴보듯이 현금의 경우에는 원인관계와의 견련성이 절연되므로, 발생 원천을 적합한 기준으로 보기 어려울 것이다.

71) 양인준 / 박 훈, 앞의 논문(주 56), 339면 ; 황남석, 앞의 논문(주 57), 270면.

방지하기 위한 것'이라는 목적을 그 해석의 근거로 들거나,[72] (ii) 포괄승계요건을 해석함에 있어 '모든'이라는 문구를 넣어 읽을 필연성은 없지만, 원칙과 예외 규정을 별도로 둔 세법 문언의 유기적 해석상 '모든' 권리·의무의 이전이 포함되어 있다고 해석한다.[73]

포괄승계요건이 모든 자산·부채의 승계를 의미하는 것인지에 대한 견해 차이는, 쌍용양회 판결(대법원 2012. 5. 24. 선고 2012두2726 판결)에 대하여도 서로 다른 해석을 가져오고 있다. 위 판결이 포괄승계의 범위를 모든 권리·의무의 이전을 전제로 하고 있다고 해석하는 견해가 있는 반면,[74] 동 판결이 분할 사업 부문의 모든 자산·부채의 이전을 요구한다고 판시한 것은 아니라고 의미를 제한하는 견해도 있다.[75]

앞에서 살펴보았듯이 포괄승계의 개념은 독립사업 가능성을 전제로 한 개념이므로, 두 개념을 조화롭게 해석할 필요가 있다. 입법자가 법인세법 제46조 제2항 제1호 가목에서 독립사업가능성요건을 충족한다면 적격분할요건을 충족할 수 있다고 규정하면서, 다시 나목에서 독립사업 가능성과는 무관하게 관련 사업 부문 내에 속하는 자산 및 부채라면 이를 모두 이전하여야 적격분할요건을 충족할 수 있다고 규정하려 하였다는 해석은 부자연스럽다.[76] 분할대상 사업 부문에 속하는 자산 및 부채 중 독립사업 가능성과 무관한 것들, 즉 해당 자산 및 부채를 분할대상에서 제외하여도 아무런 기능상의 차이가 없는 자산 및 부채에까지 포괄승계요건이 적용되고, 그러한 자산 및 부채가 승계에서 누락되었다고 하여

---

72) 임승순, 조세법, 박영사, 2013, 694면.
73) 황남석, 앞의 논문(주 57), 271-272면.
74) 황남석, 앞의 논문(주 57), 271면.
75) 양인준 / 박 훈, 앞의 논문(주 56), 344면.
76) 이는 구조조정세제가 구조조정을 지원하려는 세제라는 점에서도 그러하다.

적격분할요건이 충족되지 않는다고 볼 이유는 없다.[77]

쌍용양회 판결의 의미 역시 해당 사업에 필수적인 자산이 승계되지 않으면 포괄승계요건이 위반됨을 확인한 판결로 이해되어야 할 것이다. 위 사건의 고등법원 판결 역시 '29개 사업장 부지는 원고의 사업 부분에 필수적인 자산'에 해당하여 승계하여야 한다는 입장을 취한 점에서도 그러한 해석이 가능할 것이다(서울고등법원 2011. 12. 21. 선고 2011누18399 판결).[78]

또한 2014년 세법 개정 시 분할되는 사업 부문에 속하는 자산·부채 중 일정한 비율에 달하지 않는 자산·부채의 경우에는 이를 미승계되더라도 포괄승계요건을 충족한 것으로 보는 일반적 예외규정이 도입되었다는 점에서도, 이러한 유연한 해석이 필요하다고 할 것이다.

OCI 사건에서 포괄승계요건이 문제 되었던 것은 '폐석회 처리의무'와 '현금'이다. 법원은 '폐석회 처리의무'는 DCRE에 승계되었으므로 문제 되지 않는다고 판단하였고, '현금' 중 일부만 DCRE에 이전한 것은 포괄승계에 영향을 주지 않는다고 판단하였다. 폐석회 처리의무는 법원이 DCRE에 승계되었다고 인정하였으므로 포괄승계요건의 해석과는 직접적인 관련이 없으나, 현금의 승계에 대하여는 자세히 살펴볼 필요가 있다.

법원은 (i) 현금의 경우 특정 사업 부문에 귀속되어 있다고 보기 어렵고, (ii) 그 자금조달 목적 역시 사업 전반을 위한 것이며, (iii) 타 법인들의 분할 사례에 비추어도 OCI의 현금승계가 부당하다고 보기 어렵고, (iv) 적격분할에 대하여 과세특례를 부여하는 취지에 비추어 사업 부문

---

77) 황남석, 앞의 논문(주 57), 272면의 입법론 부분도 같은 취지이다.
78) 비교법적 측면에서도 모든 자산 및 부채가 이전되었는지를 기준으로 적격분할요건 충족 여부를 판단하는 것은 매우 이례적으로 엄격한 것이다. 관련 논의는 황남석, 앞의 논문(주 57), 272면 참고.

에 필수적인 자산 또는 영업활동과 직접적인 관계가 있는 자산이 승계되었다면 포괄승계요건을 충족하였다고 보아야 하고, (v) 관련 규정의 해석상 모든 자산 및 부채가 승계되어야 하는 것은 아니라는 사정 등을 그 판단 근거로 들고 있다.

이러한 판시에 대하여는 현금은 분할사업 부문에 속하지 않는 것으로 보는 것이 타당하다는 견해와, 현금 중 일부가 분할신설법인에 이전되지 않았다면 관련 차입금도 신설법인으로 이전되지 않았어야 한다는 견해가 있을 수 있다.

사견으로는 사업 부문 간 이동이 완전히 자유로운 현금을 특정 사업 부문에 귀속되는 자산으로 볼 수 없다고 생각한다. 현금의 사업 부문 귀속을 조달 원천에 따라 나누는 것은 사실상 불가능하고, 원천별로 현금을 구분하더라도 해당 현금으로 다른 사업 부문에 사용되는 자산을 취득하면 그 연결고리가 원천과 단절된다는 점에서 그러한 구분이 타당하다고 보기도 어렵다. 또한 이는 쌍용양회 사건의 제2심 판결이 '원고의 사업 부문에 필수적인 자산'을 기준으로 승계 여부를 판단하도록 한 점에서도 긍정될 수 있을 것이다. 해당 판결은 사업 부문에 해당 자산이 필수적인가라는 '필요성' 기준에 따라 사업 부문 귀속을 나눈 바 있는데, 현금의 경우 '자금의 소요계획'이 그에 부합하는 기준일 뿐 '원천'은 '필요성'과는 무관한 개념이기 때문이다.

또한 SK 사건에서는 '원유구입자금 사용 목적'으로 공시·발행한 회사채, 광물개발자금, '공장 증설 관련 시설자금 목적'으로 공시·발행한 회사채 등이 분할법인의 '특정 차입금'에 해당하여 분할신설법인에 승계되었어야 하는지가 쟁점이 되었다. 해당 사건에 대한 과세 전 적부심사결정에서는 자금의 사용 목적과 달리 실제 사채 발행 등으로 조달한 자금을 혼화하여 사용한 경우에는 이를 '공동의 차입금'으로 볼 수 있다고 전

제한 뒤, 이는 포괄승계의 예외에 해당하므로 포괄승계요건이 충족되었다고 판단하였다.

5) 예외 규정의 해석방법

포괄승계의 예외 규정을 열거 규정으로 볼 것인지, 예시 규정으로 볼 것인지는, 앞에서 살펴본 포괄승계의 대상에 관한 논의와 밀접하게 연관된 문제이다. 포괄승계의 예외 규정의 의미를 예시적 성격의 규정으로 본다면 반드시 모든 자산 및 부채를 승계하지 않더라도 사업에 필요한 주요 자산 및 부채를 승계할 경우, 포괄승계요건을 갖춘 것으로 볼 수 있기 때문이다.

이 부분에 대하여 쌍용양회 판결의 원심은 포괄승계 예외자산은 한정적으로 해석되어야 한다고 설시한 바 있고, 대법원 역시 법인세법 시행령 제82조 제3항 제2호(현행 법인세법 시행령 제82조의2 제4항)를 제한적 규정으로 전제하고, 예외에 해당하지 않는 주요 자산이 승계되지 않았다고 본 원심의 판단이 정당하다고 판시하였다.

다만 예외 규정의 성격에 대하여는 이를 예시적 규정으로 해석한 하급심 판례 역시 존재하며(서울고등법원 2011. 11. 9. 선고 2011누12438 판결로 대법원에서 확정), 법원이 포괄승계 쟁점과 관련하여 언제나 '모든' 채권·채무가 이전되어야 하는지, 그 예외는 절대 인정될 수 없는 것인지에 대하여 명확한 결론을 내렸다고 보기는 어렵다.

실무적으로는 사업 부문의 구분이 불분명한 여러 공통 자산·부채가 존재하는데, 법인세법 시행령 및 시행규칙에 규정된 예외 항목은 극히 일부분에 불과하여 아무런 기준이 되고 있지 못하므로 이를 열거 규정으로 보는 해석에는 무리가 있다고 생각한다. 또한 2014년 법인세법 개정시 포괄승계의 예외 항목이 추가된 바 있는데, 그러한 개정 전후 사이에

추가된 항목들에 대하여 분할하기 어려운 새로운 사정이 생겼다고 보는
것도 논리적으로 앞뒤가 맞지 않는 설명이다.

6) 초과승계의 문제

법인세법 제46조 제2항은 '분할하는 사업 부문의 자산 및 부채가 포괄
적으로 승계될 것'만을 규정하고 있을 뿐, 분할신설법인이 분할되지 않
는 사업 부문의 자산 및 부채를 승계하는 경우가 포괄승계요건을 충족하
는지에 대하여는 별도의 규정이 없다. 따라서 법문의 문리해석상으로는
분할되는 사업 부문에 속하지 않은 일부 자산 및 부채가 추가로 승계되
는 것은 포괄승계요건 충족 여부에 영향을 줄 수 없다.

기존의 유권해석은 같은 관점에서 다수의 예규를 통하여, 분할대상 사
업 부문이 아닌 다른 사업 부문에 해당하는 자산·부채가 분할 시 분할
신설법인에 일부 추가로 승계되어도 적격분할요건을 충족한 것으로 볼
수 있다는 명시적인 입장을 밝혀 온 바 있다.[79)]

그러나 그에 대하여는 분할사업 부문에 속하지 않는 자산 및 부채를
분할대상 사업 부문에 부가하여 승계시킴으로써 그 자산 및 부채에 과세
특례가 적용될 수 있으므로 그러한 자산에 대하여는 과세특례를 부인하
여야 한다는 견해가 있다.[80)] 또한 초과승계를 무제한적으로 허용할 경우
분할신설법인과 분할법인을 서로 바꾸는 방법을 통하여 포괄승계요건을
충족할 수 있는데, 이는 법인세법이 포괄승계요건을 엄격히 규정한 입법
취지에 어긋난다는 지적도 있다. 다만 관련 내용이 입법적으로 반영되지
는 않은 상태이므로, 현재 법문의 문언해석상만으로 초과승계가 금지된

---

79) 법인세과-627, 2009. 5. 28 ; 법인세과-3982, 2008. 12. 15 ; 서이46012-10148, 2003.
   1. 22. 등.
80) 황남석, 앞의 책(주 69), 395-397면.

다고 보는 데에는 어려움이 있다.

(4) 출자법인요건

출자법인요건은 분할 시 출자는 분할법인만이 하도록 하는 규정으로, 제3자의 출자가 개입할 경우 분할 전후 사업의 동일성 및 계속성이 저해되는 점을 우려하여 둔 규정이다.[81] 이 규정이 실무상 쟁점이 되는 경우는 매우 드물다.

(5) 주식교부요건

주식교부요건은 단순분할 시에는 분할대가의 전액을 주식으로, 분할합병 시에는 100분의 80 이상을 주식으로 교부하도록 한 규정인데, 일반적으로 이 요건이 문제가 되는 경우는 드물다.

그러나 최근 OCI 사건에서 이 쟁점이 문제 된 바 있다. 일부 피고가 OCI가 DCRE를 분할하면서 DCRE의 자산을 담보로 하여 차입한 현금을 미승계하였는데, 이는 실질적으로 DCRE가 OCI에 대하여 현금으로 분할대가를 지급한 것이므로 주식교부요건을 충족하지 못한 것이라고 주장하였다. 그러나 이는 분할대가를 분할법인에게 주식으로 교부하도록 되어 있는 상법상 물적 분할의 개념에 반하는 것이고, 분할 당시 현금을 미승계하였다면 이는 포괄승계요건의 위반을 직접 다투면 되는 것인데, 이를 주식교부요건의 위반으로 재구성하는 것은 자연스럽지 못하다.

단주 등이 발생하는 때에는 부득이하게 일부 주주에 대하여 현금이

---

81) 임승순, 앞의 책(주 72), 694면.

분할대가로 지급되는 경우가 발생할 수 있는데, 이 경우에도 적격분할요 건을 충족한 것으로 본다는 것이 유권해석의 입장이다.[82]

(6) 주식배정요건

주식배정요건은 단순분할 시에는 분할법인 등의 주주가 소유하던 주 식의 비율에 따라 주식을 배정하고, 분할합병 시에는 지배주주의 지분비 율 이상으로 주식을 배정하도록 한 규정이다. 단순분할 시에는 주주구성 의 동일성 및 계속성을 유지하도록 하여 지배구조의 변동을 가져오지 않 도록 하고 있고, 분할합병 시에는 적격합병에 대한 주식배정요건과 유사 한 제한을 두어 지배주주의 주식 처분을 막도록 하고 있다.

일반적으로 단순분할에서 주식배정요건이 문제가 되는 경우는 매우 드물지만, 과세 사례가 없지는 않다. 조세심판원에서는 자기주식 취득이 무효인 상태에서 인적 분할을 한 사안에 대하여 분할법인과 분할신설법 인의 주주 구성이 다르다는 이유로 비적격분할에 해당한다고 결정한 사 례가 있다.[83]

(7) 주식보유요건(적격요건)과 주식처분금지요건(사후관리요건)

적격합병의 경우와 같이 적격분할의 경우에도 2012년 2월 2일 법인세 법 시행령 개정 이전에는 지배주주 중 1인이 분할로 교부받은 주식을 2분의 1 이상 처분한 때에는 주식보유요건 및 사후관리요건을 위반한

---

82) 법인세과-131, 2009. 1. 12 ; 서면2팀-1384, 2004. 7. 1.
83) 조세심판원 2011중3386 결정(2013. 9. 10).

것으로 보는 문제가 있었으나, 현재는 전체 지배주주가 교부받은 주식을 기준으로 2분의 1 이상 처분 여부를 판단하도록 개정되었다.[84]

적격물적 분할에 대하여는 앞에서 살펴본 바와 같이 사후관리요건이 '분할법인이 분할신설법인의 발행주식총수 또는 출자총액의 100분의 50 미만으로 주식 등을 보유하게 되는 경우'로 규정되어 있어, 분할법인이 분할신설법인 주식을 양도하지 않더라도 분할신설법인의 증자 등에 따라 분할법인의 분할신설법인에 대한 지분율이 50퍼센트 미만이 되는 경우에는 사후관리요건 위반이 된다.

분할법인이 자기주식을 보유한 상태에서 분할이 이루어지고 분할신설법인이 분할법인에 신주를 교부한 경우, 그러한 자기주식 역시 주식보유요건의 적용대상이 되는지가 쟁점이 될 수 있다. 과세관청의 유권해석은 분할신설법인의 신주를 분할법인에 교부한 경우에는 주식보유요건의 적용대상이라는 입장이다.[85]

(8) 사업계속요건(적격요건)과 사업폐지금지요건(사후관리요건)

법인세법 제46조 제2항 제3호는 승계받은 사업의 계속요건을 규정하고 있고, 제3항은 그 판정기준을 대통령령으로 정하도록 규정하고 있다. 법인세법 시행령 제82조의4 제7항은 제80조의4 제8항을 준용하여 피합병법인으로부터 승계한 고정자산가액의 2분의 1 이상을 처분하거나 사업에 사용하지 아니하는 경우에는 사업계속요건을 충족하지 못한 것으로 보도록 규정하고 있다.

---

84) 법인세법 시행령 제82조의4 제6항 제2호 ; 법인세법 시행령 제80조의2 제1항 제1호 가목.
85) 서면법규과—496, 2014. 5. 19.

사업의 계속/폐지 여부와 고정자산가액의 2분의 1 이상 처분 여부 간의 관계에 대한 이론적 논의에는 적격합병 부분에서 설명한 관련 논의가 그대로 적용될 수 있으므로 자세히 다루지 않는다. 참고로 SK 사건에서 고정자산가액의 2분의 1 이상을 처분하거나 사업에 사용하지 않은 것은 아니나 승계받은 일부 사업(토양정화사업 부문)을 폐지한 경우 사업계속요건을 위반한 것인지가 쟁점이 되었다. 과세 전 적부심사결정에서는 법인세법상 사업 계속/폐지요건은 고정자산가액의 2분의 1 이상을 처분하였는지를 기준으로 판단하여야 함이 법 문언상 명백하다고 전제한 뒤, 전체 사업의 극히 일부를 차지하는 토양정화사업을 폐지한 것만으로는 사업계속요건을 위반한 것이 아니라고 판단하였다.

그 밖에 고정자산의 범위와 그 가액의 계산 등에 대한 논의는 적격합병 부분의 관련 논의를 참고하면 된다.

IV. 결론

이상으로 합병 및 분할의 적격요건에 관한 최근의 쟁점들을 살펴보았다. 합병 및 분할의 적격요건은 문제가 될 경우 부과될 수 있는 세액의 규모가 매우 클 뿐 아니라 여러 요건 중 하나라도 위반되면 아무런 세법상의 혜택도 받을 수 없으므로, 세법의 해석 및 적용에 관하여 납세자와 과세관청 간의 다툼이 많다.

최근 OCI 사건과 SK 사건에서 볼 수 있듯이 주로 다툼이 발생하는 부분은 적격요건의 해석이 분명치 않은 분할의 경우이다. 과거에는 유권해석이 적격요건의 충족 여부를 유연하게 인정했으나, 최근에는 과세당국의 입장이 보수화되는 경향이며, 관련 규정 역시 점점 복잡하게 개정

되고 있어서 향후 이 부분에 대한 사법부의 최종 판단이 어떻게 나올지
귀추가 주목된다.

사실 근본적인 문제는 과세특례요건 관련 규정들에 대한 문언 해석상
의 모호함에 있다. 구조조정과 관련된 세제는 과세특례요건이 충족되지
않았을 때의 과세 문제가 매우 중대하고 심각함에도 그 요건들이 법에
명확히 규정되어 있지 아니하고, 상당한 부분을 하위법령과 과세관청의
유권해석에 의존하고 있다. 특히 과세관청이 기존에 밝혔던 유권해석과
다른 입장을 취하여 과세에 나설 경우, 이미 이를 신뢰하고 구조조정을
실행한 기업들은 엄청난 과세 위험에 직면하게 된다.[86]

최근 많은 문제가 되고 있는 독립사업가능성요건이나 포괄승계요건
등이 대표적인 부분이다. 이 규정들은 법령상 해당 요건들이 의미하는
내용이 구체적이지 않고, 법문언상 여러 의미로 해석이 가능하여 문제가
발생할 소지가 많다. 그러나 적격요건의 해석에 있어 중요하게 고려되어
야 할 점은 관련 제도의 도입 취지가 기업의 구조조정 지원에 있다는
점이다.[87] 납세자를 위하여 도입된 구조조정세제가 함정세제가 되어서
는 안 된다.

---

[86] 특히 구조조정과 관련된 과세특례는 대부분 법인세법과 조세특례제한법에 그 요건이
규정되어 있고, 지방세특례제한법 등에서는 지방세 면제의 요건으로 이 규정들의 과
세특례요건을 그대로 준용하는 체계를 대부분 취하고 있다. 결국 여러 기관이 동일한
규정에 따른 과세특례요건 충족 여부를 각각 자신의 시각에서 독자적으로 판단하게
된다. 그 결과 국세법령에 대한 해석 기관이 어떠한 분할이 과세특례요건을 충족하였
다고 일단 판단하더라도 지방세 과세당국이 사후적으로 관점을 달리하여 과세 문제를
제기하는 경우가 상당하다.

[87] 양인준／박 훈, 앞의 논문(주 56), 326면 역시 입법 취지를 고려하여 세법이 기업구조
조정을 저해하지 않고 촉진하도록 하는 방향에서 법을 해석하되, 다만 그 속에서
생기는 조세 회피 사례를 가능한 범위에서 억제하는 꼴로 법을 해석하여야 옳다는 입
장이다.

11

외국 투자자의 국내 기업 인수와 관련한 주요 국제조세 쟁점*

유철형** · 김태균***

I. 서론

외국 투자자의 국내 기업 인수는 투자 주체를 개인 · 법인 · 단체 중 누구로 할 것인가, 인수방식을 지분 인수 · 자산 인수 등 다양한 방식 중 어느 방식으로 할 것인가에 따라 다양하게 이루어지고 있다. 이러한 투자과정에서 외국 투자자의 의사결정에 영향을 주는 중요한 요소 중 하나가 조세이다. 따라서 외국 투자자는 사전에 투자와 관련된 예상 가능한 조세 문제를 검토하여 투자를 실행하게 되지만, 투자 이후 조세 관련 법령의 개정 등으로 인하여 사후적으로 투자 주체가 누구인지, 그리고 인수방식이 무엇인지 등에 따라 다양한 조세 문제가 발생한다. 이 글에서

* 이 논문은 BFL 제73호(2015. 9)에 게재된 글을 수정 · 보완한 것이다.
** 법무법인(유한) 태평양 변호사
*** 법무법인(유한) 태평양 공인회계사

는 실무상 자주 사용되는 투자방식, 즉 외국 투자자가 유한파트너십 (Limited Partnership. 이하 'LP'), 유한책임회사(Limited Liability Company. 이하 'LLC') 등과 같은 국외 투자기구를 통하여 국내 기업을 인수하는 경우에 발생하는 조세 문제를 검토대상으로 하였다.

이와 관련하여 최근 주요한 쟁점으로 떠오르고 있는 사항으로, 국외 투자기구가 국내 기업을 인수하여 이자·배당·사용료소득이나 주식양도소득 등을 얻은 경우 이 소득의 귀속자를 누구로 볼 것인지[수익적 소유자(beneficial owner) 또는 실질귀속자]의 판단 문제, 실질적으로 소득이 귀속되는 국외 투자기구를 법인세법상 납세의무자인 외국 법인으로 볼 수 있는지 및 실질귀속자가 투과과세단체인 경우 조세조약의 적용범위, 내국법인으로 보는 실질적 관리장소의 판단기준, 차입매수방식(Leveraged Buyout. 이하 'LBO')과 관련한 조세 문제, 고정사업장(Permanent Establishment, PE), 그리고 과소자본세제(thin cap)와 관련한 쟁점이 있다. 이하에서는 이와 관련된 세법 규정과 최근 판례를 함께 검토하여 외국 투자자가 국내 기업을 인수함에 있어서 유의할 점을 살펴보기로 한다.

II. 납세의무자 관련

외국 투자자가 국외 투자기구를 통하여 국내 기업을 인수한 후 배당소득이나 주식양도소득 등을 얻은 경우 납세의무와 관련하여서는 그 소득의 귀속자(납세의무자)를 누구로 볼 것인지, 그 소득의 실질귀속자를 법인세법이 적용되는 법인으로 볼 것인지 아니면 소득세법이 적용되는 개인으로 볼 것인지, 국외 투자기구를 법인세법상 납세의무자로 보는 경우 조세조약의 적용에 있어서 제한세율의 적용범위, 외국 법인을 내국 법인으로 보는 실질적 관리장소의 판단기준 등이 문제 된다.

1. 조세조약상 소득귀속자의 판단

(1) 관련 규정

국세기본법 제14조 제1항은 "과세의 대상이 되는 소득, 수익, 재산, 행위 또는 거래의 귀속이 명의(名義)일 뿐이고 사실상 귀속되는 자가 따로 있을 때에는 사실상 귀속되는 자를 납세의무자로 하여 세법을 적용한다"고 규정하고 있으며, 법인세법 제4조 제1항도 "자산이나 사업에서 생기는 수입의 전부 또는 일부가 법률상 귀속되는 법인과 사실상 귀속되는 법인이 서로 다른 경우에는 그 수입이 사실상 귀속되는 법인에 대하여 이 법을 적용한다"고 하여 실질귀속자 과세원칙을 규정하고 있다.

한편 우리나라가 체결한 조세조약에서는 이자·배당·사용료소득의 수취인이 '수익적 소유자'인 경우, 국내 세법에서 정한 세율보다 낮은 세율(이하 '제한세율'이라 한다)을 적용하도록 하고 있다.[1]

(2) 대법원의 입장

국세기본법 제14조의 실질귀속자와 관련하여 대법원은, "구 국세기본법(2007. 12. 31. 법률 제8830호로 개정되기 전의 것) 제14조 제1항에서 규정하는 실질과세의 원칙은 소득이나 수익, 재산, 거래 등의 과세대상에 관하여 귀속명의와 달리 실질적으로 귀속되는 자가 따로 있는 경우에는 형

---

[1] 한일조세조약 제10~12조 ; 한중조세조약 제10~12조 등.

식이나 외관을 이유로 귀속명의자를 납세의무자로 삼을 것이 아니라 실질적으로 귀속되는 자를 납세의무자로 삼겠다는 것이므로, 재산의 귀속명의자는 이를 지배·관리할 능력이 없고 명의자에 대한 지배권 등을 통하여 실질적으로 이를 지배·관리하는 자가 따로 있으며, 그와 같은 명의와 실질의 괴리가 조세를 회피할 목적에서 비롯된 경우에는 그 재산에 관한 소득은 재산을 실질적으로 지배·관리하는 자에게 귀속된 것으로 보아 그를 납세의무자로 삼아야 할 것"[2]이라고 하여 그 판단기준을 제시하고 있다.

(3) 조세조약에 실질과세원칙이 적용되는지 여부

일반적으로 조세조약에서는 이자·배당·사용료소득의 경우 그 소득이 귀속되는 수익적 소유자에 대해 낮은 제한세율을 적용하도록 규정하고 있는데,[3] '수익적 소유자'의 의미와 판단기준에 대해서는 조세조약에 아무런 규정이 없다. 이와 관련하여 조세조약상 수익적 소유자의 해석·적용에 있어서 앞의 (2)에서 본 국내 세법에서의 실질과세원칙이 적용되는지에 관해 논란이 있었는데, 대법원은 조세조약에도 실질과세원칙이 적용된다는 입장을 취하고 있다.

즉 대법원은 앞의 (2)에서 본 법리를 설명한 다음 바로 이어서 "실질과세원칙은 법률과 같은 효력을 가지는 조세조약의 해석과 적용에 있어서도 이를 배제하는 특별한 규정이 없는 한 그대로 적용된다고 할 것"[4]이라고 하여 조세조약의 해석·적용에 있어서도 국내 세법에서의 실질귀

---

2) 대법원 2012. 4. 26. 선고 2010두11948 판결 등 다수.
3) 한일조세조약 제10~12조 ; 한중조세조약 제10~12조 등.
4) 대법원 2012. 4. 26. 선고 2010두11948 판결 등 다수.

속자 과세원칙이 그대로 적용되는 것으로 본다. 결국 대법원은 조세조약
에서의 '수익적 소유자'와 실질귀속자를 동일한 의미로 해석하고 있는데,
이는 대법원의 확립된 견해라고 볼 수 있다.[5)·6)]

한편 실질과세원칙이 조세조약에 적용된다는 대법원의 입장은 수익적
소유자가 문제 되는 이자·배당·사용료소득에 한정되는 것이 아니라,
다음 (4)에서 보는 바와 같이 양도소득의 귀속 주체나 주식 소유자 판단
등 조세조약의 다른 규정을 적용함에 있어서도 동일하다.

(4) 조세조약의 적용에 있어 실질과세원칙을 적용한 최근 사례들[7)]

1) 대법원 2012. 10. 25. 선고 2010두25466 판결 : 배당소득

영국령 케이맨제도의 LP인 甲이 케이맨제도법인 乙을, 乙은 룩셈부르
크법인 丙을, 丙은 벨기에법인 丁을 각 100퍼센트 출자하여 설립하고,
丁은 다른 투자자들과 합작으로 내국 법인 茂를 설립하여 다른 내국 법
인 己의 사업 부분을 인수한 후, 茂가 丁에게 배당금을 지급하면서 丁이
벨기에법인이라는 이유로 「대한민국과 벨기에 간의 소득에 대한 조세의
이중과세 회피 및 탈세 방지를 위한 협약」(이하 '한·벨조세조약')이 정한
제한세율을 적용하여 법인세를 원천징수하여 납부하였다. 이에 대해 대
법원은, 피고(과세관청. 이하 이 장에서 동일한 의미)가 甲을 배당소득의 실
질적 귀속자로 보아 국내 세법의 배당소득 원천징수세율을 적용하여 원
천징수의무자 茂에게 법인세징수 처분을 한 사안에서, 제반 사정에 비추

---

5) 대법원 2015. 7. 23. 선고 2013두21373 판결 ; 대법원 2013. 9. 26. 선고 2011두12917
   판결 등.
6) 김석환, "조세조약상 수익적 소유자와 국내 세법상 실질귀속자와의 관계," 조세학술논
   집 제29집 제1호(2013. 2), 한국국제조세협회, 202-204면.
7) 사안의 내용별로 배당소득, 주식양도소득, 주주 판단의 순으로 분류한다.

어 丙·丁 등은 명목상의 회사일 뿐 배당소득의 실질적 귀속자는 甲이어서 위 소득에 대하여는 한·벨조세조약이 적용될 수 없다고 판시하였다.

2) 대법원 2013. 4. 11. 선고 2011두3159 판결 : 배당소득

① 사안의 개요

영국령 케이맨제도의 LP인 A는 영국·미국·아시아 등지에서 모집한 투자자금을 가지고, 미국 소재 B LLC(이하 'B') 및 영국 소재 C 그룹과 공동투자형식으로 룩셈부르크에 D 유한회사(이하 'D')를 설립한 다음, D를 통하여 2002년 7월 3일 네덜란드법인인 E 홀딩스 합자회사(Besloten Vennootschap. 이하 'BV')(이하 '이 사건 외국 법인'이라 한다)를 설립하였다. 그 후 이 사건 외국 법인은 2002년 9월 호주법인인 F로부터 내국 법인인 원고의 주식(이하 '이 사건 주식')을 매입하였다가 2004년 12월 15일 이를 국내 기관투자자에게 매각하였다. 그런데 원고에 대한 투자의사의 결정 및 투자의 진행은 A의 관계사들이 담당하였고 그 자금의 출처도 A 등이며, 이 사건 외국 법인은 이들에 의한 투자 준비가 완료된 직후 설립되었다가 원고의 주식을 매각하고 그 대금을 수취한 후 곧바로 청산되었다.

이 사건 외국 법인의 사업장 소재지·전화번호는 모두 A의 관계사로 되어 있고, 이 사건 외국 법인의 이사 3명은 모두 A 혹은 C 그룹 소속의 직원이었으며, 이 사건 외국 법인에는 상시 근무하는 직원도 없었다. 그리고 이 사건 외국 법인의 자산은 이 사건 주식과 관련된 것이 전부였고, 원고로부터 받는 배당금 외에는 손익이 전혀 없었으며, 그 배당금 역시 이 사건 외국 법인 명의의 계좌를 거치기는 하였으나 결국 A 등에 최종적으로 귀속되었다. 피고는 이 사건 외국 법인은 조세 회피를 위하여 설립된 명목상의 회사에 불과하여 이 사건 배당소득의 실질적인 귀속자가 될 수 없고, 케이맨제도에 설립된 LP인 A 등이 실질적인 귀속자이므로 이 사건 배당소득과 관련하여서는 「대한민국 정부와 네덜란드 정부 간의 소득에 대한 조세의 이중과세 회피와 탈세 방지를 위한 협약」(이하 '한·네 조세조약)이 적용될 수 없다는 이유로 법인세법을 적용하여 원고에게 이 사건 배당소득에 대한 원천징수분 법인세징수 처분을 하였다.

② 대법원의 판단

원심은 위와 같은 사실관계를 토대로 실질과세의 원칙은 조세조약의 규정을 해석·적용하는 기준으로 삼을 수 있다고 전제한 다음, 이 사건 외국 법인은 이 사건 주식의 매입 및 매각에 관하여 형식상 거래 당사자의 역할을 수행하였을 뿐 그 실질적 주체는 A 등이며 이러한 형식과 실질의 괴리는 조세 회피의 목적에서 비롯되었으므로 이 사건 배당소득의 실질적인 귀속자를 A 등으로 보아야 하며, A 등이 케이맨제도 등에 설립된 이상 이 사건 배당소득에 대해서는 한·네조세조약이 적용될 수 없다고 판단하였고, 대법원은 원심의 이러한 판단은 정당하다고 판시하였다.

3) 대법원 2013. 10. 24. 선고 2011두22747 판결 : 배당소득

미국의 사모펀드사인 P가 모집한 사모펀드인 PPEP와 PPVI가 각각 50퍼센트를 투자하여 1998년 7월 29일 말레이시아 라부안에 소외 회사를 설립한 목적, PPEP와 PPVI가 소외 회사를 통하여 1998년 8월 3일 원고가 발행한 이 사건 전환사채(나중에 주식으로 전환되었다)를 취득한 경위, 소외 회사의 이사 및 직원 현황과 사업활동 내역 등을 종합하여 보면, 소외 회사는 이 사건 전환사채의 취득에 관하여 형식상 거래 당사자의 역할만 수행하였을 뿐 그 실질적 주체는 미국의 LP로서 구 법인세법상 외국 법인인 PPEP와 PPVI이고 이러한 형식과 실질의 괴리는 오로지 조세 회피의 목적에서 비롯되었으므로, 이 사건 배당소득에 대한 원천징수분 법인세

의 원천납세의무자는 PPEP와 PPVI로 봄이 타당하다고 판시하였다.

4) 대법원 2015. 3. 26. 선고 2013두7711 판결 : 배당소득

독일의 유한합자회사인 甲이 독일의 유한회사인 乙을 설립하여 발행주식 전부를 보유하고, 乙 회사는 우리나라의 유한회사인 丙을 설립하여 발행주식 전부를 보유하는데, 丙 회사가 우리나라의 부동산을 매수한 후 임대수익과 양도차익 등으로 발생한 소득금액을 배당금으로 지급하면서 「대한민국과 독일연방공화국 간의 소득과 자본에 대한 조세의 이중과세 회피와 탈세 방지를 위한 협정」(이하 '한독조세조약) 제10조 제2항 가목에 따른 5퍼센트의 제한세율을 적용하여 원천징수한 법인세를 납부하였으나, 과세관청은 위 배당소득의 실질귀속자를 甲 회사로 보아 구 법인세법(2008. 12. 26. 법률 제9267호로 개정되기 전의 것) 제98조 제1항 제3호에 따른 25퍼센트의 세율을 적용하여 丙 회사에 법인세징수 처분을 하였다. 대법원은 乙 회사의 설립 경위와 목적, 乙 회사의 인적·물적 조직과 사업활동 내역, 甲 회사와 乙 회사의 소득에 대한 지배·관리 정도 등에 비추어 乙 회사는 丙 회사의 발행주식이나 배당소득을 지배·관리할 능력이 없고, 갑회사가 乙 회사에 대한 지배권 등을 통하여 실질적으로 이를 지배·관리하였으며, 우리나라의 법인세법상 '외국 법인'에 해당하는 甲 회사가 직접 배당소득을 얻는 경우에는 한독조세조약에 따른 5퍼센트의 제한세율이 적용되지 아니하여 그와 같은 명의와 실질의 괴리가 오로지 조세를 회피할 목적에서 비롯된 것으로 볼 수 있으므로, 위 배당소득의 실질귀속자는 乙 회사가 아니라 甲 회사라고 보아야 한다고 판시하였다.[8]

---

8) 한독조세조약 제10조 제2항에 의하면, 배당소득에 대해서는 수익적 소유자가 배당을

5) 대법원 2012. 4. 26. 선고 2010두11948 판결 : 주식양도소득

① 사안의 개요

영국의 LP인 원고들은 한국 내 부동산에 대한 투자를 위하여 설립되었고, 설립 당시부터 부동산 투자수익에 관한 조세 부담을 회피할 수 있는 투자구조를 설계하기 위하여 조세 회피가 가능한 국가인 벨기에 등 각국의 조세제도를 연구하였다. 그 과정에서 원고들은 벨기에법인에 귀속되는 한국 내 주식의 양도소득에 대하여는 한국 정부가 과세할 수 없다는 한·벨조세조약 제13조 제3항을 적용받을 목적으로 그들이 룩셈부르크에 설립한 법인들을 통하여 벨기에법인들을 설립하였다.

이에 따라 이 사건 벨기에법인들은 2002년 2월 1일 자산유동화에 관한 법률에 의하여 설립된 유동화 전문 유한회사의 주식 전부(이하 '이 사건 주식')를 인수한 다음 위 유한회사를 주체로 내세워 서울 종로구 소재 이 사건 부동산을 매수하여 보유하던 중 2004년 9월 9일 이 사건 주식을 영국법인에게 매각함으로써 양도소득을 얻었다. 이 사건 주식의 인수대금과 이 사건 부동산의 매수대금은 모두 원고들이 이 사건 벨기에법인들의 이름으로 지급하였고, 이 사건 주식의 인수와 양도, 이 사건 부동산의 매수 등 전 과정을 원고들과 그들의 투자자문사가 주도적으로 담당하였다. 이 사건 벨기에법인들은 벨기에 내에서 실질적으로 경제활동을 영위

지급하는 법인의 자본의 최소한 25퍼센트를 직접 보유하고 있는 법인(조합은 제외)인 경우에는 배당총액의 5퍼센트, 기타의 모든 경우에는 배당총액의 15퍼센트를 초과하여 과세할 수 없다고 규정하고 있다.

이 사건에 있어서 乙 회사는 배당을 지급하는 丙 회사의 지분을 100퍼센트 직접 보유하고 있으므로, 乙 회사가 실질귀속자라면 위 조항에 따라 5퍼센트의 제한세율을 적용받게 된다. 그러나 실질귀속자가 甲 회사라고 하면 甲 회사는 배당을 지급하는 丙 회사의 지분을 직접 보유하고 있는 것이 전혀 없으므로 5퍼센트 제한세율을 적용받지 못하게 되는 것이다.

하고 있다고 보기 어렵고, 한 · 벨조세조약 제13조 제3항을 이용한 조세
회피 목적 외에 실질적으로 사업을 영위할 목적으로 설립되었다거나 이
사건 부동산의 투자에 관하여 독립적인 경제적 이익이 있음을 인정할 자
료가 없다.

이 사건 주식의 양수인은 한 · 벨조세조약 제13조 제3항에 의하여 주
식양도로 인한 소득은 양도인의 거주지국에서만 과세되도록 규정되어
있다는 이유로 이 사건 벨기에법인들에 대한 이 사건 주식 양도대금의
지급 시 이 사건 양도소득에 관한 법인세를 원천징수하지 아니하였다.
그러자 피고는 2006년 12월 18일 이 사건 벨기에법인들은 조세 회피 목
적을 위해 설립된 명목상의 회사에 불과하여 이 사건 양도소득의 실질적
인 귀속자가 될 수 없고 영국법인인 원고들이 그 실질적인 귀속자이며,
그들에게는 한 · 벨조세조약 제13조 제3항이 적용될 수 없다는 이유로
이 사건 양도소득에 대한 법인세부과 처분을 하였다.

② 대법원의 판단

대법원은, 이 사건 벨기에법인들은 이 사건 주식의 인수와 양도에 관
하여 형식상 거래 당사자의 역할만을 수행하였을 뿐 실질적 주체는 원고
들이며 이러한 형식과 실질의 괴리는 오로지 조세 회피의 목적에서 비롯
되었으므로, 실질과세의 원칙에 의하여 이 사건 양도소득의 실질적 귀속
자를 원고들로 보아야 하며, 이들은 영국법인이어서 한 · 벨조세조약 제
13조 제3항이 적용될 수 없다고 판단하였다.[9]

---

9) 이 사건의 경우 한 · 벨조세조약을 적용하느냐 아니면 「대한민국 정부와 영국 정부 간의
  소득 및 양도소득에 대한 조세의 이중과세 회피와 탈세 방지를 위한 협약」(이하 '한영
  조세조약')을 적용하느냐에 따라 아래와 같은 차이가 발생한다.
  즉 한 · 벨조세조약 제13조 제3항에 의하면, 양도소득에 대해서는 부동산양도소득에 대
  해서만 타방 체약국에서 과세할 수 있고, 그 외 재산의 양도소득에 대해서는 거주지국
  에서만 과세하는 것으로 규정되어 있다. 그런데 이 사건 주식은 부동산에 해당되지

6) 대법원 2014. 7. 10. 선고 2012두16466 판결 : 주식양도소득

프랑스에 본점을 둔 법인인 C 주식회사(이하 'CSA')가 네덜란드에 본점을 둔 법인인 C 네덜란드 BV(이하 'CNBV')를 설립한 사실, CNBV는 1994년 3월 8일 대전 서구 탄방동에 본점을 둔 한국 C 주식회사(이하 '한국 C')를 설립하여 그 주식을 보유하다가, 2006년 9월 26일 이 사건 주식양수법인에 한국 C 전체 주식 중 79.44퍼센트(이하 '이 사건 주식')를 양도함으로써 이득을 얻은 사실 등이 인정되는 사안에서 CNBV의 설립 목적과 설립경위, 사업활동 내역, 그 임직원 및 사무소의 존재, 이 사건 주식의 매각과 관련한 의사결정과정, 매각자금의 이동 등과 같은 제반 사정에 비추어, CNBV는 CSA로부터 구조적으로 독립된 지주회사로서 이 사건 주식 양도소득의 실질귀속자로 볼 수 있어 이 사건 주식 양도소득에 대하여는 한·네조세조약 제14조 제4항에 따라 우리나라가 과세할 수 없다는 이유로, 피고들이 CNBV는 단지 귀속명의자에 불과하고 CSA가 이 사건 주식 양도소득의 실질귀속자에 해당한다고 보아 「대한민국 정부와 불란서공화국 정부 간 소득에 대한 조세의 이중과세 회피와 탈세 방지를 위한 협약」에 따른 제한세율을 적용하여 이 사건 주식양수법인을 합병한 원고에게 한 원천징수분 법인세고지 처분 등은 위법하다고 판시하였다.

아니하므로 실질귀속자가 벨기에법인이어서 한·벨조세조약을 적용하면 한국에서 과세할 수 없게 된다.

그러나 한영조세조약 제13조 제2항에서는 "가. 승인된 증권거래소에 상장된 주식 이외의 주식으로서 그 주식의 가치 또는 동 가치의 대부분이 타방 체약국에 소재하는 부동산으로부터 직접 또는 간접으로 발생하는 것, 나. 그 자산이 주로 타방 체약국에 소재하는 부동산 또는 '가'호에 언급된 주식으로 구성된 조합 또는 신탁의 지분"의 양도소득에 대해서는 타방 체약국에서도 과세할 수 있는 것으로 규정되어 있다. 그런데 이 사건 주식은 부동산 보유 법인의 주식으로 보이고, 따라서 실질귀속자가 영국법인이라면 한영조세조약에 따라 한국에서 과세가 가능해진다.

7) 대법원 2015. 7. 23. 선고 2013두21373 판결 : 주식양도소득

아랍에미리트연합국 A 법인이 핀란드법인의 지분 100퍼센트를 보유하고 있고, 이 핀란드법인은 네덜란드 BV 법인의 지분을 100퍼센트 보유하고 있었으며, 또한 A 법인이 100퍼센트 지분을 보유한 오스트리아 법인이 네덜란드법인인 원고의 지분 100퍼센트를 보유하고 있는 상황에서, 네덜란드 BV 법인이 내국 법인의 주식을 취득하고 있다가 2006년 2월 9일 그중 일부를 원고에게 양도하여 주식양도소득이 발생한 사안에서, 네덜란드 BV 법인의 설립 목적과 사업활동 내역, 인적·물적 기반, 이 사건 주식의 취득과 양도 및 그 배당금과 양도대금의 지배·관리 내역 등에 비추어 볼 때, 네덜란드 BV 법인은 이 사건 주식의 취득과 양도에 관하여 형식상 거래 당사자의 역할을 수행하였을 뿐이고 양도소득의 실질귀속자는 A 법인이며, 이러한 형식과 실질의 괴리는 오직 한·네조세조약을 적용받아 조세를 회피할 목적에서 비롯된 것으로 볼 수 있으므로 이 사건 주식양도로 인한 소득에 대하여는 한·네조세조약을 적용할 수 없다고 판시하였다.

8) 대법원 2012. 1. 19. 선고 2008두8499 전원합의체 판결 : 주주의 판단

네덜란드법인인 원고는 네덜란드법인인 A BV와 B BV의 각 지분을 100퍼센트 소유하고 있고(이 두 개의 자회사는 이하 '이 사건 자회사들'), 이 사건 자회사들은 2003년 5월 15일 내국 법인 C의 지분을 각 50퍼센트씩 나누어 취득하였고, 또한 B BV는 2005년 7월 15일 A BV가 내국 법인 D의 주식 75퍼센트를 소유하고 있는 상태에서 나머지 주식 25퍼센트를 취득한 사안에서, "이 사건 자회사들이 이 사건 주식 등을 취득할 때 이 사건 자회사들의 지분은 원고가 100퍼센트를 소유하고 있었고, 그전에 A BV가 D 주식 75퍼센트를 취득할 때도 그 지분 소유관계는 마찬가지였

던 것으로 보인다. 또한 이 사건 자회사들은 위와 같이 D와 C의 주식 등을 보유하다가 그중 일부를 처분하는 방식으로 재산을 보유·관리하고 있을 뿐 그 외 별다른 사업 실적이 없고, 회사로서의 인적 조직이나 물적 시설을 갖추고 있는 것도 없어서 독자적으로 의사를 결정하거나 사업 목적을 수행할 능력이 없는 것으로 보인다. 그 결과 이 사건 주식 등의 취득자금은 모두 원고가 제공한 것이고 그 취득과 보유 및 처분도 전부 원고가 관장하였으며 A BV가 취득한 D 주식 75퍼센트의 경우도 이와 사정이 다르지 않을 것으로 보이고, 그 모든 거래행위와 이 사건 자회사들의 사원총회 등도 실질적으로는 모두 원고의 의사결정에 따라 원고가 선임한 대리인에 의하여 이루어진 것으로 보인다. 이러한 점 등으로 미루어 보면, 이 사건 주식 등을 원고가 직접 취득하지 않고 이 사건 자회사들 명의로 분산하여 취득하면서 이 사건 주식 등의 취득 자체로는 과점주주의 요건에 미달하도록 구성한 것은 오로지 구 지방세법 제105조 제6항에 의한 취득세 납세의무를 회피하기 위한 것이라고 보기에 충분하다"고 판시하여 직접 C와 D의 주식을 취득하지 아니하고 자회사를 통하여 C와 D를 지배하고 있는 원고를 구 지방세법상 간주취득세 납세의무자인 과점주주로 판단하였다.

이 판결은 소득의 귀속자 문제가 아니라 주주가 누구인지 판단함에 있어서도 실질과세원칙을 적용한 것이다.

(5) 관련 법인세법의 개정

2011년 12월 31일 법률 제11128호로 개정된 법인세법 제98조의6[10]은

---

10) 제98조의6(외국 법인에 대한 조세조약상 제한세율 적용을 위한 원천징수절차특례)

조세조약상 제한세율 적용을 위한 원천징수절차특례를 신설하였고, 2014년
1월 1일 법률 제12166호로 개정된 법인세법 제98조의4[11]는 비과세 또는

---

① 제93조에 따른 국내 원천소득을 실질적으로 귀속받는 외국 법인(이하 이 조에서
"실질귀속자"라 한다)이 조세조약에 따른 제한세율(이하 이 조에서 "제한세율"이라 한
다)을 적용받으려는 경우에는 대통령령으로 정하는 바에 따라 제한세율 적용신청서를
제98조 제1항에 따른 원천징수의무자(이하 이 조에서 "원천징수의무자"라 한다)에게
제출하여야 한다.

② 제1항을 적용할 때 해당 국내 원천소득이 대통령령으로 정하는 국외 투자기구(이
하 이 조에서 "국외 투자기구"라 한다)를 통하여 지급되는 경우에는 그 국외 투자기구
가 대통령령으로 정하는 바에 따라 실질귀속자로부터 제한세율 적용신청서를 제출받
아 그 명세가 포함된 국외 투자기구 신고서를 원천징수의무자에게 제출하여야 한다.

③ 원천징수의무자는 실질귀속자 또는 국외 투자기구로부터 제한세율 적용신청서 또
는 국외 투자기구 신고서를 제출받지 못하거나 제출된 서류를 통해서는 실질귀속자를
파악할 수 없는 등 대통령령으로 정하는 사유에 해당하는 경우에는 제한세율을 적용
하지 아니하고 제98조 제1항 각 호의 금액을 원천징수하여야 한다.

④ 제3항에 따라 제한세율을 적용받지 못한 실질귀속자가 제한세율을 적용받으려는
경우에는 실질귀속자 또는 원천징수의무자가 제3항에 따라 세액이 원천징수된 날이
속하는 달의 말일부터 3년 이내에 대통령령으로 정하는 바에 따라 원천징수의무자의
납세지 관할 세무서장에게 경정을 청구할 수 있다. 〔개정 2014. 1. 1.〕

⑤ 제4항에 따라 경정을 청구받은 세무서장은 청구를 받은 날부터 6개월 이내에 과세
표준과 세액을 경정하거나 경정하여야 할 이유가 없다는 뜻을 청구인에게 알려야 한다.

⑥ 제1항부터 제5항까지에서 규정된 사항 외에 제한세율 적용신청서 및 국외 투자기구
신고서 등 관련 서류의 제출 방법·절차, 제출된 서류의 보관의무, 경정청구 방법·절
차 등 제한세율 적용에 필요한 사항은 대통령령으로 정한다. 〔본조신설 2011. 12. 31.〕
〔시행일 2012. 7. 1.〕

11) 제98조의4(외국 법인에 대한 조세조약상 비과세 또는 면제 적용 신청)

① 제93조에 따른 국내 원천소득(같은 조 제5호 및 제6호의 소득은 제외한다)을 실질
적으로 귀속받는 외국 법인(이하 이 조에서 "실질귀속자"라 한다)이 조세조약에 따라
비과세 또는 면제를 적용받으려는 경우에는 대통령령으로 정하는 바에 따라 비과세·면
제신청서를 국내 원천소득을 지급하는 자(이하 이 조에서 "소득지급자"라 한다)에게
제출하고 해당 소득지급자는 그 신청서를 납세지 관할 세무서장에게 제출하여야 한다.

② 제1항을 적용할 때 해당 국내 원천소득이 대통령령으로 정하는 국외 투자기구(이
하 이 조에서 "국외 투자기구"라 한다)를 통하여 지급되는 경우에는 그 국외 투자기구
가 대통령령으로 정하는 바에 따라 실질귀속자로부터 비과세·면제신청서를 제출받
아 그 명세가 포함된 국외 투자기구 신고서와 제출받은 비과세·면제신청서를 소득지
급자에게 제출하고 해당 소득지급자는 그 신고서와 신청서를 납세지 관할 세무서장에

면제에 대해서도 제한세율 적용과 동일한 내용으로 조세조약 적용절차를 개정하였다.

위 각 규정에 따르면, 국내 원천소득이 대통령령으로 정하는 요건을 갖춘 국외 투자기구를 통하여 지급되는 경우에는 그 국외 투자기구가 대통령령으로 정하는 바에 따라 실질귀속자로부터 제한세율 적용신청서를 제출받아 원천징수의무자에게 제출하도록 하고 있고, 원천징수의무자가 이를 제출받지 못하거나 실질귀속자를 파악할 수 없는 경우에는 조세조약상의 제한세율이나 비과세·감면 규정을 적용하지 않고 법인세법에 따른 원천징수를 하도록 되어 있다. 이 경우 제한세율이나 비과세·감면 규정을 적용받지 못한 실질귀속자나 소득지급자는 일정 기간 내에 경정청구를 할 수 있다. 여기에서 '대통령령으로 정하는 요건을 갖춘 국외 투자기구'란 투자 권유를 하여 모은 금전 등을 재산적 가치가 있는 투자 대상 자산을 취득·처분 또는 그 밖의 방법으로 운용하고, 그 결과를 투자자에게 배분하여 귀속시키는 투자행위를 하는 기구로서 국외에서 설

게 제출하여야 한다.

③ 소득지급자는 실질귀속자 또는 국외 투자기구로부터 비과세·면제신청서 또는 국외 투자기구 신고서를 제출받지 못하거나 제출된 서류를 통해서는 실질귀속자를 파악할 수 없는 등 대통령령으로 정하는 사유에 해당하는 경우에는 비과세 또는 면제를 적용하지 아니하고 제98조 제1항 각 호의 금액을 원천징수하여야 한다.

④ 제3항에 따라 비과세 또는 면제를 적용받지 못한 실질귀속자가 비과세 또는 면제를 적용받으려는 경우에는 실질귀속자 또는 소득지급자가 제3항에 따라 세액이 원천징수된 날이 속하는 달의 말일부터 3년 이내에 대통령령으로 정하는 바에 따라 소득지급자의 납세지 관할 세무서장에게 경정을 청구할 수 있다.

⑤ 제4항에 따라 경정을 청구받은 세무서장은 청구를 받은 날부터 6개월 이내에 과세표준과 세액을 경정하거나 경정하여야 할 이유가 없다는 뜻을 청구인에게 알려야 한다.

⑥ 제1항부터 제5항까지에서 규정된 사항 외에 비과세·면제신청서 및 국외 투자기구 신고서 등 관련 서류의 제출 방법·절차, 제출된 서류의 보관의무, 경정청구의 방법·절차 등 비과세 또는 면제의 적용에 필요한 사항은 대통령령으로 정한다.

〔전문개정 2014. 1. 1.〕

립된 것을 말한다.[12)

위 개정 규정과 관련하여 법인세법 제98조의6이나 동법 제98조의4는 모든 국외 투자기구는 실질귀속자가 될 수 없다는 전제에서 마련한 규정이고, 이는 OECD의 입장과 일치하는 것으로 평가하는 견해도 있다.[13) 그런데 기획재정부는 2016년 1월 11일 "조세조약이 체결되지 않은 국가에 설립된 펀드가 법인세법 시행령 제138조의7에 따른 국외 투자기구에 해당하는 경우로서 법인세법 시행령 제1조 제2항에 따른 외국 법인에 해당하더라도 동 펀드가 소득의 실질귀속자가 아니고 그 투자자가 소득의 실질귀속자인 경우에는 법인세법 제98조의4 제2항 및 법인세법 제98조의6 제2항에 따라 그 투자자에게 조세조약을 적용하는 것"(기획재정부 국제조세제도과−12 , 2016. 01. 11)이라고 유권해석을 하였다. 이에 따르면 법인세법 제98조의6이나 제98조의4의 국외 투자기구라고 하더라도 사안에 따라서는 실질귀속자가 될 수 있다는 해석이 된다. 즉 과세관청은 국외 투자기구가 소득에 대한 지배·관리를 하고 있다고 판단되면 그 국외 투자기구를 실질귀속자로 판단하여 세법을 적용하게 될 것으로 예상된다.

한편 앞의 (4)에서 본 판례들은 모두 위와 같은 법인세법의 개정 이전에 이루어진 국외 투자기구의 투자행위와 관련된 사안에 대한 것이다. 따라서 외국 투자자로서는 위 개정 법인세법이 적용되는 2012년 1월 1일 이후에 이루어진 국외 투자기구의 투자행위에 대해서도 대법원이 앞의 (2)에서 본 기준을 가지고 소득의 실질귀속자를 판단할 것인지를 주목할 필요가 있다. 법인세법 제98조의6이나 동법 제98조의4는 모두 원천징수

---

12) 법인세법 시행령 제138조의7 제2항.
13) 오 윤 / 임동원, "Limited Partnership에 대한 소득의 실질귀속," 조세법연구 제21집 제1호 (2015. 4), 한국세법학회, 176-179면.

나 비과세, 감면 신청과 관련한 절차적 규정이라는 점에서 위 규정에서의 국외 투자기구에 대해서도 종전의 실질귀속자 판단에 관한 판례의 기준을 그대로 적용할 가능성이 높다. 대법원이 위와 같은 법인세법의 개정에도 불구하고 종전과 동일한 기준을 가지고 국외 투자기구의 실질귀속 여부를 판단한다면 원천징수와 관련하여 상당한 혼란이 예상된다. 과세관청이 개정된 법인세법에 따라 실질귀속자라고 주장하는 투자자가 제출한 제한세율 적용신청서 또는 비과세·면제신청서를 그대로 인정해주는 경우에는 특별한 문제가 발생하지 아니할 것이다. 그러나 과세관청이 위 신청을 받아들이지 않는 경우에는 다음과 같은 문제가 발생한다. 즉 원천징수의무자는 위 개정된 법인세법 규정에 따라 그 요건을 갖춘 국외 투자기구와 관련한 원천징수를 하였는데, 그 이후에 대법원이 오히려 국외 투자기구를 실질귀속자로 판단하는 경우 원천징수의무자는 국외 투자기구를 기준으로 하여 새로이 원천징수의무를 이행하여야 하는 문제가 발생하게 될 것이고, 이와 관련하여 국외 투자기구는 유리한 조세조약의 적용을 받기 위해 자신이 실질귀속자가 아니라는 이유로 불복하는 등 분쟁이 발생하게 될 것이다.

(6) 유의할 점

조세조약상 실질귀속자의 판단은 원천징수와 직접 관련되고, 조세조약의 제한세율이나 비과세·감면 등의 적용 여부를 결정하는 중요한 사항이다. 이와 관련하여 대법원은 조세조약의 해석·적용에 있어서도 실질과세원칙이 적용된다는 입장이고, 그 결과 이자·배당·사용료소득에 규정된 수익적 소유자뿐만 아니라 양도소득이나 다른 권리·의무의 귀속 주체를 판단함에 있어서도 동일한 기준으로 판단하고 있다. 또한 대법원은 사안에 따라 국외 투자기구인 LP나 LLC 등을 실질귀속자로 판단하기도 하고, 그 구성원을 소득의 실질귀속자로 판단하기도 하였다.

그런데 앞의 (4)에서 본 판례들은 모두 국외 투자기구의 조세조약상 제한세율 적용이나 비과세·감면 규정의 적용과 관련한 법인세법 제98조의6이나 제98조의4가 신설되기 이전의 사안에 대한 것이어서, 실질과세원칙에 관한 판례의 법리가 개정된 법인세법하에서도 그대로 적용될 것인지가 새로운 쟁점이 되고 있다.[14] 즉 위 개정된 법인세법이 적용되는 사안에 대해서는 아직까지 대법원의 판례가 없는 상황이고, 따라서 앞의 (5)의 마지막 부분에서 언급했듯이 대법원이 법인세법의 개정에도 불구하고 국외 투자기구의 실질귀속 여부를 종전의 판단기준에 따라 판단할 것인지가 큰 관심사가 되고 있는 것이다.

2. 실질귀속자가 국외 투자기구로 인정된 경우 법인세법이 적용되는 외국 법인인지 여부의 판단

(1) 의의

소득의 실질귀속자로 인정된 국외 투자기구가 법인세법상 '외국 법인'에 해당되면 법인세법이 적용되고, 법인이 아니라면 소득세법이 적용된다.

(2) 판례상 판단기준

대법원은, "외국의 법인격 없는 사단·재단·기타 단체가 구 소득세법

---

14) 오 윤/임동원, 앞의 논문(주 13), 176-179면.

제119조 제8호 내지 제10호 소정의 국내 원천소득을 얻어 이를 구성원인 개인들에게 분배하는 영리단체에 해당하는 경우, 법인세법상 외국 법인으로 볼 수 있다면 그 단체를 납세의무자로 하여 국내 원천소득에 대하여 법인세를 과세하여야 하고, 법인세법상 외국 법인으로 볼 수 없다면 거주자의 경우와 동일하게 단체의 구성원들을 납세의무자로 하여 그들 각자에게 분배되는 소득금액에 대하여 소득세를 과세하여야 한다. 그리고 여기에서 그 단체를 외국 법인으로 볼 수 있는지 여부에 관하여는 법인세법상 외국 법인의 구체적 요건에 관하여 본점 또는 주사무소의 소재지 외에 별다른 규정이 없는 이상 단체가 설립된 국가의 법령 내용과 단체의 실질에 비추어 우리나라의 사법(私法)상 단체의 구성원으로부터 독립된 별개의 권리·의무의 귀속 주체로 볼 수 있는지 여부에 따라 판단하여야 할 것이다"라고 판시[15]하여 그 판단기준을 사법적 성질에 두고 있다.

(3) 관련 사례[16]

1) 대법원 2012. 10. 25. 선고 2010두25466 판결[17] : LP를 법인세법상 외국 법인으로 판단

대법원은, "제반 사정에 비추어 丙, 丁 등은 명목상의 회사일 뿐 위 배당소득의 실질적 귀속자는 甲이어서 위 소득에 대하여는 위 조세조약이 적용될 수 없고, 甲은 펀드운영의 전문성을 보유하고 펀드의 일상업무를 집행하며 무한책임을 지는 무한책임사원(General Partner, 이하 'GP')

---

15) 대법원 2012. 1. 27. 선고 2010두19393 판결 ; 대법원 2012. 1. 27. 선고 2010두5950 판결.
16) 여기에서 본 사례들은 모두 LP 등 국외 투자기구를 법인세법상 외국 법인으로 판단한 사례들이다.
17) 사실관계는 앞 1. (4)의 1)항 참조.

과 펀드운영에 적극적으로 관여하지 않는 소극적 투자자로서 투자한도 내에서만 책임을 지는 유한책임사원(limited partner)으로 구성되어 있고, 고유한 투자 목적을 가지고 자금을 운용하면서 구성원인 사원들과는 별개의 재산을 보유하며 고유의 사업활동을 하는 영리 목적의 단체로서, 구성원의 개인성이 강하게 드러나는 인적 결합체라기보다는 구성원의 개인성과는 별개로 권리·의무의 주체가 될 수 있는 독자적 존재로서의 성격을 가지고 있다는 이유로, 甲은 구 법인세법(2005. 12. 31. 법률 제7838호로 개정되기 전의 것)상 외국 법인에 해당하여 법인세 과세대상이 된다'고 판시하였다.

2) 대법원 2013. 7. 11. 선고 2010두20966 판결

① 사안의 개요

영국령인 케이맨제도에 LP인 A 인베스트먼트 엘피(이하 'A LP')가 설립되었는데, 조성된 투자자금은 합계 5억 600만 달러에 달하였다. A LP는 케이맨제도에 설립된 B 케이맨 홀딩스(B Cayman Holdings Co. 이하 'B 케이맨 홀딩스') 주식을 100퍼센트 인수한 다음, B 케이맨 홀딩스로 하여금 말레이시아 라부안에 설립된 C 홀딩스 리미티드[C Holdings (Private) Limited. 이하 '소외 회사']의 주식을 100퍼센트 인수하게 하였고, 최종적으로 소외 회사를 통하여 이 사건 주식을 취득하였다.

소외 회사는 2005년 4월 15일 원고에게 이 사건 주식을 양도하여 이 사건 양도소득을 얻었는데, 원고는 「대한민국 정부와 말레이시아 정부 간의 소득에 대한 조세의 이중과세 회피와 탈세 방지를 위한 협약」(이하 '한·말조세조약) 제13조 제4항에 의하여 주식의 양도로 인한 소득은 양도인의 거주지국에서만 과세된다는 이유로 소외 회사에 이 사건 주식 양도대금을 지급하면서 그에 대한 법인세를 원천징수하지 아니하였다. 피고는 2006년 12월 18일 소외 회사는 조세 회피 목적으로 설립된 명목상의 회사에 불과하여 이 사건 양도소득의 실질적인 귀속자가 될 수 없고, 그 실질적인 귀속자는 A LP에 대한 투자자 281명이라는 이유로 원고에게 소득세 원천징수 처분을 하였다.

② 대법원의 판단

대법원은, "A LP는 공동사업을 통한 이익의 분배를 목적으로 설립된 단체로서 일상업무를 집행하며 무한책임을 지는 파트너(general partner)와 투자한도 내에서만 책임을 지는 파트너(limited partner)로 구성되어 있는 사실, 소외 회사가 이 사건 주식을 취득한 후 A LP가 ○○은행의 실질적인 지배주주로서 자신에게 우호적인 인물들을 사외이사로 선임하여 ○○은행의 경영에 참여한 점 등을 종합하여 보면, A LP는 이 사건 주식의 인수를 통하여 ○○은행의 경영에 참가하여 그 기업가치를 증대시킨 다음 이 사건 주식을 양도하는 방법으로 높은 수익을 얻으려는 뚜렷한 사업 목적을 가지고 설립된 영리단체로서, 오로지 조세를 회피할 목적으로 설립된 것으로 볼 수는 없으므로, A LP가 이 사건 주식을 실질적으로 지배·관리할 능력이 없는 명목상의 영리단체에 불과하다고 할 수 없다. 따라서 원심으로서는 그 설립지인 케이맨제도의 법령 내용과 단체의 실질에 비추어 A LP를 우리나라의 사법(私法)상 단체의 구성원으로부터 독립된 별개의 권리·의무의 귀속 주체로 볼 수 있는지, 즉 A LP를 구 법인세법상 외국 법인으로 볼 수 있는지를 심리하여 이 사건 양도소득에 대하여 A LP를 납세의무자로 하여 법인세를 과세하여야 하는지 아니면 A LP의 구성원들인 투자자 281명을 납세의무자로 하여 소득세를 과세하여야 하는지를 판단하였어야 한다"고 판시하였다.

3) 대법원 2013. 7. 11. 선고 2011두4411 판결

영국령인 버뮤다의 LP인 A, B 및 영국령인 케이맨제도의 LP인 C(이 세 개의 LP를 합하여 이하 '모펀드')는 1998년 7월 31일 말레이시아 라부안에 각각 세 개의 Ltd.(이하 합하여 '라부안법인')를 설립한 다음, 라부안법인을 통하여 1998년 8월 18일 내국 법인의 주식(이하 '이 사건 주식')을 취득하였다. 그후 라부안법인은 2000년 7월 25일 원고에게 이 사건 주식을 양도하는 계약을 체결하였는데, 원고는 한·말조세조약 제13조 제4항에 의하여 주식의 양도로 인한 소득은 양도인의 거주지국에서만 과세된다는 이유로 2000년 7월 26일 라부안법인에 이 사건 주식의 양도대금(이하 '이 사건 주식양도소득')을 지급하면서 그에 대한 법인세를 원천징수하지 아니하였다. 이에 피고는 2005년 8월 4일 이 사건 주식양도소득의 실질적인 귀속자는 라부안법인이 아니라 모펀드의 출자자들이라는 이유로 원천징수분 법인세를 고지하는 처분을 하였다.

대법원은, "모펀드의 라부안법인을 통한 이 사건 주식의 취득 경위 및 적법하게 채택된 증거에 의하여 인정되는 다음과 같은 사정, 즉 모펀드는 미국 등지의 투자자들로부터 모집된 자금으로 라부안법인을 통하여 이 사건 주식을 취득하여 보유하다가 양도하는 등의 고유한 사업활동을 하면서 이 사건 주식 매입자금의 실질적인 공급처의 역할을 하였던 사실, 모펀드는 이 사건 주식에 대한 투자거래 외에도 아시아지역에서 다수의 투자거래를 수행해 온 사실 등을 종합하여 보면, 모펀드는 이 사건 주식의 인수를 통하여 투자대상 법인의 기업가치를 증대시킨 다음 이 사건 주식을 양도하는 방법으로 높은 수익을 얻으려는 뚜렷한 사업 목적을 가지고 설립된 영리단체로서, 오로지 조세를 회피할 목적으로 설립된 것으로 볼 수는 없으므로, 모펀드가 이 사건 주식을 실질적으로 지배·관리할 능력이 없는 명목상의 영리단체에 불과하다고 할 수 없다. 따라서 원심으로서는 그 설립지인 버뮤다 및 케이맨제도의 법령 내용과 단체의 실질에 비추어 모펀드를 우리나라의 사법(私法)상 단체의 구성원으로부터 독립된 별개의 권리·의무의 귀속 주체로 볼 수 있는지, 즉 모펀드를 구 법인세법상 외국 법인으로 볼 수 있는지를 심리하여 이 사건 주식 양도소득에 대하여 모펀드를 납세의무자로 하여 법인세를 징수하여야 하는지 아니면 모펀드의 출자자들을 납세의무자로 하여 그 출자자들의 지위에 따라 소득세나 법인세를 징수하여야 하는지를 판단하였어야 한다"고 판시하였다.

(4) 외국 법인의 정의 규정 신설

앞의 (3)에서 본 판례들은 법인세법령에 '외국 법인'의 정의 규정이 신설되기 이전의 사안에 대한 것인데, 현행 법인세법 제1조 제3호는, "'외국 법인'이란 외국에 본점 또는 주사무소를 둔 단체(국내에 사업의 실질적 관리장소가 소재하지 아니하는 경우만 해당한다)로서 대통령령으로 정하는 기준에 해당하는 법인을 말한다"고 규정하고 있고, 2013년 2월 15일 대통령령 제24357호로 개정된 구 법인세법 시행령은 제1조 제2항을 신설하여 다음과 같이 외국 법인의 구체적인 기준을 제시하고 있다.

법인세법 제1조 제3호에서 "대통령령으로 정하는 기준에 해당하는 법인"이란 다음 각 호의 어느 하나에 해당하는 단체를 말한다.

1. 설립된 국가의 법에 따라 법인격이 부여된 단체
2. 구성원이 유한책임사원으로만 구성된 단체
3. 구성원과 독립하여 자산을 소유하거나 소송의 당사자가 되는 등 직접 권리·의무의 주체가 되는 단체

4. 그 밖에 해당 외국 단체와 동종 또는 유사한 국내의 단체가 「상법」 등 국내의 법률
  에 따른 법인인 경우의 그 외국 단체

(5) 유의할 점

대법원은 '외국 법인'에 해당하는지 여부의 판단기준에 대해, "단체를
외국 법인으로 볼 수 있는지 여부에 관하여는 법인세법상 외국 법인의
구체적 요건에 관하여 본점 또는 주사무소의 소재지 외에 별다른 규정이
없는 이상 단체가 설립된 국가의 법령 내용과 단체의 실질에 비추어 우
리나라의 사법(私法)상 단체의 구성원으로부터 독립된 별개의 권리, 의
무의 귀속 주체로 볼 수 있는지 여부에 따라 판단하여야 할 것"이라고
하여 단체의 사법적 성질을 판단기준으로 삼고 있으며, 이에 따라 LP는
상법상 합자회사와 유사하다는 이유로 외국 법인으로 판단하였다.[18]

그런데 위와 같이 법인세법 시행령에 외국 법인의 정의 규정이 신설
된 2013년 2월 15일 이후에 있어서는 국외 투자기구를 과거와 동일하게
판단하기에 무리가 있다.[19] 즉 2011년 4월 14일 법률 제10600호로 개정
된 상법은 제86조의2 이하의 합자조합과 제278조의2 이하의 LLC를 도입

---

18) 대법원 2012. 1. 27. 선고 2010두5950 판결과 원심인 서울고등법원 2010. 2. 12. 선고
  2009누8016 판결.
19) 이에 관한 논의로는, 윤지현, "단체분류(Entity Classification)에 관한 대법원 판례와
  경제협력개발기구(OECD)의 파트너십 보고서(Partnership Report)의 조화 가능성에
  관한 검토 : 해석론과 문제점을 중심으로," 조세학술논집 제30집 제1호(2014. 2), 한국
  국제조세협회, 243면 이하 ; 이경근, "외국단체에 대한 분류 불일치로 야기되는 조세
  조약 적용상 문제점 해결을 위한 연구," 한국국제조세협회 추계학술대회 자료집(2014.
  9), 19면 이하 ; 이재호, "외국단체 법인분류기준의 정비방안," 한국국제조세협회 추계
  학술대회 자료집(2014. 9), 57면 이하.

하였다. 여기에서 법인격이 없는 합자조합은 미국의 LP와 유사하므로, 국외 투자기구 중 LP는 법인세법 시행령 제1조 제2항 제3호에 해당되지 않는 한 법인으로 보기 어렵다.[20] 그리고 개정 상법상 LLC는 법인이므로, 이와 유사한 미국의 LLC는 외국 법인으로 판단될 수 있다.[21]

3. 실질귀속자가 투과과세단체인 경우 조세조약의 적용범위

소득의 실질귀속자가 조세조약상 법인이 아닌 단체인 경우 조세조약을 어느 범위까지 적용할 수 있는지에 관하여 대법원은 다음과 같이 두 차례에 걸쳐 그 기준을 제시하였다.

(1) 대법원 2014. 6. 26. 선고 2012두11836 판결

1) 사안의 개요

영국령 케이맨제도의 LP인 CVC 아시아와 미국의 LLC인 AI가 각 66.7퍼센트와 33.3퍼센트의 비율로 공동출자하여 룩셈부르크에 KDL을 설립하고, 다시 KDL과 내국 법인인 D의 경영진이 각 88.75퍼센트와 11.25퍼센트의 비율로 공동출자하여 1999년 12월 10일 벨기에 법인인 KDH를 설립하였다. KDH는 1999년 12월 21일 덴마크 축산개발 주식회사 등으로부터 D의 발행주식 전부(이하 '이 사건 주식')를 매입한 다음, 2005년 7월 20일 이를 원고에게 170억 원에 매각함으로써 양도차익이 발생하였다. 원고는 한·벨조세조약 제13조 제3항에 따라 주식의 양도로 인한 소득은

---

20) 김석환, "해외 혼성사업체 과세방식에 관한 소고," 조세학술논집 제29집 제1호(2013. 2), 한국국제조세협회, 98면.
21) 오 윤 / 임동원, 앞의 논문(주 13), 174-175면.

양도인의 거주지국에서만 과세된다는 이유로, KDH의 이 사건 주식양도 소득에 관한 법인세를 원천징수하지 아니하였다. 이에 피고는, KDH와 KDL이 한·벨조세조약 등을 이용하여 대한민국 내에서의 조세를 회피할 목적으로 설립된 명목상의 회사에 불과하여 이 사건 주식의 양도소득에 관한 실질귀속자가 될 수 없고, 이 사건 주식양도소득 가운데 D 경영진에 귀속되는 11.25퍼센트를 제외한 KDL 지분비율에 해당하는 부분인 88.75퍼센트는 CVC 아시아가 그중 66.7퍼센트의, AI의 주주들인 미국의 TPC(지분 20퍼센트)와 MI(지분 20퍼센트) 및 홍콩의 CSAP(지분 60퍼센트)가 그중 33.3퍼센트의 실질귀속자에 해당한다고 보아, 2007년 5월 1일 원고에게 우리나라와 조세조약이 체결되지 아니한 영국령 케이맨제도의 CVC 아시아 및 홍콩의 CSAP에 귀속된 양도소득 부분에 관하여 2005사업연도 원천징수 법인세를 고지하는 이 사건 처분을 하였다.

2) 원심[22]의 판단

원심은, KDH가 이 사건 주식의 취득과 양도만을 목적으로 설립되었다가 그 양도 이후 곧바로 청산절차를 개시한 점, KDH는 이 사건 주식 매각에 따른 분배금을 수령한 직후 CVC 아시아와 AI에 송금하였을 뿐 그 스스로 수취한 분배금이 없는 점, KDH와 KDL은 독립적인 사업장을 보유하지 않았고 고유한 인적·물적 설비를 보유한 것으로 보이지도 않는 점, CVC 아시아는 대한민국 내 투자로 인한 조세를 비과세 받거나 감면받음으로써 그 이익을 극대화하고자 각국의 조세제도와 조세조약 등을 연구·분석하여 벨기에에 KDH를, 룩셈부르크에 KDL을 각 설립한 점 등에 비추어 볼 때, KDH는 조세 회피의 목적으로 이 사건 주식의

---

22) 서울고등법원 2012. 4. 27. 선고 2011누11336 판결.

취득과 양도에 관하여 형식상 거래 당사자의 역할만을 수행한 명목상의 회사에 해당하고 CVC 아시아가 이 사건 주식양도소득의 88.75퍼센트 중 66.7퍼센트의 실질귀속자에 해당한다는 이유로, 이 사건 처분 중 CVC 아시아에 귀속되는 양도소득에 관하여 원고에게 원천징수 법인세를 고지한 부분은 적법하다고 판단하였다.

한편 원심은, 「대한민국과 미합중국 간의 소득에 관한 조세의 이중과세 회피와 탈세 방지 및 국제무역과 투자의 증진을 위한 협약」(이하 '한미조세조약')에 따라 주식의 양도소득에 대하여는 원천지국에서 과세할 수 없음을 전제로 하여, AI가 투자 목적으로 자금을 유치·운용하면서 다수의 투자거래를 수행하여 온 점, 미국의 사법(私法)상 LLC는 법인으로 취급되는 점, 비록 AI가 미국 세법상 LLC가 법인과세와 구성원과세 중 하나를 선택할 수 있다는 규정에 따라 구성원과세를 선택하였더라도 LLC에 대한 미국 세법상 취급에 따라 법인세법상 외국 법인에 해당하는지 여부가 좌우되지는 않는 점 등에 비추어, AI는 법인세법상 외국 법인에 해당하고 이 사건 주식양도소득의 88.75퍼센트 중 33.3퍼센트의 실질귀속자를 AI로 보아야 한다는 이유로, 이와 달리 이 사건 처분 중 AI의 구성원들을 이 사건 주식양도소득의 88.75퍼센트 중 33.3퍼센트의 실질귀속자로 보아 그중 홍콩의 CSAP지분 60퍼센트에 해당하는 부분에 관하여 원고에게 원천징수 법인세를 고지한 부분은 위법하다고 판단하고, 나아가 설령 AI를 실질귀속자로 보더라도 AI가 미국 세법상 구성원과세를 선택한 이상 AI의 구성원으로서 우리나라와 조세조약을 체결하지 아니한 홍콩의 CSAP지분 60퍼센트에 해당하는 부분을 과세대상으로 보아야 한다는 피고의 주장에 대하여는, AI가 한미조세조약상 미국의 거주자에 해당하여 AI에 귀속된 양도소득 전부에 대하여 한미조세조약이 적용됨을 전제로 하여 이를 배척하였다.

3) 대법원의 판단

대법원은, "원심의 판단 중 AI가 법인세법상 외국 법인에 해당함을 전제로 이 사건 주식양도소득 88.75퍼센트 중 33퍼센트의 실질귀속자를 AI로 본 부분은 정당"하다고 하면서도, "원심 판단 중 AI가 한미조세조약상 미국의 거주자에 해당하여 AI에 귀속된 양도소득 전부에 대하여 한미조세조약이 적용되는 것을 전제로 하여 AI에 귀속된 양도소득 중 그 구성원인 CSAP지분 60퍼센트에 해당하는 부분을 과세대상으로 볼 수 없다고 한 부분"은 다음과 같은 이유로 배척하였다.

한미조세조약 제16조 제1항은 "일방 체약국의 거주자는 아래의 경우에 해당하지 아니하는 한, 자본적 자산의 매각, 교환 또는 기타의 처분으로부터 발생하는 소득에 대하여 타방 체약국에 의한 과세로부터 면제된다"고 규정하고 있는데, 그 각 호에는 '주식의 양도로 인한 소득'이 열거되어 있지 않으므로, 결국 한미조세조약상 일방 체약국의 '거주자'가 얻은 주식의 양도소득은 원천지국에 의한 과세로부터 면제된다. 한편 한미조세조약 제3조 제1항 (b)호는 "'미국의 거주자'라 함은 다음의 것을 의미한다"라고 규정하면서, (i)목에서 '미국법인'을, (ii)목에서 "미국의 조세 목적상 미국에 거주하는 기타의 인(법인 또는 미국의 법에 따라 법인으로 취급되는 단체를 제외함), 다만 조합원 또는 수탁자로서 행동하는 인의 경우에 그러한 인에 의하여 발생되는 소득은 거주자의 소득으로서 미국의 조세에 따라야 하는 범위에 한한다"를 들고 있는데, 한미조세조약 제2조 제1항 (e)호 (ii)목은 "'미국법인' 또는 '미국의 법인'이라 함은 미국 또는 미국의 제 주 또는 컬럼비아 특별구의 법에 따라 설립되거나 또는 조직되는 법인, 또는 미국의 조세 목적상 미국법인으로 취급되는 법인격 없는 단체를 의미한다"라고 규정하고 있다.
한미조세조약 제3조 제1항 (b)호 (ii)목 단서는 문언과 체계상 미국의 거주자 중 조합과 같이 미국법인에 이르지 아니하는 단체 등과 관련된 규정으로 보이는 점, 위 단서는 조약의 문맥에 비추어 볼 때 미국 세법에 따라 어떠한 단체의 활동으로 얻은 소득에 관하여 단체가 아니라 구성원이 납세의무를 부담하는 이른바 투과과세단체(fiscally transparent entity)의 경우 원칙적으로 한미조세조약의 적용을 받을 수 있는 미국의 거주자가 될 수 없으나 구성원이 미국에서 납세의무를 지는 경우 예외적으로 단체에게 조세조약의 혜택을 부여하려는 특별규정으로 이해할 수 있는 점, 조합과 유한책임회사 등 조합의 형식을 취하지 아니한 단체가 미국 세법상 투과과세단체로서 취급이 같은 이상 조합의 형식을 취하지 아니한 단체를 위 단서규정의 적용대상에서 배제할 만한 뚜렷한 이유를 찾기 어려운 점, 그 밖에 한미조세조약의 체결 목적이 소득에 대한 이중과세의 방지라는 점 등을 종합하여 보면, 위 단서가 규정한 '미국의 조세 목적상 미국에 거주하는 기타의 인' 중 '조합원으로서 행동하는 인'이란 미국 세법상 조합원 등의 구성원으로 이루어진 단체의 활동으로 얻은 소득에 대하여 구성원이 미국에서 납세의무를 부담하는 단체를 뜻한다고 보아야 하고, '그러한 인에 의하여 발생되는 소득은 거주자의 소득으로서 미국의 조세에 따라야 하는 범위에 한한다'는 의미는 그러한 단체의 소득에 대하여 구성원이 미국에서 납세의무를 부담하는 범위에서 단체를 한미조세조약상 미국의 거주자로 취급한다는 뜻으로 해석함이 옳다. 따라서 우리나라의 사법(私法)상 외국 법인에 해당하는 미국의 어떠한 단체가 우리나라에서 소득을 얻었음에도 미국에서 납세의무를 부담하지 않는 경우 구성원이 미국에서 납세의무를 부담하는 범위에서만 한미조세조약상 미국의 거주자에 해당하여 조세조약을 적용받을 수 있고, 단체가 원천지국인 우리나라에서 얻은 소득 중 구성원이 미국의 거주자로 취급되지 아니하는 범위에 대하여는 한미조세조약을 적용할 수 없다.

4) 환송 후 항소심[23])의 판단

환송 후 항소심은 대법원 판결의 취지에 따라 다음과 같이 판시함으로써 AI에 귀속된 양도소득 중 CSAP지분 60퍼센트에 해당하는 소득은 한미조세조약의 제한세율을 적용할 수 없다고 하였다.

---

23) 서울고등법원 2015. 4. 15. 선고 2014누5752 판결.

미국의 유한책임회사인 AI는 미국 세법에 따라 법인과세와 구성원과세 중 구성원과세를 선택한 단체로서 미국 세법상 투과과세단체에 해당하므로, 원칙적으로 한미조세조약의 적용을 받을 수 있는 미국의 거주자가 될 수 없다. 나아가 앞에서 든 증거들에 의하면, AI의 구성원 중 CSAP를 제외한 나머지 구성원은 이 사건 주식양도소득에 관하여 미국에서 납세의무를 부담하는 것으로 볼 수 있으나, CSAP는 홍콩 거주자로서 미국에서 납세의무를 부담하지 않으므로, AI에 귀속된 양도소득 중 CSAP지분 60퍼센트에 해당하는 부분에 관하여는 AI를 미국의 거주자로 볼 수 없어 한미조세조약을 적용할 수 없음이 분명하다. 따라서 이 부분은 우리 법인세법상 과세대상에 해당한다.

(2) 대법원 2015. 3. 26. 선고 2013두7711 판결

1) 사안의 개요

독일의 유한합자회사인 TM사가 2003년 1월 5일 독일의 유한회사인 TM H사를 설립하여 그 발행주식 전부를 보유하였고, TM H사는 2003년 2월 21일 원고를 설립하여 그 발행주식 전부를 보유하였다. 원고는 2003년 4월 18일 부동산신탁 주식회사로부터 ○○빌딩을 매수한 후 2006~2008년 사이에 TM H사에게 7차례에 걸쳐 ○○빌딩의 임대수익과 양도차익 등으로 발생한 소득금액을 배당금(이하 '이 사건 배당소득')으로 지급하면서 한독조세조약 제10조 제2항 (가)목에 따른 5퍼센트의 제한세율을 적용하여 원천징수한 법인세를 피고에게 납부하였다. 이에 피고는 이 사건 배당소득의 실질귀속자를 TM사로 보아 TM사가 한독조세조약에 따른 제한세율을 적용받을 목적으로 TM H사를 설립한 이상 조세조약 편승의 배제를 정한 한독조세조약 제27조 제2항에 따라 조세조약의 적용이 배제된다는 등의 이유로, 2011년 3월 2일 원고에게 구 법인세법 제98조 제

1항 제3호에 따른 25퍼센트의 세율을 적용하여 산출한 2006~2008사업
연도까지의 각 원천징수법인세를 고지하였다.

2) 환송 전 원심[24]의 판단

환송 전 원심은, "TM H사가 독일 유한회사법에 의하여 적법하게 설립
된 유한회사로서 원고에 대한 출자나 자금 대여는 물론 투자관리계약의
체결 및 그 수수료의 지급과 같은 법률행위를 자신의 명의로 하는 등
TM사와는 독립된 권리·의무의 주체에 해당하는 점, TM H사는 이 사건
배당소득 중 일부를 일본에 있는 부동산에 직접 재투자하기도 하였던
점, TM H사가 TM사나 그 투자자들에게 이 사건 배당소득을 자동적으로
지급하여야 할 계약상 또는 법률상 의무가 없었던 점, TM사가 아시아
각국에서 여러 건의 투자를 진행하면서 투자건별로 유한회사를 설립하
고 그 유한회사로 하여금 현지 부동산을 취득하도록 하는 방식을 취한
것은 금융 및 투자자산 처분의 유연성을 확보하고, 투자자 정보 노출을
방지하며 투자자에 대한 법률적 규제를 완충하는 등의 적정한 경제적 이
유 때문으로 볼 수 있는 점 등에 비추어, 이 사건 배당소득의 실질귀속자
는 그 명의자인 TM H사로 보아야 하고, 독일법인인 TM H사가 독일 세
법에 따른 법인세 및 영업세 납세의무가 있어 한독조세조약상 '거주자'에
해당할 뿐만 아니라, 원고의 발행주식 전부를 직접 보유한 이상 이 사건
배당소득에 대하여는 한독조세조약에 따른 5퍼센트의 제한세율이 적용
된다"는 등의 이유로, 이 사건 처분이 위법하다고 판시하였다.

---

24) 서울고등법원 2013. 3. 27. 선고 2012누28362 판결.

3) 대법원의 판단

대법원은 다음과 같이 판시하였다.

TM H사의 설립 경위와 목적, TM H사의 인적·물적 조직과 사업활동 내역, TM사와 TM H사의 소득에 대한 지배·관리 정도 등에 비추어 보면, TM H사는 원고의 발행주식이나 이 사건 배당소득을 지배·관리할 능력이 없고 TM사가 TM H사에 대한 지배권 등을 통하여 실질적으로 이를 지배·관리하였으며, 우리나라의 법인세법상 '외국 법인'에 해당하는 TM사가 직접 이 사건 배당소득을 얻는 경우에는 한독조세조약에 따른 5퍼센트의 제한세율이 적용되지 아니하여 그와 같은 명의와 실질의 괴리가 오로지 조세를 회피할 목적에서 비롯된 것으로 볼 수 있으므로, 이 사건 배당소득의 실질귀속자는 TM H사가 아니라 TM사라고 보아야 할 것이다. 그리고 TM H사가 귀속명의자에 불과한 이상 그 명의로 법률행위 또는 일시적인 재투자행위를 하였다거나 투자목적회사로 설립되었다고 하여 달리 볼 수 없고, TM사가 TM H사를 지배하여 그 의사결정을 좌우할 수 있으므로 TM H사에게 이 사건 배당소득을 자동적으로 지급하여야 할 계약상 또는 법률상 의무가 없었다고 하여 달리 볼 것도 아니다. 한편 조세조약은 거주지국에서 주소·거소·본점이나 주사무소의 소재지 또는 이와 유사한 성질의 다른 기준에 의한 포괄적인 납세의무를 지는 자를 전제하고 있으므로, 거주지국에서 그러한 포괄적인 납세의무를 지는 자가 아니라면 원천지국에서 얻은 소득에 대하여 조세조약의 적용을 받을 수 없음이 원칙이고, 「대한민국과 독일연방공화국 간의 소득과 자본에 대한 조세의 이중과세 회피와 탈세 방지를 위한 협정」 (이하 '한독조세조약') 제1조와 제4조 제1항 역시 거주지국에서 포괄적인 납세의무를 지는 거주자에 대하여만 조세조약이 적용됨을 밝히고 있다. 한독조세조약은 어떠한 단체의 활동으로 얻은 소득에 관하여 단체가 아니라 구성원이 포괄적인 납세의무를 부담하는 이른바 투과과세단체가 '거주자'로서 조세조약의 적용대상인지에 관하여 아무런 규정을 두고 있지 않으나, 우리나라의 법인세법상 '외국 법인'에 해당하는 독일의 투과과세단체가 거주지국인 독일에서 포괄적인 납세의무를 부담하지 않는다고 하더라도 구성원이 위 단체가 얻은 소득에 관하여 독일에서 포괄적인 납세의무를 부담하는 범위에서는 조세조약상 독일의 거주자에 해당하여 한독조세조약의 적용을 받을 수 있고, 단체가 원천지국인 우리나라에서 얻은 소득 중 구성원이 독일에서 포괄적인 납세의무를 부담하지 아니하는 범위에서는 한독조세조약의 적용을 받을 수 없다고 보아야 한다. 그리고 독일의 투과과세단체가 우리나라의 법인세법상 '외국 법인'에 해당하더라도 독일 세법에 따라 법인세와 같은 포괄적인 납세의무를 부담하지 않는다면 이를 한독조세조약상 '법인'으로 볼 수는 없으므로, 원천지국인 우리나라에서 얻은 배당소득에 대하여는 구성원이 독일에서 포괄적인 납세의무를 부담하는 범위 안에서 한독조세조약 제10조 제2항 (나)목에 따른 15퍼센트의 제한세율이 적용될 수 있을 뿐이다.

4) 환송 후 항소심[25] 판단

환송 후 항소심은 위 대법원 판결 취지에 따라 다음과 같이 판시하였다.

TM사는 독일 상법에 의하여 설립된 인적 회사로서 단체의 구성원으로부터 독립된 별개의 권리·의무의 귀속 주체인 사실, 그런데 TM사는 독일의 법인세법에 따른 법인세 납세의무가 없고, 주소와 같은 장소적 관련성을 이유로 하는 포괄적인 납세의무라고 할 수 없는 영업세법에 따른 영업세 납세의무만 있을 뿐이며, TM사에 귀속되는 소득에 관하여는 그 구성원이 직접 포괄적인 납세의무를 부담하는 사실, 한편 TM사의 구성원은 독일인·룩셈부르크인 및 오스트리아인으로 이루어져 있는 사실 등을 알 수 있다. 그렇다면 우리나라의 법인세법상 '외국 법인'에 해당하는 TM사는 독일의 투과과세단체로서 독일에서 포괄적인 납세의무를 부담하지 않는 이상 한독조세조약상 '법인'으로 볼 수 없어 이 사건 배당소득에 대하여는 한독조세조약에 따른 5퍼센트의 제한세율을 적용할 수 없고, 그 구성원이 독일에서 포괄적인 납세의무를 부담하는 범위에서만 한독조세조약상 거주자로서 15퍼센트의 제한세율을 적용할 수 있을 뿐이다.

---

25) 서울고등법원 2016. 6. 9. 선고 2015누976 판결.

그 외의 룩셈부르크 및 오스트리아 구성원의 비율에 해당하는 금액에 대해서는 25퍼센트의 법인세법상 세율이 각각 적용된다 할 것이다.

(3) 실질귀속자가 투과과세단체인 경우 조세조약의 적용범위에 관한 대법원의 입장

앞에서 본 바와 같이 대법원은 한미조세조약 제3조 제1항 (b)호 (ii)목 단서와 같은 규정을 두지 아니한 한독조세조약의 경우에도 동일한 취지로 판시하였다. 즉 투과과세단체가 배당소득 등의 실질귀속자로 판단된 사안에서, 조세조약에 투과과세단체가 거주자로서 조세조약의 적용대상인지에 관하여 아무런 규정을 두고 있지 않은 경우에 그 단체가 설립지국에서 포괄적인 납세의무를 지는 자가 아닌 때에는 우리나라와 그 국외 투자기구 설립지국 간에 체결된 조세조약을 적용할 수 없다. 그러나 그 단체의 구성원이 단체가 얻은 소득에 관하여 그 단체 설립지국에서 포괄적인 납세의무를 부담하는 범위에서는 국외 투자기구 설립지국과의 조세조약을 적용할 수 있다는 것이다.

한미조세조약의 경우에는 제3조 제1항 (b)호 (ii)목 단서와 같은 명시적인 규정이 있어서 그와 같은 해석이 가능하다고 할 수도 있으나, 조세법률주의에 따를 때 한미조세조약에서와 같은 규정이 없는 조세조약의 적용에 있어서도 동일한 해석을 하는 것은 문제가 있다.[26] 위와 같은 대법원 판결에 따르면 대법원은 한미조세조약 제3조 제1항 (b)호 (ii)목 단

---

26) 오 윤 / 임동원, 앞의 논문(주 13), 165-167면. 대법원 2014. 6. 26. 선고 2012두11836 판결이 한미조세조약의 적용에 있어서 조약문언에 반하는 확대해석이고 무리한 판결이라고 평가하고 있다.

서와 같은 규정이 없는 다른 조세조약의 경우에도 동일한 결론을 내릴 것으로 예상된다.

4. 법인세법상 내국 법인으로 보는 '실질적 관리장소'의 판단 기준

(1) 도입 배경

2005년 12월 31일 법률 제7838호로 개정된 구 법인세법 제1조 제1호 는 "'내국 법인'이라 함은 국내에 본점이나 주사무소 또는 사업의 실질적 관리장소를 둔 법인을 말한다"라고 하여 법인세법상 납세의무자인 내국 법인의 판단기준으로 기존의 본점이나 주사무소 외에 '사업의 실질적 관리장소'를 추가하였다.

이와 같이 개정한 취지는 (i) 조세피난처에 명목회사를 두고 실질적으로 국내에서 주된 업무를 수행하는 외국 법인에 의한 조세 회피 우려가 있다는 점, (ii) 종전 법인세법이 법인의 거주지를 결정하는 기준으로서 관리장소를 적용하는 외국의 입법례와 조세조약 체결 시 위 기준을 채택하는 국제관행과 상충되는 문제점이 있다는 점을 감안하여 도입된 것으로 설명되고 있다.[27]

---

27) 국회 재정경제위원회의 법인세법 일부 개정 법률안 검토보고서(2005. 10), 2006년 개정세법 해설.

(2) 관련 사례

1) 대법원 2016. 1. 14. 선고 2014두8896 판결

① 사안의 개요

싱가포르 회사법에 따라 설립되어 싱가포르에 본점을 둔 원고는 △△은
행 홍콩지점으로부터 국내 회사 발행의 사채(이하 'CS채권')를 매수하고 국
내에서 이를 상환받아 2009사업연도에 소득을 얻었다. 이에 대해 피고는
원고의 사업의 실질적 관리장소가 국내에 있다고 보아 2010년 7월 2일
원고에게 2009사업연도 법인세를 부과하였다.

② 원심[28]의 판단

원심은, 원고가 2000년 3월 2일 설립된 이후 2008년경까지 주로 싱가
포르 내의 특급호텔에 인터넷 서비스를 제공하는 사업을 영위하면서 상
당한 매출액을 얻어 온 점, 원고는 홍콩에서 CS채권의 거래조건에 관한
협상을 진행하고 그 대금결제도 해외 결제기관을 통해 이루어진 점, 원고
의 2009사업연도 이사회 구성원은 싱가포르 영주권자 · 국내 거주자 · 미
국 거주자 등 3인인데, CS채권투자에 관한 이사회는 그들이 국내외에서
이메일을 주고받는 방식으로 이루어졌을 뿐만 아니라 원고의 대표이사
소외 1이 CS채권투자에 관한 의사결정을 한 장소도 국내외에 걸쳐 있
던 점, CS채권 관련 회계자료만을 국내에서 보관하고 그 외 회계자료의
보관이나 세금 납부를 싱가포르에서 한 점, 원고는 2009년 1월 5일부터
2009년 9월경까지 CS채권의 매입과 회수사업을 행한 외에도 2009년 케
냐에서 에너지사업, 미국 및 싱가포르에서 부동산투자사업 등을 추진한

---

28) 서울고등법원 2014. 5. 22. 선고 2013누18584 판결.

점 등에 비추어, CS채권매입과 회수업무의 일부가 단기간 국내에서 수행되었다는 사정만으로는 원고의 사업 수행에 필요한 중요한 관리 및 상업적 결정이 국내에서 지속적으로 이루어진 것으로 볼 수 없을 뿐만 아니라 실질적 관리장소를 싱가포르에 두고 있던 원고가 싱가포르와의 관련성을 단절한 채 이를 국내로 이전한 것으로 보기도 어렵다는 이유로, 원고를 내국 법인으로 보아야 한다는 피고의 주장을 배척하였다.

③ 대법원의 판단

대법원은 다음과 같이 판시하여 원심을 지지하였다.

구 법인세법(2010. 12. 30. 법률 제10423호로 개정되기 전의 것. 이하 같다) 제2조 제1항 등은 내국 법인과 달리 외국 법인은 원칙적으로 국내 원천소득에 대하여만 법인세 납세의무를 지는 것으로 정하고 있는데, 제1조 제1호는 "'내국 법인'이라 함은 국내에 본점이나 주사무소 또는 사업의 실질적 관리장소를 둔 법인을 말한다"고 규정하고, 제3호는 "'외국 법인'이라 함은 외국에 본점 또는 주사무소를 둔 법인(국내에 사업의 실질적 관리장소가 소재하지 아니하는 경우에 한한다)을 말한다"고 규정하고 있다.

내국 법인과 외국 법인을 구분하는 기준의 하나인 '실질적 관리장소'란 법인의 사업 수행에 필요한 중요한 관리 및 상업적 결정이 실제로 이루어지는 장소를 뜻하고, 법인의 사업 수행에 필요한 중요한 관리 및 상업적 결정이란 법인의 장기적인 경영전략, 기본 정책, 기업재무와 투자, 주요 재산의 관리·처분, 핵심적인 소득 창출 활동 등을 결정하고 관리하는 것을 말한다. 이러한 법인의 실질적 관리장소가 어디인지는 이사회 또는 그에 상당하는 의사결정기관의 회의가 통상 개최되는 장소, 최고경영자 및 다른 중요 임원들이 통상 업무를 수행하는 장소, 고위 관리자의 일상적 관리가 수행되는 장소, 회계서류가 일상적으로 기록·보관되는 장소 등의 제반 사정을 종합적으로 고려하여 구체적 사안에 따라 개별적으로 판단하여야 한다. 다만 법인의 실질적 관리장소는 그 결정·관리행위의 특성에 비추어 어느 정도의 시간적·장소적 지속성을 갖출 것이 요구되므로, 실질적 관리장소를 외국에 두고 있던 법인이 이미 국외에서 전체적인 사업활동의 기본적인 계획을 수립·결정하고 국내에서 단기간 그 사업활동의 세부적인 집행행위만을 수행하였다면 종전 실질적 관리장소와 법인 사이의 관련성이 단절된 것으로 보이는 등의 특별한 사정이 없는 한 그 법인이 실질적 관리장소를 국내로 이전하였다고 쉽사리 단정할 것은 아니다. …이러한 원심의 판단은 정당하고, 거기에 상고이유로 주장하는 바와 같이 법인의 실질적 관리장소의 판단방법 등에 관한 법리를 오해하거나 자유심증주의의 한계를 벗어나 논리와 경험칙에 반하여 사실을 인정하는 등의 잘못이 없다.

④ 위 2014두8896 판결의 의의

2005년 12월 31일 법률 제7838호로 법인세법이 개정되면서 제1조 제1호에서 '국내에 사업의 실질적 관리장소'가 있는 경우에도 내국 법인으로 규정하였으나, '실질적 관리장소'의 의미와 판단기준에 대해 대상 판결이 선고되기 이전까지 선례가 전혀 없어 해석상 논란이 많았다.[29]

위 2014두8896 판결은 법인세법상 내국 법인과 외국 법인을 구분하는 기준이 되는 '실질적 관리장소'의 의미를 제시하고, 그 판단방법에 대해서도 구체적인 기준을 제시하였다는 점에서 큰 의의가 있다.

---

29) '실질적 관리장소'와 관련한 논문으로는 박 훈, "한국 세법상 내국 법인과 외국 법인의 구분기준," 조세법연구 제14집 제1호(2008), 한국세법학회 ; 이 창, "법인세법상 내국 법인 인정요건인 '실질적 관리장소' 판단기준 : OECD 모델조약 제4조 제3항 주석서의 합리적 활용," 서울대학교 법학 제54권 제4호(2013), 서울대학교 법학연구소 ; 박 민 / 안경봉, "법인세법상 '실질적 관리장소'의 판단기준," 조세학술논집 제29집 제1호(2013), 한국국제조세협회 ; 이재호, "법인세법상 실질적 관리장소의 기본개념 및 판단요소," 조세학술논집 제31집 제1호(2015), 한국국제조세협회 ; 양승경 / 박 훈, "법인세법상 '실질적 관리장소' 개념의 개정방안에 대한 소고," 조세학술논집 제31집 제2호(2015), 한국국제조세협회 등이 있다.

(3) 대법원 2016. 2. 18. 선고 2014도3411 판결

이 대법원 판결은 실질적 관리장소에 관한 법리를 제시하지는 않고 외국 법인인 홍콩법인의 실질적 관리장소가 국내에 있다고 보아 내국 법인으로 판단한 원심 판단이 정당하다고 판단한 판결이고, 원심 판결에 실질적 관리장소에 관한 판단근거가 제시되어 있다.

즉 위 2014도3411 판결의 원심[30]은 다음과 같이 판시하였다.

구 법인세법 제1조의 규정에 의하면 외국에 본점 또는 주사무소를 둔 법인이라 할지라도 국내에 실질적 관리장소가 소재하는 경우에는 내국 법인으로 간주되는바, … '실질적 관리장소'란 법인의 업무 수행에 필요한 중요한 관리와 상업적 의사결정이 이루어지는 장소를 말하는 것으로서, (i) 이사회나 이와 동일한 조직의 모임이 통상적으로 개최되는 장소, (ii) 최고경영자 및 기타 임원이 통상적으로 활동을 수행하는 장소, (iii) 법인의 고위 수준의 일상적 관리가 수행되는 장소, (iv) 당해 법인이 외국에 설립된 경위와 조세 회피 의도 등 설립 목적, (v) 사업활동이 실제로 수행되는 장소, (vi) 회계 기록이 보관되는 장소 등을 고려하여 그 실질에 따라 종합적으로 판단하여야 할 것이다. …다음과 같은 사정들, 즉 (i) 피고인 법인의 이사회가 홍콩에서 개최되지 아니하였고, 의사결정권자인 대표이사는 국내 거주자인 점, (ii) 대표이사는 ○○해운을 통하여 피고인 법인의 자동차해상운송사업에 관하여 업무 보고를 받거나 업무 지시를 하는 등 통상적인 활동을 한 점, (iii) 자금관리 · 대리점관리 · 선복관리 및 인사업무 등 고위 수준의 일상적 관리도 ○○해운에서 이루어진 점, (iv) 피고인 법인은 홍콩에 조세 회피 목적으로 설립된 점, (v) 대표이사가 한국을 중심으로 일본 · 중국 및 유럽 등 세계 각지에서 사업을 수행한 점 등을 고려할 때, 피고인 법인의 실무는 사실상 ○○해운이 대부분 수행하되, 피고인 법인의 운영에 관한 중요한 관리와 사업상 핵

---

30) 서울고등법원 2014. 2. 21. 선고 2013노874 판결.

심적인 의사결정은 대표이사에 의하여 이루어진 것으로 보이고, 그 장소는 대표이사의 위 행위를 보좌할 인력과 기반이 존재하는 곳, 즉 피고인 법인으로부터 포괄적으로 업무를 위탁받아 수행하는 ○○해운이 설립된 곳이자 사실상 대표이사의 1인 지배하에 있는 ○○그룹 전체의 운영을 통제하는 기획관리팀이 있는 국내라고 인정되는바, 피고인 법인은 국내에서 자동차해상운송사업에 관한 중요한 관리와 상업적인 의사결정이 이루어지고 있는 법인으로서 실질적 관리장소를 국내에 둔 내국 법인이라고 보인다.

(4) 실질적 관리장소와 관련한 최근 동향

내국 법인 판단기준인 실질적 관리장소는 2005년 12월 31일 법률 제7838호로 구 법인세법이 개정되면서 제1조 제1호에 신설되어 2006년 1월 1일부터 시행되었으나, 시행된 지 거의 10여 년이 지나도록 과세당국이 이 규정을 적용하여 외국에서 설립된 법인을 내국 법인으로 판단한 사례가 없었다. 그런데 최근 위 2014두8896 판결에서 법인세법상 내국 법인 판단기준인 실질적 관리장소의 의미를 최초로 명시적으로 제시하였고, 조세포탈 형사사건인 위 2014도3411 판결의 원심이 실질적 관리장소에 대해 판단하였다. 위 두 판결이 제시한 실질적 관리장소의 의미와 구체적인 판단기준은 앞으로 외국에 본점이나 주사무소를 둔 외국 법인의 실질적 관리장소가 국내에 있는지 여부를 판단하는 사안에서 중요한 기준으로 작용할 것이다.

한편 과세당국은 최근 실시되는 세무조사에서 해외 SPC의 실질적 관리장소가 국내에 있다는 이유로 해외 SPC를 내국 법인으로 보아 과세하는 사례가 증가하고 있고, 이에 대한 불복도 증가하는 추세이다.

즉 카타르 또는 오만에 설립된 자원개발회사(이하 '합작개발사')의 기존 주주들은 국내 여러 주주사가 합작개발사의 지분을 인수하면 합작개발사 주주의 수가 과다하게 되어 복잡한 의사결정과정으로 인해 프로젝트 추진이 지연되고 관리비용이 상승하게 된다는 이유로, 국내 주주사들에게 단일 법인으로 투자할 것을 조건으로 제시하였다. 국내 주주사들이 이에 동의하여 버뮤다에 합작개발사지분의 관리 및 이에 부수되는 업무를 사업 목적으로 하는 해외 현지 법인(이하 '버뮤다법인')을 공동으로 설립한 이후 버뮤다법인의 명의로 합작개발사의 기존 주주들로부터 일정 비율의 지분을 인수하였다. 이후 합작개발사의 지분 인수, 합작개발사에 국내 주주사들의 의견 전달, 합작개발사가 지급하는 배당금의 수취 및 배분, 관련 업계 동향 및 천연가스사업 현황에 대한 정보 수집 및 보고 등의 업무는 버뮤다법인으로 하여금 수행하도록 하였고, 국내 주주사들은 버뮤다법인의 이사회를 구성하여 서면결의 등의 방식으로 버뮤다법인을 관리하면서 합작개발사로부터 수취하는 배당소득을 국내 주주사들에게 배분하도록 하였으며, 해당 자원보유국(카타르 또는 오만)은 합작개발사가 버뮤다법인에게 지급하는 배당소득에 대하여 법인세(원천징수)를 면제하였다. 국내 주주사들은 당초 배당금에 대하여 구 조세특례제한법(2013. 1. 1. 법률 제11614호로 개정되기 전의 것. 이하 '구 조특법') 제22조를 적용하여 법인세를 면제받았다. 그런데 과세당국은 국내 주주사들에 대한 세무조사과정에서 (i) 버뮤다법인은 실질적 관리장소가 국내에 존재하는 내국 법인에 해당하고, (ii) 국내 주주사들의 투자대상은 합작개발사가 아닌 버뮤다법인이므로, (iii) 합작개발사가 아닌 버뮤다법인으로부터 지급받은 배당금에 대해서는 구 조특법 제22조를 적용할 수 없다는 이유로 국내 주주사들에게 법인세를 부과하였고, 국내 주주사들이 모두 이에 불복하여 다투고 있다.

과세당국이 위와 같이 실질적 관리장소를 근거로 외국 법인을 내국

법인으로 보아 과세하는 사례가 증가하고, 이로 인한 납세의무자와 과세
당국의 분쟁이 증가하는 큰 이유 중 하나는 현행 법인세법 제1조 제1호
가 '국내에 본점이나 주사무소 또는 사업의 실질적 관리장소를 둔 법인'
을 내국 법인으로 정의하는 규정만을 두고 있을 뿐, 실질적 관리장소 여
부를 판단할 수 있는 어떠한 기준도 마련해 두고 있지 않다는 데에 있다.
이러한 규정으로 인하여 과세당국의 자의적인 과세권 행사가 이루어질
위험이 있고, 이는 법적 안정성과 예측 가능성을 해치는 것이라는 점에
서 실질적 관리장소의 판단기준을 법인세법령에 명시적으로 마련하는
조치가 조속이 이루어져야 할 것이다.

III. LBO거래와 관련한 조세 쟁점

1. LBO거래의 개요

국내 기업의 인수에 있어서 차입매수라고 불리는 LBO방식이 자주 사
용되는데, 보통 LBO거래는 (i) 국내에 명목회사(Special Purpose Company.
이하 'SPC') 설립, (ii) 인수금융에 의한 매수자금 조달, (iii) 대상기업(이하
'타깃') 인수, (iv) SPC와 타깃의 합병, (v) 합병법인 주식매각에 의한 투자
자금회수의 과정을 거쳐 이루어진다. 이러한 LBO방식에 의한 주식 인수
및 매각과정에서 여러 가지 조세 문제가 발생할 수 있는데 그중에서 타
깃 인수 시의 과점주주 간주취득세와 SPC와 타깃 합병 시의 합병 관련
조세 문제, 그리고 SPC로부터 승계한 차입금의 지급이자가 손금으로 인
정될 수 있는지 여부에 대하여 검토한다.

2. 타깃 인수 시 과점주주 간주취득세

법인의 주식 또는 지분을 취득함으로써 과점주주가 되었을 때, 그 과점주주는 해당 법인의 부동산 등 취득세 과세대상 자산을 취득한 것으로 보아 취득세 납세의무가 발생한다.[31] 과점주주는 주주 또는 유한책임사원 1명과 그의 특수관계인 소유주식의 합계 또는 출자액의 합계가 해당 법인의 발행주식총수 또는 출자총액의 100분의 50을 초과하면서 그에 관한 권리를 실질적으로 행사하는 자들을 의미한다.[32] 따라서 타깃이 부동산 등 취득세 과세대상 자산을 보유하는 경우, 인수자는 SPC를 두 개 설립하여(또는 중간에 한 단계 더 SPC를 개입시킬 수도 있다) 각 SPC가 타깃 지분의 50퍼센트를 초과하지 않으면서 타깃의 지분을 나누어 인수하는 방안을 생각해 볼 수 있다.

그러나 이러한 인수방식은 아래와 같은 대법원의 입장을 고려하면, 실질과세원칙에 의한 과세를 피하기 어려울 것으로 보인다.

즉 대법원은, 외국 법인 A가 지분을 100퍼센트 보유하고 있는 외국 법인 자회사 B와 C를 통하여 내국 법인 D의 지분을 각 50퍼센트씩 취득하고, B법인이 75퍼센트 지분을 소유하고 있는 내국 법인 E의 나머지 지분 25퍼센트를 외국 법인 C가 취득한 사안에서 실질과세원칙을 적용하여 외국 법인 A가 내국 법인 D와 E의 과점주주라고 판시하였다.[33] · [34] 대법

---

31) 지방세법 제7조 제5항.
32) 지방세기본법 제47조 제2호.
33) 대법원 2012. 1. 19. 선고 2008두8499 전원합의체 판결.
34) 사건 당시 구 지방세법 시행령 제6조에 의하면, 법인이 발행주식총수 또는 출자총액의 100분의 50 이상을 출자한 법인과는 특수관계자에 해당하나, 모회사는 같지만 지분관계가 없는 자회사 간은 특수관계에 해당하지 않았다. 현행 지방세기본법 시행령 제2조의2에 의하면, 어느 법인이 다른 두 법인의 경영에 지배력을 행사하고 있는 경우(발행주식총수 또는 출자총액의 100분의 50 이상을 출자하거나 임원의 임면권의 행사, 사

원은 조세 부담을 회피할 목적으로 과세요건사실에 관하여 실질과 괴리되는 비합리적 형식이나 외관을 취하는 경우 그 형식이나 외관에 불구하고 실질에 따라 과세할 수 있다고 전제한 다음, 외국 법인 B와 C는 오로지 과점주주취득세 납세의무를 회피하기 위하여 설립되었고 외국 법인 A가 내국 법인 D와 E를 실질적으로 지배하고 있는 것으로 판단하였고, 그렇다면 지방세법상 과점주주취득세의 형식적 적용요건에도 불구하고 과세할 수 있다는 것이다.

또한 대법원은, 싱가포르 투자자가 국내에 자회사를 두 개 설립하여 타깃 주식을 각각 50.01퍼센트와 49.99퍼센트를 취득한 사건[35]에서도, 자회사 두 개에 인적·물적 시설이 없고 독자적으로 의사결정을 하거나 사업 목적을 수행할 능력이 없는 것으로 보이며, 단지 과점주주취득세 납세의무를 회피하기 위하여 자회사들 명의로 분산하여 취득하게 한 것으로 보아 싱가포르 투자법인이 타깃을 실질적으로 지배·관리하고 있는 것으로 보고 싱가포르 투자자에게 과점주주취득세 납세의무가 있는 것으로 판시하였다.[36]

이와 같이 대법원의 입장을 보면, 다단계거래구조를 통하여 타깃을 인수하고자 할 때 중간단계의 회사가 다른 사업 목적이나 인적·물적 시설 없이 조세 회피를 목적으로 설립된 것으로 판단될 경우 그 외관에 불구하고 실질과세원칙을 적용할 수 있는 것으로 보고 있으므로, 이 점을 유의할 필요가 있다.

업방침의 결정 등 법인의 경영에 대하여 사실상 영향력을 행사하고 있다고 인정되는 경우) 그 다른 두 법인은 특수관계에 해당되는 것으로 규정한다.
35) 사건 당시 과점주주취득세 납세의무에 대하여 규정하는 구 지방세법 제105조 제6항에서는 과점주주를 특수관계자 지분을 포함하여 발행주식총수 또는 출자총액의 100분의 51 이상인 자들을 과점주주로 규정하고 있었다.
36) 대법원 2012. 2. 9. 선고 2008두13293 판결.

3. SPC와 타깃 합병 시 조세 문제

(1) 합병 관련 조세 문제

법인 간 합병 시 여러 조세 문제가 발생할 수 있다. 현행 법인세법상 합병 규정의 기본 방향은 2009년 12월 31일 개정 시 설정된 것으로 볼 수 있는데, 합병으로 인한 자산·부채의 이전이나 주식의 교부 등에 따른 양도 또는 평가차익이 합병 당시에 실현되고 이에 상당하는 이익이 주주에게 분배되는 것으로 볼 것인지의 문제와 관련하여, 법인세법은 일정 요건을 충족하는 적격합병의 경우 합병시점에서 과세를 최대한 이연하고, 그렇지 아니한 비적격합병의 경우에는 사실상 사업 및 지분의 매각으로 보아 시가로 평가한 평가차익 및 양도차익이 합병시점에 과세되는 것으로 규정하고 있다.[37] 즉 피합병법인 입장에서 합병에 따라 자산과 부채를 포괄적으로 합병법인에게 이전함으로써 발생하는 양도차익에 대한 법인세,[38] 합병법인 입장에서 합병매수차손익의 익금 또는 손금산입 문제[39] 및 취득세, 그리고 피합병법인의 주주 입장에서 의제배당에 대한 과세 문제[40]가 발생할 수 있는데, 일정 요건[41] 즉 (i) 합병등기일

---

37) 이연호 / 박헌세 / 박종현, 법인세 2010, 광교이택스, 2010, 1072-1073면.

38) 법인세법 제44조 제1항. 피합병법인이 합병법인으로부터 받은 양도가액에서 피합병법인의 합병등기일 현재 순자산 장부가액을 차감하여 양도차익을 산정한다.

39) 법인세법 제44조의2 제2항 및 제3항. 합병법인은 피합병법인에 지급한 양도가액이 피합병법인의 순자산시가에 미달하거나 초과하는 경우, 그 차액을 합병등기일로부터 5년간 균등하게 익금 또는 손금에 산입한다.

40) 소득세법 제17조 제2항 제4호 ; 법인세법 제16조 제1항 제5호. 피합병법인의 주주가 합병법인으로부터 받는 합병대가가 그 피합병법인의 주식을 취득하기 위하여 사용한 금액을 초과하는 금액은 피합병법인 주주의 배당으로 의제한다.

41) 법인세법 제44조 제2항.

현재 1년 이상 사업을 계속하던 내국 법인 간의 합병일 것, (ii) 피합병법인의 주주 등이 합병으로 인하여 받은 합병대가의 총합계액 중 합병법인의 주식가액이 100분의 80[42] 이상인 경우로서 그 주식이 종전 지분율대로 배정되고, 피합병법인의 지배주주 등이 합병등기일이 속하는 사업연도 종료일까지 그 주식을 보유할 것, (iii) 합병법인이 합병등기일이 속하는 사업연도 종료일까지 피합병법인으로부터 승계받은 사업을 계속할 것의 세 요건을 갖춘 합병을 적격합병으로 규정하여 일반적으로 합병에 따라 발생하는 위와 같은 과세 문제가 발생하지 않도록 하고 있다. 한편 내국 법인이 발행주식총수 또는 출자총액을 소유하고 있는 다른 법인을 합병하거나 그 다른 법인에 합병되는 경우 적격합병과 같은 과세특례를 부여하고 있다.[43]

따라서 적격합병요건의 충족 여부가 중요한데, SPC가 지분을 보유하고 있는 타깃을 합병할 때 포합주식 문제로 인하여 적격합병요건 중 합병신주 교부비율요건을 충족하려면 합병등기일로부터 2년 이후에 합병을 할 수밖에 없는 상황이 발생할 수 있다. 2년 이상 보유한 후 합병을 하는 경우에는 합병신주교부비율 80퍼센트 충족 여부의 검토 시에 포합주식 취득가액이 합병교부금이나 합병대가의 총합계액이 포함되지 않고 산정되기 때문이다. 한편 포합주식의 문제는 SPC가 타깃의 지분 전부를 취득한 후 합병할 경우, 조건을 따지지 않고 적격합병으로 보기 때문에 해결이 가능해진다. 따라서 타깃 인수 시 이러한 점들이 고려되어야 한다.

---

42) 법인세법 시행령 제80조의2 제3항. 합병법인이 합병등기일 전 2년 이내에 취득한 피합병법인의 주식인 이른바 포합주식이 있는 경우로서 합병법인이 지배주주에 해당하면 해당 포합주식 취득가액을 합병교부금으로 보아 합병대가의 총합계액에 가산하여 합병신주교부비율을 판단한다.
43) 법인세법 제44조 제3항.

(2) 합병법인의 지급이자 손금 인정 문제

LBO거래를 이용하는 목적 중 하나는 차입금의 이자를 손금으로 하여 법인세를 절감하고 세후 투자수익률을 높이는 데 있다. SPC단계에서 투자자금 목적으로 차입한 차입금이 타깃과의 합병을 통하여 합병법인의 차입금이 되고 이러한 차입금의 이자비용이 손금으로 인정된다면, 합병법인의 영업을 통해 벌어들인 소득에 대한 법인세를 절감할 수 있게 된다. 그러나 이러한 차입금이자비용을 무한정 손금으로 인정해 준다면 몇 차례의 M&A, 특히 LBO를 이용하는 M&A가 발생할 경우 우량했던 타깃이 주주의 차입금 때문에 파산할 가능성이 증가될 수 있으므로 적절한 규모의 차입금에 대해서만 손금 인정이 이루어져야 할 필요성이 있다.

현행 법인세법의 지급이자 손금불산입 규정에는 위와 같은 LBO방식의 기업 인수 후 승계받은 차입금에 대하여 규제하지 않기 때문에 해석상 차입금의 지급이자가 손금으로 인정될 수 있을 것이다. 과세당국은 합병을 통하여 승계된 차입금의 이자는 손금으로 인정되는 것으로 유권해석하고 있다.[44] 참고로 미국의 경우 1980년대 과도한 차입거래를 통하여 인수된 회사들이 도산하면서 사회적으로 문제가 되자, 합병 후 존속법인의 부채비율 등에 엄격한 기준을 적용하여 자본의 성격이 강한 부채를 자본으로 의제하여 이자비용을 손금 불산입하는 우회적 방법을 이용하여 규제하고 있다고 한다.[45] LBO거래에서 승계한 차입금의 지급이자를 손금으로 인정할 것인지는 LBO의 긍정적인 효과 등을 검토하여 정책적으로 결정할 문제이다.

---

44) 재법인-971, 2009. 11. 26.
45) 서종희, "LBO와 세법상 문제," 조세연구 제9권 제3집(2009. 12), 한국조세연구포럼, 158면.

IV. 고정사업장

고정사업장(Permanent Establishment. 이하 'PE')은 외국 기업이 우리나라에 고정된 장소를 두고 사업을 할 경우는 물론이고, 우리나라 기업의 지분을 인수하거나 기업을 인수한 후 인력을 파견하여 관리하는 경우에도 유의할 필요가 있다.

법인세법은 외국 법인이 국내에 사업의 전부 또는 일부를 수행하는 고정된 장소가 있는 경우 국내 사업장이 있는 것으로 본다고 규정[46]하고 있는데, PE라는 용어 대신 국내 사업장이라는 용어를 사용하지만 의미는 같다. OECD모델협약에서도 유사하게 정의[47]하고 있다. 즉 PE가 되기 위해서는 (i) 사업장소의 존재, (ii) 사업장소의 고정성, (iii) 사업성의 존재가 필요한데,[48] 법인세법은 지점·사무소·상점·작업장 등 PE가 되는 장소에 대하여 예시적으로 열거하면서 이러한 장소에서 자산의 구입이나 광고, 정보의 수집, 시장조사 등과 같은 예비적이고 보조적인 성격을 가진 활동을 하기 위한 장소는 PE에 포함되지 않는 것으로 규정한다. 법인세법은 외국 법인이 고정된 장소를 가지고 있지 않은 경우에도 국내에 그 외국 법인을 위하여 계약을 체결할 권한을 가지고 그 권한을 반복적으로 행사하는 자를 외국 법인의 PE로 간주하는, 이른바 간주고정사업장(deemed PE)에 대해서도 규정하고 있다.[49]

국외 투자기구의 국내 기업 인수와 관련하여 여러 조세 쟁점이 있지만, 그중 수익적 소유자 문제와 더불어 PE의 보유 여부도 중요한 쟁점

---

46) 법인세법 제94조 제1항.
47) OECD모델협약 제5조 제1항.
48) 이용섭／이동신, 국제조세 2011, 세경사, 2011, 203면.
49) 법인세법 제94조 제2~4항.

중 하나로 다루어지고 있다. 국외 투자기구의 투자는 일반적으로 투자자금의 집합체로서 LP를 설립하여 이를 운영하는 GP와 출자를 담당하는 LP로 구성된다. 여러 단계의 투자수단을 거쳐 대상회사의 지분을 보유하게 되는데, 펀드 자체는 자금의 집합체이므로 투자대상의 물색·인수·자산관리 등 제반 업무를 수행할 자문사가 설립되고, 자문사는 GP와 계약을 체결하여 이러한 업무를 수행하고 소정의 수수료를 지급받는다. 자문사 역시 여러 투자단계를 거쳐 설립될 수 있으며, 인력 중에는 GP 또는 LP와 관련된 인물들이 활동할 수 있다. 이러한 자문사들의 국내 활동으로 인하여 펀드가 국내에 PE가 있는 것으로 볼 수 있는지 여부가 중요하다.

국외 투자기구의 국내 기업 인수와 관련한 자문사 활동이 펀드의 PE를 구성할 수 있는지를 보면, 자문사 자체가 국외 투자기구와는 법률적 실체가 다른 별도의 인격을 갖고 있으며, 자문사 이사들의 활동은 자문사 임원으로서 GP와 용역계약을 수행하기 위한 업무의 일환으로 볼 수도 있다. 다만 간주PE 해당 여부는 좀 더 검토가 필요하다. 일반적으로 자문사에게 펀드의 투자의사결정을 위한 계약 체결권한이 주어지지는 않을 것이다. 그러나 자문사들은 인수대상 물색 및 인수조건 협의 그리고 대상기업의 매각과정에서 중요 계약조건에 대하여 실질적으로 협상을 하고, GP 또는 펀드의 투자위원회가 실질적인 의사결정을 할 수 있는 전 단계 업무까지 수행하는 것으로 이해되는데, 이러한 범위의 행위를 단지 자문사의 임원 자격에서 이루어진 것으로 보아 간주PE로 볼 수 없는 것인지 의문이다. 왜냐하면 명목상으로만 계약 체결권한이 없을 뿐이지 실질적으로 계약 체결권한이 주어진 것과 거의 유사한 기능을 수행하는 것으로 볼 수도 있기 때문이다. 이 문제는 현재 국제적으로 논의가 진행되고 있는 세원 잠식과 소득 이전(Base Erosion and Profit Shifting. 이

하 'BEPS')의 논의과정에서 PE 개념이 어떻게 정리될 것인지와도 관련이
있다.

정부가 발표한 자료[50]에 의하면 OECD와 G20에 의하여 논의되고
2015년 말 G20에 의하여 승인된 BEPS 프로젝트의 세부 내용 중 국제기
준 남용 방지의 일환으로 제시된 BEPS 프로젝트 Action 7(고정사업장 지위
의 인위적 회피 방지)에서는, 변화하는 국제조세 환경에서 기업들이 PE에
대한 국제기준(OECD모델협약 등)을 남용하여 세금을 회피하는 사례가 다
수 발생하고 있으므로 PE의 기준을 이용한 세원 잠식에 대응하기 위하
여 PE에 대한 국제기준 개선의 필요성을 인식하고 관련 조세조약 개정
권고안을 제시하고 있다. 이 중 주목할 만한 것으로 현행 OECD모델협약
에서 간주PE가 되는 종속대리인이 되기 위한 요건으로 외국 법인 명의
로 계약을 체결할 수 있는 권한의 보유 여부가 주요 판단기준이 되고 있
는데, 이 규정의 남용을 방지하기 위하여 대리인이 직접적으로 계약을 체
결하지 않는다고 하더라도 (i) 외국 기업의 이름으로 또는 (ii) 외국 기업
이 소유하거나 사용할 권리를 보유하고 있는 재산을 양도하거나 사용을
허용하기 위하여, 또는 (iii) 외국 기업에 의한 용역 제공을 위하여 계약
을 체결함에 있어서 대리인이 주도적인 역할을 관행적으로 수행하는 경
우 PE로 간주될 수 있다고 보았다. 아울러 하나 또는 하나 이상의 특수
관계인을 위하여 거의 전적으로 활동하는 경우도 PE로 간주되는 종속
대리인으로 볼 수 있도록 그 기준이 강화되었다. 정부는 우리나라 조세
조약 반영 가능 여부를 면밀히 검토하고, 다자간 협정 개발에 참여하면
서 최종 서명 여부는 최종 다자간 협정 결과를 보고 결정하도록 하였다.

---

50) 기획재정부 보도자료, BEPS 프로젝트 조치별 대응 방향 (III) : 국제기준의 남용방지
    (2015. 11. 30).

최근 들어 과세당국이 국외 투자기구의 과세를 위해 자문사를 PE로 보아 과세하려는 시도는 예전보다 줄어든 것으로 보이고, 그 대신 펀드의 수익적 소유자가 누구인지를 가려(예를 들면 펀드의 LP 투자자 또는 투자구조상 중간단계의 지주회사 등) 과세하거나 자문사의 활동에 대해 자문사가 GP로부터 지급받는 수수료의 이전가격의 적정성에 초점을 두고 세무조사를 진행하는 추세였다. 그러나 Action 7에서 논의되는 내용으로 PE 관련 국내법 또는 조세조약이 개정이 이루어진다면 국외 투자기구의 국내 기업인수와 관련한 자문사의 활동에 따라 PE 문제가 다시 쟁점화될 수 있을 것으로 예상된다.

V. 과소자본세제

1. 의의

외국 법인이 국내에 자회사를 설립하면 외국에서 국내로 자금의 이동이 일어나는데, 통상적으로 투자자 입장에서 출자 또는 대여의 형식으로 투자하고 그에 대한 과실로 배당 또는 이자를 수취하게 된다. 피투자자인 국내 자회사 입장에서 배당은 법인세 과세소득 산정 목적상 손금으로 인정되지 않고, 이자는 일반적으로 손금으로 인정되기 때문에 투자자는 가급적 대여투자를 선호하게 된다. 그러나 피투자국 입장에서는 자금회수가 빈번하게 이루어질 수 없는 자본투자의 안정적인 속성을 감안할 필요가 있고 투자의 인위적인 형식에 따라 조세 부담의 차이가 발생할 수 있는 점을 고려하면, 자본 대비 차입금의 비율을 제한할 필요가 발생한다. 이러한 필요에 따라 국제조세 조정에 관한 법률(이하 '국조법')

은 내국 법인의 차입금 중 국외 지배주주[51]로부터 차입한 금액과 국외 지배주주의 지급보증에 의하여 제3자로부터 차입한 금액이 그 국외 지배주주가 출자한 출자금액의 2배(금융기관의 경우 6배)를 초과하는 경우에는 초과분에 대한 지급이자는 그 내국 법인의 손금에 산입하지 않으며 배당으로 처분된 것으로 본다.[52] 이때 국외 지배주주의 지급보증에는 담보의 제공 등 실질적으로 지급을 보증하는 경우를 포함하는 것으로 규정하고 있는데, 내국 법인 차입금 대부분이 사실상 국외 지배주주의 지급보증에 의지하여 이루어지고 있는 현실을 볼 때, 과소자본세제 목적상 국외 지배주주의 지급보증의 범위를 어디까지로 볼 것인지를 검토할 필요가 있다.

2. 컴포트레터

컴포트레터(comfort letter)는 자회사가 차입하는 경우 모회사가 대주에 대하여 지급보증서 형태로 보증을 하지 않고 모회사의 신용 등에 근거하여 자회사의 채무 이행을 보장하는 문서로서, (i) 모회사가 자회사의 채무 부담 사실을 인식하고 있으며 승인하였다는 취지의 인정, (ii) 대출금이 전부 상환되지 않는 한 채무자의 일정 비율의 소유지분을 유지한다는 내용의 약속, (iii) 주채무자에 대한 지원 등의 내용을 포함한다.[53] 컴포트레터의 법적 구속력에 대하여 우리 법원은 컴포트레터의 문언 자체의 분석을 중요시하고 그 작성 동기와 경위 및 당사자의 의사, 거래관행 등을

---

51) 국외 지배주주는 내국 법인의 의결권 있는 주식의 100분의 50 이상을 직접 또는 간접으로 소유하고 있는 외국 주주 등 법 소정의 관계에 있는 외국 주주를 말한다(국조법 제2조 제1항 제11호 및 동법 시행령 제3조 제1항).
52) 국조법 제14조 제1항.
53) 김양곤, "컴포트레터의 법적 효력," BFL 제5호(2004. 5), 서울대학교 금융법센터, 8면.

종합적으로 고려하여야 한다고 보아 계약의 일반적인 해석에 입각하여 판단하도록 하였다.[54] 과세당국은 (i) 채무 부담 사실의 인식, (ii) 지분변동 통지 약속의 내용이 포함되어 있는 컴포트레터에 대하여 법적 변제의무는 없더라도 모회사가 컴포트레터를 제공하여 사실상 자금의 차입절차에 개입한 경우 실질적 지급보증을 한 것으로 보아 과소자본세제 적용대상으로 보고 있다.[55] 즉 과세당국은 컴포트레터가 모회사가 자회사의 채무불이행에 대하여 대위변제하여야 할 법적 구속력이 있는지 여부와는 상관없이 실질적인 지급보증으로 보아 과세자본세제 적용대상이 되는 것으로 보고 있다. 그러나 계약의 일반적인 해석에 따라 법적 구속력이 있는 컴포트레터의 경우 과소자본세제 적용 목적상 실질적인 지급보증에 해당되는 것으로 볼 수 있으나, 법적 구속력이 없는 성격의 지급보증까지 과소자본세제 적용대상이 되어야 하는지는 의문이다. 컴포트레터가 과소자본세제 적용대상이 되는 국외 지배주주의 지급보증에 해당하는지 여부에 대한 법원의 판단은 아직 없으나, 과세당국의 입장에는 유의할 필요가 있다.

3. 버벌서포트

조세심판원은 국외 지배주주의 버벌서포트(verbal support)는 실질적 지급보증을 제공한 것으로 보기 어려워 과소자본세제 적용대상이 되지 않는 것으로 판단하였다.[56] 조세심판원의 결정문을 보면 버벌서포트는

---

54) 김양곤, 앞의 논문(주 53), 11면 ; 서울지방법원 2002. 4. 26. 선고 2001가합29150 판결. 원고의 항소가 각하되었다.

55) 국제세원—42, 2010. 01. 25.

56) 조심2011서1519, 2013. 12. 31.

국외에서 글로벌기업과 글로벌은행이 서면으로 된 지급보증서를 수수하는 대신 정기적으로 기업의 책임 있는 지위에 있는 자가 글로벌은행의 책임 있는 자에게 자회사에 대한 본사의 지원을 구두로 확약하는 목적의 회동을 갖고, 글로벌은행은 일시·장소·참석자·확약 내용 등을 문서로 정리해서 글로법기업의 자회사가 있는 관할 지점에 전달하고, 여신심사서에 기록·관리하여 기업에 대한 여신심사 시 활용하는 형식으로 이루어진다. 일반적으로 개런티를 제공하는 것은 아니지만, 자회사에 대한 채무는 모두 변제할 것임을 반복적으로 확약하는 내용을 담고 있다. 조세심판원은 이러한 버벌서포트가 실질적인 지급보증에 해당되지 않는다고 판단한 이유에 대하여 (i) 국내 자회사의 해당 차입금을 실질적으로 지급보증한 것이라고 보기는 어렵고, (ii) 모회사의 이사회 의결을 거친 채무부담행위가 확인되지 않으며, (iii) 모회사가 지급보증을 부인할 경우 은행이 채무의 이행을 청구하여 변제받을 수 있다고 보기 어려운 점 등을 들어, 비록 버벌서포트가 자회사의 신용평가에 유리한 요소로 작용하여 대출에는 영향을 줄 수 있으나 실질적인 지급보증으로 볼 근거는 부족하다고 판단하였다. 결국 실질적인 지급보증인지 여부를 판단하는 데 있어서 모회사가 자회사의 특정 채무에 대하여 변제하여야 할 법적 의무가 있는 것인지가 주요 기준이 된다고 판단된다.

VI. 결론

이상에서 외국 투자자가 국내 기업을 인수하는 경우 발생하는 주요 조세 문제를 검토해 보았다.

먼저 외국 투자자가 국외 투자기구를 통하여 국내 기업을 인수한 후

이자·배당·사용료소득이나 주식양도소득 등을 얻은 경우 그 소득의
납세의무자를 누구로 볼 것인지에 대해 대법원은, 실질과세원칙은 조세
조약에도 적용된다고 하여 조세조약상의 수익적 소유자와 실질과세원칙
에서의 실질귀속자를 동일한 의미로 해석하고 있다. 즉 대법원은 재산의
귀속명의자는 이를 지배·관리할 능력이 없고, 명의자에 대한 지배권 등
을 통하여 실질적으로 이를 지배·관리하는 자가 따로 있으며, 그와 같
은 명의와 실질의 괴리가 조세를 회피할 목적에서 비롯된 경우에는 그
재산에 관한 소득은 재산을 실질적으로 지배·관리하는 자에게 귀속된
것으로 보아 그를 납세의무자로 삼아야 할 것이라고 한다. 대법원은 위
와 같이 기준에 따라 국외 투자기구인 LP나 LLC 등을 실질귀속자로 판단
하기도 하고, 그 구성원을 소득의 실질귀속자로 판단하기도 해왔다.

　문제는 납세의무자와 관련한 현재까지의 판례들은 모두 국외 투자기
구의 조세조약상 제한세율 적용이나 비과세·감면 규정의 적용과 관련
한 법인세법 제98조의6이나 제98조의4가 신설된 2012년 1월 1일 이전에
발생한 사안에 대한 것이라는 점이다. 따라서 법인세법에 이와 같은 규
정이 신설된 이후에 있어서도 실질귀속자에 관한 판례의 법리가 그대로
적용될 것인지가 최근 논란의 대상이 되고 있다.

　한편 실질귀속자가 국외 투자기구인 경우 이를 법인세법상 납세의무
자인 외국 법인으로 볼 수 있는지 여부에 대해 대법원은, 단체를 외국
법인으로 볼 수 있는지 여부에 관하여는 법인세법상 외국 법인의 구체적
요건에 관하여 본점 또는 주사무소의 소재지 외에 별다른 규정이 없는
이상 단체가 설립된 국가의 법령 내용과 단체의 실질에 비추어 우리나라
의 사법(私法)상 단체의 구성원으로부터 독립된 별개의 권리·의무의 귀
속 주체로 볼 수 있는지 여부에 따라 판단하여야 한다는 입장으로서 사법
적 성질에 따라 판단해 오고 있다. 이와 관련하여서도 2013년 2월 15일

대통령령 제24357호로 개정된 법인세법 시행령 제1조 제2항에 '외국 법인'의 정의 규정이 신설되었고, 따라서 종전의 해석이 변경될 가능성도 있다.

대법원은 국외 투자기구가 실질귀속자로 판단된 경우 그 구성원의 거주자(거주지국에서 포괄적인 납세의무를 지는 자) 여부를 기준으로 조세조약을 적용할 수 있다는 입장이고, 이러한 법리가 한미조세조약은 물론 이에 관한 특별한 규정이 없는 한독조세조약에도 적용된다고 판시하였다는 점도 주목할 필요가 있다.

또한 현행 법인세법 제1조 제1호는 내국 법인의 판단기준을 '실질적 관리장소'라고만 규정하고 있을 뿐이어서 이로 인해 실무상 납세의무자와 과세당국 간에 불필요한 분쟁이 증가하고 있다. 따라서 법인세법령에 실질적 관리장소의 판단에 대한 좀 더 구체적인 기준이 조속히 마련되어야 할 것이다.

LBO방식과 관련하여서는 다단계투자기구를 통한 국내 기업 인수의 경우 실질과세원칙의 적용에 의한 과점주주 간주취득세 위험, 합병 관련 조세 문제, 합병법인의 지급이자 손금 인정 문제가 있다. 또한 외국 투자자가 국내 기업을 인수한 후 자문사를 통한 업무를 수행하는 경우 PE 문제가 발생할 가능성이 있다는 점(BEPS 프로젝트에 따른 PE범위의 확대 가능성), 그리고 과소자본세제와 관련하여 컴포트레터·버벌서포트에 대해서도 유의할 필요가 있다.

12

소수지분투자에 있어 원금보장 및 자금회수방안[*]

이제원[**] · 권철호[***]

I. 머리말

최근 국내 M&A(Mergers & Acquisitions)시장에서 매수 주체로 경영참여형 사모투자합자회사(Private Equity Fund. 이하 'PEF')가 꾸준한 성장세를 보이고 있으나,[1]) PEF의 실제 운용에 있어서는 제도 도입 시 기대했던 기업 M&A 등 구조조정을 주도하는 바이아웃투자보다는 M&A가 이루어지도록 지원하는 단순 재무적 투자 또는 소수지분(non-buyout)투자를 수행하는 경우가 보다 많다.[2])

---

* 이 논문은 BFL 제67호(2014. 9)에 게재된 글을 수정·보완한 것이다.
** 법무법인(유한) 광장 파트너 변호사, 외국변호사(법학박사)
*** 법무법인(유한) 광장 변호사
1) 2014년 발표된 기획재정부, M&A 활성화방안(2014. 3)도 PEF를 M&A의 핵심 주체의 하나로 보고 PEF에 대한 규제 완화를 주요 내용으로 하고 있다.
2) 박재홍, "사모투자전문회사의 제도 및 현황," BFL 제63호(2014. 1), 서울대학교 금융법

M&A시장에서의 투자자는 개별 투자의 상황, 즉 투자대상 회사의 성장단계(벤처기업인지, 중소·중견기업인지), 투자자의 성격(전략적 투자자인지, 재무적 투자자인지), 투자자의 자금운용기간(장기투자인지, 단기투자인지), 투자대상 증권의 특성(주식인지, 메자닌캐피털인지, 부실채권투자인지), 취득하는 지분의 규모(바이아웃인지, 소수지분투자인지), 다른 투자자와의 공동투자(corporate partnership program) 여부 등 여러 가지를 고려하여 투자전략을 달리할 수 있고, 회수전략(exit plan)도 그에 따라 달라진다.

이 장에서는 특히 재무적 투자자로서 상대적으로 자금운용기간이 짧은 소수지분투자의 회수방안을 검토하기로 한다.[3]

전략적 투자자 내지 산업자본의 경우 설비투자와 연구개발(Research and Development, R&D), 기업 자체의 M&A 등 성장을 위한 전략을 모색하고 장기간에 걸친 이익배당 등을 통해 투자를 회수하며 계속기업가치를 위해 힘쓰게 되므로 투자금의 회수 자체가 투자의 목적이 아닐 수 있다. 한편 바이아웃투자는 창업 초기 또는 확장단계의 기업에 자금을 공급하고 경영권의 획득 또는 임원의 임면 등을 통하여 경영 모니터링 및 자문 제공을 함으로써 대상회사의 경영에 중요한 영향을 미쳐 장기간 기업가치를 제고하며 이후 기업공개(Initial Public Offering. 이하 'IPO') 및

센터, 7면. 그러나 점차 바이아웃투자가 늘고 있고 MBK파트너스PEF의 홈플러스 인수 등 초대형 M&A도 이루어지고 있다. 금융감독원 보도자료, 2015년 PEF 동향 및 시사점 (2016. 4. 26) 참조.

3) 바이아웃투자를 통하여 기업의 구조조정 등을 주도할 것을 기대했던 자본시장과 금융투자업에 관한 법률(이하 '자본시장법')상 경영참여형 PEF도 실제로는 재무적 투자자로 대상기업에 투자하는 경우가 보다 많다. 그럼에도 불구하고 자본시장법상 경영참여형 PEF는 경영권 참여 목적의 투자를 원칙으로 하기 때문에, (i) 별도의 이사지명권을 보장받거나 (ii) 분기·반기, 연간 재무제표, 주요 경영사항 보고 등 정보요구권을 갖거나 (iii) 중요한 경영사항에 대한 동의권, 가중된 이사회 결의요건을 확보하는 등으로 대상회사 경영권에 참여하게 된다. 이하 본문에서는 주로 투자자금회수(exit)에 중점을 두고 검토하기로 한다.

전략적 투자자에 대한 매각(trade sale) 또는 타 바이아웃펀드에 대한 세 컨더리매각 등을 통해 투자자금을 회수하게 된다.[4] 이에 반하여 소수지 분투자 시에는 소수지분만으로 기업공개를 주도하기 어렵고,[5] 그 자체 로 경영권 행사 가능한 지분이 아니어서 전략적 투자자에게 충분한 투자 유인이 되지 못하며, 비상장주식의 경우 기발행된 주식을 유통할 수 있 는 세컨더리시장이 활성화되어 있지 아니하므로, 바이아웃투자에서 열 거한 회수방안 중 어느 것도 완벽한 회수방안이 되기는 어렵다.

바이아웃의 경우 조기에 투자회수를 위하여 유상감자나 특별배당이 거론되기도 하나,[6] 상법상 유상감자의 경우 주주총회 특별결의 등 자본 감소절차를 거쳐야 하고, 이익배당청구권은 주주총회 또는 이사회에서 배당결의를 함으로써 비로소 현실화되는 것이므로 소수지분투자자가 회사의 감자ㆍ배당정책에 대응하여 상법적 구제를 통해 회사의 정책 수 립ㆍ변경을 청구할 수 있는 제도는 마련되어 있지 아니하다.[7]

---

4) 박용린/천창민/안유미, 해외 선진 PEF의 운영 현황과 시사점 : 바이아웃을 중심으로, 자본시장연구원, 2012, 15면.
5) 박용린/천창민/안유미, 앞의 보고서(주 4), 107면에 의하면, 바이아웃투자의 경우도 IPO 시 대주주의 처분제한기간(lock-up)이 있어 완전한 지분매각이 불가능한 경우가 있고, 전략적 투자자에 대한 매각과 달리 경영권 프리미엄을 받을 수도 없다는 점 때문 에 기업공개 자체의 자금회수방법으로서의 중요성이 감소하고 있다고 한다. 다만 기획 재정부, 앞의 자료(주 1), 7면은 PEF가 최대주주인 기업에 대해 상장제도의 개선을 시 사하였고, 이에 따라 과거 한국거래소는 기본적으로 최대주주가 PEF인 경우 상장 신청 을 엄격하게 제한하되 경영안정성 확보장치를 마련할 경우에만 예외적으로 상장을 허 용하였으나(상장 후 PEF가 매각되더라도 회사의 경영안정성이 유지될 수 있는가를 면 밀하게 심사한 후 상장을 승인), 2014년 7월부터 2대주주에 대한 보호예수 및 우선매수 권 부여를 폐지하고, IPO과정에서 구주매출을 통한 최대주주의 변경 또는 보호예수기 간 중 경영권매각이 가능하도록 개선되었다(한국거래소, 2016년 KRX 상장심사 가이드 북, 244면).
6) 박용린/천창민/안유미, 앞의 보고서(주 4), 105면.
7) 이철송, 회사법강의(제25판), 박영사, 2017, 979면.

결국 소수지분투자의 경우, 대상회사의 상장 추진에 따른 투자회수를 기대하거나[8] 상환전환우선주식(Redeemable Convertible Preferred Shares, RCPS), 지분연계채권 등 투자대상 증권 자체에 상환청구권 등을 보장받는 투자를 하거나(II. 참조), 대주주에 대한 풋백옵션 또는 지분을 인수해 줄 다른 공동투자자에 대한 매각을 예정하고 있는 투자를 하거나(III. 참조),[9] 전략적 투자자나 대주주와의 별도 약정을 통해 일체로서의 경영권 지분매각을 통하여 투자를 회수할 수 있는(IV. 참조) 등의 방안을 고려해 볼 수 있다.

II. 투자수단 : 상환전환우선주식 등

PEF는 원칙적으로 '지분증권'에 투자하여야 하나 지분증권으로 변경될 수 있는 전환사채(convertible bond), 신주인수권부사채(bond with warrant) 등 소위 지분연계증권에 투자할 수도 있다.[10] '지분증권'에 대한 투자는 아니지만 전환권 행사 또는 신주인수권 행사를 통해 경영 참여 가능한 잠재적 지분이라는 점에서 허용하는 것이다. 이러한 전환사채나 신주인수권부사채의 인수는 재무적 투자자의 입장에서 투자회수의 측면을 고려할 때 상당한 매력을 갖는 것으로 판단된다.

---

8) 대상회사의 기업공개를 통해 회수하게 되는 경우에는 거래소시장에서 블록세일(block sale) 형태로 매각하는 것으로 족하며, 지속적인 지분매각을 통해 주가가 하락하는 등의 문제는 적절한 별도의 전략을 통해 극복해야 할 사안이다.

9) 국민연금은 국내 PEF와 대기업 및 중견기업의 적극적인 해외 진출을 돕기 위해 국내 대기업이 해외 기업 및 자산에 투자할 때 일대일 매칭투자하는 코퍼레이트 파트너십 프로그램(corporate partnership program)을 운용하고 있다.

10) 자본시장법 제249조의12 제1항 참조.

지분연계증권에 대한 투자 시 PEF는 투자대상 회사에 대한 투자자로서의 성격과 채권자로서의 성격을 동시에 갖는다. 그러나 투자대상 회사에 배당가능이익이 없더라도 투자회수가 가능하고 투자대상 회사의 경영이 악화되는 때에도 채권자로서의 지위를 유지한다는 점을 제외하고는 PEF 등 재무적 투자자의 입장에서는 상환전환우선주식에 비하여 투자수단으로서의 성격이 대동소이하다. 따라서 이하에서는 자본시장법상 지분증권에 대한 투자 중 '상환조건' 등 투자회수 측면의 장점을 갖는 투자를 중심으로 살펴보기로 한다.

1. 상환조건이 포함된 주식에 대한 투자

상환주식이란 주식의 발행 시부터 '회사 스스로' 또는 '주주의 청구'에 의해 이익으로써 상환하여 소멸시킬 것이 예정된 주식이다(상법 제345조). 배당 여부에 대한 회사의 경영정책에 따라 투자이익의 회수가 소극적으로 결정되는 보통주식과는 달리 주주의 청구에 의한 상환권이 보장되는 '주주상환(청구)주식'의 경우,[11] 투자자의 적극적인 요청에 따라 투자회수가 보장된다고 할 수 있다. 회사가 상환권을 행사할 수 있는 '회사상환주식'의 경우, 회사는 자금 사정 호전 시 이를 상환하거나 이자율 하락 시 타인자본으로 대체하여 상환할 수 있으므로 상환주식은 투자자에게는 일정한 수익의 보장을, 대상회사에게는 유연한 재무관리를 가능하게 하는 이점이 있다.

종래 재무적 투자자의 투자수단으로 많이 활용되던 상환전환우선주식

---

11) 상환주식의 상환은 이익을 가지고만 할 수 있으므로 회사에 배당가능이익이 있음에도 불구하고 장기간 배당하지 않을 경우 위와 같은 상환권이 의미가 있는 것이고, 이익이 없으면 상환이 지연될 수밖에 없다.

은, 투자자가 발행 시부터 확정한 일정 비율이나 금액의 우선주로서의 우선배당권을 통하여 수익을 극대화하고(preferred), 기업공개 시 보통주로 전환하여 구주매출이나 장내매각을 통해 투자회수가 가능하며(convertible), 주요 투자회수수단인 기업공개가 실패했을 경우에도 회사의 배당가능이익이 있다면 회사에 상환청구를 하여(redeemable) 투자를 회수할 수 있는 다양한 장점을 갖고 있다.

2. 개정 상법상 상환주식

(1) 개정 상법상 상환주식

상법 개정 전에는 '우선주'만 상환주식으로 발행할 수 있었으나,[12] 2011년 개정법(2012. 4. 15. 시행)에서 우선주 아닌 종류주식도 상환주식으로 발행할 수 있게 되었고, 주주가 상환할 권리를 갖는 이른바 '주주상환주식'도 발행할 수 있음이 명시되었다.[13] 종류주식에 한하여 상환주식

---

12) 구 상법(2011. 4. 14. 법률 제10600호로 일부 개정되기 전의 것) 제345조 (상환주식)
    ① 전 조의 경우에는 이익배당에 관하여 우선적 내용이 있는 종류의 주식에 대하여 이익으로써 소각할 수 있는 것으로 할 수 있다.
    ② 전 항의 경우에는 상환가액, 상환기간, 상환방법과 수를 정관에 기재하여야 한다.
13) 이철송, 앞의 책(주 7), 294면은 개정 전에는 회사가 상환할 권리를 갖는 주식만 발행할 수 있었다고 하나, 같은 책의 구판(2009), 231면에서 이미 개정 전 상법에 따른 경우에도 주주의 청구에 의하여 회사가 상환할 의무를 부담하는 상환주식의 발행이 가능함을 전제로, 정관에서 이를 명시하지 않았다면 회사가 상환권을 갖는 것이라고 설명하고 있었다. 상법 개정 전 실무도 주주의 상환청구 및 회사의 상환의무가 인정되는 상환주식의 발행을 인정하고 있었고, 가령 현대상선 정관 제7조의4(상환주식)는 다음과 같이 규정하고 있었다.
    ① 회사는 제7조의2 또는 제7조의3의 규정에 의한 우선주식을 발행함에 있어 이사회 결의를 통하여 이를 주주의 상환청구에 따라 또는 회사의 선택에 따라 회사의 이익으로써 소각할 수 있는 상환주식으로 정할 수 있다.

으로 할 수 있으므로[14] 보통주식 자체는 상환주식으로 할 수 없으나, 의결권이 없거나 제한된 보통주식은 종류주식으로서 상환주식으로 발행할 수 있다. 다만 의결권이 없거나 제한되는 종류주식의 총수는 발행주식총수의 4분의 1을 초과하지 못한다(상법 제344조의3 제2항).

(2) 주주상환주식 발행 시 고려사항

주주상환주식의 경우, 정관에 (i) 주주가 회사에 대하여 상환청구할 수 있다는 뜻, (ii) 상환가액, (iii) 상환청구기간, (iv) 상환의 방법을 정하여야 한다(상법 제345조 제3항).

'상환가액'이란 주식을 상환하는 대가로 회사가 주주에게 지급하는 금액으로, 특정한 금액으로 정할 수 있고, 액면가액·발행가액 또는 상환시점에서의 시가 등과 같이 가액의 기준을 정할 수도 있다. 주주에게 배당할 이익으로 상환되므로 회사의 자본 충실과 무관하며, 상법은 상환가액에 제한을 두지 아니한다. 발행가액(원금)에 일정한 수익률을 가산한 형태로 상환가액을 정할 수 있는지 문제 되는데, 상법상 특별한 제한이 없으므로 가능하다고 보며,[15] 실무는 발행가액이나 상환시점의 시가보

....
⑤ 주주에게 상환청구권이 부여된 경우 주주는 자신의 선택으로써 상환주식 전부를 일시에 또는 분할하여 상환해 줄 것을 청구할 수 있다. 이때 당해 주주는 상환할 뜻 및 상환대상 주식을 회사에 통지하여야 한다. 단, 회사는 현존 이익으로 상환대상 주식 전부를 일시에 상환하기 충분하지 않을 경우 이를 분할상환할 수 있고, 이때 발생하는 단주는 상환하지 아니한다.

14) 제345조(주식의 상환에 관한 종류주식)
① 회사는 정관으로 정하는 바에 따라 회사의 이익으로써 소각할 수 있는 종류주식을 발행할 수 있다. 이 경우 회사는 정관에 상환가액, 상환기간, 상환의 방법과 상환할 주식의 수를 정하여야 한다.

15) 한원규 / 이제원, "상환주식과 전환주식의 법적 성질," 증권법연구 제3권 제1호(2002),

다는 투자자가 요구하는 일정 수익률을 가산하여 상환가액을 정하는 것이 일반적이다.[16]

'상환청구기간'은 이 기간 종료 시 반드시 상환이 이루어져야 하는 기간이라고 일반적으로 해석하고 있지만,[17] 상환청구를 하더라도 배당가능이익이 없으면 (3)에서 설명하는 바와 같이 상환이 불가능할 수 있다. 우리 상법의 '상환기간' 또는 '상환청구기간'을 영구로 약정할 수 있는지 문제 된다. 이에 대해 상환주식의 상환(청구)기간은 그 종기가 사회통념상 합리적 기간 이내로 규정되어야 하므로 영구적 상환기간은 허용되지 아니한다는 견해가 일반적이며,[18] 현행 상법의 해석상 불가능하다는 것이 실무의 입장이다.

(3) 주주상환주식 상환 시 고려사항

주주의 상환청구권 행사는 개별 주주의 선택에 따른 형성권이므로 상환청구 즉시 효력이 발생하고, 회사의 승인 즉 이사회 또는 주주총회의 승인은 불필요하고 회사는 상환에 응할 의무를 부담한다. 다만 회사에

한국증권법학회, 282면 주 8에 의하면, 상환가액을 '발행가액의 130퍼센트'로 정하기도 한다.

16) 기지급받은 배당금 및 그에 대한 이자를 공제하는 경우가 일반적이고, (i) 만기상환 시, (ii) (인수계약에서 정하는 일정한 의무 위반을 이유로 하는) 조기상환 시 등 상환사유에 따라 적용하는 수익률에 차등을 두기도 한다.

17) 한원규 / 이제원, 앞의 논문(주 15), 287면은 상환주식의 반영구적 존속을 우려하여 상환기간의 말일까지 상환되지 아니한 상환주식의 경우 상환기간의 말일에 강제상환 되는 것으로 보아야 한다고 한다. 상환기간에 상환하지 않으면 상환청구권이 소멸하는 것으로 보는 견해도 있다[이철송, 앞의 책(주 7), 296면]. 어느 해석을 취하든 상환주식이 영구적으로 존속할 우려는 없다고 본다.

18) 한원규 / 이제원, 앞의 논문(주 15), 285면 ; 문준우, "미국 및 한국 회사법상 상환주식에 관한 연구," 안암법학 제34권(2011), 안암법학회, 611면.

상환자금으로 사용할 수 있는 배당가능이익[19]이 있어야 상환이 가능하고(상법 제345조 제1항 및 제462조 제1항), 이익의 처분은 주주총회의 전속적 권한에 속하는 것이므로 이익을 상환주식의 상환에 사용하기 위하여 이익잉여금의 처분에 관한 주주총회의 의사록을 별도로 첨부하여야 한다는 것이 등기 실무다.[20] 한편 배당가능이익이 없어 상환이 지연되더라도 회사나 이사의 손해배상책임은 없다는 것이 통설이다.

상환 시 '배당가능이익'과 관련하여 상법은 자기주식 취득의 경우, 자본의 결손을 초래할 수 있는 자기주식 취득을 금지하고 있다. 즉 회사는 해당 영업연도의 결산기에 대차대조표상의 순자산액이 상법 제462조 제1항 각 호[21]의 금액의 합계액에 미치지 못할 우려, 즉 결손이 날 우려가 있는 경우에는 자기주식의 취득을 제한하고 있다(제341조 제3항).[22]

---

19) 배당가능이익의 확정은 직전 연도 결산 정기주주총회에서 재무제표의 확정을 통해 가능하다. 상환으로 인한 변경등기 신청서에는 이익의 존재를 증명하는 서면을 첨부하여야 하는데(상업등기법 제88조 및 상업등기규칙 제141조), 정기주주총회의 승인을 얻은 대차대조표가 이에 해당한다.

20) 법원행정처, 상업등기실무 II, 2011, 348면. 실제로 직전 연도 결산 정기주주총회 외에 이익잉여금 처분에 관한 별도 주주총회의사록 미첨부를 이유로 등기소에서 변경등기 접수가 거절된 사례가 있는데, 상장회사의 경우 상환주식의 상환을 위하여 임시주주총회까지 소집하여야 한다면 매우 큰 장애가 될 것이라는 비판이 있다.

21) 제462조(이익의 배당)
① 회사는 대차대조표의 순자산액으로부터 다음의 금액을 공제한 액을 한도로 하여 이익배당을 할 수 있다.
1. 자본금의 액
2. 그 결산기까지 적립된 자본준비금과 이익준비금의 합계액
3. 그 결산기에 적립하여야 할 이익준비금의 액
4. 대통령령으로 정하는 미실현이익

22) 김화진, "상환주식의 상환," 인권과 정의 통권 제421호(2011. 11), 대한변호사협회, 113면은 주주상환주식의 경우 경제적 · 회계적으로 회사의 '부채'와 유사하고 (자기주식의 취득이 주주에 대한 출자금 환급임에 반하여) 상환주식의 상환은 금융채무의 '변제'라는 점을 들어, 회사의 순자산액 예측에 의해 상환한 이사의 법률적 책임을 평가함에 있어 자기주식 취득의 경우보다 엄격성이 완화되어야 한다는 입장이다.

주주의 상환청구범위, 회사의 상환범위에 대한 논란과 이익잉여금 처분에 관한 별도 주주총회의사록을 요하는 등기 실무를 고려할 때 투자자가 상환청구권을 보장받기 위하여 회사로 하여금 미리 매 회계연도의 결산을 통해 이익잉여금 처분계산서에 따라 상환에 필요한 상환적립금을 마련해 두는 것이 바람직하다. 배당가능이익이 없는 상태에서는 상환이 지연될 수밖에 없고, 이 경우에는 상환이 가능할 때까지 상환청구기간이 연장되고 배당의무는 유지되는 것으로 보아야 할 것이다.[23]

3. 상환주식의 회계 처리

비상장 일반기업을 위한 **일반기업회계기준**(Korea Financial Accounting Standards, 이하 'KFAS')[24]에 따르면, 상환우선주는 '자본'으로 분류하고 배당도 '이익의 처분'으로 처리한다. 상환우선주를 상환하는 경우, 자본의 감소로 보아[25] 지급대가와 우선주 장부가액의 차이는 감자차손익으로 처리한다(일반기업회계기준서 제15장 자본기준서 15.3).[26]

상장기업 및 금융회사에 적용하는 **한국채택 국제회계기준**(Korean Inter-

---

23) 한원규 / 이제원, 앞의 논문(주 15), 295면.
24) 한국채택 국제회계기준(Korean International Financial Reporting Standards)을 적용하지 않는 비상장 일반기업의 부담을 완화하기 위해 제정된 별도의 간략한 회계기준이다.
25) 상법의 규정에 의해 발행된 상환우선주의 상환과 관련하여 상환주식은 이를 취득할 때 자기주식으로 처리하고, 상환절차를 완료한 때 이익잉여금의 감소로 회계 처리(문단 15.11).
26) 법인세법에서는 동일한 경제행위에 대한 동일한 세 부담을 부과하기 위해 상환우선주에 대해 KFAS에 따라 '자본'으로 일괄분류하고 있다. 법인세법이 한국채택 국제회계기준과 KFAS상의 상환우선주 처리방식을 모두 수용한다면, 동일한 경제행위에 대해 세 부담이 달라져서 조세 형평의 원리를 훼손하게 된다는 이유다(기획재정부, 기업회계기준 개편에 따른 법인세법 개정 방향(2010. 6), 16면].

national Financial Reporting Standards. 이하 'K-IFRS')은 상환우선주를 법적 형식이 아니라 실질에 따라 재무상태표에 분류하도록 하여, (i) 발행자가 상환의무가 있거나 보유자가 상환청구권이 있는 경우(이른바 주주상환주식)에는 '금융부채'로,[27] (ii) '금융부채'의 요건을 갖추지 않은 경우(이른바 회사상환주식)에는 '자본'으로 본다(K-IFRS 제1032호 금융상품 : 표시). 배당의 경우에는 해당 배당의 지급의무가 확정된 것인지 여부에 따라, (i) 해당 배당의 지급의무가 확정된 경우에는 '이자비용'으로, (ii) 지급의무 없이 발행자의 재량에 따라 지급되는 경우[28]에는 '이익의 처분'으로 본다.

III. 풋백옵션

주식매수를 주저하는 투자자를 유치하기 위해 매도인·발행인으로서는 '주식가격이 떨어지면 일정한 가격에 내가 되사 주겠다'는 약속을 제시하게 되는데, 이것이 풋백옵션(put-back option)약정이다.[29]

---

27) 금융감독원 회계제도실, K-IFRS 회계 처리 주요 이슈 쟁점사항 및 금융감독원 의견 (2011. 12), 12면은 상환금액의 현재가치를 '부채'로 계상하도록 하고 있으므로, 결국 K-IFRS가 적용되는 회사의 경우 주주상환주식이 재무안정성에 부정적 영향을 주게 되고, 상환우선주방식의 투자는 제한적으로 이루어지게 된다.

28) K-IFRS 제1032호 금융상품 : 표시는 "…배당은 상환 전까지 발행자의 재량에 따라 지급되는 비누적적 우선주는… 배당은 자본요소에 관련되므로 당기 손익의 배분으로 인식한다"고 설명하고 있으나, 비누적적 우선주에 대한 설명이 회사법 문헌에서 통상적으로 이야기하는 누적적·비누적적 구분과 일치하지는 않는다.

29) 기획재정부에서 펴낸 『경제용어사전』은, '풋옵션(put option)'이란 "거래 당사자들이 미리 정한 가격(strike price)으로 장래의 특정 시점 또는 그 이전에 일정 자산을 팔 수 있는 권리를 매매하는 계약"을 말하고, '풋백옵션(put-back option)'은 "풋옵션을 기업 인수·합병에 적용한 것으로, 본래 매각자에게 '되판다(back)'는 뜻을 강조하고

1. 풋백옵션투자

풋백옵션은 (i) 소수지분투자자[30]가 기존 주식 인수에 수반하여 부여받게 된 것 및 (ii) 대상회사의 제3자 배정 유상증자에 수반하여 부여받는 것의 두 가지로 나누어 볼 수 있다.

① 전자는 (i) 공동투자자가 M&A를 하는 과정에서 인수자금이 부족할 경우, 함께 지분 인수에 참여하는 기관들에게 최소수익률을 보장하는 풋백옵션을 부여하여 사실상 자금 지원을 받음으로써 부족한 자금의 조달수단으로 사용될 수도 있고, (ii) 대상회사의 기존 대주주가 그 지분의 일부인 소수지분을 매각하여 자금을 확보하고자 하는 경우에도 사용될 수 있다. 각 발행 동기에서 풋백옵션의 상대방이 일률적으로 정해지지는 않는데, 공동투자자가 상대방이 되는 것이 일반적이다.

② 후자의 경우 (i) 대상회사 자신의 운영자금 등을 확보하기 위한 유인책으로 제안할 수도 있고, (ii) 다른 주주의 우호지분 확보를 위하여 신규의 증자가 이루어질 수 있다. 이때 각 발행 동기나 풋백옵션의 상대방에 따라 제3자 배정 유상증자를 위한 경영상 필요성이 인정되는지, 기존 주주 또는 계열회사에 의한 풋백옵션 부여가 형사상 배임이나 공정거래법상 부당지원행위에 해당되지 않는지 검토가 필요하다.

파생금융상품에서 일반적으로 사용되는 풋옵션과 구별하기 위"한 것으로 설명한다. 이하 본문에서 풋옵션·풋백옵션은 동일한 의미이고, 특별히 구분하지 않고 사용하기로 한다.

30) 다음의 대우건설지분 취득 사례에서와 같이 전략적 투자자인 금호산업의 자기자금에 의한 인수지분이 재무적 투자자들의 지분보다 적을 수도 있으므로 후자를 단순히 소수지분투자라고 하기는 어려울 것이나, 논문 전체 표현의 통일을 위하여 소수지분투자자라 칭한다. 소수지분투자자의 경우, 전략적 투자자와 달리 비교적 단기간에 투자회수가 예정되어 있는 점에서 차이가 있다.

어느 경우에든 발행회사 스스로 풋백옵션을 부여할 때, 자기주식 취득이나 투자수익보장약정의 유효성이 문제 될 수 있다.

(1) 소수지분투자자의 기존 주식 인수와 관련한 풋백옵션

1) 전략적 투자자 또는 거래상대방을 상대로 하는 풋백옵션의 예 및 관련 공시

① 금호산업은 2006년 대우건설의 지분 약 72퍼센트를 인수할 당시 2008년 3월부터 2009년 12월 사이에 대우건설 주식의 평균주가가 1주당 기준가격(3만 4,010원에서 배당 등을 차감한 금액)에 미달하는 경우 행사기간(2009년 12년 15일부터 1개월 이내) 동안 재무적 투자자가 보유하고 있는 대우건설 주식을 1주당 기준가격(연도별 배당과 유상감자를 고려하여 3만 2,510원으로 계산)으로 매입하기로 약정하였다.

금호산업은 3만 2,510원에 재무적 투자자들이 보유한 풋백옵션대상 주식 1억 2,900만 주(약 40퍼센트)를 사들이기 위해 약 4조 2,000억 원(3만 2,510원×1억 2,900만 주)이 필요했고, 풋백옵션 행사 시 지급할 매입대금이 부채로 인식되면서 자본 잠식 상태가 되어 워크아웃을 결정하였다.

이후 금융감독원은 기업의 M&A 시 재무적 투자자에게 제공된 풋백옵션 관련 정보가 인수기업의 재무구조에 큰 영향을 미칠 수 있는 중요한 투자정보라는 점에서 풋백옵션 등의 계약 내용을 기업 인수 시 제출되는 주요사항보고서(합병, 영업양수도, 분할, 자산양수도, 주식의 포괄적 교환·이전)를 통해 즉시 공시하도록 하였고(기업공시서식 작성기준 제12-5-1조 및 제12-9-1조), 정기보고 시(사업·반기·분기)에도 첨부서류가 아닌 보고서 본문에 기재하도록 하여 투자자들이 용이하게 관련 정보를 찾아볼 수 있도

록 하였다(기업공시서식 작성기준 제4-2-9조 및 제4-3-5조).[31]

전략적 투자자가 소수지분투자자에게 풋백옵션 등 일정한 유인을 주어 대상회사에 대한 투자에 공동으로 참여하게 함으로써 대상회사의 경영권을 확보하고자 하는 때에는 해당 전략적 투자자가 법인이더라도 임원의 형사상 배임이 문제 되는 경우는 흔하지 않고, 경영판단의 영역에 속하는 것으로 이해된다.

② 경기침체기 또는 구조조정기에 대상회사(발행회사)의 경영 상태는 양호하나 대주주인 모기업의 자금수요로 인해 대주주가 보유한 대상회사 지분 상당 부분을 매각하는 경우로서, 기존 대주주가 대상회사의 경영권을 유지하면서 소수지분투자자에 대하여 풋백옵션을 보장할 수 있다. 이 경우는 단순히 자회사지분매각이라는 점에서 정기보고서 내용에 포함된 공시 및 자회사가 상장회사인 경우 5퍼센트 지분공시만 문제 되고, 합병 등 주요사항보고서 공시는 문제 되지 아니할 것이다. 한편 풋백옵션의 공시는 지분 취득 주체인 모기업의 공시만으로 족하고, 약정 당사자가 아닌 대상회사의 공시는 요구되지 않는다.

2) 발행회사를 상대로 한 풋옵션

종래 상법은 주식소각 등과 같이 특별한 경우 외에는 자기주식의 취득을 금지하였으나, 배당가능이익 한도 내에서 자유롭게 취득할 수 있는 것으로 개정되었고, 다만 주주 평등을 고려하여 취득방법의 제한만을 두고 있다(제341조). 소수지분투자자가 기존 주식을 인수함에 있어 발행회사가 풋옵션약정을 하는 것은 해당 소수지분투자자에 대하여 투하자본

31) 금융감독원 보도자료, 기업 인수 시 재무적 투자자에게 제공된 풋백옵션 공시 강화 (2010. 3. 22).

의 회수를 절대적으로 보장하는 셈이 되고 다른 주주들에게 인정되지 않는 우월한 권리를 부여하는 것으로서 주주 평등의 원칙에 위반되어 무효로 인정될 가능성이 높다.[32) 또한 발행회사 입장에서는 추가적인 자금의 유입 등 자신에게 재무구조 개선 등 이익이 없이 특정 주주를 위하여 의무를 부담하는 것이라는 점에서 발행회사 임원의 배임 가능성이 있을 것으로 본다. 즉 소수지분투자자가 기존 주식을 인수하는 경우에는 공동투자자 또는 기존 대주주 및 이들이 지정하는 제3자를 상대로 한 풋옵션만 가능하고, 발행회사를 상대로 풋옵션을 규정하기는 어렵다.

(2) 제3자 배정 유상증자와 관련한 풋백옵션

1) 기존 대주주·계열회사를 상대로 하는 풋백옵션의 예

① 1999년경 SK증권이 JP모건과의 손해배상소송에 대한 화해계약을 체결하면서, 화해금액을 3억 2,000만 달러로 하여 SK증권이 JP모건에게 지급하기로 하고 JP모건은 그중 1억 7,000만 달러를 SK증권의 유상증자에 참여하기로 하였다.

그 과정에서 JP모건과 SK글로벌의 해외자회사(싱가포르법인과 미국법인) 사이에 JP모건이 참여한 증자액 중 1억 달러에 상당하는 주식에 대하여 풋옵션계약을 체결하였다. 그 내용은 현재 1주당 4달러 남짓(4,920원)한 가격으로 인수한 SK증권 주식을 2년 또는 3년 후 1주당 5달러 조금 못 미치는 가격으로 SK글로벌의 해외자회사에 매각할 수 있다는 내용이다.

---

32) 대법원 2007. 6. 28. 선고 2006다38161, 38178 판결 ; 대법원 2005. 6. 10. 선고 2002다63671 판결.

이에 대해 법원은 SK증권과 SK글로벌의 자회사는 법률적으로 독립된 별개의 회사이고 SK증권의 퇴출을 막기 위해 SK글로벌 자회사의 경영에 막대한 부담이 될 수 있는 옵션계약을 SK증권을 위해 체결한 것이므로, 그룹 총수 및 SK글로벌 자회사의 임원에 대하여 배임죄를 인정하였고,[33) 공정거래위원회는 SK글로벌의 해외자회사가 풋옵션계약을 체결한 것을 부당지원행위라고 결정하였다.[34)

② 풋백옵션을 다루고 있는 다른 사례는 다음과 같다. C&해운은 C&상선(대상회사)의 최대주주(20.45퍼센트)였는데 경쟁주주가 대상회사 주식을 매집(18.14퍼센트)하여 적대적 M&A를 시도하자,[35) 대한화재에게 100억 원 상당의 제3자 배정 유상증자를 통해 우호지분을 늘여 경영권을 방어하기로 하였다. 대한화재가 이러한 증자에 참여한 것에 대하여, 대상회사의 최대주주인 C&해운과 대한화재는 대한화재의 대상회사 주식을 1년 후 직접 매입하거나 제3자로 하여금 매입하게 하여 투자 원리금을 풋백옵션으로 보장한다는 내용의 합의서 등을 체결하였다.

이후 C&그룹 회장은 2006년 11월 C&우방으로 하여금 대한화재가 보유한 대상회사 주식 전량(4.86퍼센트)을 시가에서 30퍼센트 할증된 금액으로 장외매수하도록 하였는데, 풋백옵션 의무자가 아닌 C&우방이 매수하였다는 점에서 C&우방에게 재산상 손해를 입히고, C&해운에게 이득

---

33) 대법원 2008. 5. 29. 선고 2005도4640 판결.
34) 공정거래위원회 2003. 7. 7. 의결 제2003-108호 2003기업0585.
35) 대법원 2009. 1. 30. 선고 2008다50776 판결 등은 "주식회사가 신주를 발행함에 있어 신기술의 도입, 재무구조의 개선 등 회사의 경영상 목적을 달성하기 위하여 필요한 범위 안에서 정관이 정한 사유가 없는데도, 회사의 경영권 분쟁이 현실화된 상황에서 경영진의 경영권이나 지배권 방어라는 목적을 달성하기 위하여 제3자에게 신주를 배정하는 것은 상법 제418조 제2항을 위반하여 주주의 신주인수권을 침해하는 것이다"라고 판시하고 있으며, 서울고등법원 1997. 5. 13.자 97라36 결정은 이러한 제3자 발행 시 발행 자체가 무효라는 입장이다.

이 되도록 한 것으로 배임죄가 인정되었다.[36)]

위 판결문 방론에 따르면, 피지배기업의 증자 시 기존 대주주가 스스로 풋백옵션을 받아 주는 것은 (i) 최대주주로서 경영권 확보를 위한 것이고, (ii) 주식가격에 경영권 프리미엄을 고려하는 등 합리적 이유가 인정된다면, 배임죄와 무관한 것으로 평가될 수 있을 것이다.

2) 발행회사를 상대로 한 풋옵션

① 발행회사가 운영자금 등의 확보를 위하여 종류주식을 발행하는 등 발행회사에 직접적인 이익이 귀속되는 경우, 소수지분투자자의 해당 투자 건에 대해 특정한 종류주식만 발행되면 기존 주식과의 관계에서 주주 평등의 원칙이 적용되지 않을 수 있고 동 주식에 대해서는 발행회사와의 풋옵션약정이 가능하다는 견해가 있다.[37)]

생각건대 발행회사에 대한 풋옵션 행사는 필연적으로 자기주식 취득을 수반하는데, 자기주식 취득에도 주주 평등의 원칙이 적용되므로 상법

---

36) 서울중앙지방법원 2011. 6. 27. 선고 2010고합1470, 2010고합1651(병합), 2010고합 1721(병합) 판결은 C&우방의 대상회사 주식 할증매수 당시 주된 목적이 대상회사 주식을 취득하여 대상회사 경영권을 안정적으로 확보하기 위한 것이 아닌 점, 이미 C&그룹 측 우호지분이 30.49퍼센트이므로 추가 4.86퍼센트가 경영권을 좌우할 물량이 아니라는 점 등을 들어 배임죄의 고의 및 손해를 인정하였다. 위 하급심은 이후 대법원 2012. 6. 14. 선고 2012도1283 판결 및 환송된 원심을 거쳐 확정되었으나, 윗부분 판시 내용은 크게 바뀌지 않은 것으로 보인다.

37) 이철기, "풋옵션행사에 따른 자기주식 취득 허용 여부," 경원법학 제3권 제1호(2010. 4), 가천대학교 법학연구소, 164면은 상환주식이 발행되고, 발행회사와 투자자가 신주인수계약에서 상환주식의 상환권 외에 발행회사와의 풋옵션약정이 가능하다는 전제에서 자기주식 취득과의 관계를 논한다. 논의의 실익은 약정 당사자의 주식이 별도의 상환청구권이 인정되지 않는 종류주식인 경우 또는 주주상환주식으로 고유한 의미의 상환청구권이 보장된 경우라도 이러한 상환청구를 할 수 없는 상황이 초래된 때 별도 약정에 의한 풋옵션을 행사할 수 있는지이다.

제341조 제1항의 반대해석상 회사가 특정 주주만을 선택하여 거래하는 방법으로 자기주식을 취득하는 것은 허용되지 않는다고 본다.[38] 종류주식 발행 시 '특수한 내용'을 정함에 있어 주식의 소각 등에 대한 우선권도 생각해 볼 수 있으나, 이를 제외한 나머지 부분에 대해서는 주주 평등의 원칙이 적용된다고 할 것이므로, 종류주식임을 이유로 자기주식 취득에 있어서도 다른 주식과의 차별적 취급이 허용된다고 보기는 어렵다고 본다.[39]

② 한편 바이아웃투자자가 경영권 확보를 위하여 M&A를 하는 것이라면[40] 소수지분투자자에게 발행회사에 대한 풋옵션약정이 부여됨으로써 얻게 되는 이익은 해당 바이아웃투자자의 몫이 된다. 이 경우에는 풋옵션 자체가 주주평등의 원칙에 반하여 무효일 수 있을 뿐만 아니라, 발행회사에 대한 풋옵션이 발행회사 자신의 이익을 위하여 약정되는 것이 아니라는 점에서 발행회사 임원의 선관의무 위반·배임 등이 문제 될 수 있다. 즉 풋옵션보장이 바이아웃투자자를 위한 것으로, 우호적인 소수지분투자자에게 제3자 배정 유상증자를 하고 다시 발행회사로 하여금 소수지분투자자에게 풋옵션을 제공하도록 하는 것은 차입매수(Leveraged Buyout, LBO)방식의 담보 제공을 불허하는 판례[41]의 태도에 비추어 발행

---

38) 이철송, 앞의 책(주 7), 395면.

39) 이제원 / 권철호, "사모투자전문회사의 옵션부투자에 대한 규제," BFL 제63호(2014. 1), 서울대학교 금융법센터, 52면.

40) 바이아웃투자자가 경영권을 인수하는 경우라면 소수지분투자자도 양도인으로부터 기존 주식을 인수하는 형태로 참여하는 것이 일반적일 것이고, (양도인이 바이아웃투자자에게는 기발행 보통주식을, 소수지분투자자에게 종류주식을 양도하는 이례적인 경우가 아니라) 양도인의 기존 주식을 인수하면서 발행회사가 풋옵션을 받아 주는 것은 주주 평등의 원칙에 반하여 그러한 옵션약정이 무효가 되므로, 사실상 논의의 실익은 크지 않을 것이다.

41) 대법원은 다수의 판결에서 "기업 인수에 필요한 자금을 마련하기 위하여 그 인수자가 금융기관으로부터 대출을 받고 나중에 피인수회사의 자산을 담보로 제공하는 방식(즉

회사 임원의 배임죄가 문제 된다.

〈표 1〉 풋백옵션 사례별 이슈

상대방	기존 주식매매	유상증자
대주주	재무적 투자자의 금호산업에 대한 풋백옵션 허용	배임 가능성 JP모건·SK글로벌 자회사 사례 대한화재·C&그룹 사례
발행회사	×(주주 평등의 원칙에 반하여 무효)	×(주주 평등의 원칙에 반하여 무효)

2. 풋백옵션의 회계 처리

주식 인수 시 풋백옵션이 있는 경우에는 거래시점부터 주식양도거래로 회계 처리하면 족하다. 즉 소수지분투자자가 인수한 부분은 소수지분투자자의 고유한 주식 취득이 되는 것이고, 공동투자자나 기존 대주주의 담보부차입으로 처리되는 것이 아니다. 만약 소수지분투자자가 풋옵션을 갖고 그와 동시에 기존 대주주가 콜옵션을 갖는 경우라면(대립 당사자가 풋과 콜을 상호 보유) 대상주식의 가치변동에 따른 위험과 효익(效益)이 모두 대주주에게 귀속되며, 대주주가 옵션대상 물량을 취득한 것으로 보아 기존 대주주의 '담보부차입거래'로 취급된다.[42]

풋옵션의 제공자(공동투자자나 기존 대주주)가 소수지분투자자에게 풋

차입매수방식)을 사용하는 경우, 피인수회사로서는 주채무가 변제되지 아니할 경우에는 담보로 제공되는 자산을 잃을 위험을 부담하게 되는 것이므로, 만일 인수자가 피인수회사에 아무런 반대급부를 제공하지 않고 임의로 피인수회사의 재산을 담보로 제공하게 하였다면, 인수자 또는 제3자에게 담보가치에 상응한 재산상 이익을 취하게 하고 피인수회사에게 그 재산상 손해를 가하였다고 봄이 상당"하여 배임죄가 성립한다고 판시하고 있다.

42) 금융감독원[2010-019] 재무적 투자자와 체결한 옵션거래 관련 회계 처리.

옵션을 부여한 부분은 풋옵션만을 공정가치로 평가하여 파생상품'부채'로 계상하고(K-IFRS 제1039호), 이러한 풋옵션의 부여가 공동투자자 자신의 투자와 직접 관련되어 발생한 것이면 투자시점의 취득원가에, 그렇지 않다면 당기손익으로 회계 처리하여야 한다.[43]

자본시장법상 PEF가 기존 대주주에 대하여 직접적인 풋옵션을 갖는 것으로 약정하고 회수를 보장받는 투자를 하는 경우에는 종래 감독기관의 옵션부투자규제에 따라(투자원금에 일정 수익률을 가산하는 이른바 금전대여성 투자 금지), PEF에 의한 풋옵션약정 및 그 활용 빈도가 다소 낮았다.[44] 다만 금융위원회 및 금융감독원에서 2015년 2월 10일 소위 「PEF 옵션부투자규제 합리화방안」을 발표하면서 PEF의 투자활동에 필요한 옵션부투자를 원칙적으로 허용함으로써 소수지분투자 시 PEF의 풋옵션 활용이 더욱 자유로워졌다.[45]

43) 금융감독원 회계제도실, 2012사업연도 회계현안설명회 : 최근 제·개정 기준 및 주요 질의회신 사례 등(2012. 12), 41면.
44) 금융위원회 / 금융감독원 보도자료, 사모투자전문회사(PEF) 옵션부투자 모범규준 개정(2013. 4. 11) 등 참조. 동 유권해석은 뒤에서 설명하는 2015년 2월 10일자 유권해석에 의해 폐지되었다.
45) 금융위원회 / 금융감독원 보도자료, PEF 운영 관련 법령해석 안내(2015. 2. 10). 이 보도자료에 의하면, PEF가 추가수익을 보장받는 풋옵션 등으로서 그 권리 행사가 경영참여보장, 최대주주 전환 방지 또는 경영실적 개선 관련 계약상 의무 불이행과 무관하게 이루어지는 경우에는 PEF재산의 운용방법(자본시장법 제249조의12 제1항)에 해당되지 아니하므로 금지된다. 그러나 PEF가 소수지분을 투자할 때에는 주주간 계약을 통하여 대주주의 계약 위반 시 PEF의 투자원금에 일정 수익률을 더한 금액을 풋옵션 행사금액으로 정할 수 있게 되었다.

Ⅳ. 동반매각요청권·콜옵션 및 전체 처분대금의 분배구조 (waterfall)

1. 동반매각요청권 및 콜옵션

소수지분투자의 경우, 소수지분만의 매각은 경영권 프리미엄을 받을 수 없고 인수하는 측에서도 별 매력이 없다. 경영권 다툼이 있는 상황 등 복수의 매수인이 있는 경우가 아니면 기존의 대주주에게 매각하는 것이 그나마 손쉬운 자금회수수단이다. 다만 적극적으로 대주주에 대한 매각을 보장받는 풋옵션약정은 PEF의 경우에는 앞에서 본 바와 같이 제한적으로 허용되고, 특히 풋옵션 상대방이 법인인 경우에는 반대급부 없이 매수의무만을 부담하는 것이 해당 법인의 임원에게 부담스러운 부분이며, 또한 풋옵션약정에 따른 매수의무 자체가 회계상 부채로 편입되는 등의 문제가 있다. 이에 따라 대안으로 제시되는 것이 이른바 동반매각요청권(drag-along right) 및 콜옵션의 조합이다.

(1) 동반매각요청권

'동반매각요청권'이란 재무적 투자자가 일정 시점이 지날 때까지 투자회수를 하지 못하면 전략적 투자자 보유지분까지 끌어와 관련 지분을 통째로 파는 권리를 말한다.

동반매각요청권은 투자회수시점에 자기 자신의 지분과 약정 상대방 지분을 합한 규모에 대하여 처분의 주도권을 쥘 수 있고, 매각 협상을 용이하게 할 수 있는 구조다. 가격결정권 및 매각결정권이 모두 동반매각요청을 하는 자에게 있으며, 소수지분투자자도 이른바 '꼬리가 몸통을

흔드는' 권리를 가질 수 있다.

실제 약정의 빈도에 비하여 판결 등에서 동반매각요청권 및 동반매도참여권(tag-along right)[46]이 다루어지는 사례는 흔하지 않은 것으로 보인다. 론스타의 외환은행 인수와 관련한 하급심[47]에서 이러한 거래조건이 언급되는데, 동 판결의 각주 11과 12에서는 동반매각요청권은 기존 최대주주가 기타 주주에 대하여 갖는 동반매각청구권, 동반매도참여권은 기존 주주가 기존 최대주주에 대하여 갖는 동반매각청구권이라고 설명한다. 그러나 동반매각요청권이나 동반매도참여권의 거래조건은 단순히 방향성을 설명하는 데 불과하고, 지분율의 다과는 그러한 방향성을 약정하는 데 문제 되지 않는다.[48]

위 하급심의 사례에서는 론스타 측이 외환은행의 의결권 있는 발행주식총수의 51퍼센트를 인수함과 동시에(그 주주인 코메르츠은행과 수출입은행으로부터 추가 취득할 수 있는 콜옵션을 포함하면 65.23퍼센트), 론스타가 제3자에게 지분매각 시 기존 주주의 주식을 끌어와서 론스타와 함께 매각할 권한(drag-along right)을 갖는다.[49] 법정에 제출된 자료 중 "론스타

---

46) 계약서나 문헌에서 드래그얼롱(drag-along) 및 태그얼롱(tag-along)의 용어 자체가 정비되어 있지 않다. 종래 「옵션부투자 모범규준」에서는 본문과 같이 태그얼롱을 **동반매도참여권**으로, 드래그얼롱을 **동반매각요청권**으로 구분하고 있었고(주 44 모범규준 제6조), 계약 등에서 태그얼롱은 매도참여권·공동매도권·동반매도청구권 등, 드래그얼롱은 동시매도강제권·공동매도청구권·동반매각요구권 등의 번역어가 혼용되고 있다. 영문의 의미 및 직관적인 이해에 부합하게 'tag-along'을 '따라 팔기', 'drag-along'을 '끌어 팔기'로 쓰는 것도 가능할 것이다.

47) 서울중앙지방법원 2008. 11. 24. 선고 2006고합1352, 1295(병합), 1351(병합) 판결.

48) 실제로도 동반매각요청권을 갖는 자가 소수지분만 갖고 대주주지분을 끌어와서 팔수 있는 경우가 있다. 머니투데이 2013. 8. 21.자, "포스코특수강FI, IPO 불발 시 드래그얼롱 발동"은, 포스코특수강 기업공개가 어려울 경우 보통주전환 시 포스코특수강 24퍼센트의 지분을 가진 미래에셋·IMM PE가 대주주인 포스코의 지분(72퍼센트, 2,600만주)을 끌어와서 매각할 수 있도록 하고 있다고 한다.

49) 본건 주식 취득 전후를 기준으로 본 외환은행 대주주의 지분율변동 현황

가 회수 문제를 상당히 중요하게 생각. 이를 위해 100퍼센트 매입하는 것도 생각하였으나 51퍼센트 보유하기로 하였기 때문에 회수전략 관련 조항에 대해 매우 민감함"이라고 기재한 메모 등에서 이러한 동반매각요청권조항의 경제적 효용을 알 수 있다.[50]

(2) 콜옵션 및 동반매각요청권과의 조합

'콜옵션'은 옵션권리자에게 장래 일정한 시기에 이르러 예정된 가격에 옵션부여자가 보유하고 있는 주식을 취득하거나 이를 포기할 수 있는 권리를 부여하는 것이다. 대주주 내지 전략적 투자자에게 소수지분투자자에 대한 콜옵션을 부여하고[51] 소수지분투자자에게 대주주지분에 대한 동반매각요청 권한을 부여하는 경우, 이는 소수지분투자자의 대주주에 대한 풋백옵션과 유사하게 기능할 수 있다.

(단위 : %, 억 원)

	본건 주식 취득 전	본건 주식 취득 후	콜옵션 최대 행사 시
외국인 대주주	32.55	67.75	73.44
론스타	-	51.00	65.23
코메르츠은행	32.55	14.75	8.21
수출입은행	32.50	14.00	6.31
한국은행	10.67	6.18	6.18
자본금*	18,509	31,946	31,946

* 우선주 7,400억 원 포함(미배당으로 의결권 부활)

** 자료 : 금융감독위원회

50) 동반매각요청권은 이를 행사할 경우 기존의 다른 주주의 지분을 끌어 팔 수 있으므로, 매각 상대방의 입장에서는 경영권지분의 확보에 문제가 없고 경영권 행사 시 견제를 받지 않는 장점이 있어 매도인의 매각 협상에 유리하게 작용할 수 있다.

51) 경우에 따라서는 동반매각요청권과 같은 범위에서 콜옵션약정을 중첩적으로 하기도 한다(주 49 참조).

가령 일정한 조건에 따라 소수지분투자자가 동반매각요청을 하고자
하는 경우, 경영권을 빼앗길 의사가 없는 대주주는 콜옵션을 행사하게
될 것이고(소수지분투자자의 동반매각요청 이전이라도 대주주가 소수지분을
내보낼 필요가 있을 수 있다), 콜옵션가격이 소수지분투자자의 투자원금
및 일정한 수익률을 보장하는 조건으로 정해진다면, 소수지분투자자의
동반매각요청권 및 대주주의 콜옵션이 결합됨으로써 사실상 소수주주의
풋백옵션과 유사한 역할을 하는 것이다.[52] 나아가 풋백옵션은 옵션 행사
시 상대방이 개인 대주주인 경우 등 충분한 자력을 가지고 있지 못한
때에는 실효성이 반감될 수도 있으나, 소수지분투자자의 동반매각요청
으로 제3자 매각이 가능한 상황에서는 대상회사에 대한 경영 참가 의향
이 있는 제3자로부터 투자자금을 회수하는 것도 가능하다.

2. 전체 처분대금의 분배구조

소수지분투자자의 동반매각요청권은 대상회사를 인수할 의향이 있는
제3자와의 매각 협상에 따라 처분가격이 결정된다. 경영권 프리미엄을
붙여 상당한 투자 성과를 얻을 수도 있으나, 소수지분투자자의 동반매각
요청에도 대주주가 콜옵션을 행사하지 않는다면 이미 시장에서 대상회
사에 대한 흥미를 잃은 단계일 수도 있다.

---

52) 이에 따라 주 45의 유권해석에서도 'PEF와 대주주간 콜옵션+드래그얼롱계약을 체결
하면서 드래그얼롱 행사 후 대주주 보유지분의 매각대금을 PEF에게 우선배분하는 등
의 방식으로 추가수익을 사실상 보장받는 경우'를 PEF가 추가수익을 보장받는 풋옵션
등의 유형으로 열거하고 있다. 다만 뒤에서 설명하는 바와 같이 매각대금의 분배조건
은 '추가수익을 보장'하는 것으로 보기 어려운 측면이 있다고 생각된다.

(1) 거래가격이 고가인 경우

동반매각요청권에 의한 처분대금은 원칙적으로 소수지분과 대주주지분을 합산한 처분대금을 각자의 지분율에 따라 나눈다. 동반매각요청을 하면 소수지분투자자의 지분뿐만 아니라 대주주의 지분까지 함께 팔게 되므로, 경영권 프리미엄을 가산하여 매각함으로써 상장법인의 경우에도 시장에서 소수지분을 파는 것에 비하여 유리한 조건으로 처분이 가능하다. 또한 처분에 따른 대주주지분의 경영권 프리미엄을 소수지분투자자도 공유할 수 있다.

결국 소수지분과 대주주지분을 합산한 처분대금을 지분율에 따라 나눈 금액이 소수지분투자자의 입장에서 투자원금 및 일정한 수익률을 가산한 금액을 상회하는 수준이라면, 지분율에 따른 처분대금의 비례적인 분배가 합리적 분배구조일 것이다.

(2) 거래가격이 저가인 경우

소수지분투자자가 동반매각요청권을 행사함에도 대주주가 콜옵션을 행사하지 않는 상황이라면 시장에서의 평가도 박(薄)할 수 있다. 이때는 별도의 분배구조를 고려할 필요가 있는데, 분배 순서를 기준으로 대략 구분하면 (i) '소수지분투자원금→ **소수지분** 보장수익률→ 대주주지분 투자원금→ 대주주지분 보장수익률, 이후 초과분은 지분율에 따라' 분배하는 방식, (ii) '소수지분투자원금→ **대주주지분** 투자원금→ 소수지분 보장수익률→ 대주주지분 보장수익률, 이후 초과분은 지분율에 따라' 분배하는 방식의 두 가지를 생각해 볼 수 있다. (i)의 경우는 약정에 의하여 대주주원금 손실을 감수하고라도 소수지분투자자에게 일정한 보장수익률까지 먼저 제공하는 것이어서 소수지분투자자에게 가장 유리한 구조라고 할 수 있다.

PEF가 소수지분투자자로 투자하는 경우 추가수익을 보장받는 풋옵션 등 유형의 투자가 금지되고, 금융위원회 및 금융감독원의 2015년 2월 10일자 유권해석은 'PEF와 대주주간 콜옵션＋드래그얼롱계약을 체결하면서 드래그얼롱 행사 후 대주주 보유지분의 매각대금을 PEF에게 우선 배분하는 등의 방식으로 추가수익을 사실상 보장받는 경우'를 이러한 유형으로 예시하고 있다. 그러나 전체 처분대금의 분배조건을 '추가수익을 보장'받는 투자로 볼 수 있는지는 의문이다. '추가수익을 보장'받는 조건은 '투자원금의 손실 가능성이 없고[53] 일정한 추가수익을 보장'하는 경우에 해당되는데, 위 (i)과 (ii)의 어떠한 분배구조에 의하더라도 시장 상황의 변동에 따라 거래가격이 변할 위험, 즉 시가가 원금 이하로 형성될 수 있는 시장 위험에 노출되고 투자자의 투자원금의 손실 가능성이 있으므로, '추가수익을 보장'받는 투자라고 보기는 어려운 것으로 판단된다.

3. 동반매각요청권에 따른 전체 지분 처분 시 고려사항

동반매각요청권의 경우 소수지분투자자가 매각 협상을 주도함에도 불구하고 스스로 경영권을 행사하지 않는 점과 관련하여 매도인으로서의 진술 및 보장에 한계가 있을 수 있다. 소수지분투자자는 스스로 회사의

---

53) 풋옵션약정을 하면서 투자원금 및 일정한 수익률을 매매가격으로 정한 경우에도 거래 상대방의 자력 부족으로 PEF가 원금을 회수할 수 없는 때가 있다. 그러나 거래 상대방의 신용 위험은 원칙적으로 금전대여성 또는 원본 손실 가능성을 판단함에 있어 고려되지 않는다.

구체적인 경영 정보에 대한 접근이 제한될 수 있으므로(주주 간 계약 등을 통해 일정한 정보접근권이 보장될 수 있으나, 이러한 약정 위반을 이유로 동반매각요청권이 행사되는 경우도 있을 것이다), 소수지분투자자가 진술 및 보장을 할 때에는 적어도 자신의 매각지분에 대해서는 '자기가 알고 있는 한'이라는 제한을 둘 수도 있다.[54]

V. 맺음말

소수지분투자는 직접적으로 경영권을 확보하지는 아니하나 경영진 또는 전략적 투자자에 대한 신뢰를 바탕으로 대상회사의 성장을 위한 안정적 투자자금을 제공하게 되고, 대상회사 및 대주주는 경영권 유지 및 경영 간섭을 최대한 배제하는 대신 자금 유치를 통하여 재무구조 개선을 꾀할 수 있으며, 소수지분투자자의 투자자금 유치를 통해 얻은 수익을 소수지분투자자와 다시 공유한다는 점에서 대상회사(또는 대주주)와 소수지분투자자 상호 윈윈하는 구조가 될 수 있다.

소수지분투자 시 기업공개를 통해 투자회수가 이루어지는 것이 당사자들 입장에서는 이상적일 것이나, 기업공개가 지연될 경우를 대비하여 (i) 유상증자를 통해 투자에 참여하는 경우에는 주주상환주식을 포함하여 개정상법상 도입된 다양한 종류주식 및 지분연계증권을 활용하는 방법을 생각해 볼 수 있고, (ii) 기존 주식 취득을 통해 투자에 참여하는 경

---

54) 소수지분투자자의 경우에는 바이아웃투자와 달리 향후 진술 및 보장 위반이 실제로 문제 되더라도 해당 진술 및 보장사항에 대하여 '알지 못하였음'을 실효성 있게 주장할 수 있고, 상대방이 소수지분투자자의 매각지분에 대한 진술 및 보장 위반을 문제 삼기 위해서는 상대방이 소수지분투자자가 진술 및 보장사항을 '알았음'을 입증하여야 할 것이다.

우에는 기존 대주주 또는 공동투자하는 전략적 투자자에 대한 풋백옵션 등을 보장받는 방법을 고려해 볼 수 있다. 다만 이러한 조건을 부과하면 K-IFRS 등 강화된 회계기준에 따라 대상회사 또는 대주주의 재무구조가 악화될 수 있다.

결국 소수지분투자를 하는 경우에도 (iii) 동반매각요청권 및 콜옵션을 결합하는 등의 다양한 거래조건을 개발하고, 대주주 또는 공동투자하는 전략적 투자자와의 긴밀한 공조 또는 별도 약정을 통해 투자회수방안을 준비할 필요가 있다.

찾아보기

편저자 약력

》》》 천경훈

    서울대학교 법과대학 사법학과 졸업
    사법연수원 수료(제26기)
    미국 듀크대학교 로스쿨 졸업(LL.M.)
    서울대학교 대학원 법학과 졸업(법학석사, 법학박사)
    전 변호사(김·장법률사무소)
    현 서울대학교 법학전문대학원 부교수

BFL 총서 12
우호적 M&A의 이론과 실무(제1권)

초판 1쇄 발행 | 2017년 6월 20일
초판 3쇄 발행 | 2022년 8월 19일

지은이 | 천경훈 편저
발행인 | 고화숙
발행처 | 도서출판 소화
등록 | 제13-412호
주소 | 서울시 영등포구 버드나루로 69
전화 | 02-2677-5890
팩스 | 02-2636-6393
홈페이지 | www.sowha.com

ISBN 978-89-8410-487-7 94080
ISBN 978-89-8410-284-2 (세트)

값 26,000원

잘못된 책은 언제나 바꾸어 드립니다.

이 도서의 국립중앙도서관 출판예정도서목록(CIP)은
서지정보유통지원시스템 홈페이지(http://seoji.nl.go.kr)와
국가자료공동목록시스템(http://www.nl.go.kr/kolisnet)에서
이용하실 수 있습니다.(CIP제어번호: CIP2017013372)